शिक्षा, समाज और परिवर्तन

शिक्षा, समाज और परिवर्तन

डॉ. उमराव सिंह चौधरी

KALPAZ

शिक्षा, समाज और परिवर्तन

ISBN : 978-93-5128-242-6

भारत में सन् 2018 में प्रकाशित
कल्पाज पब्लिकेशन
सी-30, सत्यवती नगर,
दिल्ली-110052
Phone : 9212142040
ई-मेल: kalpaz@hotmail.com

मुद्रित: जी. प्रिंट प्रोसेस, दिल्ली

अनुक्रम

प्राक्कथन

आजकल परिवर्तन का विचार सबको मोहित कर रहा है। समाज के लगभग सभी लोग परिवर्तन का अनुभव भी कर रहे हैं। हम देख रहे हैं कि जो कल था, वह आज नहीं है और संभवत: जो आज है वह कल नहीं रहेगा। परिवर्तन हमारे व्यक्तिगत और सामाजिक जीवन को प्रतिदिन प्रभावित कर रहा है। हमारी संस्थाओं और कार्यशैलियों में बदलाव की माँग हो रही है। हमारे परंपरागत ज्ञान, कौशल और अभिवृत्तियों को चुनौतियों का सामना करना पड़ रहा है। यह भी स्वीकार कर लिया गया है कि परिवर्तन ही स्थायी है और अनिश्चितता ही निश्चित है। पहले भूतकाल से वर्तमान का जन्म होता था लेकिन अब परिवर्तन की तीव्रता के कारण भविष्य से वर्तमान प्रवाहित हो रहा है। भविष्य के मेहमान का समय से पूर्व आगमन होने के कारण समाज में अस्तव्यस्तता, आकस्मिकता और जटिलता बढ़ती जा रही है। अपेक्षाकृत अस्थिर समाज का सामना करने और उसकी माँग के अनुसार समायोजित होने के लिए शिक्षा का भी 'भविष्योन्मुख' होना आवश्यक है। नये जमाने के लिये नये मनुष्य का निर्माण करने के लिये शिक्षा की संरचना, कार्यप्रणाली, पाठ्यचर्या और अध्यापन की प्रविधियाँ भी बदलती रहनी चाहिए ताकि नई पीढ़ी की आदतें, अभिवृत्तियाँ और सोच-विचार के तौर-तरीकों में नम्यता, ग्रहणशीलता और सृजनशीलता का समावेश हो सके और वे नए वातावरण में रास्ता खोज कर अपने संबंध स्थापित कर सकें। अंतत: मानवीय सम्बन्धों की गुणवत्ता ही आदर्शों और मूल्यों के विकास में सहायक होती है।

शिक्षा और समाज का घनिष्ठ पारस्परिक संबंध होता है। प्रजनन और पोषाहार का जो संबंध शारीरिक जीवन से होता है, वहीं शिक्षा का सामाजिक जीवन से। शिक्षा सांस्कृतिक, आर्थिक और राजनैतिक प्रणालियों को प्रभावित

करती है और उनसे प्रभावित भी होती है। शिक्षा को दो जुड़वाँ और विरोधी भूमिकाओं का निर्वाह करना पड़ता है। पहली है संरक्षण और दूसरी परिवर्तन। एक ओर तो शिक्षा की सांस्कृतिक विरासत अर्थात् ज्ञान, परंपरा और मूल्यों का संरक्षण और दूसरा सांस्कृतिक संपदा का परीक्षण और संपादन करके उसमें सामयिक अवश्यकतानुसार परिवर्तन लाना। इस प्रक्रिया में अतीत का मूल्य और उसकी सीमा की समीक्षा कर आज और भविष्य में अनुपयोगी पाए जाने वाले अंश का त्याग और उपयोगी भाग का ग्रहण महत्वपूर्ण है।

पूर्ण और उदार शिक्षा उसे कहा जाता है जो मनुष्य को संकट एवं शांति के समय निजी एवं सार्वजनिक जीवन की समस्त भूमिकाओं का ईमानदारी, उदारता और कुशलता से निर्वाह करने के लिये तैयार करती है। प्रसिद्ध इतिहासकार एच.जी. वेल्स का कहना है कि "मानवीय इतिहास शिक्षा और महाविपत्ति के बीच की दौड़ है।" आशय यह है कि शिक्षा की प्रक्रिया द्वारा छोटी से लेकर बड़ी-बड़ी चुनौतियों का सामना करने के लिये हमें नई पीढ़ी को सुसज्जित करना चाहिये। वैदिक आग्रह के अनुरूप "मनुष्य को मनुष्य बनाए रखना" पहले से आज कहीं अधिक कठिन और चुनौतीपूर्ण है। शिक्षा न केवल हमें जीवन-यापन के लिये कुशल और प्रशिक्षित करती है बल्कि हमारी लगभग सभी क्षमताओं और योग्यताओं को विकसित करके दुनिया को समझने, सराहने और अनुशासित करने की दृष्टि तथा प्रवीणता प्रदान करती है।

प्रस्तुत पुस्तक सामयिक आवश्यक्ताओं और समस्याओं के समाधान के लिये शिक्षा की उपादेयता पर लिखे गए लेखों का संकलन है। ये लेख शिक्षा के विविध आयामों और उनके सामाजिक प्रणालियों से संबंध पर आधारित है। इनमें उदार उच्च शिक्षा, शिक्षा की गुणवत्ता, मूल्याधारित उच्च शिक्षा, सामाजिक परिवर्तन और शिक्षा, सामाजिक न्याय और शैक्षणिक योग्यता, अध्यापन, अनुसंधान, सृजनशीलता, परीक्षा, निजी विश्वविद्यालय, बेरोजगारी, उच्च शिक्षा में भ्रष्टाचार, सार्वजनिक जीवन में सदाचार, संवाद की शिक्षा, शिक्षा और अभिव्यक्ति की आजादी आदि के अतिरिक्त शिक्षा से जुड़े हुए कुछ अन्य विषयों से सम्बद्ध लेख भी सम्मिलित है।

परिवर्तन के दौर में समाज में विकृतियाँ और विसंगतियाँ पैदा होना स्वाभाविक है। नई पीढ़ी में इन्हें पहचानने का माद्दा पैदा करना आवश्यक है। सच्ची शिक्षा रचनात्मक असहमति, प्रतिकारी शक्ति और नैतिक आक्रोश की

जन्मदात्री होती है। शिक्षा मूलतः एक 'नैतिक उद्यम' है, इसलिये निरंकुश सत्ता, धन, ज्ञान और प्रौद्योगिकी पर नैतिक अंकुश लगाने की प्रेरणा शिक्षकों से मिलनी चाहिए। शिक्षा-संस्थानों से निकलकर यदि नई पीढ़ी मूल्यों को लेकर चलने के साथ-साथ मूल्यों के लिये लड़ने की तत्परता विकसित कर समसामयिक परिवेश में सार्थक हस्तक्षेप कर सके तो निःसंदेह शिक्षा की यह महती सफलता और सार्थकता होगी। आशा है पुस्तक पढ़कर पाठक नैतिक संघर्ष और नैतिक निर्मलता की ओर अग्रसर होने में समर्थ हो सकेंगे। मुझे आशा है कि पुस्तक में पाठकों को शिक्षा, साहित्य तथा दर्शन का अनुभव और आनंद एक साथ मिल सकेगा।

–लेखक

ज्ञान से बड़ा संस्कार, धन से बड़ा विचार
और साधन से बड़ा सरोकार होता है।

—लेखक

1

उदारतावादी उच्च शिक्षा का स्वरूप

आजकल हम सापेक्षताओं के द्वैत में उलझे हुए हैं। सरकारों, राजनीतिक दलों, प्रचार माध्यमों, प्रसिद्ध व्यक्तियों और अन्तर्राष्ट्रीय संस्थानों द्वारा प्रमाणित आंशिक अच्छाइयों के एक विषम वातावरण में रह रहे हैं। हमें झूठ के पहाड़ से सत्य के मोती निकालने पड़ते हैं। हमारा समय सभ्यता के व्यापार का युग है। वह जमाना लद गया जब हम सार्वभौम सत्य से साक्षात्कार करने के लिये विवेक पर निर्भर रहा करते थे। आज बुद्धिजीवियों द्वारा स्वयं विवेक को संदेह की दृष्टि से देखना शुरू कर दिया है। विवेक शक्तिहीन प्रतीत हो रहा है। शक्ति की राजनीति के सामने अच्छाई का आग्रह और संकल्प पंगु हो गये हैं। व्यक्ति समकालीन इतिहास के प्रवाह में बहा जा रहा है। ऐसा लगता है कि विश्व के अंधाधुंध एवं दिशाहीन विकास में मनुष्य एक घटना मात्र रह गया है।

वैज्ञानिक उत्तर की चरम प्रामाणिकता के प्रति बढ़ते विश्वास और प्रगति के सिद्धाँत के प्रति आस्था के कारण यह मान लिया गया है कि चिन्तन की युक्तियुक्त वैज्ञानिक विधियाँ हमें एक मुक्त और बेहतर समाज की ओर ले जाएँगी। यह उन्नीसवीं शताब्दी का उदारवाद था। जिन दार्शनिकों को विज्ञान की नई खोजों से निराश होने या पछताने का कोई कारण नजर नहीं आया, उन्होंने विज्ञान और दर्शन दोनों का एक नये वैचारिक ढाँचे में समावेश किया और एक नये अर्थपूर्ण संसार का खाका खींच दिया। बीसवीं शताब्दी में इस देय को बड़े आदर के साथ स्वीकार किया गया। लेकिन, 20वीं शताब्दी में ही यूरोप और अमेरिका में बढ़ रहे संकुचित व्यक्तिवाद ने सामुदायिक भावना को

गहरी क्षति पहुँचाई। लोगों ने लगभग सभी आदर्शों को निरर्थक मानकर त्यागना शुरू कर दिया। उन्होंने केवल अपने जीवन को ही निश्चित सत्य के रूप में स्वीकार कर लिया। अब व्यक्ति के केवल वही आदर्श रह गए हैं, जो उसने स्वयं अपने लिये चुने थे। उसके लिये स्वनिर्मित स्वतंत्रता के अतिरिक्त अन्य कोई स्वतंत्रता नहीं बची। वह स्वयं जिन जिम्मेदारियों को स्वीकारता है, उनके अलावा उसकी अन्य कोई जिम्मेदारी नहीं रही। वह दर्शन और नैतिक चुनाव के प्रश्नों को वैयक्तिक मानवीय विवेक पर छोड़ देता है, तथा मानता है कि ऐसा कोई पूर्ण और श्रेष्ठ पथ-प्रदर्शक नहीं है जिस पर विश्वास किया जा सके।

आधुनिक विश्व-समाज में अपने-अपने लाभ के लिये, स्त्री-पुरूषों के बड़े-बड़े दल खड़े हो गए हैं। राजनीतिक दलों और राष्ट्रों के गठबंधनों के रूप में भी संगठन बने हुए हैं। सोवियत रूस के पतन के बाद अमेरिका शक्ति का एकमात्र भीमकाय केन्द्र बन गया है। ये शक्ति-केन्द्र सभी व्यक्तियों और देशों से ऊपर हैं तथा किसी न किसी रूप में उनके जीवन को प्रभावित कर रहे हैं। संसार में, संगठनों का आकार-प्रकार इस कदर बढ़ गया है कि उस पर काबू करना बेहद मुश्किल होता जा रहा है। ऐसा लगने लगा है कि अब हम अपनी ही विराट संरचनाओं, संगठनों, संस्थानों और प्रणालियों के दास बन कर रह गए हैं। सामाजिक समस्याओं और द्वंद्वों-टकराहटों के निराकरण के लिये दुनिया भर में अब जो तरीके अपनाए जा रहे हैं, वे हैं शक्ति, आतंक और जोर-जबरदस्ती का प्रयोग। एक निश्चित और प्रतिमानित ढंग से सोचने-विचारने के लिये व्यक्ति पर हर दिशा से दबाव पड़ रहा है। संसार में अच्छे से अच्छे स्वचेता अकेले व्यक्ति का महत्व नगण्य हो गया है। आलोचना की योग्यता के क्षेत्र को सीमित करने की कोशिशें बढ़ती जा रही हैं।

जिस 'उदारता के दर्शन' की शिक्षा हम देते हैं या देना चाहते हैं, वह अपनी विविधता के कारण न तो अशक्त होता है और न अपनी विषयवस्तु के कारण अस्पष्ट ही रहता है। उदारवादिता का लक्ष्य है रचनात्मक बुद्धि और निपुणता की सतत् वृद्धि करते रहना। इसे साकार करने के लिये लोगों का एक ऐसा समाज बनाया जाना चाहिये जिसकी स्वाधीनता उसके सदस्यों की सहकारिता पर निर्भर करती हो। चाहे छोटे पैमाने पर ही क्यों न हो, यदि इसे विश्वविद्यालय या कॉलेज के भीतर, या फिर बड़े समाज में खड़ा कर दिया जाए तो यह एक ऐसे जीवन का उदाहरण प्रस्तुत कर सकेगा जो अज्ञान, भय,

पूर्वाग्रह और उत्पीड़न से मुक्त तथा भावी अनुभव की नई संभावनाओं को ग्रहण करने के लिये स्वतंत्र होगा। इस बात की शिक्षा हमें मानवतावादियों से मिली है और सभ्यता भी इसकी पुष्टि करती है कि जीवन का यह प्रकार या स्वरूप अन्य प्रकारों से बेहतर है।

प्रत्येक मनुष्य की एक व्यक्ति के रूप में गरिमा और मूल्य होता है। उसकी सामाजिक या आर्थिक हैसियत या स्तर का उसकी गरिमा की दृष्टि से कोई महत्व नहीं होता। हम सिखाते हैं कि सामाजिक द्वंद्व को समाप्त करने के साधन के रूप में शक्ति, हिंसा या युद्ध का प्रयोग अनैतिक है, क्योंकि उससे निर्दोष व्यक्तियों का संहार होता है। हम शिक्षा देते हैं कि राष्ट्रों का उत्पीड़न करना अनुचित है तथा अन्तर्राष्ट्रीय सहयोग ही युद्ध का एकमात्र उपचार या समाधान है, क्योंकि इससे प्रत्येक राष्ट्र के अधिकारों का सम्मान होता है। हम सामाजिक समानता की आवश्यकता और स्वतंत्रता के महत्व की शिक्षा देते हैं। वस्तुपरकता और यथार्थ के साथ, इन मूल्यों के अभाव में जीवन संकीर्ण, स्वार्थी और अन्त में आत्म-पराजयकारी हो जाता है। अगर, कॉलेज और विश्वविद्यालय में उदारतावादी इन पहलुओं की शिक्षा नहीं दी जाएगी तो, आज की दुनिया में अन्यत्र शायद ही कहीं उनकी शिक्षा मिल पाएगी। युवा पीढ़ी के विचारों और भावनाओं में उदारता लाने के लिये उदारतावादी उच्च शिक्षा आवश्यक है। यह भी वांछनीय है कि उच्च शिक्षा के संस्थानों की व्यवस्था और आयोजना में, छात्रों एवं शिक्षकों के लिये समानता और लोकतांत्रिक आचार-विचार का प्रावधान अधिक मात्रा में किया जाए।

विश्वविद्यालय और कालेज ऐसे स्थान होने चाहिये जहाँ उदार मूल्य संचरित और सजीव रह सकें तथा उनका उपयोग सामाजिक हित के लिये किया जा सके। वहाँ उस उदारवाद की शिक्षा दी जानी चाहिये जो वर्ग और सोपान विहीन दर्शन के रूप में अंगीकार किया गया हो। ऐसा उदारवाद व्यक्तियों को एक दूसरे के समीप लाता है, समुदायों और राष्ट्रों के हित की चिन्ता करता है तथा मानव जीवन पर पड़ने वाले उसके प्रभावों पर ध्यान देता है। इसका उद्देश्य युवकों को विभिन्न विषयों की शिक्षा इस प्रकार देना होता है कि उनमें जीवन और समाज के प्रति एक उदार दृष्टि विकसित हो सके। इसके अतिरिक्त, सामाजिक सद्भाव और भ्रातृत्व से जुड़े मूल्यों एवं दर्शनों के प्रसार और समता-समरसता के लिये चल रहे अभियान और संघर्ष में भागीदारी भी सम्मिलित है। इस दिशा में छात्रों को अग्रसर करने के लिये यह आवश्यक

है कि उच्च शिक्षा संस्थानों में पारस्परिकता और उदारता वायु की तरह घुल-मिल जाए। हम यह मानकर बैठे नहीं रह सकते कि उदारता और मानवतावादी भावना स्वयं विकसित होकर अमर बेल की तरह फैल जाएगी। वैज्ञानिकों, विद्वानों, कलाकारों और शिक्षकों की यह जिम्मेदारी है कि वे नई पीढ़ी को यह एहसास कराएँ कि उदारवाद के प्रयोग का क्या प्रभाव और परिणाम होता है।

हमारे सामने जर्मन विश्वविद्यालयों का उदाहरण मौजूद है। किसी देश का बौद्धिक जगत यदि विश्वविद्यालय की सीमा के बाहर घटित होने वाले सामाजिक, आर्थिक और राजनीतिक परिवर्तनों में कोई रूचि नहीं लेता है और उन सत्तासीन गुटों के नियंत्रण के आगे सिर झुका लेता है, जो सामाजिक चिन्तन का स्वरूप निर्धारित करने का प्रयत्न करते रहते हैं, तो उसका क्या नतीजा होता है तथा स्वयं उसकी क्या दशा होती है? विश्वविद्यालय और वृहत्तर समाज का पारस्परिक सम्बन्ध दोनों के लिये लाभकारी होता है। प्रत्येक का हित तभी सुरक्षित रह सकता है जब विश्वविद्यालय अपने निजी सत्य की खोज और अपने निजी मूल्यों को सुरक्षित रखने के अधिकार पर दृढ़ रहता है, तथा उन लोगों से दबने से इन्कार कर देता है, जो उसके विचारों को नियंत्रित करना चाहते हैं। ऐसे प्रतिरोध और असहमति द्वारा ही विश्वविद्यालय उदार विचारों की शिक्षा देने के अपने कर्तव्य का निर्वाह कर कर सकता है। हमारी सांस्कृतिक परम्परा में, वैदिक काल से ही संकीर्ण "मेरा-तेरा" के भाव को हतोत्साहित करते हुए "उदार चरित्र" का विकास करने पर बल दिया गया है:

"अयं निजः परोवेति गणना लघुचेतसां
उदार चरितानां तु वसुधैव कुटम्बकं।"

('यह मेरा है, वह तुम्हारा है' जैसी गणना, छोटी या संकीर्ण मानसिकता वाले लोगों का काम है। उदार चरित्र वालों के लिये तो सारी पृथ्वी ही एक कुटुंब है।)

2

उच्च शिक्षा में नैतिक मूल्यों का समावेश

'एतरेय ब्राह्मण' में उल्लेख है कि विधाता ने जब मनुष्य का निर्माण कर दिया तो उसके संस्कारी स्वरूप को देखकर वह इतना प्रसन्न हुआ कि उसने तीन बार "सुकृतं, सुकृतं, सुकृतं" कह कर अपनी पीठ थपथपा ली। तब से आज तक मनुष्य ने अद्‌भुत भौतिक प्रगति करके बाह्य वस्तु जगत को तो खूब सजाया-संवारा, लेकिन आंतरिक जगत् की घोर उपेक्षा कर उसे खोखला कर दिया। उसकी इस एकांगी प्रगति के वैभव-विलास ने उसे उसी मुकाम पर पहुँचा दिया जहां जाकर बड़े-बड़े साम्राज्य और सभ्यताएँ अपना पतन स्वयं अपनी आँखों से देख चुके हैं। जर्मनी के नेतृत्व में नैतिक आग्रह नहीं होने से वहाँ बने 'कॉन्सेनट्रेशन केम्प्स' और 'गैस चैम्बर्स' ने जर्मनी के मुँह पर कालिख पोत दी।

आर्थिक एवं तकनीकी प्रगति के दौरान मनुष्य ने अपने ज्ञान और कौशल के बल पर 'गाइडेड़ मिसाइल' तो बना लिये मगर स्वयं दिशाहीन होकर एक समस्या बन गया। आज ज्ञान और जानकारी का अंबार लगा हुआ है, फिर भी मनुष्य जाति की बुनियादी समस्याओं का समाधान नहीं हो पा रहा है। गरीबी की समस्या का हल गरीबों को जीवित रखने मात्र तक सिमट गया है। जीवन के रक्षा-कवच अर्थात् पर्यावरण को अकूत क्षति पहुँचाकर मनुष्य ने 'सामूहिक हत्या' का आयोजन कर दिया है। मनुष्य आदिम अवस्था में जितना शेर-चीतों के सामने असुरक्षित नहीं था, उससे कहीं अधिक अपने साथियों के सामने हो गया है। पैसों की दौड़ और होड़ में वह सामाजिक और मानवीय संबंधों के ताने-बाने को ही तोड़कर कुचलता जा रहा है। आज आदमी अपने पड़ोसी के

बजाए बंदूक पर ज्यादा भरोसा करने लगा है, परन्तु क्या अस्त्र-शस्त्र से स्थायी सुरक्षा प्राप्त की जा सकती है? ऋग्वेद के इस आग्रह को भुला दिया गया है कि अन्ततः "मनुष्य ही मनुष्यों का रक्षक है" (मनुष्य मनुष्यां परिपातु विश्वतः)। यह कितनी घिनौनी बात है कि मनुष्य ही ऐसा प्राणी है जो अपने शिकार के साथ तब तक मित्रवत बना रहता है, जब तक कि उसे मार कर खा नहीं लेता। क्या यह सब मनुष्य की नैतिक-आध्यात्मिक चेतना, अंतःकरण और विवेक का विकृतिकरण नहीं है?

ऋग्वेद में मनुष्य को मनुष्य बनाए रखने का आग्रह है। "मनुर्भव जनया दैव्यं जनम्" अर्थात् "हे मनुष्य तुम मनुष्य बने रहो और दिव्यता का प्रसार करो। "डॉ. राधाकृष्णन का अभिमत है कि मनुष्य का मनुष्य बने रहना उसकी जीत है, दानव बनना उसकी हार है और महामानव बनना चमत्कार है।" महामानव बनने के लिये मनुष्य की आत्मा का बलवान होना जरूरी है। इसलिये आध्यात्मिक विकास के बिना मनुष्य की भौतिक उपलब्धियाँ अधूरी हैं। हमारी सांस्कृतिक परम्परा में जीवन के सफल संचालन के लिये भौतिक और आध्यात्मिक पक्षों के बीच संतुलन आवश्यक माना गया है। मनुष्य की विफलता के पीछे एक बड़ा कारण उसकी 'नैतिक असफलता' ही होती है। किर्केगार्ड मानते थे कि "आदमी केवल सोचने से नहीं बनता। वह नैतिक संघर्ष और कर्म के तनाव से बनता है।" मानव जीवन की सार्थकता 'आत्म-विस्तार' या अस्मिता को परस्परता में विलीन करने में निहित है। आधुनिकता भी संकुचन से नहीं विस्तार और समावेशन की क्षमता से स्वीकार्य होती है। इस वैश्विक दौर में, विविधता और बहुलता को अपनाए बिना कोई भी व्यक्ति या समूह समसामयिक या आधुनिक नहीं कहला सकता।

परिवार, शिक्षा, धर्म और राज्य समाज की चार बुनियादी संस्थाएँ हैं। ये अपनी अपनी प्रकृति के अनुसार सामाजिक व्यवस्था का संचालन और नियमन करती हैं। परिवार, शिक्षा और धर्म लोगों का नैतिक विकास करके तथा राज्य विधि-विधानों का उपयोग करके अपनी भूमिका का निर्वाह करता है। नैतिक विकास और वैधानिक निषेध दोनों ही सामाजिक अराजकता और विघटन को रोक कर सामाजिक सद्भाव और एकता बनाए रखते हैं।

नैतिकता हमारे जीवन की भाषा का व्याकरण है। शिक्षा एक नैतिक उद्यम है, इसलिये शिक्षा की प्रक्रिया द्वारा संप्रेषित होने वाला ज्ञान अथवा पाठ्यक्रम

के लिये सोद्देश्य चुनी और संगठित की गई ज्ञान-राशि नैतिक मूल्यों से आबद्ध होती है। इसीलिये कहा जाता है कि मूल्यबद्ध अज्ञान मूल्यरहित ज्ञान से बेहतर होता है। सुकरात और शंकराचार्य दोनों ही 'ज्ञान' को सद्‌गुण मानते थे, क्योंकि ज्ञान से ही सभी सद्‌गुणों का उद्‌भव होता है। ज्ञान से प्राप्त हुई चयन शक्ति द्वारा ही हम अवगुण को त्याग कर गुणों को धारण करके संस्कारवान बनते हैं।

अभ्यास पूर्वक कर्तव्य के पालन से सद्‌गुण का निर्माण होता है। इस तरह, सद्‌गुण और कर्त्तव्य सहोदर जैसे हैं। गीता में भी दैवी और आसुरी शब्दों द्वारा सद्‌गुण और दुर्गण को अभिव्यक्त किया गया है। इसी प्रकार, हमारी सांस्कृतिक परंपरा में शील' को परम भूषण कह कर उसे हमारे आचार-विचार की कसौटी माना गया है। सात्विकता भी शील की सहोदरा है। सद्‌गुणों पर दृढ़ता से अडिग बने रहना ही 'चरित्र' कहलाता है। स्वेच्छा से आंतरिक उत्कर्ष की ओर अग्रसर होकर ही आत्मिक विकास और नैतिक निर्मलता प्राप्त की जा सकती है। 'आत्मनः प्रतिकूलानि परेषां न समाचरेत' अर्थात् जिस व्यवहार से हमें आघात पहुँचता है, वैसा आचरण हमें अन्यों के साथ नहीं करना चाहिये। यह मान्यता ही नैतिक सौन्दर्य की उज्ज्वलता और तेजस्विता है। सारांश में परदुख-कातरता या तद्‌नुभूति और परोपकार ही नैतिकता, आध्यात्मिकता और चरित्र की आधारशिला है। वेद व्यास ने अठारह पुराणों का निष्कर्ष प्रस्तुत करते हुए कहा है कि "परोपकारः पुण्याय पापाय परपीड़नम्" अर्थात् परोपकार ही पुण्य है और पड़पीड़न पाप है। यहीं निष्कर्ष नीतिशास्त्र का मेरूदंड है।

समाजवैज्ञानिक दयाकृष्ण ने अपनी पुस्तक सोशल फिलासॉफीः पास्ट एण्ड फ्यूचर (1998) में यह रेखांकित किया है कि उदासीनता या निष्क्रिय भलमनसाहत अनैतिकता की निशानी है। यदि दूसरों की पीड़ा और कष्टों से हम बेचैन और आहत नहीं होते तो हम मनुष्य कहलाने योग्य नहीं रहते। ऐसी "मोटी चमड़ी" वाली चेतना जिस पर दूसरों के दुख-दर्द का किंचित भी असर नहीं होता उसे नैतिक परिप्रेक्ष में विकास का नहीं मानवीय पतन का सूचक ही माना जाएगा। स्वामी विवेकानन्द ने प्रबुद्ध वर्ग को चेतावनी देते हुए कहा था कि "आर्थिक वृद्धि और सामाजिक सुधार, यदि ये छोटे से नगरीय मध्य वर्ग तक सीमित रहेंगे तो निरर्थक ही कहे जाएंगे। जब तक लाखों लोग भूख और अशिक्षा की मार झेलते रहेंगे, तब तक मैं उस हर आदमी को देशद्रोही कहूँगा जो उन वंचित और गरीब लोगों की कीमत पर शिक्षित हुए है, तथा उन दीन-हीन लोगों पर थोड़ा सा भी ध्यान नहीं दे रहे हैं" आज के एक तर्कवादी

व्यक्ति को आध्यात्मिक मनुष्य में रूपांतरित करने का दायित्व भी उच्च शिक्षा पर है। मानव की नियति का निर्वाह करने के लिये हमें मनुष्यों को नैतिक आध्यात्मिक मार्ग पर चलने के लिये प्रेरित करना पड़ेगा, तभी भविष्य में बेहतर मानवता का उदय हो सकेगा। वर्तमान विश्वविद्यालयों पर सबसे बड़ा आरोप यह लगाया जा रहा है कि वे धार्मिक और आध्यात्मिक निष्ठाओं को नष्ट कर रहे है। आधुनिकता पर भी उंगली उठाई जा रही है कि वह अतीन्द्रिय या लोकोत्तर (ट्रांसेन्डेन्स) निष्ठा को क्षति पहुँचा रही है। के. सच्चिदानंद मूर्ति (1991) का अनुरोध है कि हमारे विश्वविद्यालयों को ऐसे निष्ठाहीन "नकारवादी (Nihilist) मरूथल" में धकेलने की अनुमति नहीं दी जानी चाहिये। नास्तिकता का विकल्प धर्म है। इसलिये आज उच्च शिक्षा के संस्थानों से यह अपेक्षा की जाती है कि वे ऐसा वातावरण और कार्यक्रम तैयार करें जिससे नैतिकता और आध्यात्मिकता के प्रति छात्रों में रूझान और आकर्षण पैदा हो सके। इस दृष्टि से चार्ल्स हैन्डी का यह विचार प्रासंगिक है कि "आत्मा उन धारणाओं में से एक है जिसे साक्षात्कार करते ही सौन्दर्य की तरह एकदम पहचाना जा सकता है। संगठन या संस्थानों में स्वयं उनके बारे में एक ऐसी सुवास, ऐसा भाव विकीर्ण होता रहना चाहिये कि भवन में प्रवेश करते ही आगन्तुकों को उसकी अनुभूति हो सके।" इस कथन का आशय यहीं है कि उच्च शिक्षा के संस्थान समाज के सच्चे सेवक तब हो सकते है जबकि वे अपने आप में एक आदर्श समाज बनकर उसकी अनुभूति करा सके। वे यह भी दर्शा सके कि उनका प्राथमिक आदर्श है: "छात्र की भलाई ही मनुष्य की भलाई है।" विश्वविद्यालयों में भरोसा प्रेम, सत्य और स्वतंत्रता का संचार विद्वद्जनों का सरोकार बने ताकि ये मूल्य विश्वविद्यालयीन जीवन में समाविष्ट हो सकें।

उच्च शिक्षा का अभिप्राय है श्रेष्ठतम वस्तुओं और विचारों की संगति। यहाँ तक कि युवजन उन्हें समझने और पसंद करने लगे और उनकी अनुभूतियाँ भी महान बौद्धिकों जैसी हो जाएँ। यहाँ तक कि छात्र उनकी स्वस्थ प्रवृत्तियाँ भी आत्मसात कर सकें। यू. के. के दार्शनिक, गणितज्ञ और शिक्षाविद् ए. एन. व्हाइटहेड की मान्यता है कि "निरन्तर महानता की कल्पना किए बिना नैतिक शिक्षा संभव नहीं है।" सर रिचर्ड लिविंग्सटन का कहना था कि "चित्रकला से लेकर वास्तुकला या साहित्य से लेकर चरित्रों तक किसी भी चीज में सुरूचि पैदा करने का एक ही तरीका है कि उसके बेहतरीन नमूनों का परिचय

प्राप्त कर लिया जाए।" अच्छे साहित्य के प्रति छात्रों में रूचि उत्पन्न करने के लिये यह जरूरी है कि उन्हें श्रेष्ठतम पुस्तकों के सम्पर्क में रहने के अवसर प्रदान किए जाएँ। प्रसिद्ध कवि कार्लाइल पुस्तकों के शैक्षिक योगदान से इतने प्रभावित थे कि वे "श्रेष्ठ पुस्तकों के संग्रहालय" को सच्चे विश्वविद्यालय की श्रेणी में रखते थे। महापुरूषों एव महान ग्रथों के संपर्क और लम्बे साथ से गरिमा और क्षुद्रता के अन्तर को पहचानने की क्षमता ही उत्पन्न नहीं होती बल्कि हमारे सोच-विचार का दायरा भी व्यापक होता है। उच्च-शिक्षा कार्य करने की प्रेरणा देने के साथ ही उस काम के प्रति एक सम्यक दृष्टिकोण और उसके लक्ष्य भी निर्धारित कर सकती है। इसीलिये कहा जाता है कि नेपोलियन और हिटलर यदि सुलझे हुए और संतुलित विचार के होते तो शायद आज दुनिया की तस्वीर काफी बदली हुई होती।

जीवन के मुख्य नियंत्रक बौद्धिक नहीं, संवेगात्मक होते हैं। हमारे अत्यहं (सुपर ईगो) की पोषक और संवर्द्धक तार्किकता नहीं, भावनाएँ होती हैं। बुद्धि संवेगों को बल तो प्रदान करती है मगर उनका स्थान नहीं ले सकती। चिन्ता करना एक संवेगात्मक मनोस्थिति है। कोई अध्यापक/आचार्य तब तक महान अध्यापक नहीं कहला सकता जब तक कि वह जीवन और उसकी अन्तिम परिणति की चिन्ता नहीं करता। जब तक कि वह अपने छात्र-छात्राओं और साथियों का उसी तरह ध्यान नहीं रखता जिस तरह अपने भाई-बहनों और संबंधियों का रखता है। दूसरों का ध्यान रखने का नैतिक गुण तर्क-शक्ति द्वारा उतना संक्रमित नहीं होता जितना कि उन लोगों के संपर्क में आने से होता है। तर्क-शक्ति पारस्परिकता के गुण को ज्ञान या जानकारी का सहारा दे सकती है, उसका मार्गदर्शन भी कर सकती है, लेकिन वह इस गुण को पैदा नहीं कर सकती। शिक्षकों का चयन करते समय उनके बौद्धिक स्तर और विद्वता पर अधिक जोर देना तथा जीवन से जुड़े नैतिक/चारित्रिक गुणों की अनदेखी करना ही वह मुख्य कारण है जिसकी अनुपस्थिति से छात्रों के पूरे जीवन की प्रेरणा में कालेजों और विश्वविद्यालयों का बहुत कम हाथ होता है। छात्रों के चयन में भी जीवन की चिन्ता करने की क्षमता रखने पर जोर दिया जाना चाहिये। ऐसा छात्र जो भले ही बौद्धिक दृष्टि से बहुत कुशाग्र न हो, परन्तु जीवन-मूल्यों की काफी चिन्ता करता है, उसका चयन किया जाना चाहिये, क्योंकि चिन्तन का यह गुण समीक्षात्मक और उन्मुक्त सोच-विचार के लिये नितान्त आवश्यक है।

खोजबीन करने की पूर्ण स्वतंत्रता का बौद्धिक ईमानदारी से गहरा सम्बन्ध है। जीवन के प्रति ईमानदारी और अभिरूचि उत्पन्न करने में "बौद्धिक ईमानदारी" का बड़ा योगदान है। जहाँ प्रश्न पूछने की स्वतंत्रता के साथ पारस्परिक विश्वास और सम्मान पाया जाता है, वहाँ सामान्यतः मानव-अनुभव और निर्णय-शक्ति के प्रति भी पर्याप्त सम्मान की भावना रहती है। वहाँ सर्वमान्य मर्यादाओं से हटकर विचार-हीन मतभेदों का आग्रह करने की प्रवृत्ति अपने आप घट जाती है। जब इनसे दूर जाकर कोई नया मार्ग अपनाया भी जाता है तो वह विद्रोह या अनियंत्रित उद्वेग के कारण नहीं, बल्कि विवेकपूर्ण छानबीन के फलस्वरूप ही चुना जाता है।

नैतिकता नीतिशास्त्र का व्यावहारिक पक्ष है, जो आचरण को अनुशासित करता है। जब तक आप के पास स्वस्थ नैतिक मूल्य नहीं है तब तक आप स्वस्थ और नैतिक जीवन नहीं जी सकते। नीति व्यष्टिपरक होती है, उसे हमें स्वयं में उगाना पड़ता है। बाह्य संसार में उसकी अभिव्यक्ति या अनुप्रयोग ही नैतिकता कहलाता है। नैतिक मूल्यों को आचरण में उतारने से ही व्यक्ति नैतिक बनता है। नैतिकता व्यवहार में लाने से सीखी जाती है तथा उदाहरण के संक्रमण द्वारा सिखाई जाती है। सहयोग और विश्वास द्वारा सामुदायिक भलाई करना ही सर्वोत्तम नैतिकता है। सर्वश्रेष्ठ नैतिकता में वर्जना या निषेध का सबसे कम स्थान है। नैतिकता और अनैतिकता की परिभाषाएँ समय और सामाजिक आवश्यकता के अनुसार बदलती रहती है। नैतिक मूल्य और आदर्श अधिकतर मानवीय सम्बन्धों की गुणवत्ता पर निर्भर करते हैं। छोटी नैतिकता बड़ी नैतिकता की शत्रु होती है। प्रतिभाशाली सृजनशील लोगों की सनक और नवोन्मेष की उद्दामता को मान देते हुए, उनकी अपरम्परागत कृतियों को स्वीकार करने से लगाकर, समस्त प्राणियों या जीवन मात्र के प्रति वफादारी रखना, वृहत्तर नैतिकता की ओर अग्रसर होने के लिये अनिवार्य है।

कहा जाता है कि नैतिक मूल्य ग्रहण किए जाते हैं, पढ़ाए नहीं जाते। श्री अरविन्द की नैतिक शिक्षा योजना में परोक्ष (इन्डाइरेक्ट) विधि को प्राथमिकता देने पर बल दिया गया है। इस विधि में नैतिक नियमों और मूल्यों को लादने या आज्ञा देकर पालन करवाने के बजाए निर्देश या सुझाव, वैयक्तिक उदाहरण, दैनिक वार्तालाप, नीतिकथाओं का पठन एवं श्रवण तथा महापुरूषों की आत्मकथाएँ और जीवनियों का अध्ययन सम्मिलित है। इस योजना में स्वयं द्वारा निर्देशित होने (ऑटो सजेश्चन) और महान विभूतियों और ग्रंथों से प्रेरणा

लेने का आग्रह होता है। वार्तालाप या संवाद में प्रश्न और प्रतिप्रश्न का महत्वपूर्ण स्थान है। तैयार निष्कर्ष प्रस्तुत करने की जगह, किशोर और युवाओं को स्वयं द्वारा निष्कर्ष निकालने या परिणाम तक पहुँचने के लिये प्रेरित किया जाता है। नैतिक शिक्षा के लिये विश्वविद्यालय के भीतर संचालित होने वाली गतिविधियों के समानान्तर बाहर भी ऐसे कार्यकलाप और गतिविधियाँ आयोजित की जानी चाहिये। एन.एस.एस. और एन.सी.सी. के माध्यम से आयोजित किये जाने वाले कार्यक्रमों के अतिरिक्त स्वयंसेवकीय (व्हॉलंटरी) स्तर पर भी सामुदायिक सेवा हेतु भागीदारी करके सेवा और सहयोग के लिये हाथ बढ़ाने का अभ्यास किया जा सकता है। विभिन्न अवसरों पर फिल्ड ट्रिप्स निकाल कर और कैम्प्स लगाकर भी बच्चों, वृद्धों और महिलाओं की अवश्यकतानुसार स्वास्थ्य, शिक्षा और कौशलों को उन्नत करने के लिये भी कार्यक्रम चलाए जा सकते है। ग्रामीण और शहरी मलिन बस्तियों के निवासियों के जीवन की कठिनाईयों और समस्याओं से रूबरू होने के लिये सर्वेक्षण और अध्ययन भी किए जा सकते हैं।

एल्विन टॉफलर (1970) की भविष्यवाणी गलत साबित हो रही है। सत्ता और शक्ति का झुकाव ज्ञान की और बढ़ने के बजाए अभी भी धन और हिंसा पर ही ठहरा हुआ है। तीव्र सामाजिक परिवर्तनों ने समाज में अनिश्चितता और जटिलता बढ़ा दी है। उधर विज्ञान और प्रौद्योगिकी की युगलबंदी ने सांस्कृतिक क्षेत्र और सरोकारों को सिकुड़ा दिया है। तकनीकी और व्यावसायिक शिक्षा के प्रसार ने उदारतावादी शिक्षा के महत्व को घटा दिया है। हमारे यहाँ अभ्युदय और निःश्रेयस अर्थात जीवन के भौतिक और नैतिक-आध्यात्मिक पक्ष में संतुलन का आग्रह था। पश्चिमीकरण और वैश्वीकरण के फलस्वरूप बढ़े व्यक्तिवाद और पूँजीवाद के प्रभाव ने बाजार के माध्यम से भोग-विलास को रहन-सहन का पर्याय बना दिया। परिणामस्वरूप, जीवन पर नैतिक मूल्यों का अनुशासन शिथिल हो गया। महात्मा गाँधी का आग्रह था कि आर्थिक नीति एवं चिन्तन में 75 प्रतिशत हिस्सा नैतिक और आध्यात्मिक मूल्यों का होना चाहिए लेकिन इसका उल्टा होता गया। आर्थिक नीति में नैतिक-आध्यात्मिक अंश घट कर एक चौथाई रह गया। आधुनिक परिवर्तनों ने उदारतावादी शिक्षा का अवमूल्यन कर उसके प्रभाव को सीमित कर दिया। विकसित-औद्योगिक और विकासशील देशों में मानविकी और समाज विज्ञान के अध्ययन के प्रति युवा पीढ़ी की अभिरूचि घट गई।

अब मानविकी एवं समाज विज्ञान तथा तकनीकी–व्यावसायिक शिक्षा के बीच की दूरी को घटाने और छात्रों में मानविकी एवं समाज विज्ञान के अध्ययन के प्रति आकर्षण और रूझान बढ़ाने के लिये हार्वर्ड यूनिवर्सिटी में प्रोफेसर रूस्तमजी की अध्यक्षता में बनी समिति की रिपोर्ट के आधार पर विभिन्न विश्वविद्यालयों में कदम उठाए जा रहे हैं। हमारे यहाँ भी पिछले दिनों यू.जी. सी. ने मानविकी और सामाजिक विज्ञान पढ़ने के लिये, छात्रों को आकर्षित करने हेतु कार्यक्रम बनाने पर जोर दिया है। नैतिक और आध्यात्मिक मूल्यों के प्रसार और उच्च शिक्षा में उनको दृढ़ता से समाविष्ट करने के लिये, मानविकी और समाज विज्ञान के महत्व को स्वीकार करते हुए उनके अध्ययन और अध्यापन को आधुनिक, छात्रोपयोगी और सुदृढ़ बनाया जाना चाहिये।

3

उच्च शिक्षा में गुणवत्ता-विकास

एक वैदिक प्रसंग है जिसमें कहा गया है कि राधीतर, पौरिशिष्ट और मौदगल्य नामक तीन ऋषियों में इस प्रश्न पर विवाद हुआ कि "संसार में सबसे बड़ी वस्तु क्या है?" ऋषि राधीतर ने कहा 'सत्य', पौरिशिष्ट ने कहा: 'तप' और अंत में मौदगल्य ने कहा-'पढ़ना और पढ़ाना।' वेद पुरुष ने निर्णय देते हुए कहा कि ऋषि मौदगल्य का उत्तर सही है कि "पढ़ना और पढ़ाना (स्वाध्याय) सत्य और तप से बढ़कर है।" इसी निष्कर्ष का पालन करते हुए प्रतिदिन अध्ययन-अध्यापन का आरंभ करने से पहले गुरुजन कहते आए है: "तेजस्विनौ अधीतमस्तु मा विद्विषावहै", अर्थात गुरु और शिष्य दोनों द्वारा किया गया अध्ययन तेजस्वी हो तथा दोनों आपस में कभी विद्वेष न करें।

इस प्रकार निष्ठा और श्रद्धा से अपना कर्म करते हुए गुरु यह भी कहते थे कि: "यावदहं वेद, कथं ते नावक्ष्यम", अर्थात ऐसा कैसे हो सकता है कि "मैं जितना जानता हूँ उतना तुम्हें नहीं पढ़ाऊँ", यदि मैं ऐसा करुँगा तो गर्मी में जैसे पेड़ सूख जाता है, वैसे ही मैं भी सूख जाऊँगा। संभवतः, ऋषियों के बीच हुए इसी संवाद के समापन से "स्वाध्याय प्रवचनाभ्याम् न प्रमदितव्यम्" जैसी वेदोक्ति का जन्म हुआ होगा। निःसंदेह, शिक्षा-दान के प्रति ऐसी निष्ठा और चेतना जहाँ भी रहेगी, वहाँ उच्च शिक्षा में गुणवत्ता आकाश से दौड़कर चली आएगी।

उच्च शिक्षा की गुणवत्ता में गिरावट

विख्यात इतिहासकार एच. जी. वेल्स का निष्कर्ष है कि "मानव इतिहास शिक्षा और विपत्ति के बीच की दौड़ है।" संभवतः, इसका आशय यह है कि

शिक्षा के बल पर मनुष्य जाति आपदाओं और संकटों का सामना करके उन पर विजय प्राप्त कर सकती है। इसलिये हर देश और समाज को अपने यहाँ की शिक्षा–व्यवस्था को, प्राथमिकता देकर, श्रेष्ठ और सुदृढ़ बनाना चाहिये। यह भी कहा जा रहा है कि आज के उच्च ज्ञान, कौशल और अभिवृत्ति पर आधारित समाज के लिये शिक्षा अस्तित्व की शर्त बनती जा रही है। लेकिन, दुर्योग यह है कि शिक्षा स्वयं ही विपत्ति–ग्रस्त हो गई है। योजना आयोग के पूर्व सदस्य स्वर्गीय जे.डी. सेठी ने लिखा है कि "जब तक उच्च शिक्षा की समूची संरचना बदल नहीं दी जाती तब तक कोई समुचित उपलब्धि प्राप्त नहीं की जा सकती। हमारे यहाँ शिखर पर उत्कृष्टता है, लेकिन तलहटी में सब कुछ साधारण या नगण्य है। जब तक कि उच्च शिक्षा में बुनियादी बदलाव नहीं लाया जाता, तब तक ऐसी ही स्थिति बनी रहेगी। सुधारने का समय बीत चुका है।"

उच्च शिक्षा के अन्तर्राष्ट्रीय ख्याति प्राप्त प्रोफेसर फिलिप अल्तबैक का भी अभिमत है कि भारत की इक्कीसवीं शताब्दी की दुविधा यह है कि "इस विश्व स्तरीय देश की उच्च–शिक्षा विश्वस्तरीय नहीं है।" पिछले दस वर्षों में हुई विश्वविद्यालयों की अन्तर्राष्ट्रीय रैंकिंग मे चुने गए 200 सर्वश्रेष्ठ विश्वविद्यालयों की सूची में हमारे देश का एक भी विश्वविद्यालय उपस्थित नहीं है। यह भी घोर निराशाजनक बात है कि वैश्विक अनुसंधान में हमारा योगदान केवल 3.5 प्रतिशत है। कम्प्यूटर साईन्स के क्षेत्र मे भारत की भागीदारी मात्र 2.4 प्रतिशत है। वैश्विक अनुसंधान में बड़ी और प्रभावी हिस्सेदारी उभरते हुए अर्थतंत्र अर्थात चीन (15 प्रतिशत), दक्षिण कोरिया (6.3 प्रतिशत) और ताइवान (5.7 प्रतिशत) कर रहे हैं। जहाँ तक उच्च शिक्षा संस्थानों से निकलने वाले स्नातकों की गुणवत्ता का सवाल है, लगभग 10–12 प्रतिशत मानविकी के, 21 प्रतिशत समाज विज्ञान के और 25 प्रतिशत यांत्रिकी के छात्र ही नियोक्ताओं द्वारा रोजगार देने योग्य पाए गए हैं। कुल मिलाकर, इन आंकड़ों से पता लगता है कि न तो शिक्षक दिल से पढ़ा रहे हैं, न छात्र मन लगाकर पढ़ना चाहते हैं, और न ही प्रशासक और राजनेता उच्च शिक्षा के उत्तरोत्तर गिरते हुए स्तर की चिन्ता पाल रहे हैं। राजनीतिकों ने तो अपना लक्ष्य या साध्य प्राप्त करने के लिये साधनों की पवित्रता को ही तिलांजली दे दी है।

व्यक्तिवादी 'डिजिटल मानववाद' के विकास और साइबर संसार के उद्दाम आकर्षण ने नई पीढ़ी को इन्टरनेट के बाहुपाश में इस तरह जकड़ लिया है कि

वह सामाजिक यथार्थ और मानवीय संबंधों की ही उपेक्षा करने लगी है। मनुष्य 'सायबोर्ग', अर्थात आधा आदमी और आधा उपकरण बनता जा रहा है। प्रौद्योगिकी अपने आक्रमण से संस्कृति को क्रमशः विस्थापित करती जा रही हैं। पूर्व राष्ट्रपति डॉ. के. आर. नारायण ने इस खतरे को पहचानते हुए कहा था कि "सांस्कृतिक प्रगति के बिना तकनीकी विकास एक खतरनाक स्थिति पैदा कर रहा है, जिसमें टैक्नोलॉजी का दुरुपयोग विध्वंस के लिये किया जाएगा। संगीत और विज्ञान का आनन्द लेने वाले संस्कृति-निष्ठ मनुष्य विकसित करने के बजाए वह ऐसे उच्छृंखल व्यक्ति बना रहा है जो मादक पदार्थों के सेवन, यौनाचार, अपराध और हिंसा में मग्न रहते हैं।" मानवीय चेतना, सामुदायिकता और संवेदनशीलता घटती जा रही है। आनन्दानुभूति की हमारी क्षमता भी घट रही है। लगता है, हम 'इमोशनल एनीमिया' के शिकार हो रहे हैं। मित्र और पड़ोसी की जगह अब शस्त्र या पिस्तोल पर ज्यादा भरोसा किया जाने लगा है। इन सूचकों से यह संकेत मिलता है कि हमारे यहाँ दिनों दिन उच्च शिक्षा की ही नहीं, 'जीवन की गुणवत्ता' भी घटती जा रही है।

200 विश्वविख्यात विषयों की पढ़ाई के आधार पर क्यू. एस. संस्था द्वारा विश्व के 200 विश्वविद्यालयों की सूची प्रकाशित की है। इससे विज्ञान और यांत्रिकी की श्रेष्ठतर पढ़ाई के लिये आई. आई. टी. और कुछ अन्य विश्वविद्यालयों को विश्व के सर्वश्रेष्ठ 50 विश्वविद्यालयों की सूची मे सम्मिलित किया गया है। लेकिन, दुखद बात यह है कि जीवन की गुणवत्ता बढ़ाने वाले कला, मानविकी और समाज विज्ञान समूह के विषयों की हमारे विश्वविद्यालयों में चल रही पढ़ाई वैश्विक स्तर की नहीं होने से इन विषयों को पढ़ाने वाला एक भी विश्वविद्यालय विश्व के सर्वश्रेष्ठ 200 विश्वविद्यालयों में अपनी उपस्थिति दर्ज नहीं करा पाया।

उच्च शिक्षा की गुणवत्ता में आई गिरावट का समाधान करने के लिये उपलब्ध भौतिक एवं मानव-संसाधनों का इष्टतम उपयोग करने के साथ-साथ निम्नांकित कारणों का निवारण भी यथाशीघ्र किया जाना चाहिए:

1. भौतिक और मानव-संसाधनों की कमी।
2. अध्यापन और अनुसंधान का स्तर ऊँचा उठाने के प्रति शिक्षकों की उदासीनता।

3. गुणवत्ता-संकट से पार पाने के लिये संगठनात्मक संरचना और प्रशासनिक पर्यावरण में बदलाव लाने के लिये वैकल्पिक सोच और पहल का अभाव।
4. अधिकाश छात्रों मे सीखने-विचारने की प्रवृत्ति और नवीनतम ज्ञान प्राप्त करने की चाह का क्षरण।
5. कैरियरवाद के दबाव के कारण 'ज्ञान के लिये ज्ञान' प्राप्त करने की जिज्ञासा तथा चारित्रिक विकास की मानसिकता का ह्रास।
6. निम्न स्तरीय निष्पादकों और कार्य-वंचकों को राजनीतिक प्रश्रय एवं संरक्षण।
7. राजनेताओं और जनप्रतिनिधियों द्वारा इस मिथक का प्रसारण कि अपवित्र साधनों से पवित्र साध्य (लक्ष्य) प्राप्त किए जा सकते हैं।
8. जन भागीदारी समितियाँ यदि गुणवत्ता बढ़ाने में बाधक दिखाई देती हैं तो उनके अस्तित्व पर पुनर्विचार के लिये शासन पर दबाव डाला जाना चाहिए।

गुणवत्ता की अवधारणा और विकास

21 वीं शताब्दी गुणवत्ता की शताब्दी है। इस प्रतियोगी शताब्दी में गुणवत्ता को सुदृढ़ बनाने के लिये नैतिकता, व्यावसायिक तत्परता (कौशल-प्रशिक्षण), सृजनशीलता और भविष्योन्मुखता को भी अधिमान दिया जाना आवश्यक हो गया है। उच्च शिक्षा प्राप्त करने के बाद भी रोजगार नहीं मिलने का एक बड़ा कारण युवजनों मे कौशलों की न्यूनता (Skill Deficit) है। इस घाटे को पूरा करने के लिये विभिन्न उद्योग एव व्यापार संगठन तथा कंपनियों ने पहल करके अपने ही कौशल-विकास या प्रशिक्षण संस्थान आरंभ कर दिए हैं। केन्द्र और राज्य सरकारों, द्वारा स्थापित 'कौशल-मिशन' भी इस दिशा में काफी योगदान दे रहे हैं। रोजगार की पात्रता का विकास करने के लिये कॉलेज और यूनिवर्सिटी को भी अपने पाठ्यक्रमों में कौशल-विकास पर नई ईकाइयाँ जोड़नी चाहिए। कौशल-विकास को बढ़ावा देने के लिये उच्च शिक्षा संस्थानों में 'कौशल-विकास केन्द्र' भी स्थापित किए जा सकते हैं।

फिलिप क्रॉसबी कहते हैं कि संस्था की पूर्व निर्धारित अपेक्षाओं के अनुरुप आचरण (Conformance to Requirement) ही गुणवत्ता कहलाती है। दूसरे

विचारक डी. ग्रीन के अनुसार कार्य के प्रयोजन के योग्य बनना (Fitness to Purpose) या उद्देश्य की प्राप्ति के लिये कार्य करते रहना ही गुणवत्ता है। सारांश में, गुणवत्ता सतत् और सुसंगत रुप से उच्च निष्पादन का निर्वाह करते रहने का एक उदात्त विचार और आग्रह है।

ऐसा भी कहा जाता है कि गुणवत्ता और सौन्दर्य एक अर्थ में जुड़वां बहने हैं। लगभग हर व्यक्ति सुन्दरता और गुणवत्ता का पक्षधर होता है, लेकिन उन्हे प्राप्त करने के लिये आवश्यक क्रियाशीलता बहुत कम लोगों मे दिखाई देती है। वास्तव मे गुणवत्ता की समस्याएँ उसकी शर्तो के उल्लंघन का परिणाम है। गुणवत्ता के प्रति सजग और समर्पित नहीं होने से जो क्षति या बर्बादी संस्थाओं को उठाना पड़ती है, वह अनुचित तरीके से काम करने, या पहला ही कदम गलत दिशा में उठाने की कीमत चुकाने जैसा होता है। इसलिये उच्च शिक्षा संस्थानों मे उच्च 'गुणवत्ता-चेतना' (Quality Consiousness) जगाने के लिये 'गुणवत्ता-विकास' के विभिन्न पहलुओं पर केन्द्रित कार्यशालाओं या प्रशिक्षण कार्यक्रमों का आयोजन किया जाना चाहिये।

सामान्य अर्थ मे गुणवत्ता किसी भी व्यक्ति, वस्तु, प्रणाली, प्रक्रिया या सेवा का वह उच्च स्तर है जिससे समाज में उसकी साख और विश्वसनीयता बनी रहती है। इस अवधारणा का तकाजा है कि उत्पाद या प्रक्रिया में वे सभी घटक और पूर्व निर्धारित लक्षण उपस्थित रहने चाहिए जिनका कि निवेश उसकी रचना में किया गया है।

गुणवत्ता उच्च शिक्षा का शील और परम भूषण है। गुणवत्ता न कोई पदार्थ है और न ही प्रविधि, बल्कि एक लक्ष्य है जिसकी ओर प्रविधि अग्रसर होती है। यह एक ऐसा उद्दीपन है जो हमें निदान ओर उपचार के लिये बाध्य करता है, ताकि हमारे निष्पादन के दोषों का परिहार और गुणों की वृद्धि हो सके। उच्च शिक्षा में गुणवत्ता का आशय यह है कि शिक्षा की प्रक्रिया और प्रणाली में किए गए निवेशों, अधिगम-अध्यापन, अनुसंधान और मूल्यांकन का स्तर ऊँचा उठाकर छात्रों की उपलब्धि इतनी बढ़ाई जा सके कि उसकी तुलना राष्ट्रीय और अन्तर्राष्ट्रीय स्तर से की जा सके।

गुणवत्ता को चाहे परिभाषित किया जाए या नहीं किया जाए, उसकी उपस्थिति जानकार लोगों द्वारा महसूस की जा सकती है। कहा जाता है कि गुणवत्ता के बिना भी संसार और संस्थाएँ चल सकती हैं, लेकिन वहाँ का

पर्यावरण या जीवन इतना उबाऊ, उत्साह-विहीन और अनाकर्षक हो जाएगा कि उसे रहने योग्य नहीं समझा जाएगा।

पेन्सिल छीलने जैसे सरल कार्य से लगाकर पेन्टिंग बनाने के जटिल कार्य में आने वाली समस्याएँ लगभग एक जैसी होती हैं। प्रत्येक दशा में काम करने का एक सुन्दर तरीका होता है और दूसरा फूहड़। उच्च गुणवत्ता प्राप्त करने के लिये काम करने का सुन्दर तरीका अपनाने में ऐसी योग्यता की आवश्यकता होती है जिसके द्वारा हम जान सके कि 'अच्छा लगना' क्या होता है या अच्छा लगने का आशय क्या है? इसके अतिरिक्त, काम करने के अच्छे या सुन्दर तरीके की ओर ले जाने वाली विधियों को जानना भी जरुरी होता है।

गुणवत्ता के प्रति सजग शिक्षक या कार्यकर्त्ता में अपने कार्य को संपादित करने की तीव्र भावना और लगन होती है। ऐसी स्थिति में कार्य और व्यक्ति के बीच कोई दूरी नहीं रहती। ऐसी मानसिक दशा में, व्यक्ति अपने कार्य पर पर्याप्त ध्यान ही नहीं देता, बल्कि वह कार्य के प्रति समर्पित, संलग्न, और प्रतिबद्ध होता है। इस तरह, कार्यकर्त्ता का अपने कार्य के साथ तादात्म्य स्थापित करने में सफल होना, निष्पादन की गुणवत्ता का चरमोत्कर्ष कहा जा सकता है।

नैक (NAAC) का नर्तन या निरीक्षण

उच्चतर शिक्षा प्राप्त व्यक्तियों के कार्यस्थल या संस्थान में निष्पादन की गुणवत्ता जाँचने के लिये किसी इन्स्पेक्शन या 'पीअर टीम' का आना गौरव की बात नहीं है। कॉलेज या यूनिवर्सिटी में गुणवत्ता का नियंत्रण और नियमन वहाँ के आचार्यो-प्राचार्यो द्वारा स्वयं ही किया जाना चाहिये। वे निःसंदेह रुप से ऐसा करने के लिये सक्षम है। कानूनी बाध्यता इसीलिये खड़ी की जाती है क्योंकि हम अपने मूल्यांकन का दायित्व नैतिक रुप से अपने हाथ में नहीं लेते। बाहरी दबाव या भय से आनन-फानन में कॉलेज या विश्वविद्यालय की कृत्रिम लिपाई-पुताई और साज-सज्जा करवाना, विवाह या दीपावली जैसे आवधिक दिखावे के अलावा और क्या हो सकता है? क्या हम गुणवत्ता के सर्वविदित मानकों के अनुरूप सहजता से सदैव ही अपना-अपना काम नहीं कर सकते? नैक (राष्ट्रीय मूल्यांकन और प्रत्यायन परिषद) के खौफ से आयोजित इस अनुष्ठानिक चाँदनी को अंधकार में बदलने में तीन-चार महीने से ज्यादा नहीं लगते।

उच्च शिक्षा में गुणवत्ता के निर्वाह और नियमन का दायित्व केवल नैक पर नहीं छोड़ा जा सकता। इस परिषद की गतिविधियों का अतीत इस पर उंगली उठाए बिना नहीं रह सकता। परिषद ने मूल्यांकन और प्रत्यायन की प्रक्रिया को एक यांत्रिक कवायद बना दिया है। इसकी 'पीअर्स टीम' की विजिट्स (यात्राओं) ने एक समारोही रूप ले लिया है। इसके निरीक्षण और वार्तालाप संस्थानों के शिक्षकों और प्रशासकों को अध्यापन और अनुसंधान के क्षेत्र में नवाचारी बनने या लीक से हटकर पढ़ने-पढ़ाने और अध्यापन को अनुसंधान से जोड़ने के लिये प्रेरित संकल्पित करते दिखाई नहीं देते। यू.जी.सी. ग्रांट बाँटने और नैक ग्रेड बाँटने की मशीनें बनी हुई हैं। ये अकादमिक क्रांति के अग्रदूत शायद ही कभी बन पाएँगी। आखिर, उच्च शिक्षा के सागर में ऊँचा उठता हुआ साधारणता (Mediocrity) का ज्वार इनके लिये चुनौती क्यों नहीं बन पा रहा रहा है?

स्वायत्तता का परिणाम

चुने हुए कॉलेजों और अन्य शिक्षा संस्थानों को स्वायत्तता इसलिये दी गई थी कि वे अपनी अकादमिक आजादी का उपयोग उपलब्ध संस्थानों को संगठित-नियोजित करके उन्हें अधिक गतिशील और फलदायी बनावें, ताकि उच्च शिक्षा में गुणवत्ता का संचार हो सके। लेकिन, ऐसा कुछ होता हुआ दिखाई नहीं दे रहा है। ज्यादातर स्वायत्त संस्थाओं का निष्पादन और उपलब्धि साधारण या औसत किस्म की ही बनी हुई है। वास्तव में, ये संस्थाएँ पारंपरिक रीतिरिवाज और रुढ़ियों से मुक्त नहीं हो पाई हैं। यहाँ के प्रशासकों और शिक्षकों में पहलवृत्ति, नवाचारिता और उद्यमशीलता का अभाव है। कुछ बेहतर या भिन्न करने के बजाय वे "वही थोड़ा और" के मंत्र का ही जाप करने में मशगूल हैं। अब समय आ गया है कि यू.जी.सी. या कोई प्राइवेट एजेन्सी इनके निष्पादन का गहन अध्ययन करके सच्चाई सामने लाए अन्यथा स्वायत्तता के नाम पर मनमानी और भाई-भतीजावाद बढ़ता ही जाएगा और कालांतर में 'स्वायत्तता' की श्रेष्ठ अवधारणा एक पाखंड बनकर रह जाएगी।

अध्यापन और अनुसंधान

चूँकि शिक्षा के तीनों चरण एक दूसरे से सम्बद्ध हैं, इसलिये एक चरण की गुणवत्ता का विचार दूसरे को छोड़कर नहीं किया जा सकता। गुणात्मक

सुधार और विकास के प्रयास प्राथमिक शिक्षा से ही आरंभ कर दिये जाने चाहिये। आरंभिक स्तर पर पाई गई कमी या खामी को अनदेखी करके ऊपर के स्तर को निर्दोष बनाना काफी प्रयत्न साध्य और समय साध्य होता है। शिक्षा के तीनों स्तरों में भागीदारी करने वाले सभी घटकों की गतिविधि का संचित परिणाम गुणवत्ता बढ़ाने में सहायक होता है। इन घटकों में, शिक्षक की भूमिका सबसे बड़ी और महत्वपूर्ण होती है, क्योंकि अधिगम और अध्यापन की प्रक्रिया में उसे ही सार्थक हस्तक्षेण करना पड़ता है। गुणवत्ता की वृद्धि के लिये निदानात्मक और उपचारात्मक अध्यापन काफी उपयोगी पाए गए है। इन दोनों प्रकार के अध्यापनों का समय-समय पर उपयोग करके शिक्षण के दोषों या न्यूनताओं की पहचान तथा उनका उपचार भलीभाँति किया जा सकता है।

अनुसंधान और अध्यापन उच्च शिक्षा के दो महत्वपूर्ण आयाम है। वास्तव में इन दोनों की गुणवत्ता या स्तर में काफी गिरावट आ गई है। ये यांत्रिक और जड़ क्रिया बनते जा रहे हैं। कक्षाएँ पाठ सुनने के ऐसे कमरे बन गए हैं, जहाँ तथ्यों के 'टिकिट-संग्रह' को प्रोत्साहन किया जाता है और 'सही उत्तर लाने का खेल' खेला जाता है। अधिकांश अध्यापन वर्णन केन्द्रित और संवाद-विमुख होता है। पिछले सौ वर्षों में कक्षाध्यापन पर किये गए शोधकार्य दर्शाते हैं कि लगभग सभी कक्षाओं में किया गया अध्यापन सृजन-अवरोधी और मस्तिष्क की प्रकृति के विरुद्ध केवल स्मृति पर बल देने वाला होता है। गुणत्मक सुधार के लिये कक्षाध्यापन में और कक्षा से बाहर छात्रों की भागीदारी बढ़ाई जानी चाहिये। उन्हें प्रश्न पूछने और असहमति व्यक्त करने के लिये प्रोत्साहित करने से वे चिन्तनशील बनेंगे और समस्या-समाधान के लिये आगे आ सकेंगे। कॉलेजों और विश्वविद्यालयों में ऐसे अध्यापक-आचार्य नियुक्त किए जाने चाहिये जिनका ज्ञान अनुसंधान से अभिषिक्त हो और कल्पना से आलोकित हो। ऐसे शिक्षक ही छात्रों को ज्ञान के कल्पनात्मक अर्जन की ओर अग्रसर कर सकेंगे। सफल और गुणवत्तापूर्ण उच्च शिक्षा के लिये वहाँ से संप्रेषित किये गये ज्ञान में ताजगी और नवीनता होना आवश्यक है। प्रचलित अध्यापन में अनुसंधान के निष्कर्षों का अनुप्रयोग बहुत ही कम या नहीं के बराबर होता है। अध्यापन की प्रभाविता और गुणवत्ता के लिये यह जरुरी है कि अध्यापन और अनुसंधान में आदान-प्रदान चलता रहे। इससे दोनों एक दूसरे को समृद्ध और नवीन बना सकेंगे। आज हम गवेषणा-मुखी समाज में रह रहे है, जहाँ ज्ञान, अर्थ (मीनिंग) और सत्य बने-बनाए या दिए हुए नहीं होते। शिक्षक और छात्रों

के बीच सहकार-पूर्ण अभिक्रिया को प्रोत्साहन देकर इन्हें खोजा और पुनर्रचित किया जाना चाहिये। अनुसंधान से जुड़े रहने वाले अध्यापक का ज्ञान कभी बासी नहीं होता और वह बौद्धिक मृत्यु का शिकार होने से भी बचा रहता है। शिक्षा एक नैतिक उद्यम है। इसलिये यहाँ से संप्रेषित किया जाने वाला ज्ञान नैतिकता से संश्लिष्ट और समन्वित होना चाहिए।

संस्थागत योजना और कॉलेज संकुल

गुणवत्ता विकास के लिये, संस्थागत योजना। (Insitutional Planning) और कॉलेज संकुल (College Complex) नामक नवाचार काफी लाभदायक सिद्ध हो सकते हैं। इनके लिये विशेष व्यय की भी आवश्यकता नहीं है। उच्च शिक्षा संस्थान में अभी तक इनका परीक्षण और प्रयोग भी नहीं हुआ है। ये संकल्पनाएँ सरल, व्यावहारिक और प्रासंगिक हैं।

किसी भी उच्च शिक्षा संस्थानों के क्रिया-कलापों के कुशल, नियमित और परिणामकारी प्रबंधन एवं कार्यपालन के लिये वार्षिक योजना की रुपरेखा बनाना सदैव उपयोगी माना जाता रहा है। ऐसी सुविचारित योजना 'मार्ग का भूगोल' या मानचित्र कहीं जा सकती है। इस पूर्व निर्धारित योजना के अनुसार संस्था की गतिविधियाँ संचालित करना मितव्ययी और सुविधाजनक होता है। चूंकि योजना सामूहिक भागीदारी से विकसित की जाती है, इसलिये इसके क्रियान्वयन में बाधाएँ नहीं आती। इस कारण, संस्था में टीम भावना भी बनी रहती है। अग्रगामी सोच के आधार पर, सर्व सम्मति से योजना बनने के कारण संस्था के भौतिक एवं मानव-संसाधनों का इष्टतम उपयोग कर पाना भी संभव होता है।

प्रगतिशील प्राइवेट और सेन्ट्रल स्कूलों द्वारा संगठित 'सहोदय' मंच के समान विभिन्न महाविद्यालय भी ऐसी ही पताका के नीचे, पारस्परिक सहयोग के लिये, एकत्र हो सकते हैं। ऐसी छतरी को "कोआपरेटिव कॉमनवेल्थ" भी कहा जा सकता है। हमारे तेहसील या ब्लॉक से लेकर महानगर तक के कॉलेजों में काफी असमानता हैं और उनके संसाधन भी बहुत सीमित हैं। अधिसंख्य साधनहीन कॉलेजों के लिये सम्पन्न कॉलेजों से आवश्यक सहयोग अर्थात साधनों का लाभ लेने के लिये 'कॉलेज संकुल' एक वरदान सिद्ध हो सकता है। एक सम्पन्न और प्रगत कॉलेज के नेतृत्व में तीन-चार अभावग्रस्त कॉलेज योजनाबद्ध तरीके से समय-समय पर मिल-बैठकर अग्रणी कॉलेज के

भौतिक एवं मानवीय साधनों का लाभ उठा सकते हैं। सीमित साधन वाले कॉलेज लायब्रेरी से पुस्तकें, प्रयोगशाला से उपकरण और अनुभवी आचार्यों से समस्या समाधान के लिए परामर्श और मार्गदर्शन प्राप्त कर सकते हैं। सहयोग को संभवतः इसिलिए "सामाजिक पूँजी" (Social Capital) कहा जाता है। जहाँ एक ओर, उत्कृष्ट कॉलेजों के निकट आने पर अकादमिक संबल और नवाचार की प्रेरणा मिलेगी, वहीं दूसरी ओर प्रगत और साधन सम्पन्न कॉलेजों को उच्च शिक्षा के यथार्थ से रूबरू होकर समस्या समाधान का अनुभव भी प्राप्त हो सकेगा। इस तरह यदि कॉलेज एक दूसरे के उत्थान के लिए व्यावसायिक ईमानदारी और समर्पण भाव से भाईचारा स्थापित कर सकेंगे तो यह सिद्ध कर देंगे कि "साथ-साथ बैठना शुरूआत होती है, साथ-साथ बने रहना प्रगति और साथ-साथ काम करना सफलता"।

शैली-बोध और गुणवत्ता-विकास

ब्रिटेन के विख्यात शिक्षा शास्त्री एल्फ्रेड नार्थ व्हाइटहेड ने 'शैली-बोध' (Sense for Style) नामक शिक्षा के उद्देश्य की चर्चा की है। यह उद्देश्य उच्च शिक्षा में गुणवत्ता विकास के लिए सहायक हो सकता है। यह अवधारणा जीवन और शिक्षा की ओर देखने की सरल एव सादगी पूर्ण दृष्टि है। डॉ. व्हाइटहेड (Whitehead) ने इसे मितव्ययीता, संयम और सौन्दर्यबोधात्मक विचार कहा है। उन्होंने इसे मस्तिष्क की परम नैतिकता और शिक्षित व्यक्ति की अंतिम उपलब्धि माना है। इसके तीन आयाम हैं: पहला अपव्यय से घृणा; दूसरा, वस्तुओं की मितव्ययीता; और तीसरा, बेहतर निष्पादन की चाह। उदाहरण देते हुए प्रो. व्हाइटहेड ने कहा है कि शैली-बोध रखने वाला प्रशासक बर्बादी से नफरत करता है, शैली बोध वाला इंजीनियर वस्तुओं का उपयोग मितव्ययीता से करता है, तथा शैली-बोध वाला कारीगर सदैव बेहतर कार्य करने के लिए अग्रसर होता है।

शैली-बोध की विलक्षणता यह है कि वह हमारा ध्यान केवल उद्देश्य की प्राप्ति पर केन्द्रित रखता है। चूँकि शैली-बोध मस्तिष्क को इधर-उधर भटकने नहीं देता इसलिए मस्तिष्क की शक्ति बढ़ती है। यह भी कहा गया है कि शैली-बोध विशेषज्ञों का विशेषाधिकार है, जिसे कवि और चित्रकार के कार्यों में प्रदर्शित होते हुए देखा जा सकता है। शैली विशिष्ट अध्ययन का उत्पाद है, इसलिए शैली-बोध को विशेषज्ञता द्वारा संस्कृति को दिया गया उपहार भी

बताया जाता है। गुणवत्ता-विकास के लक्ष्य को प्राप्त करने के लिए शैली-बोध के तीनों तत्व उच्च शिक्षा के क्षेत्र में भी हमारा मार्गदर्शन कर सकते हैं।

उपसंहार

गुणवत्ता अजेय शिखर नहीं है। मानवीय उद्यम और अध्यवसाय के सामने लगभग ऊँचे से ऊँचे सभी शिखर अपना मस्तष्क झुकाते आये हैं। आवश्यकता है बस अपने कार्य के प्रति संलग्नता और वचनबद्धता की। अवश्यकता है महाविद्यालयों में गुणवत्ता-चेतना जगाकर गुणवत्ता की संस्कृति की स्थापना करना। स्थानीय गुणवत्ता समिति चर्चाओं की एक श्रृंखला चलाकर उच्च शिक्षा में विराजी पारंपरिक पारिस्थितिकी (ईकॉलोजी) की पकड़ से कॉलेजों को मुक्ति दिला सकती है। नगर के उच्च शिक्षा से लाभन्वित होने वाले सभी समूहों के प्रतिनिधियों को गुणवत्ता विकास के अभियान से जोड़ा जाना चाहिए। नगर में निवास करने वाले उच्च शिक्षा प्राप्त सेवा-निवृत्त विशेषज्ञों के समूह को भी समय-समय पर आमंत्रित किया जाना चाहिए ताकि इन वरिष्ठ नागरिकों के पास संचित ज्ञान और कौशल का लाभ लिया जा सके। कॉलेजों के लिए अतिरिक्त संसाधन जुटाने के लिए भी नगर से जुड़ना लाभकारी हो सकता है।

4

शिक्षा और सामाजिक परिवर्तन

मनुष्य जाति द्वारा किए गए सामाजिक आविष्कारों में शिक्षा का स्थान काफी ऊँचा है। शिक्षा एक ऐसी केन्द्रीय प्रक्रिया है, जिससे सामाजिक जीवन के आर्थिक, राजनीतिक और सांस्कृतिक पक्ष अंतरंग रूप से जुड़े हुए हैं। शिक्षा इन सभी पहलुओं को प्रभावित करती है और इन सब से प्रभावित भी होती है। सामाजिक प्रणाली की इन्हीं सब शाखाओं के समन्वित और संतुलित विकास पर ही सामाजिक उन्नति निर्भर करती है।

दूसरे महायुद्ध के बाद दुनिया के अधिकांश देशों में शिक्षा सबसे बड़ी गतिविधि बन गई। आजकल सभी देशों में शिक्षा पर प्रतिरक्षा से भी अधिक खर्च करने की माँगें जोर पकड़ रही हैं। औद्योगिक क्रान्ति को जन्म देने वाले यूरोपीय देशों में शिक्षा आर्थिक विकास की अनुगामी रही है, लेकिन अब, खास कर बीसवीं शताब्दी के मध्य से, आर्थिक वृद्धि शिक्षा का अनुसरण करने लगी है। सबसे पहले यह प्रवृत्ति जापान, रूस और अमरीका में दिखाई दी। एशिया, अफ्रीका और लेटिन अमरीका के विकासशील देशों ने भी, भारी त्याग और कठिनाइयों को बर्दाश्त करते हुए, इस प्रवृत्ति को अपना लिया।

कम विकसित देश अपने औपनिवेशिक अतीत के बोझ और विकार से अभी मुक्त नहीं हो पाए हैं। यहाँ बिना बुनियादी सामाजिक बदलाव आए ही आजादी मिल जाने से सामाजिक ढाँचा यथावत बना हुआ है। पुराने बरतानवी अथवा पश्चिमी मॉडल पर ही यहाँ सामाजिक सस्थाएँ बन और चल रही हैं। शिक्षा, राजनीति और अर्थतंत्र में 'स्वदेशी यथार्थ' के व्यापने की गति बहुत धीमी है। विदेशी संस्कृति से बिना सोचे-समझे आंतकित और अभिभूत होने

की मानसिकता, अनुकरण-प्रियता तथा अनुदान एवं अनुग्रह राशि की स्वाभिमान रहित स्वीकृति से नहीं उबर पाने के कारण विकासशील देश विकसित देशों के सांस्कृतिक साम्राज्य बनते जा रहे हैं। भारत सहित अन्य विकासशील देशों की शैक्षिक प्राथमिकताएँ भी दोषपूर्ण रही हैं। जिन विकासशील देशों ने आजाद होने के बाद प्राथमिक और माध्यमिक शिक्षा के प्रसार एवं विकास पर अधिक ध्यान दिया वे देश आज आर्थिक दृष्टि से अधिक सम्पन्न हैं। इसके विपरीत, जिन देशों ने आजादी के आरंभिक वर्षों में उच्च शिक्षा पर अधिक व्यय किया, उनके हाथ सामाजिक लाभ के बजाए सामाजिक समस्याएँ अधिक आई हैं।

शिक्षा व्यक्ति की अन्तर्निहित शक्तियों को उजागर और अभिव्यक्त करने में प्रेरक एवं सहायक का काम करती है। जब तक शिक्षा के औपचारिक एवं गैर औपचारिक कार्यक्रमों द्वारा समाज के सभी सदस्यों की सुप्त क्षमताओं को गतिशील बनाने के अवसर और आधार जुटाए नहीं जाते, तब तक राष्ट्रीय सामाजिक उन्नति का विराट सपना साकार होते दिखाई नहीं देता। विकासशील देशों में हुए 'शिक्षा के परिणामों' के विश्लेषण-विवेचन बताते हैं कि शिक्षा जनशक्ति के विकास का एक समर्थ साधन है। आर्थिक विकास के परम्परागत साधन भूमि, श्रम और पूंजी के साथ चौथे साधन के रूप में 'शिक्षा' को भी स्वीकार किया जा चुका है। अर्थशास्त्री और व्यापार प्रबंध विशेषज्ञ अब शिक्षा को 'उपभोग प्रधान विलासिता' न मानकर 'उत्पादक निवेश' मानने लगे हैं। इन धारणाओं के फलस्वरूप शिक्षा 'मानवीय संसाधन विकास' अथवा 'मानवीय पूंजी निर्माण' का पर्याय बन गई है।

विकास के सांस्कृतिक निर्धारकों की हमारे यहाँ काफी उपेक्षा हुई है। धीरे-धीरे अब आर्थिक समृद्धि के लिए मूल्य, मान्यताओं और अभिवृत्तियों का योगदान स्वीकार किया जाने लगा है। अर्थशास्त्री, समाजशास्त्री और प्रौद्योगिकी विशेषज्ञों को उनके अनुभवों और अध्ययनों ने यह मानने के लिए बाध्य किया है कि अभाव को समृद्धि में बदलने के लिए पूंजी और कौशल के साथ-साथ एक भावात्मक झुकाव भी महत्वपूर्ण होता है। जब तक लोगों की परंपरागत आदतें, विश्वास और मान्यताएँ नहीं बदलतीं, तब तक आर्थिक खुशहाली की आकांक्षाएँ पूरी नहीं हो सकती। आर्थिक विकास के लिए लोगों की समय, कार्य, धन, प्रतिष्ठा और उपलब्धि के प्रति मान्यताएँ बहुत महत्व रखती हैं। विकास हेतु व्यापक सामाजिक रूपातंरण लाने के लिए मूल्यगत और अभिवृत्ति-मूलक परिवर्तन एक अनिवार्य शर्त है। यह शर्त शिक्षा द्वारा बखूबी

पूरी की जा सकती है। इंकेल्स और स्मिथ द्वारा भारत और अन्य पाँच विकासशील देशों मे आधुनिकता सम्बन्धी किए गए अध्ययन ने भी इस बात की पुष्टि की है कि शिक्षा द्वारा नए विचार, नई अभिवृत्तियाँ और नए मूल्य विकसित किए जा सकते हैं।

प्रत्येक राजनीतिक तंत्र अपने लक्ष्यों की पूर्ति के लिए शिक्षा प्रणाली का सदुपयोग अथवा दुरूपयोग करता आया है। सर्वसत्तावादी या अधिनायकवादी शासन व्यवस्था में शिक्षा का अधिक दुरूपयोग होता है। इन व्यवस्थाओं में शिक्षा को, व्यक्तियों को झुकाने-मोड़ने का एक दानवी उपकरण बना दिया जाता है। ऐसे शासन तंत्र आंतक और केन्द्रीयकरण द्वारा त्वरित आर्थिक उन्नति का उदाहरण पेश करते हैं तथा आधुनिक भी कहलाते हैं, मगर यह सब मानवीय गरिमा को गिराकर हासिल किया जाता है। वहाँ व्यक्ति नींद में भी स्वतंत्र और सुरक्षित महसूस नहीं कर पाता। विमानवीकरण करने वाली इन क्रूर व्यवस्थाओं का जार्ज ऑरवेल ने अपने उपन्यास '1984' और 'एनिमल फार्म' में मार्मिक चित्रण किया है।

शिक्षा मनुष्य को पूर्णत्व तक पहुँचाने का उद्यम है। इस अर्थ में शिक्षा और लोकतंत्र एक दूसरे के पूरक, प्रेरक और पोषक हैं। स्वतंत्रता और अज्ञानता साथ-साथ नहीं चल सकते। शिक्षा के समान मताधिकार का पाठ पढ़ाने वाली दुनिया में अन्य कोई एजेंसी नहीं है।

जनतंत्र की सफलता ऐसे नागरिकों पर निर्भर करती है, "जिन पर नेतृत्व करना सरल हो किन्तु जिन्हें हांका नहीं जा सके, जिन पर राज्य करना सरल हो, किन्तु जिन्हें गुलाम बनाना असंभव हो।" नई पीढ़ी में मूल्यों के प्रति प्रतिबद्धता और समीक्षात्मक चिन्तन पैदा करके ऐसे विविधतापूर्ण लोकतांत्रिक समाज की नींव मजबूत की जा सकती है। यों भी, तीव्र सामाजिक परिवर्तन के दौर मे लचीलेपन, कल्पनाशीलता और विचारशीलता की कुछ ज्यादा ही जरूरत होती है।

किसी भी समाज का भाग्य और भविष्य ज्यादातर वहाँ के थोड़े से सर्जनशील व्यक्तियों पर निर्भर करता है। इसलिए हर समाज की शिक्षा व्यवस्था में प्राथमिक स्तर से ही प्रतिभा की खोज और विकास पर ध्यान दिया जाना चाहिए। तभी वहाँ ऊँचे दर्जे के विचारक, वैज्ञानिक और कलाकार तैयार हो सकते हैं। वह पुरानी मान्यता अब लद चुकी है कि प्रतिभा तो हीरे के समान

अपने आप ही चमकेगी। यदि हीरे पर धूल का पहाड़ खड़ा कर दिया जाए तो हीरा बेचारा कैसे चमकेगा? वह तो कोयले से भी बदतर हो जाएगा। प्रतिकूल परिस्थितियों की मार से कई प्रतिभाएँ ऐसे ही धूल धुसरित हो कर मुरझा जाती हैं। इसलिए प्रतिभावान और सर्जनशील बच्चों को भाग्य के भरोसे नहीं छोड़ा जाना चाहिए

डॉ. धर्मपाल की पुस्तक **'द ब्यूटीफुल ट्री : एज्युकेशन इन द एटीन्थ सेन्चुरी'** दर्शाती हैं कि अंग्रेजी राज के आने से पहले की हमारी देशी शिक्षा व्यवस्था में धर्म और जाति पर आधारित भेदभाव तथा ऊँच नीच नहीं के बराबर थी। साक्षरता का अंक भी ऊँचा था। मगर, अंग्रेजी शिक्षा की परम्परा ने भारतीय समाज को 'आम' और 'खास' लोगों में बांट दिया। ऊँच-नींच और अलगाव के बीज बो दिए।

आजादी के बाद फिर हमें शिक्षा को सामाजिक समरसता और राष्ट्रीय एकता का औजार बनाने के प्रयास शुरू करने पड़े। इन प्रयासों में आज और अधिक गति लाने की जरूरत है। क्योंकि, फिर हमारे यहाँ अलगाव और विघटन कभी-कभी सिर उठाने लगे हैं। आतंक और हिंसा का बोलबाला भी बढ़ जाता है। ऐसी अराजकता समाज को विकास के बजाए विनाश की ओर धकेलती है। अतः आज शिक्षा संस्थाओं की सबसे बड़ी जिम्मेदारी गांधी जी की कल्पना का 'अहिंसक मस्तिष्क' तैयार करने की है। साथ ही, स्वतंत्रता और जिम्मेदारी के बीच संतुलन बैठाना भी जरूरी हो गया है। यूनेस्को बहुत पहले ही स्वीकार कर चुका है कि हिंसा अथवा युद्ध मनुष्य के मस्तिष्क में पैदा होता है, इसलिए उसकी रोकथाम के उपाय भी मनुष्य के मस्तिष्क में ही किए जाने चाहिए।

जहाँ तक शिक्षा के राष्ट्रीय समाजिक उन्नति का मूल आधार होने का सवाल है सैद्धांतिक स्तर पर मतभिन्नता की बहुत कम गुंजाइश है। लेकिन, 1970 के बाद जो मैदानी अध्ययन हुए हैं, उनके निष्कर्ष शिक्षा में लोगों के पारंपरिक विश्वास को डिगाने वाले हैं। 1950 से 1970 तक सारी दुनिया में बड़ी तेजी से शिक्षा का प्रसार हुआ है, लेकिन इसी से आर्थिक राजनीतिक और सामाजिक विकास धनात्मक रूप से प्रभावित हुआ हो, ऐसा नहीं कहा जा सकता। शिक्षित जनशक्ति के अभाव में विकास की गति धीमी अवश्य होती हैं या रूक भी सकती है, परन्तु दूसरी ओर अधिक शिक्षा का परिणाम

बेरोजगारी या अर्द्ध बेरोजगारी भी हो सकता है, जो कालांतर में समाजघाती ही होता है। गरीबी, तानाशाही, शोषण और असमानता दूर करने में शिक्षा सहायक हो सकती है, शत-प्रतिशत सफल नहीं।

इन निष्कर्षों को थोड़े चौकन्ने और सावधान होकर ग्रहण करने की आवश्यकता है। शिक्षा की भी अपनी सीमाएं हैं। एक तो शिक्षा स्वतंत्र और आत्मनिर्भर प्रक्रिया नहीं है। दूसरे, चाहे शिक्षा आर्थिक राजनीतिक और सामाजिक विकास की एक कमजोर रणनीति ही हो, फिर भी, यह तो मानना ही पड़ेगा कि राष्ट्रीय विकास के अन्य पहलुओं पर इसका अनुकूल प्रभाव पड़ता है। कुछ भी हो, ये निष्कर्ष शैक्षिक आयोजन के 'पहचान के संकट' की ओर इशारा अवश्य करते हैं। शिक्षा के आयोजकों को 'आयोजन वृत्ति' को प्रासंगिक और न्यायोचित ठहराने के लिए अपना पक्ष प्रस्तुत करना चाहिए। साथ ही, आयोजन की प्रक्रिया का नए सिरे से मूल्यांकन भी किया जाना चाहिए। सारांश में, यह कहना उपयुक्त होगा कि शिक्षा सामाजिक विकास के लिए एक आवश्यक शर्त हो सकती है पर्याप्त नही।

5

मस्तिष्क-विमुख और सृजन-अवरोधी शिक्षा

सैकड़ों वर्ष तक 'मस्तिष्क' अनुसंधान से अछूता रहा। ऋषि-मुनि और योगी-यति कहते रहे कि मस्तिष्क को अधिक क्रियाशील बनाने के लिए मन की चंचलता को मर्यादित-अनुशासित करना आवश्यक है। योग की प्रविधि अर्थात धारणा, ध्यान और समाधि द्वारा मन-मस्तिष्क को सुस्थिर करके अधिक ऊर्जावान बनाने के प्रयास आज भी हो रहे हैं। भौतिकी वैज्ञानिक भी सहमत हैं कि मस्तिष्क को 'ग्राउंड स्टेट' या 'सुपरकूलिंग' की स्थिति में पहुँचाकर उससे अकूत सृजन कराया जा सकता है। इसी बात को दूसरे शब्दों में जे. कृष्णमूर्ति कहते रहे कि 'अनाम अनुभव' प्राप्त करने के लिए मस्तिष्क को स्मृति एवं विचार के संचार एवं यातायात से विश्राम दिलाना आवश्यक है। वे मस्तिष्क को हर प्रकार के अनुबंधन (कंडिशनिंग) से सर्वथा मुक्त रखने के भी प्रबल पक्षधर थे, क्योंकि अनुबंधन मस्तिष्क के पूर्ण ध्यानावस्थित होने में बाधक होता है।

मस्तिष्क के बारे में किए गए अनुसंधानों के निष्कर्ष कभी-कभी तो इस सीमा तक प्रचारित हुए कि उनसे यह प्रश्न खड़ा हो गया कि शरीर में 'मस्तिष्क' नामक कोई ईकाई या स्थान है भी या नहीं। चीन में एक रोगी के संपूर्ण मस्तिष्क में पानी भर गया था, लेकिन फिर भी उसकी मानसिक क्रियाओं और बौद्धिक व्यवहार में कोई असामान्य अंतर दिखाई नहीं दिया। इसी प्रकार, मस्तिष्क के एक भाग या गोलार्द्ध के क्षतिग्रस्त हो जाने पर भी उस भाग के प्रकार्य का निर्वाह होता रहा। इस से यह अनुमान भी लगाया गया कि संभवतः क्षतिग्रस्त होने की दशा में एक गोलार्द्ध के कार्य का अंतरण दूसरे

गोलार्द्ध में हो जाता है। फिर इस प्रश्न का उत्तर खोजने के प्रयास भी हुए कि 'भावना' अथवा 'संवेग' का उद्गम-स्थल हृदय है अथवा मस्तिष्क ही भावना-प्रवण हृदय का कार्य करता है। निष्कर्ष निकला कि मस्तिष्क के अपने भावनात्मक आग्रह होते हैं। स्नेह, सहानुभूति और प्रोत्साहन उसे 'स्मार्ट' बनाए रखने में सहायक होते हैं। कहा जाने लगा कि मस्तिष्क का दाहिना गोलार्द्ध ही वास्तव में वह परंपरागत 'हृदय' है, जो भावना का केंद्र माना जाता है।

मस्तिष्क के बाएँ और दाएँ गोलार्द्ध की प्रकृति एक-दूसरे से भिन्न है। बायाँ गोलार्द्ध शरीर के दाहिने भाग को नियंत्रित करता है और दाहिना गोलार्द्ध बाएँ भाग को। सभ्यता के इतिहास में मानव जाति की अधिकांश गतिविधियाँ ऐसी रही कि उनसे केवल वाम (बाएँ) गोलार्द्ध को सक्रिय होने का प्रोत्साहन मिलता रहा। गत हजारों वर्षों में दक्षिण (दाएं) गोलार्द्ध का तो संभवत: नगण्य भाग ही सक्रिय हो सका। आज भी, हम अपने संपूर्ण मस्तिष्क का लगभग 10 प्रतिशत उपयोग ही कर पा रहे हैं। इसमें दाहिने गोलार्द्ध की भागीदारी मुश्किल से एक या दो प्रतिशत होगी। गत वर्षों की समाजार्थिक विकास-यात्रा अधिकांश रूप से अधिनायकवादी पहरेदारी में ही संपन्न हुई है। परिणामस्वरूप, एकानुसरण या कुछेकानुसरण ही होता रहा। अंधानुकरण में उत्तरोत्तर इतना रस आने लगा कि वह एक व्यसन बन गया। एकतंत्रता में एक शासक या महंत का विचार ही सर्वोपरि रहा। कुछ धर्मों में तो एक पंथ, एक ग्रंथ और एक महंत की परंपरा ने विचार का ही अंत कर दिया। मतभिन्नता या असहमति की गुंजाइश ही नहीं रही। रही भी हो तो अत्यधिक सीमित। राजतंत्र के दौरान पढ़ाया गया कि 'राजा ईश्वर का अवतार होता है' तथा 'राजा गलती नहीं करता।' संपूर्ण सत्तावादी (टोटलिटेरियन) साम्यवादी तंत्र एवं धर्माधारित देशों में भी लगभग ऐसी ही स्थिति रही। धर्म, सरकार और विचारधारा जानने एवं प्रश्न करने के बजाए मानने की वस्तु बन गई। विचारों के क्षेत्र में एक लंबे परावलंबन के कारण मानव मस्तिष्क एक दिशा में और एक रूप में सोचने के लिए अनुबंधित एवं अभ्यस्त हो गया। भिन्न दिशा में सोचने-विचारने वालों को दमन और उत्पीड़न का शिकार होते देख अधिकांश लोगों ने 'भेड़ चाल' चलने में ही अपने आपको सुरक्षित पाया। अपनी प्रकृति और प्रवृत्ति के अनुरूप बायां मस्तिष्क एक दिशा में सोचने की ओर बढ़ता गया। बाद में विज्ञान एवं प्रौद्योगिकीय विकास ने भी क्रमबद्धता और रेखीय (लीनियर) शैली एवं प्रकिया को प्रश्रय दिया। अतएवं, बायाँ मस्तिष्क अनुक्रिया और रेखीय सोच-विचार

के केंद्र के रूप में विकसित होता गया। अनुसंधानों के परिणाम दर्शाते हैं कि आज भी हमारा बायाँ मस्तिष्क तर्क, भाषिक कौशल, एकदिश चिंतन और विश्लेषणपरक मानसिक प्रक्रियाओं का प्रतिनिधित्व करता है।

दूसरी ओर, दाहिना गोलार्द्ध बहुदिश चिंतन, सृजन एवं संश्लेषणशीलता का केंद्र है, लेकिन परिवार, समाज और शिक्षा-संस्थाओं में इन मानसिक क्रियाओं को सम्यक प्रश्रय और प्रोत्साहन नहीं दिया जाता। इस कारण मस्तिष्क का यह महत्वपूर्ण भाग लगभग सुप्त या शिशिल-सा पड़ा रहता है। हमारे योगी-याति ऋषि-मुनि, प्रश्न, संवाद और चर्चा-प्रतिचर्चा में विश्वास रखते थे। इसलिए, वे दाहिने मस्तिष्क को सजग एवं सक्रिय बनाए रखते थे। वैदिक और उपनिषद काल के बाद दाहिने मस्तिष्क का उपयोग आश्चर्यजनक रूप ये घटता गया क्योंकि लोग मौलिक और बहुदिश चिंतन (डाइवरजेंट थिंकिंग) से विमुख होते चले गये। यथास्थितिवाद, आज्ञापालन तथा अंधानुकरण हमारी संस्कृति और शिक्षा के अभिन्न अंग बन गए। टीका, व्याख्या, अनुवाद और पुनरावृत्ति की अतिशयता ने मौलिकता एवं नवीनता से हमारा नाता तुड़वा दिया। अभिव्यक्ति के खतरे उठाना हमने बंद कर दिया। बदले में दाहिने मस्तिष्क के लिए चुनौती शेष नहीं रही और वह निष्क्रिय तथा कुंद होता गया।

आज की शिक्षा-व्यवस्था में कक्षाएँ 'पाठ सुनने के कमरे' और छात्र 'बासी तथ्यों के निक्रिय उपभोक्ता' बने हुए हैं। अधिकांश शिक्षक संदेह, खोजबीन और अन्वेषणशीलता को प्रोत्साहन नहीं देते। वे कई बार तो अपनी तरफ से चटपट उत्तर बताकर छात्रों को प्रश्न हल करने तथा समस्या समाधान के आनंद से वंचित कर देते हैं। वे छात्रों में एक प्रश्न के एक से अधिक उत्तरों की अपेक्षा नहीं रखते। जो उत्तर पाठ्यपुस्तक में अंकित है या जो उनके श्रीमुख से निकला है, उसी को सही माना जाता है और स्वीकार किया जाता है। कल्पना का उपयोग कर दूर की कौड़ी लाने वाले छात्रों को उद्धत और उनके उत्तरों को ऊटपटांग करार दे दिया जाता है।

पाठ्यपुस्तकों में या अन्यत्र पहले से प्रस्तुत किए गए प्रश्नों की जगह नए और खुले प्रकार के प्रश्नों के उत्तर देने के लिए छात्रों को अवसर और प्रशिक्षण नहीं दिया जाता। पाठ्यपुस्तकें एवं कक्षागत प्रश्नों का यदि वर्गीकरण किया जाए तो यह स्पष्ट हो जाएगा कि अधिकांश प्रश्न 'स्मृति' स्तर के, अतीतोन्मुख तथा एक उत्तर चाहने वाले होते हैं। मूल्यांकन, संश्लेषण तथा भविष्योन्मुखता जैसी मानसिक क्रियाओं के परीक्षण की कोशिश नहीं की जाती।

पढ़ा एवं सीखा हुआ ज्ञान और अनुभव अपने आप में विचारोपयोगी नहीं होता। ज्ञान-राशि को विचार में परिणत करने के लिए प्रश्न, चुनौती, संकट या समस्या का उपस्थित होना आवश्यक है। चुनौती के कारण हमारे मस्तिष्क पर एक 'संज्ञानात्मक बाध्यता' काम करने लगती है। इस स्थिति में मस्तिष्क में धारित विविध तथ्यों, आँकड़ों, अवधारणाओं, नियमों तथा सिद्धाँतों के बीच विश्लेषण, संश्लेषण एवं मूल्यांकन आदि मानसिक व्यापारों के रूप में अभिक्रियाएँ होती हैं और फिर चुनौती या प्रश्न का उत्तर अवतरित होता है। यह सब लगभग वैसे ही होता है जैसे बरसात से पहले आकाश में बिजली की दौड़-धूप और बादलों की गड़गड़ाहट होती है। वास्तव में मस्तिष्क में घटित होने वाली प्रक्रियाएँ ही उत्तर की जन्मदात्री होती है। इसलिए अध्ययन-अध्यापन में प्रश्न द्वारा उद्दीप्त मानसिक प्रक्रियाओं को महत्त्व एवं प्राथमिकता दी जानी चाहिए, न कि उत्पाद या उत्तर को। उत्तर तो कई बार उपयुक्त मानसिक प्रक्रिया से गुजरे बिना भी प्रस्तुत किया जा सकता है। शिक्षा में इसी 'प्रक्रिया-मूलक' स्वशासी खोजबीन के अभाव के कारण दाहिना मस्तिष्क सुप्त पड़ा रहता है। उपयोग में नहीं आने के कारण उसका मंद या शिशिल हो जाना स्वाभाविक है। जे. कृष्णमूर्ति ने ठीक ही कहा है कि यदि हम 'असंभव प्रश्न' पूछेंगे तो मस्तिष्क असंभव उत्तर खोजने की ओर अग्रसर होगा। लेकिन, 'असंभव' तो क्या उसके निकटवर्ती प्रश्न भी न तो बनाने और न पूछने के प्रयास कक्षाओं और पाठ्यपुस्तकों में किए जा रहे हैं।

कल्पना, अंतदृष्टि, अंतर्संबंध, प्रवाहपूर्णता और मौलिकता जैसी मानसिक प्रक्रियाओं को प्रोत्साहन देकर ही मस्तिष्क के दाहिने गोलार्द्ध को सक्रिय रखा जा सकता है। भिन्नता, नवीनता और रूपांतरण की ओर दाएँ मस्तिष्क का सहज झुकाव और लगाव होता है। अनावश्यक रोक-टोक, अति आज्ञाकारिता और शुष्क कठोरता दाहिने मस्तिष्क के कार्य में बाधक सिद्ध होती है। स्नेहमय एवं तनावरहित परिवेश दाहिने गोलार्द्ध को एकाग्र, सत्वस्थ और समाधिस्थ होने में सहायक होता है। इस मुक्तावस्था में दाहिना मस्तिष्क खुलकर बहुदिश चिंतन अथवा सृजनशीलता की ओर प्रवृत होता है। चूँकि शिक्षा-व्यवस्था में इन शर्तों का प्रावधान और पूर्ति नहीं होती, इसलिए दाएँ मस्तिष्क की सृजनात्मक चिंतन में भागीदारी अत्यल्प ही रहती है। सृजनशीलता प्रत्येक सभ्यता एवं राष्ट्र के लिए जीवन और मरण का प्रश्न है। मौलिकता का कहीं भी और कभी भी बाहुल्य नहीं होता। मधुमक्खियाँ जब सैकड़ों पुष्पों के पास जाकर कटोरा भर

परागकण एकत्र करती है, तब कहीं चम्मच भर शहद का निर्माण होता है। उसी प्रकार सैकड़ों किलोग्राम मिट्टी-कंकड़ छानने-बीनने पर हीरे का एक कण प्राप्त होता है। वैसे ही मौलिक विचार भी बहुत विरले होते हैं। सैकड़ों विचार प्रसूत एवं प्रवाहमान होने पर उनमें से मुश्किल से एक-दो विचार ही मौलिकता की कसौटी पर खरे उतर पाते हैं। विचारों की इसी 'आवृत्ति-विहीनता' या 'अनन्यता' के छोर तक विचार उत्पन्न करते रहने के लिए छात्रों को तत्पर बनाने में ही शिक्षा की सफलता और सार्थकता निहित है।

6

जीवन का पेड़: शिक्षा का "एनीसा" मॉडल

पेड़, विकास और शिक्षा को समझने - समझाने का एक सार्थक प्रतीक है। प्रत्येक व्यक्ति में जन्मजात क्षमताएँ बीज रूप में विद्यमान होती हैं। इस बीज को पेड़ में बदलने या फुलाने-फलाने के लिए हवा, पानी, प्रकाश, गुड़ाई और देख-रेख जैसा कृषि-कार्य जरूरी होता है। मानव सदर्भ मे यहीं कृषि-कार्य "शिक्षा" कहलाता है। बीज से फल बनने तक की यात्रा ही उस अन्तर्जात क्षमता का परम प्रकटीकरण है। यही तो विकास है, जो शिक्षा का अभिप्रेत है। बीजों के अपने विशिष्ट लक्षण होते हैं, उसी मुजब वे अपने-अपने ढंग के पेड़ बनते हैं। शिक्षा पीपल को वट या गेंदे को गुलाब नहीं बना सकती, लेकिन पीपल को बेहतर पीपल या गेंदे को उन्नत गेंदा तो बना ही सकती है।

यूनान में, "जीवन का पेड़" नामक प्राचीन प्रतीक के लिये "एनीसा" (Anisa) शब्द प्रचलित है। यह शब्द प्रक्रियात्मकता और संघटनात्मकता को अच्छी तरह प्रदर्शित करता है। हमारे यहाँ वेदान्त दर्शन में "उल्टे पेड़" की परिकल्पना है। इस पेड़ की जड़ें आकाश की ओर तथा शाखाएँ धरती की ओर फैली हुई हैं। यह प्रतीकात्मक पेड़ दर्शाता है कि हमारे विकास की प्रेरणा और पोषण का स्त्रोत ऊपर है। व्यक्ति पूर्ण के अंश रूप में उत्पन्न हुआ है और अन्त में पूर्णता प्राप्त करना ही उसका लक्ष्य है। यह पूर्णत्व "कृति साध्य" या "पुरूषार्थ साध्य" है। पूर्णत्व तक पहुँचने के रास्ते मे अनेकानेक बाधाएँ आती हैं। इन तमाम बन्धनों और बाधाओं से मुक्त होने में शिक्षा (संस्कार) हमारी सहायता करती है। "जन्मना जायते शूद्रः संस्कारात् द्विज उच्चते।"

अन्तर्राष्ट्रीय मानव विकास केन्द्र के निर्देशक और शिक्षा विभाग, राष्ट्रीय विश्वविद्यालय, सैन डियागो (अमेरिका) के अध्यक्ष प्रोफेसर डेनियल सी. जोर्डन ने अपने सहयोगियों के साथ लगातार 15 वर्षों तक जैव-चिकित्सा और व्यवहार विज्ञान (बायो मेडिकल एण्ड बिहेवियरल साइन्स के क्षेत्र में काम करते हुए शिक्षा का एक सार्वजनीन मॉडल विकसित किया है। वे इसे पाँच वर्षों तक स्कूलों में आजमा भी चुके हैं। इसका नाम उन्होंने "एनीसा मॉडल" रखा है। यह एक सुसम्बद्ध, व्यापक और विकास केन्द्रित मॉडल है। एनीसा (Anisa) यूनानी भाषा का शब्द है, जिसका अर्थ होता है "जीवन का पेड़"।

इस मॉडल का मूल विचार ए. एन. व्हाइटहेड के, 1926 मे ब्रह्मॉंडिकी (कॉस्मोलोजी) पर लिखे गए निबन्ध 'प्रक्रिया और यथार्थ' (प्रोसेस एण्ड रिअलिटी), से लिया गया है। व्हाइटहेड की मान्यता थी कि परिवर्तन सृष्टि का एक व्यापक लक्षण है। परिवर्तन का अर्थ प्रक्रिया है और प्रक्रिया में अन्तःशक्ति (या क्षमता) निहित होती है। इसलिए, इस मॉडल में "प्रक्रिया" का अर्थ है अन्तःशक्ति का प्रकटीकरण। व्हाइटहेड के अनुसार सर्जनशीलता का बुनियादी अर्थ भी यही है।

"एनीसा मॉडल" इस मान्यता पर अवलम्बित है कि क्रमिक विकास (इव्हॉल्युशन) सर्जनशीलता की प्राथमिक अभिव्यक्ति है। मनुष्य ही विकास का अग्रदूत है। मनुष्य की क्षमता और सृजनशीलता की सीमा नहीं है। शिक्षा का प्रयोजन मनुष्य की अन्तर्जात क्षमता को रचनात्मक दिशा में, इष्टतम गति से प्रकट होने में सहायक होना है। इतिहास के इस मोड़ पर, विकास की भावी दिशा को सायास निर्देशित करने के उद्यम से, शिक्षा को पृथक करके नहीं देखा जा सकता। इस मायने में, "एनीसा मॉडल" वस्तुतः मानव विकास का पथ-प्रदर्शक सिद्धान्त बन जाता है। यह सिद्धान्त जैविकीय और मनोवैज्ञानिक क्षमताओं पर बल देता है और दर्शाता है कि व्यक्ति और पर्यावरण की अन्तरक्रिया ही क्षमता की मूर्त अभिव्यक्ति में सहायक होती है। यह अन्तरक्रिया प्रकटीकरण की गति निर्धारित करती है और व्यक्त क्षमता को अस्मिता, चरित्र तथा व्यक्तित्व में रूपायित भी करती है।

यह सिद्धाँत बालक की जैविकीय क्षमता की अभिव्यक्ति के लिए पोषाहार को महत्वपूर्ण मानता है। इसलिये "एनीसा मॉडल" का अनुप्रयोग गर्भाधान के एक वर्ष पूर्व ही आरंभ हो जाता है। भावी माता-पिता को गर्भाधान के एक वर्ष पहले से ही पोषण की गुणवत्ता पर ध्यान देना शुरू कर देना चाहिये। गर्भावस्था

और स्तनपान के दौरान ही नहीं तदनन्तर भी यह मॉडल पोषाहार पर बल देता है, क्योंकि बच्चे के पोषाहार का उसकी अधिगम क्षमता से सीधा संबंध रहता है। चूंकि यह मॉडल अधिगम को, मनोवैज्ञानिक क्षमता के प्रकटीकरण के लिये, आवश्यक मानता है, इसलिये भी पोषाहार का महत्व बढ़ जाता है। यह मॉडल पाँच प्रकार की मनोवैज्ञानिक क्षमताओं को विकसित करना चाहता है। ये हैं - (1) मनोगतिक (साइकोमोटर), (2) प्रत्यक्षण परक (पर्सेप्चुअल), (3) ज्ञान संबंधी (कॉग्नीटिव), (4) भावना संबंधी (अफेक्टिव), और (5) संकल्पना मूलक (कॉन्सेप्चुअल)। ये सभी क्षमताएँ अधिगम द्वारा ही प्रकट होती हैं। अधिगम का तात्पर्य है अनुभव को भिन्न-भिन्न इकाइयों में बाँटना और फिर बिल्कुल नए ढंग से इन इकाईयों (अवयवों) को जोड़ना और तदुपरांत इस एकीकृत अनुभव का अन्य सामान्य स्थितियों में सामान्यीकरण करना। इस तरह सीखने की क्रिया में, अपपोषण के कारण, बच्चे अधिक समय तक एक जगह अवधान केन्द्रित नहीं कर पाते। दूसरे शब्दो में, वे अनुभव का विभक्तीकरण, एकीकरण और सामान्यीकरण करने में असमर्थ रहते है।

चूंकि इस मॉडल का प्रगुख उद्देश्य व्यक्ति की अत:शक्ति को इष्टतम गति से उजागर करना है, इसलिये शिक्षाक्रम (पाठ्यचर्या) और अध्यापन विधियाँ उन पाँच क्षमताओं को विकसित करने की दृष्टि से तैयार किए जाने चाहिये। शिक्षाक्रम (केरिक्यूलम) को निम्नांकित पाँच उद्देश्यों द्वारा परिभाषित किया गया है। यहीं यह भी संकेत है कि शिक्षकों और अन्यों की सहायता से छात्रों को इन उद्देश्यों की प्राप्ति के लिये क्या करना चाहिये:

(1) उद्देश्य के प्रथम समूह में पाँचों आयामों - मनोगतिक, प्रत्यक्षण, ज्ञान, भावना और क्रिया से सम्बंद्ध अधिकतम योग्यता अर्जित करना सम्मिलित है। यह प्रक्रिया केन्द्रित शिक्षाक्रम है और इसमें 'सीखने के लिये कैसे सीखना' (लर्निंग हाउ टु लर्न) वाला भाग समाहित है। विकास के प्रत्येक आयाम को फिर निश्चित उद्देश्य और गतिविधियों में विभाजित किया गया है।

(2) दूसरा उद्देश्य व्हाइटहेड द्वारा दर्शाए गए विकास -स्तरों पर आधारित है। इसके अन्तर्गत विश्व के बारे में, सृजन के उत्तरों के मान से, सामान्य जानकारी प्रदान करना होता है। तदनुसार, परम्परागत विषयों के स्थान पर विकास की अवस्थाओं (खनिज, वनस्पति, प्राणी-वर्ग, मनुष्य और ईश्वर) के अनुसार विषय-वस्तु संगठित की जाती है।

(3) तीसरा उद्देश्य समुच्चय तीन बुनियादी प्रतीक प्रणालियों से संबंधित है:-(क) भाषा जिसमें बोलना, समझना, पढ़ना, लिखना और निबंध सम्मिलिति है, (ख) गणित, और (ग) ललित कला (संगीत, नृत्य, अभिनय दृश्य एवं मूर्त कला) प्रतीक प्रणालियाँ इस मॉडल की सम्पूर्ण पाठ्यचर्या को एकीकृत करने वाला गौण साधन है।

(4) इस समूह में तीन उच्च स्तर की योग्यताएँ (कंपिटेंसीज) और उससे सम्बद्ध मूल्य सम्मिलित हैं। प्रत्येक योग्यता एक वर्ग के पर्यावरण से भी जुड़ी हुई है – (क) भौतिक मूल्य और प्रोद्योगिकीय योग्यता: ये भौतिक, खनिजीय और प्राणीजगत् के बीच होने वाली अन्तरक्रिया से उत्पन्न होती हैं। (ख) सामाजिक मूल्य और नैतिक योग्यता: ये मानवीय पर्यावरण से होने वाली अन्तरक्रिया के परिणामस्वरूप उत्पन्न होती हैं। (ग) धार्मिक मूल्य और अज्ञात के प्रति श्रद्धा रखने की योग्यता: ये अज्ञात या अज्ञेय वातावरण से होने वाली अन्तरक्रिया के परिणामस्वरूप उत्पन्न होती हैं।

ये मूल्य प्रणालियाँ और सम्बद्ध उच्च योग्यताएँ प्रक्रियात्मक एवं विषय-वस्तुगत है। तथा प्रतीक प्रणालियों का परिणाम हैं। प्रत्येक मूल्य प्रणाली एक आदर्श के इर्द-गिर्द संगठित की गई है। भौतिक मूल्यों और तकनीकी योग्यताओं का संगठनात्मक आदर्श भौतिक कार्य-कारण सिद्धाँत है। न्याय सामाजिक मूल्यों का तथा एकता, सत्य एवं सौन्दर्य धार्मिक मूल्यों और आध्यात्मिक योग्यता का आदर्श है।

(5) पाँचवा समुच्चस "स्व" (सेल्फ) या "आत्म" से संबंधित है। इस पाठ्यचर्या का उद्द्देश्य आत्मज्ञान (सेल्फ नॉलेज) या स्वयं की पहचान (सेल्फ आइडेन्टीटी) है। इस शिक्षा-क्रम को विकास के पाँच आयामों के आस-पास संगठित किया जाता है। प्रक्रियात्मक शिक्षाक्रम के अन्तर्गत आने वाले इसके पाँच पूरक हिस्से है - (क) शारीरिक जागरूकता (मनोगतिक विकास) (ख) आत्म-प्रत्यक्षण (प्रात्यक्षणिक विकास) (ग) आत्म संकल्पना (संज्ञानात्मक विकास) (घ) आत्म सम्मान (भावनात्मक विकास) (ङ) आत्म निर्णय संकल्पात्मक विकास)।

ये पाँचों पहलू आत्म-आदर्श (सेल्फ आयडियल) को केन्द्र मानकर संगठित-आयोजित किए जाते हैं। आत्म-आदर्श और कुछ नहीं बल्कि वह केन्द्र है जिसके आस-पास भौतिक, सामाजिक और धार्मिक मूल्य-प्रणालियाँ

विकसित की गई हैं। उदाहरणार्थ, न्याय एक "आदर्श" है, जिसके आस-पास सामाजिक मूल्यों का आयोजन करके व्यक्ति में नैतिक योग्यताएँ विकसित की जाती हैं। "आत्म-आदर्श" के स्तर पर, यही बात निष्पक्षता (Impartiality) के रूप में प्रतिबिंबित होती है। प्रत्येक "आत्म-आदर्श" में निष्पक्षता के लिये प्रतिबंद्धता निहित होती है।

उपरोक्त पाठ्यचर्या (शिक्षाक्रम) विशिष्ट रूप से तैयार किए गए शिक्षकों की मांग करती है। इस मॉडल की मूल धारणा के अनुसार "अध्यापन" की परिभाषा का मूलाधार भी विकास का सिद्धान्त है। चूंकि अध्यापक का काम छात्रों की क्षमताओं का उदघाटन और प्रकटीकरण कराने में सहायक होना है, इसलिये अध्यापन कार्य को भी तदनुरूप परिभाषित किया गया है। "एनीसा मॉडल" में अध्यापन को एक ऐसी प्रक्रिया के रूप में देखा जाता है जो कक्षागत स्थितियों या पर्यावरणगत परिस्थितियों का व्यवस्थापन करती है। साथ ही, छात्रों की इन स्थितियों से होने वाली अभिक्रियाओं को इस प्रकार निर्देशित करती हैं कि पाठ्यचर्या के लक्ष्यों की प्राप्ति हो जाए। अत: अध्यापक का काम छात्रों के विकास स्तरों का शिक्षा के उद्देश्यों के सन्दर्भ में पूरी तरह निदान करना है ताकि पर्यावरणगत परिस्थितियों से छात्रों की अभिक्रिया हो सके और उनमें अनुभवों के भिन्नीकरण, एकीकरण और सामान्यीकरण की योग्यताएँ विकसित हो सकें।

"एनीसा मॉडल" अध्यापकों में एक दार्शनिक, वैज्ञानिक दृष्टिकोण की माँग करता है। अत: प्रशिक्षण द्वारा शिक्षकों में सिद्धान्त ग्रहण करने, प्रयोग में लाने और निष्पादन के परिणाम से पुनर्भरण प्राप्त करने तथा अपना मूल्यांकन स्वयं करने की योग्यता विकसित की जानी चाहिए। ऐसा प्रशिक्षण अध्यापकों को जीवन और अधिगम के प्रति उत्साही बनाए रखने वाले सुयोग्य अधिगमार्थी बनाता है। साथ ही, उन्हें ऐसे सृजनशील अध्यापक बनाने में सहायक होता है जो हर परिस्थिति में छात्रों के अधिकतम विकास का दायित्व स्वीकार करने में संकोच नहीं करते।

"एनीसा मॉडल" की सफलता के लिए शिक्षा प्रशासन और मूल्यांकन पद्धति में भी संशोधन व परिवर्द्धन आवश्यक है। विकास सिद्धान्त के अनुरूप इन्हें भी एकीकृत, पूर्ण और व्यापक स्वरूप प्रदान किया जाना चाहिए। संस्था का निरन्तर पुनर्नवीनीकरण सुनिश्चित करने के लिए ये परिवर्तन महत्वपूर्ण हैं।

यह मॉडल शैक्षिक अवसरों में समानता लाने की समस्या का भी समाधान प्रस्तुत करता है। समानता का अर्थ एकरूपता नहीं होता। शिक्षा में अवसर की समानता का तात्पर्य प्रत्येक छात्र को उसकी विशिष्टता के अनुरूप उपयुक्त, उपयोगी और सामयिक शिक्षा प्रदान करना है। इसका आशय है प्रत्येक छात्र की विशेषता–विलक्षणता को पहचान कर उसके विकास–स्तर के मान से अनुभव प्रदान करना। इस हेतु, विकास के व्यापक सिद्धान्त पर आधारित शिक्षा–क्रम और प्रविधियों की आवश्यकता होती है। पाँच वर्ष से अधिक समय तक किए गए "एनीसा मॉडल" के परीक्षण से यह स्पष्ट हो चुका है कि शिक्षा में 'अवसर की समानता' की समस्या का वैज्ञानिक समाधान प्रस्तुत करने में यह मॉडल सक्षम है।

7

प्रश्न-विमुख समाज और शिक्षा

स्वयं और परिवेश को जानने-समझने के लिए प्रश्न पूछना मनुष्य होने का प्रमाण है। सकारात्मक असंतोष और उत्कंठा से उपजने वाली आपत्तियाँ और प्रश्न ही परिवर्तन और क्रांति के अग्रदूत होते हैं। विचारवान, स्वस्थ चित्त और खुले समाज के निर्माण में प्रश्नों का बड़ा योगदान होता है। प्रश्न, जिज्ञासा या 'मानसिक भूख' का मूर्त रूप होते हैं। प्राप्त किया हुआ ज्ञान कभी भी इतना पूर्ण या पवित्र नहीं होता कि उस पर प्रश्न ही न उठाए जाएँ। वस्तुतः प्रश्न ही वह ऊर्जा उत्पन्न करता है, जो सीखने तथा विचार करने की दूरी को पाटने में सहायक होती है। प्रश्न, ज्ञान एवं जानकारी के प्रति एक सक्रिय और सृजनात्मक अभिवृत्ति विकसित करता है। अंततः प्रश्न, प्रश्नकर्त्ता के आत्म सम्मान और स्वायत्तता को स्वस्थ एवं सुदृढ़ बनाता है।

दो संस्कृति सिद्धाँत के प्रवर्तक सी.पी. स्नो के इस कथन से मैं सहमत हूँ कि 'नहीं, कहने वाले विचारशील और साहसी लोगों ने, जी हाँ कहने वालों से देश और दुनिया का ज्यादा भला किया है।' वे धरती के नमक हैं। उन्हीं के कारण, यह दुनिया ज्ञान-विज्ञान के क्षेत्र में आगे बड़ी और बढ़ती जा रही है। सृजनशीलता के क्षेत्र में हुए अनुसंधान दर्शाते हैं कि आज्ञापलन पर अधिक जोर देने के कारण हमारा समाज नवनिर्माण, अन्वेषण और उत्पादकता में काफी पिछड़ता रहा है। गोस्वामी तुलसीदास ने तो आज्ञापालन को कुछ ज्यादा ही महिमा मंडित किया है, उनके इस दोहे पर जरा ध्यान दीजिए-

"अनुचित, उचित विचार तजि जे पालहिं पितु बैन,
ते भाजन सुख, सुयश के बसहि रमापति ऐन।"

यहाँ तुलसीदासजी कहते हैं कि उचित-अनुचित का विचार किए बिना जो व्यक्ति पिता की आज्ञा का पालन करता है, वह सुख, सुयश और स्वर्ग का

अधिकारी हो जाता है। भला, इतने बड़े प्रलोभन को छोड़कर कौन अवज्ञा के खतरे उठाएगा?

भारतीय संस्कृति और परिवारों में आज्ञा–पालन और वर्जना इतनी रच–बस गई है कि जो व्यक्ति 'नहीं' कह देता है या प्रश्न उठाता है, उसे अच्छा मित्र या साथी नहीं समझा जाता। इसी तरह, जो युवती या महिला रिवाजों और रूढ़ियों को तोड़ती है या उन पर सवाल उठाती है, उनका आचरण नारी सुलभ नहीं माना जाता। हमारी शिक्षा व्यवस्था ने भी आज्ञाकारिता को बहुत प्रोत्साहित और पुरस्कृत किया है। कक्षाओं में प्रश्न पूछने वाले छात्रों को प्रायः झिड़कियाँ और अनादर सहना पड़ता है। कक्षाओं में ज्यादातर शिक्षक ही प्रश्न पूछते है और उत्तर भी वही देते हैं। कहने को तो कहा जाता है कि कक्षाओं में भारत के भविष्य का निर्माण होता है, लेकिन वहीं छात्रों की पहल, जिज्ञासा और प्रश्नाकुलता का इतना दमन होता है कि कई लोग कक्षाओं को सृजनशीलता की वध–शालाएँ कहने लगे हैं। धर्म और राज्य के प्रतिनिधि भी ऐसे उपदेश और आदेश प्रसारित करते रहते है कि जिनसे लोगों में दहशत फैले और वे आपत्ति उठाने तथा चुनौती देने की हिम्मत नहीं कर सकें। यहाँ तक कि थोड़ा बहुत मानवोचित विचलन या कानूनी भूल होने पर देशद्रोह और शांति व्यवस्था भंग होने तक के आरोप मढ़ दिए जाते है।

जो लोग सभाओं–सम्मेलनों में आमने–सामने बैठ या खड़े होकर अपनी आत्मा की आवाज बुलंद नहीं कर पाते, उनके लिए 'सामाजिक मीडिया' में अपनी बात कहना या प्रश्न उठाना सुरक्षित और सुविधाजनक होता है। आजकल दुनियाभर में युवाओं के आक्रोश की अभिव्यक्ति इंटरनेट या सोशल मीडिया में ही हो रही है। यहीं तानाशाही और विचार–नियंत्रण की क्रूरताओं को चुनौतियां दी जा रही हैं। सामाजिक मीडिया अभिव्यक्ति की स्वतंत्रता का एक अभयारण्य (सेंक्चुअरी) बन गया है। जो रचनात्क असहमति का काम विश्वविधालयों और कॉलेजों को करना चाहिए था, वह अब इंटरनेट पर हो रहा है। इसे उच्च शिक्षा की जड़ता कहा जाए या भीरूता? संभवतः नचिकेता और अष्टावक्र पैदा करने के बजाए विश्वविद्यालय रोबोट और क्लोन बनाने में व्यस्त हैं, क्योंकि रोबोट विद्रोह नहीं करते और क्लोन सृजन की क्षमता नहीं रखते। इस तरह, विश्वविधालय एक 'अनुमोदक मशीन' बनकर, 'यस सर' कहने वाले पुर्जे और गुर्गे तैयार करने के उद्यम में, अपने ही अंत की इबारत लिख रहा है।

8

यह कैसी शिक्षा, न जिज्ञासा न प्रश्न?

भारतीय शिक्षा में जिज्ञासा रखने और प्रश्न करने की परंपरा सदैव रही है। वेद भी हमारे यहाँ प्रश्न और समीक्षा के दायरे से बाहर नहीं रहे। वेद स्वंय हर वस्तु, व्यक्ति और विचार को मित्रवत दृष्टि से देखने के पक्षधर हैं। वैदिक विचारों को संवाद की विधा में ढालकर उपनिषदों ने उनका पुनर्आख्यान और समीक्षा की है। भारतीय चिंतन में इसे निदर्शनात्मक प्रस्थान या पेरेडाइम शिफ्ट कहा जा सकता है। वेदों में जहाँ बाह्य प्राकृतिक शक्तियों के रहस्य-रोमांच के प्रति कौतूहल, जिज्ञासा, कामना और कृतज्ञता का भाव प्रकट हुआ है, वहीं उपनिषदों में अंत:करण और आत्म-चेतना पर अंतर्मुखी चिंतन और मनन हुआ है। उपनिषदों में नचिकेता, श्वेतकेतु, सत्यकाम और गार्गी जैसे नायकों की जिज्ञासा और प्रश्नाकुलता देखी जा सकती है। ऋग्वेद की 'सृजन ऋचा' में भी यह समाहित है। प्रश्नाकुलता से भी आगे जाकर भारतीय शिक्षा-साहित्य में नित्य अन्वेषण यानी नए ढंग से चीजों को खोजने की भी परंपरा रही है। अतएवं कहा जा सकता है कि वैदिक एवं वेदांतिक परंपरा में न तो अपरिवर्तनीय निरंतरता है और न अतीत के प्रति प्रश्नहीन सम्मान। गार्गी के प्रश्नों की झड़ी से क्षुब्ध होकर याज्ञवल्क्य ने कह तो दिया कि परमात्मा के बारे में इतने प्रश्न नहीं किए जाते, लेकिन इससे चाहे गार्गी के शब्द शांत हो गए हों, मगर उसकी जिज्ञासा अशांत ही रही। दु:खद यह है कि ज्ञान-विज्ञान के क्षेत्र में वैसी अदम्य जिज्ञासा और प्रश्नाकुलता अब बहुत ही कम प्रदर्शित हो रही है। या, शायद अब शिक्षा का ढाँचा ही ऐसा है कि सवाल पूछने और नए प्रयोग करने की जगह ही नहीं बची है।

प्रश्न और परीक्षण की संस्कृति का निर्माण करने में यूनानी विचारक सुकरात का भी बहुत बड़ा योगदान है। उनकी मान्यता थी कि अपरीक्षित जीवन जीने योग्य ही नहीं होता। फ्रांसीसी विचारक वॉल्टेयर ने भी रूढ़ मान्यताओं और अंधविश्वासों के विरूद्ध लोक-बुद्धि को विद्रोह की सीमा तक आंदोलित किया। उनकी प्रबल मान्यता थी कि "जब कोई राष्ट्र विचार करना आरंभ कर देता है, तो फिर उसको कोई रोक नहीं सकता।" हमारे यहाँ वर्तमान में जे. कृष्णमूर्ति ने भी प्रत्येक सत्ता और अनुबंधन के अंधानुकरण-अनुसरण का विरोध करते हुए प्रश्नों और विचारों की मौलिकता पर बल दिया है। वे तो 'असंभव प्रश्न' पूछने के पैरोकार रहे हैं।

सुकरात की माता एक सेवाभावी दाई (मिडवाइफ) थी। माता के कार्य और व्यवसाय को निकट से देखने के बाद सुकरात ने एक रूपक खोज निकाला। उसने सोचा कि जिस प्रकार उसकी माता दाई के रूप में बच्चों की प्रसूति कराने में सहायक होती है, उसी प्रकार प्रश्न भी लोगों के मस्तिष्क से विचारों को बाहर ला सकते हैं। इस प्रक्रिया को बाद में 'विचारों को प्रसूत कराने की कला' (Art of Intellectual Midwifery)कहा गया। सुकरात जीवनभर इस कला का अभ्यास और प्रयोग करते रहे। संभवतः इसी कारण शिक्षा में इसे 'सुकरात विधि' नाम दे दिया गया।

सुकरात एथेंस की गलियों, नुक्कड़ों और चौराहों पर मिलने वाले लोगों से प्रश्न पूछ-पूछकर उनकी मतांधता और रूढ़िग्रस्तता को झकझोरते रहते थे। वे चाहते थे कि लोग अपनी निराधार मान्यताओं और किंवदंतियों की प्रामाणिकता पर विचार करें। किसी भी कथन, मत या निष्कर्ष का परीक्षण किए बिना उसे स्वीकार नहीं करें। विषपान से पहले, जीवन के अंतिम दिन तक, वे अविचलित रहकर शिष्यों तथा सामान्य लोगों की जिज्ञासाओं को शांत करते रहे।

जिज्ञासा और प्रतिप्रश्न भारतीय शैक्षणिक परंपरा के भी दो आधार-स्तंभ रहे हैं 'भगवद्गीता' में भी 'परिप्रश्न' का महत्वपूर्ण स्थान है। अर्जुन और श्रीकृष्ण के बीच हुआ प्रश्नोत्तर गीता का प्राण है। फिर भी, कालांतर में अधिकारिकता और आज्ञाकारिता के अनुचित आग्रहों ने प्रश्न पूछने और शंका उठाने की प्रवृत्ति को हतोत्साहित किया है। सुरक्षा, शिष्टाचार और अति आदर-भाव (लिहाज) ने भी सिर और हाथ उठाकर प्रश्न खड़ा करने के

उत्साह को घटाया है। धीरे-धीरे भारतीय समाज की यह स्थिति हो गई कि प्रश्न पूछना सुलक्षणा नारी और अच्छे मित्र का दोष समझा जाने लगा। अब स्कूलों और कॉलेजों की कक्षाओं में भी इस सामाजिक दृष्टिकोण का प्रभाव देखा जा सकता है। प्रश्नकर्ता छात्र-छात्राओं को प्रोत्साहित एवं पुरस्कृत करने के बजाए शिक्षकों द्वारा उन्हें 'उद्धत' या बड़ा 'सयाना' कहकर प्राय: तिरस्कृत किया जाता है। फलस्वरूप कक्षाएँ संवाद-विमुख होती जा रही हैं। कक्षाओं में अधिकांश समय अध्यापक ही प्रश्न पूछने रहते हैं। छात्र निरीह उत्तरदाता और तथ्यों के निष्क्रिय उपभोक्ता बने रहते हैं। उन्हें तो बस बना-बनाया ग्रहण करके उगलना है। जाँच-पड़ताल और खोजबीन की भूमिका से उन्हें लगभग बेदखल कर दिया गया है। छात्रों की जिज्ञासा और प्रश्नों को जब तक 'ऊटपटांग' होने की सीमा तक प्रेरित और पोषित नहीं किया जाता, तब तक शिक्षा और अध्यापन एकांगी, नीरस और थोपी गई रस्म बना रहेगा।

जिज्ञासा, शिक्षा की अदृश्य एवं सूक्ष्म पूँजी है। बचपन जिज्ञासा का खजाना है। शायद ही कोई बालक या तरूण छात्र ऐसा होता होगा जिसमें जिज्ञासा मुँह तक आने के लिए तड़पती नहीं होगी। जिज्ञासा 'मानसिक भूख' भी कहलाती है। माँगने पर माता बच्चों की भूख शांत करती है, लेकिन नहीं माँग सकने वाले शिशुओं की भूख के लक्षणों की भी वह विशेषज्ञ होती है। शिशु के हाव-भाव और हलचल से वह भाँप लेती है कि शिशु को भूख लग रही है या प्यास। वैसे ही, दूसरी माता अर्थात् शिक्षक को भी बच्चों की अंत:सलिला जिज्ञासा को भाँपने-ताड़ने के हुनर में पारंगत होना चाहिए। जिज्ञासा स्वयं स्नेहिल दृष्टि और वत्सलतापूर्ण ध्यान की भूखी होती है। वह चपल और लजालु भी होती है। जिज्ञासा की उमंग और उमेठे के प्रति शिक्षक की उदासीनता से वह अवमानित होकर किसी घूँघट में सिमट जाती है।

कुशल और सावधान शिक्षक को जिज्ञासा की झलक के लिए वैसे ही आतुर और उन्मुख होऩा चाहिए जैसे कि अपने गुमशुदा बच्चे की मुखाकृति देखने के लिए एक पिता होता है। जिज्ञासा की प्रश्नरूपी लघु बूँद, शिक्षक द्वारा सहेजने और सहलाने पर, बाद में विचार और अन्वेषण की सहस्त्रधारा बन जाती है।

पढ़ी हुई विषयवस्तु को विचार में बदलने के लिए काफी ऊर्जा की आवश्यकता होती है। प्रश्न और चुनौतियाँ ऐसी गतिदायक ऊर्जा उत्पन्न करने

में सक्षम होते हैं। अध्ययनों से यह बात भी सामने आई है कि कक्षा एवं परीक्षा में पूछे जाने वाले और पाठ्यपुस्तक में प्रस्तुत प्रश्नों का स्तर प्रायः निम्न कोटि का होता है। अधिकांश प्रश्न स्मरण-शक्ति और तथ्यात्मक ज्ञान का परीक्षण करने वाले होते हैं। उनके द्वारा व्याख्या, विश्लेषण, संश्लेषण मूल्यांकन जैसी उच्च मानसिक प्रक्रियाएँ प्रेरित-उत्तेजित नहीं होती। शिक्षकों, शिक्षाविदों एवं पाठ्यक्रम रचने वालों को जानना चाहिए कि आज की दुनिया में सीखना-सिखाना 'तथ्यों के टिकट संग्रह' और 'सही उत्तर लाने के खेल' से बहुत आगे की बात हो गई है।

शिक्षा और अध्यापन का बुनियादी उद्देश्य छात्र की जिज्ञासा को जगाकर उसे सुदृढ़ और स्थायी बनाना है। तभी तो छात्र आजीवन प्रश्न पूछने और समस्या उठाने में संकोच का अनुभव नहीं करेंगे। शिक्षा, विज्ञान और जनतंत्र की सफलता मर्यादित एवं सारपूर्ण संवाद पर निर्भर करती है तथा संवाद की सफलता जिज्ञासा और प्रश्न पर अवलंबित होती हैं। प्रश्न और संवाद को कक्षा में प्रोत्साहित एवं प्रतिष्ठित किए बिना न तो समस्याओं और चुनौतियों के समाधान का प्रशिक्षण संभव है और न ही परिवर्तन और विकास ही। अतः यह कहना अत्योक्ति नहीं होगा कि विद्यालयों, महाविद्यालयों तथा प्रशिक्षण संस्थानों को कल्पना, जिज्ञासा और प्रश्नाकुलता की कार्यशालाएँ बनाकर ही शिक्षा को चिंतन एवं सृजन का प्रक्षेपास्त्र बनाया जा सकता है।

9

उच्च शिक्षा में नियंत्रण से निष्पादन नहीं बढ़ता

समाज में आई आम नैतिक गिरावट और कर्तव्य-विमुखता की काली छाया हर व्यवसाय और हर क्षेत्र पर पड़ती दिखाई दे रही है। शिक्षकों को समूची शिक्षा-प्रणाली से अलग रखकर नहीं देखा जा सकता। शिक्षकों का निष्पादन और शिक्षा-क्षेत्र में व्याप्त भ्रष्टाचार की भी एक पारिस्थितिकी है, जो शिक्षा-प्रशासक, छात्र, पालक और राजनीति से बनती है। 1986 की शिक्षा-नीति की घोषणा के बाद सरकार डिग्री का नौकरी से संबंध-विच्छेद नहीं कर पाई। उधर पालक एवं छात्र केवल 'डिग्री' (उपाधि) हथियाना चाहते हैं। ऐसी स्थिति में समाज का सारा जोर शिक्षकों को आतंकित और अशक्त करने पर लगा हुआ है। प्रदेश में 'स्वायत्तता' का ढिंढोरा भी इसीलिए पीटा गया है।

दोहरे मापदंडों का नाटक शिक्षकों के साथ ही क्यों खेला जा रहा है? यदि चिकित्सा, न्याय, प्रशासन, अभियांत्रिकी, पत्रकारिता, राजनीति आदि के सरोवरों में, 'पदोन्नति' और 'निष्पादन' को लेकर कोई पत्थर नहीं फेंका जा रहा है तो फिर रस्तोगी समिति द्वारा शिक्षकों के मामले में ऐसा क्यों किया गया है? अन्यत्र निष्पादन का न तो वेतन से कोई संबंध है और न ही उन व्यवसायों के लोगों का मूल्यांकन उपभोक्ताओं द्वारा किया जाता है। हर व्यवसाय में निम्न और उच्च निष्पादन करने वाले लोग मौजूद है। आवश्यकता है निम्न निष्पादन वालों को प्रेरणा और मार्गदर्शन देकर नेतृत्व प्रदान करने की, ताकि उनके कार्यस्तर को ऊँचा उठाया जा सके।

हर व्यवसाय की प्रकृति और प्रक्रियाएँ अलग-अलग होती है। उच्च शिक्षा की अंतर्निहित विशेषताओं को सराहा नहीं जाने के कारण, अध्यापन कार्य का आकलन करते समय, शिक्षकों के लिए आवश्यक ऊँची उपाधियों और उनके कार्य की सूक्ष्मता को हल्के-फुल्के ढंग से लिया जाता है। विश्वविद्यालयों में पिछले दशकों से 'स्वयं द्वारा मूल्यांकन' (सेल्फ एप्रेजल) पद्धति प्रचलित है। शिक्षकों ने इस तरह के मापन-मूल्यांकन का विरोध नहीं किया। छात्रों द्वारा शिक्षकों के मूल्यांकन पर शिक्षक संघों द्वारा अवश्य ही कुछ शंकाएँ और सवाल उठाए गए हैं। अपवादों को छोड़कर हमारे यहाँ के छात्रों में शिक्षकों का मूल्यांकन न करने का न तो माद्दा है और न ही इस काम के लिए उन्हें प्रशिक्षित किया गया है। ऐसी स्थिति में अमेरिकी छात्रों जैसा 'नीर-क्षीर' मूल्यांकन उनके द्वारा एकदम संभव नहीं लगता। हाँ, स्नातकोत्तर स्तर पर सबसे पहले यह प्रयोग केन्द्रीय विश्वविद्यालयों और स्वायत्त संस्थाओं में किया जाना चाहिए। वहाँ के अनुभवों के आधार पर इसे आगे बढ़ाया जा सकता है।

शिक्षकों द्वारा उच्च निष्पादन और सामाजिक-नैतिक जवाबदेही के निर्वाह के बारे में, असहमत होने का प्रश्न ही नहीं उठता। इस पहलू को लेकर आपत्ति केवल इतनी है कि शिक्षा-प्रशासक, छात्र एवं पालकों को शिक्षा के प्रति उनकी नैतिक जवाबदारी से बरी नहीं किया जा सकता। मगर निम्न निष्पादन या परिणाम के लिए शिक्षकों को दंडित करना कबीलाई मानसिकता है। 'परिणाम के अनुरूप पारिश्रमिक' (पेमेंट बाय रिजल्ट) वाला कदम पहले स्कूल स्तर पर कुछ प्रदेशों में उठाया जा चुका है, लेकिन उससे कोई धनात्मक और आशाजनक परिणाम सामने नहीं आए हैं। शिक्षा-क्षेत्र में भय (दंड), प्रलोभन, निरीक्षण-अधीक्षण और बाह्य प्रेरणा से निष्पादन बढ़ाने या परिणाम बेहतर करने की बात अपने आप में बेतुकी और विरोधाभासी है। उच्च शिक्षा में स्वविवेक, आत्मनिर्भरता और अंत:प्रेरणा से कार्य करने की बात पर जोर दिया जाना चाहिए। हर एक उच्च शिक्षा प्राप्त व्यक्ति को अंतत: इस आदर्श तक पहुँचना ही होगा कि वह स्वयं अपना 'दर्पण और मॉडल' बन जाए। जहाँ हाँकने वाले की उपस्थिति की अनिवार्यता का आग्रह होता है, वहाँ 'तेली के बैल' वाली कहावत चरितार्थ हुए बिना नहीं रहती। ऐसी जगहों पर बैल स्वभावत: चलते रहने के बजाए, एक स्थान पर खड़े होकर गले में बँधी घंटी बजाने की अधिक कोशिश करता है।

'रस्तोगी समिति (1997) ने उच्च शिक्षा का निहितार्थ न समझकर अपनी सिफारिशों में एक अफसराना रवैया अख्तियार किया है। कोठारी शिक्षा आयोग (1964-66) की अपूर्व अनुशंसाओं के विपरीत, केन्द्रीयकरण की ओर कदम बढ़ाकर समिति ने उच्च शिक्षा के प्रशासन में उगती हुई जनतांत्रिकता की हरियाली को भी झुलसा दिया है। मेरिट प्रमोशन के मामले में चयन समिति के अतिरिक्त यू.जी.सी. द्वारा दो विशेषज्ञों की छँटनी (स्क्रीनिंग) के लिए नियुक्ति करने का औचित्य समझ से परे है। यदि जरूरी है तो ऐसे दो विशेषज्ञों की नियुक्ति विश्वविद्यालय या राज्य-स्तर पर क्यों नहीं की जा सकती? विशेषज्ञ तो विशेषज्ञ ही होता है फिर भोपाल से नियुक्त हो या दिल्ली से। यह पाखंड नहीं तो और क्या है कि एक ओर तो स्वायत्तता और विकेन्द्रीकरण की वकालत की जाती है और दूसरी ओर नियंत्रण और केन्द्रीयकरण लाद दिया जाता है?

भूमंडलीकरण और उदारता की आर्थिक नीति अपनाने के कारण उच्च शिक्षा-संस्थाओं के सामने प्रतियोगिता, अनुसंधान, सृजनशीलता, नवाचारिता और निर्णयशीलता के लिए युवजनों को तैयार करने की अपूर्व चुनौती उपस्थित हो गई है। इस दृष्टि से उच्च एवं विश्वविद्यालयीन शिक्षा में किए जाने वाले तात्कालिक परिवर्तनों की ओर 'रस्तोगी समिति' का ध्यान नहीं जाने से, वेतनमानों के साथ, उन साधन-सुविधाओं के प्रावधान के बारे में विचार नहीं किया गया जो नई चुनौतियों का सामना करने में शिक्षकों के सहायक हो सकते थे। अनुसंधान को तो एक प्रकार से समिति द्वारा हतोत्साहित ही किया गया है। शिक्षकों की सृजनशीलता को बढ़ावा देने के लिए भी किसी प्रकार के उद्दीपन या उत्प्रेरण का प्रावधान नहीं किया गया है। शिक्षकों की नैतिकता और उच्च शिक्षा की समग्रता को विपरीत रूप से प्रभावित करने वाले 'व्यापारीकरण' एवं 'विखंडीकरण' को भी नजरअंदाज कर दिया गया है।

उच्च शिक्षा का स्तर या शिक्षकों का निष्पादन केवल वेतनमान, उच्च कोटि के उपकरण और व्यापक नियंत्रण पर ही निर्भर नहीं रहता। इस दिशा में सर्वाधिक योगदान संस्थानों के पर्यावरण या 'एम्बियंस' का होता है। यदि शिक्षा संस्थाएँ कलह, कुटिलता, दाँवपेंच, मनमानी और पक्षपात की व्याधियों से ग्रस्त रहती है तो शिक्षकों के बीच का भ्रातृभाव बुरी तरह से प्रभावित होता है। फलस्वरूप, शिक्षा-संस्थाओं में 'संवादहीनता का सन्नाटा' पैदा होता है। नतीजे में शिक्षकों की भागीदारी शिथिल होकर घटने लगती है। साधनों का सुविनियोग

कार्यरत लोगों के बीच के सुसंवाद पर निर्भर होता है। अन्यथा, उत्कृष्ट टेक्नोट्रॉनिक उपकरण भी धूल चाटते रहते हैं। 'निष्पादन' का मुद्दा उछालते हुए रस्तोगी समिति ने पारस्पारिकता की उस 'पारिस्थितिकी' को अनदेखा कर दिया जो निष्पादन और गुणवत्ता की प्राणवायु है। निष्पादन या कार्यस्तर का निवास शिक्षक के हृदय और मस्तिष्क में होता है। इसलिए, उसे उत्खनित करने और उकेरने के प्रयास भी वहीं किए जाने चाहिए। दमन, तुष्टिकरण, भेदभाव और निबंधन से थोड़े समय के लिए राहत मिलती दिखाई दे सकती है, स्थाई रूप से नहीं। इसलिए शिक्षा-प्रशासकों को संस्थाओं के वातावरण को दबाव से मनाव, बंधन से मुक्ति और अंध सहमति से सृजनशील अभिव्यक्ति की ओर ले जाने के प्रयास करने चाहिए।

10

उच्चतर शिक्षा के प्रबंधन में जनभागीदारी और गुणात्मक सुधार

शिक्षा एक सामाजिक प्रक्रिया है। शारीरिक जीवन के लिए जो महत्व पोषाहार और प्रजनन का होता है, वही सामाजिक जीवन के लिए शिक्षा का है। अर्थात् सामाजिक व्यवस्था के संरक्षण, नियंत्रण और परिवर्द्धन का दायित्व भी बहुत कुछ शिक्षा पर निर्भर करता है। शिक्षा समाज की राजनैतिक, आर्थिक और प्रौद्योगिकीय उप-प्रणालियों को प्रभावित करती है और उनसे प्रभावित भी होती है। आज के ज्ञानाधारित समाज में उच्च शिक्षा हमारे 'अस्तित्व की शर्त' बन गई है, क्योंकि उसके द्वारा प्रवर्तित नवाचार और अनुसंधान सार्वजनिक जीवन को प्रभावित कर नई दिशा देने में कारगर सिद्ध हुए हैं। उच्च शिक्षा के अध्यापन, अनुसंधान और विस्तार-सेवा आयामों में से तीसरा आयाम अर्थात् 'विस्तार सेवा' समाज से सीधा-सीधा संबंध रखता हैं। इस आयाम के जरिये जहाँ समाज के ग्राम-समुदाय और शैक्षणिक सांस्कृतिक दृष्टि से वंचित वर्ग की सामाजिक-सामुदायिक कार्यों में भागीदारी बढ़ाने के लिए उन्हें सचेत और जागरूक बनाया जाता है, वहीं इन समुदायों के पारंपरिक ज्ञान और कौशल से उनके साथ कार्य करने वाले छात्र और शिक्षक भी लाभान्वित होते हैं।

जनतंत्र और जन भागीदारी

जनतंत्र हमारी राजनैतिक प्रणाली और विचारधारा है। जनतंत्र विचारधारा से भी बढ़कर एक व्यापक एवं गहन जीवन-शैली है। यह सामुदायिक जीवन की चेतना और सामुदायिक जीवन का ही एक विचार है। इस जीवन शैली के

केन्द्रीय तत्त्व सहयोग, सहमति और स्वैच्छिक भागीदारी है। जनतंत्र का आधार मानव स्वभाव की क्षमता, मानवीय बुद्धि तथा सामूहिक एवं सहकारी अनुभव है। मनुष्य में ये सब पूर्णता की स्थिति में नहीं हैं, फिर भी यदि इन्हें अभिव्यक्त होने के अवसर दिए जाए तो इनकी वृद्धि होगी तथा वह ज्ञान और विवेक उत्तरोत्तर विकसित हो सकेगा जिसकी कि सामूहिक कार्य के निर्देशन के लिए आवश्यकता होती है। जनतांत्रिक जीवन-शैली का प्रवेश और प्रसार जब तक हमारे सामुदायिक जीवन और पारस्परिक विचार, भावना और क्रिया आदि पहलुओं में गहराई तक उतर नहीं जाता तब तक वह जीवित नहीं रह सकती।

राजनैतिक प्रणाली के अंग-प्रत्यंग, रहन-सहन की मानवीय जीवन-शैली के साधन मात्र हैं, साध्य नहीं। उनका मूल्यांकन उनके द्वारा साध्य की प्राप्ति में किए गए योगदान पर निर्भर करता है। जनतांत्रिक शासन प्रणाली के ये साधन इस धारणा पर आश्रित हैं कि यदि कोई व्यक्ति या व्यक्तियों का समूह चाहे जितना योग्य अथवा बुद्धिमान क्यों न हो, वह दूसरों पर शासन करने का अधिकारी तभी होता है, जबकि उससे शासित होने जा रहे व्यक्ति या समूह से सहमति-स्वीकृति मिल जाती है। इसका सीधा-सच्चा आशय है कि जो व्यक्ति या समुदाय जिन-जिन संस्थाओं से प्रभावित होते हैं, उन्हें उन-उन सस्थाओं को बनाने और उनका प्रबंधन करने में हिस्सेदारी मिलनी चाहिए। वे चाहे बहुत बड़े जानकार नहीं हों, फिर भी, जहाँ तक उन सामाजिक संस्थाओं का सवाल है, वे अच्छी तरह जानते हैं कि जूता कहीं चुभ रहा है। हमें सामाजिक संस्थाओं से जुड़े अधिकांश नागरिकों के अनुभवों का लाभ उनकी भागीदारी सुनिश्चित करके प्राप्त करना चाहिए। यही जनतंत्र का तकाजा है। लेकिन, राजनीति शास्त्र के अग्रणी विद्वान हैरॉल्ड लावेल की राय है कि "हमें इस जनतांत्रिक हठधर्मिता से बचना चाहिए कि जनता ही अपने हितों का सही मूल्यांकन कर सकती है।" यह सच है कि जनतंत्र जनता की आवाज को सुनने का आग्रह करता है, लेकिन यह सुनिश्चित करने का काम बुद्धिजीवियों का हैं कि जनता की आवाज दूरदर्शी नेताओं के विचारों के अनुरूप हो।

वर्ष 1990-91 में नई आर्थिक नीति के आगमन से पहले, उच्च शिक्षा के लिए साधनों की कमी और जनभागीदारी की बात बहुत जोर-शोर के साथ नहीं की जाती थी। वैसे तो, 1986 में विश्व बैंक द्वारा घोषित नीति के तीन बिन्दुओं से जनभागीदारी के सोच का सीधा संबंध है।

ये बिन्दु निम्नानुसार हैं:–

(1) उच्च शिक्षा की लागत की भरपाई समाज से की जाए तथा सरकार शिक्षा के उस स्तर के लिए खर्च करे जिससे कि सर्वाधिक प्रतिफल मिलता है।

(2) शिक्षा के लिए उधारी या कर्ज का बाजार विकसित किया जाए तथा विशेषकर उच्च शिक्षा के लिए चुनिन्दा छात्रवृत्तियों की व्यवस्था की जाए।

(3) सार्वजनिक शिक्षा के प्रबंधन का विकेन्द्रीकरण किया जाए तथा समाज और निजी क्षेत्र द्वारा शिक्षण संस्थाओं की स्थापना को प्रोत्साहन दिया जाए। इन्हीं नीति-निर्देशक तत्त्वों के अनुसार हमारे देश की शिक्षा-व्यवस्था चलाई जा रही है।

जनभागीदारी का दर्शन जनतंत्र के सिद्धाँतों के अनुकूल है, लेकिन लोक कल्याणकारी राज्य को गरीबों और वंचितों की शिक्षा के दायित्व से स्वयं को अलग नहीं करना चाहिए। बल्कि, गाँवों और मलिन बस्तियों में रहने वाले परिवारों के लिए बेहतर और अधिक साधन-सम्पन्न शिक्षा की गारंटी देना चाहिए।

मध्य प्रदेश में शासकीय महाविद्यालायों के प्रबंधन में जनभागीदारी का सूत्रपात 1996 से हुआ है। इसका उद्देश्य उच्च शिक्षा का गुणात्मक सुधार, समस्याओं का स्थानीय साधनों द्वारा समाधान, उच्च शिक्षा के विकास हेतु स्थानीय नागरिकों एवं संगठनों की सहायता से वित्तीय-संसाधनों का एकत्रीकरण तथा जनसहयोग से बौद्धिक पर्यावरण का निर्माण करना है। शुल्क लगाकर या बढ़ाकर और कन्सलटेन्सी के जरिये भी धन एकत्र करने का अधिकार प्रबंधन समिति को दिया गया है। प्रबंधन समिति के कार्यकलाप सामान्य परिषद के नियंत्रण एवं मार्गदर्शन में सम्पन्न होंगे। वित्त समिति महाविद्यालय में वित्तीय अनुशासन बनाए रखने के कार्य में सहायता करेगी। समिति की निधि का उपयोग महाविद्यालय की अधोसंरचना के विकास के लिए किया जाएगा। इस निधि का उपयोग स्नेह सम्मेलन या सोशल गेदरिंग, निर्वाचन, स्वागत और विज्ञापन जैसी गैर अकादमिक गतिविधियों के लिए नहीं किया जा सकेगा। स्वशासी महाविद्यालयों की प्रबंध समिति को अकादमिक मामलों में भी स्वायत्ता रहेगी। ये दिशा-निर्देश तो उपयोगी एव महत्वपूर्ण हैं, लेकिन उच्च

शिक्षा के दर्शन एवं कार्यप्रणाली की समझ पैदा करने के लिए सामान्य प्रबंध एवं वित्त समिति के सदस्यों के लिए प्रति वर्ष जुलाई–अगस्त में एक अनुस्थापन कार्यक्रम आयोजित किया जाना चाहिए। इसके द्वारा उच्चतर शिक्षा की अधोसंरचना, उसके आयाम, स्वायत्तता, प्रबंधन, कार्यप्रणाली और गुणवत्ता आदि पहलुओं की कामकाजी जानकारी दी जानी चाहिए।

उच्च शिक्षा के स्तर में गिरावट और उसका उपचार

उच्च शिक्षा विचारों और आदर्शों का केन्द्र है। यहाँ के प्रत्येक सदस्य से आचरण के उच्च प्रतिमानों और ईमानदारी की अपेक्षा रहती है। यहाँ सत्य, उत्कृष्टता और सृजनशीलता का अनुसरण और अभिव्यक्ति पूरे साहस एवं निर्भीकता के साथ होनी चाहिए। यहाँ सत्य का संधान ही नहीं किया जाता, सत्य बोलने और लिखने वालों को संरक्षण भी दिया जाता है। उच्च शिक्षा के सच्चे प्रोफेसर यहाँ परिपूर्णता और श्रेष्ठ विचारों को पढ़ने, कहने और लिखने में पीछे नहीं रहते। उनके स्वाभिमान का तिरंगा उदारता, गरिमा और विद्वता के तीन रंगों से रंगा रहता है। उनकी आकांक्षा उच्चतम सितारों को छुए बिना तृप्त नहीं होती।

उच्च शिक्षा संबंधी हो रहे समसामयिक लेखन और अध्ययन के निष्कर्षों से जो सूचित हो रहा है वह बड़ा निराशाजनक है। उच्च शिक्षा का स्तर निरंतर गिरता जा रहा है। उच्च शिक्षा के संस्थानों से ऐसे स्नातक और स्नातकोत्तर निकल रहे हैं जिन्हें नौकरी देने लायक नहीं समझा जाता। स्वाधीनता प्राप्त करने से पहले तो हमारे यहाँ नोबेल पुरस्कार विजेता थे, लेकिन आजादी के बाद देश का ऐसा सौभाग्य नहीं रहा। प्रदेश में आज एक भी कॉलेज या विश्वविद्यालय राष्ट्रीय या अन्तर्राष्ट्रीय स्तर का नहीं है। योजना आयोग के पूर्व सदस्य स्व. जे.डी. सेठी ने इसी गिरावट और संकट को रेखांकित करते हुए लिखा था कि "जब तक शिक्षा की संपूर्ण संरचना को बदला नहीं जाता, तब तक कुछ महत्वपूर्ण प्राप्ति नहीं हो सकती। हमारे यहाँ शिखर पर उत्कृष्टता है, लेकिन तलहटी में कुछ भी उल्लेखनीय नहीं है। यह स्थिति तब तक बनी रहेगी जब तक कि उच्च शिक्षा में मूलभूत परिवर्तन नहीं किए जाते। सुधार की स्टेज कब से हाथ से निकल चुकी है।" एक अरब से अधिक की जनसंख्या वाले देश में कुछ गिने चुने युवक–युवतियाँ उद्यमी और साहसी हुए हैं, लेकिन इतने बड़े देश में यह संख्या नगण्य ही कही जाएगी।

मेरे विचार से शिक्षा के स्तर या गुणवत्ता में गिरावट के पाँच प्रमुख कारण हैं : 1. संसाधनों की कमी, 2. शिक्षकों की व्यावसायिक प्रतिबद्धता और समर्पण में गिरावट, 3. इस गिरावट और संकट का सामूहिक रूप से सामना करने के लिए शिक्षा के प्रशासकों में कल्पनाशीलता और विचारशीलता की कमी, 4. छात्रों में उच्च शिक्षा के प्रति प्रेम और ज्ञान के प्रति उद्दाम ललक का अभाव, 5. राजनीतिकों द्वारा प्रचारित यह मिथक कि अनैतिक साधनों से भी साध्य प्राप्त किए जा सकते हैं।

फिलिप क्रॉसबी ने शर्तों और उद्देश्यों के अनुरूप निष्पादन को 'गुणवत्ता कहा है। मेरे विचार से 'निरन्तर या सुसंगत रूप से उच्च निष्पादन' को ही गुणवत्ता कहा जाना चाहिए। गुणवत्ता एक्सीलेन्स का पर्याय है। कसौटी की माँग के अनुसार सही ढंग से काम नहीं करना ही गुणवत्ता की कीमत चुकाना कहलाता है। इसलिए कॉलेजों में निम्न निष्पादन के संक्रामक रोग का निदान एवं उपचार करने के लिए तत्काल कदम उठाये जाने चाहिए। उच्च शिक्षा की गुणवत्ता का प्रश्न प्राथमिक और उच्चतर माध्यमिक स्तर की कमजोरियों से भी जुड़ा हुआ है। इसलिए निचले स्तरों पर भी 'गुणवत्ता' सुनिश्चित करने के लिए प्रयास होने चाहिए।

कॉलेजों की कक्षाएँ 'पाठ सुनने के कमरे' बन गए हैं, और कहीं-कहीं इतना भी नहीं हो रहा है। अध्यापन तथ्यों का 'टिकिट संग्रह' और सही उत्तर लाने का खेल बना दिया गया है। छात्रों को खोजबीन, जाँच-पड़ताल, अन्वेषण और जिरह-बहस से दूर रखकर, उन्हें तथ्यों और आँकड़ों का निष्क्रिय उपभोक्ता बना दिया है। इसी प्रकार, अनुसंधान भी पीएच.डी. डिग्री हथियाने का गोरख धंधा या एक यांत्रिक प्रक्रिया बन कर रह गया है। शोध-प्रबंधों में भिन्न और मौलिक चिन्तन के प्रमाण शायद ही कभी मिल पाते हैं।

उच्च शिक्षा का स्तर ऊँचा उठाने के लिए सबसे पहले महाविद्यालयों की 'परिसर संस्कृति' को सुधारा जाना चाहिए। जैसे गाँधी जी के साबरमती आश्रम में, सत्य और अहिंसा कण-कण में इस तरह व्याप्त हो गए थे कि कोई भी वहाँ झूठ बोलने की हिम्मत नहीं जुटा पाता था। उसी तरह, कॉलेजों के परिसर में भी जिज्ञासा, प्रश्न, अन्वेषण, और अनुसंधान का व्यापक विसरण होना चाहिए। संसाधनों के क्षरण एवं अपव्यव को रोकने के लिए वहाँ एक ऐसी जीवन शैली विकसित की जानी चाहिए कि छात्र, अध्यापक, प्रशासक और

कर्मचारी साधन–सामग्री का उपयोग मितव्ययीता से कर सकें, बर्बादी से नफरत करने लगें और अपने कामकाज को बेहतर ढंग से करने के लिए अग्रसर हो सकें। ऐसी 'जीवनशैली को ए.एन. व्हाइटहैड ने 'मनमस्तिष्क की परम नैतिकता' और 'शिक्षित व्यक्ति की अंतिम उपलब्धि' कहा है।

कोठारी शिक्षा आयोग द्वारा अनुशासित 'संस्थागत योजना' और 'कॉलेज संकुल' नामक संकल्पनाएँ भी उच्च शिक्षा का स्तर ऊँचा उठाने में सहायक हो सकती है। इन नवाचारों को अभी तक ईमानदारी से आजमाया नहीं गया है। इन दोनों ही नवाचारों को क्रियान्वित करने में धन–साधन की आवश्यकता नहीं के बराबर है। 'योजना' बनाकर कार्य करना कोई नई बात नहीं है, किन्तु टीम भावना से साधनों के सुविनियोग और व्यवस्थापन द्वारा बेहतर परिणाम प्राप्त किए जा सकते हैं। आवश्यकता केवल मिल बैठकर और समग्र दृष्टि से विचार करके, कॉलेज की गतिविधियों की एक वार्षिक योजना बनाने की है। यह एक ऐसा 'रोडमेप' हो सकता है जो कॉलेज की प्रतिवर्ष की अकादमिक यात्रा को पूर्ण कराने में आदि से अन्त तक सहायता दे सकता है।

इसी तरह, 'कॉलेज काप्लेक्स' का विचार भी साधनों, उपकरणों और तकनीकी कौशल या विशेषज्ञता की कमी को दूर करने में महाविद्यालयों की मदद कर सकता है। तीन–चार कॉलेजों का एक संकुल बनाकर उनके बीच अकादमिक सहयोग और साधनों का आदान–प्रदान आसानी से किया जा सकता है। इस प्रकार की संरचना कॉलेजों के बीच की दूरियों और दीवारों को तोड़कर सहयोग के एक सेतु का निर्माण करती हैं। इस माध्यम से, एकाधिक कॉलेजों के शिक्षक मिलजुल कर पाठ्यचर्या में संशोधन, परीक्षा मे सुधार, अध्यापन विधियों में परिवर्तन, शैक्षिक प्रौद्योगिकी का आदान–प्रदान, नई अध्यापन सामग्री का निर्माण और नवाचारों की समीक्षा एवं अनुप्रयोग बड़ी कुशलता से कर सकते हैं। कॉलेज संकुल उच्च शिक्षा में गुणवत्ता बढ़ाने के लिए एक 'कोऑपरेटिव कॉमनवेल्थ' बन सकता है। कॉलेजों के शिक्षकों के इस प्रकार पास–पास आने से समूह में कार्य करने की शुरुआत होगी, उनके साथ–साथ बने रहने से प्रगति होगी, तथा साथ–साथ काम करने से सफलता भी मिलेगी। इस प्रयास से कॉलेजों के अहातों में 'टीम भावना' की कमी और विचारों को क्रियान्वित नहीं कर पाने की कमजोरी ही दूर नहीं होगी संसाधनों का इष्टतम उपयोग भी हो सकेगा।

11

बीमार उच्च शिक्षा और लापरवाह संरक्षक

अचरज और अफसोस की बात यह है कि पूर्व मानव संसाधन विकास मंत्री अर्जुनसिंह को 2007 में जाकर इलहाम हुआ कि 'उच्च शिक्षा' नामक शिक्षा का बच्चा बीमार है। पिछले करीब दो-ढाई दशकों से मानव विकास मंत्रालय और उसकी अन्य एजेंसियों की घोर उपेक्षा का शिकार यह बच्चा अब तो 'गहन चिकित्सा इकाई' में अपनी अंतिम साँसें गिन रहा है। उच्च शिक्षा के विशेषज्ञों ने लगभग चार दशक पहले ही अपने निदानों के द्वारा आगाह कर दिया था कि उच्च शिक्षा सामाजिक-सांस्कृतिक दृष्टि से अप्रासंगिक हो गई है। राष्ट्रीय विकास और सामजिक परिवर्तन से इसकी संगति बैठाना बहुत जरूरी हो गया है। इन विश्लेषणों और चेतावनियों को गंभीरता से नहीं लेने के कारण ही उच्च शिक्षा साल-दर-साल पतनशील और संकटग्रस्त होती गई। उपचार सुझाने वालों ने यहाँ तक कह दिया है कि उच्च शिक्षा का ढाँचा और साँचा इतना क्षतिग्रस्त हो गया है कि इसकी मरम्मत करने से काम नहीं चलेगा। उच्च शिक्षा की संरचना और कार्यप्रणाली में समूल बदलाव की जरूरत है।

कोठारी शिक्षा आयोग की रपट में एक अत्यंत महत्वपूर्ण बात कही गई थी कि भारतीय अकादमिक जीवन को बहाल करने के लिए अध्यापन और अनुसंधान की सहचारिता का स्तर इतना ऊँचा उठाया जाना चाहिए कि उच्च शिक्षा के कुछ केंद्रों की तुलना अन्य देशों के ऐसे ही केंद्रों से की जा सके। मगर आज स्थिति यह है कि शोधपत्रों के अंतरराष्ट्रीय उद्धरण सूचक

(साइटेशन इंडेक्स) में हम विज्ञान के क्षेत्र तक में चीन से पीछे हो गए है। पेटेंट्स में हमारा हाल यह है कि हम साउथ कोरिया, मलेशिया और ताइवान जैसे छोटे-छोटे देशों से भी पिछड़े हुए है। हमारे एक भी परंपरागत विश्वविद्यालय का नाम विश्व के प्रथम सौ विश्वविद्यालयों में न पहले कभी शुमार हुआ था और न आज है।

हम हमारे पाँच सितारा आईआईटी और डीलक्स आईआईएम का झुनझुना कब तक बजाते रहेंगे? क्या दो-चार कोयलें समूचे भारत को उच्च शिक्षा के बसंत का एहसास करा सकती हैं? मलाल इस बात का है कि प्रति छात्र सर्वाधिक निवेश के बावजूद हमारे 'आईआई' इनके जन्म से लगाकर आज तक एक भी नोबल लॉरियट पैदा नहीं कर पाए हैं। आजादी पाने से पहले तो हमारे यहाँ दो नोबेल पुरस्कार विजेता हमारी उच्च शिक्षा दे सकी, फिर बाद में क्यों नहीं?

योजना आयोग के पूर्व सदस्य (शिक्षा) जे.डी. सेठी ने आयोग में रहते हुए गरीबों की शिक्षा समस्याओं का विश्लेषण करके जो निष्कर्ष निकाले थे, वे शिक्षा के प्रति उनकी संवेदनशीलता और सरोकार के परिचायक थे। *भारत में उच्च शिक्षा का संकट और पतन* नामक, 1983 में प्रकाशित उनकी पुस्तक में, वे बड़े अफसोस के साथ कहते है कि समुपस्थित 'सत्ता संरचना' के सामने उच्च शिक्षा पर विचार और विश्लेषण करना बड़ा निराशाजनक है। शिक्षा प्रणाली अन्यायपूर्ण और द्विमार्गी ही नहीं, गरीबों को गड्ढे में गिराने वाली है। देश गरीब है, किन्तु पिरामिड के सिर पर अत्यधिक विशेषाधिकारी और साधन-संपन्न थोड़े-से वे लोग बैठे हुए है, जो उच्च शिक्षा की उपलब्ध सुविधाओं पर एकाधिकार जमाकर इसका लाभ अपने वर्ग तक ही सीमित किए हुए हैं। उन्होंने अपने वर्ग के लिए एक समानांतर किन्तु उत्कृष्ट शिक्षा प्रणाली भी बना ली है, जो वंचित और गरीब बच्चों एवं युवकों की पहुँच से परे है। गरीब परिवारों के छात्र ऐसे सरकारी और अन्य कॉलेजों में पढ़ने के लिए अभिशप्त हैं, जहाँ न्यूनतम साधन-सामग्री तक नहीं है, और अकादमिक वातावरण अनाकर्षक एवं निकृष्ट है। शीर्ष पर उत्तमता, उत्कृष्टता का द्वीप तथा नीचे तलहटी में साधारणता का सागर लहरा रहा है। यह बढ़ती हुई साधारणता (मीडियोक्रिटी) देश के भविष्य के लिए एक खतरा है।

उपर्युक्त निष्कर्षो और चेतावनियों पर ईमानदारी से ध्यान दिया गया होता तथा उच्च शिक्षा के सुधार को 'नमक सत्याग्रह' की तरह 'करो या मरो' की

तर्ज पर लिया जाता, तो आज मुँह छिपाने के लिए 'उच्च शिक्षा का बीमार बच्चा' जैसे रूपक या आवरण खोजने की आवश्यकता नहीं पड़ती। कितनी अजीब बात है कि वह मानव संसाधन विकास मंत्री जिसके हाथ में सारे निर्णय करने और साधन सुविधा मुहैया करने की ताकत है, वही कुलपतियों को उच्च शिक्षा का मुँह उजला करने के लिए, बिना धन या अनुदान का वचन दिए, उपदेश देता है कि गुणवता और सर्वसमावेशन (इंक्लुजिवनेस) सुनिश्चित करने के लिए रोडमेप बनाइए। कुलपतियों के सम्मेलन में मंत्री जी को यह कहते देर भी नहीं हुई थी कि 'साधन उपलब्ध है।' दूसरी तरफ से योजना आयोग के सदस्य शिक्षा डॉ. मुंगेकर ने कहा कि जीएनपी का 5 प्रतिशत भी शिक्षा को मिल जाए तो गनीमत है। पिछले 40 वर्षों से व्यय 6 प्रतिशत करने का 'राग सरकारी' सुनते-सुनते उच्च शिक्षा से जुड़े लोगों के कान जवाब दे गए हैं।

पिछले पाँच वर्षों में शिक्षा की नाक के सामने उच्च शिक्षा और खासकर 'शिक्षकों की शिक्षा' के लिए बनी परिषद् अर्थात एनसीटीई के इर्द-गिर्द जितना भ्रष्टाचार फैला है, वह अपरंपार है। पहले तो एमएचआरडी को उच्च शिक्षा में बढ़ रहे भ्रष्टाचार के नासूर को रोकने के लिए उससे संबद्ध समस्त नियामक परिषदों और संस्थानों की गहन समीक्षा-परीक्षा करनी चाहिए। यदि उच्च शिक्षा में नैतिकता और मूल्यबोध ही नहीं रहता है तो वह देश को क्या दिशा और नेतृत्व दे पाएगी। दूसरे, केवल विश्वविद्यालयों और कॉलेजों की संख्या बढ़ाने से उच्च शिक्षा ऊँची नहीं हो जाएगी। विश्वविद्यालयों में सबसे पहले प्रतिभाशाली और श्रेष्ठ शिक्षकों की नियुक्ति की जानी चाहिए ताकि उच्च शिक्षा की गुणवत्ता बढ़ाई जा सके।

12

उच्च शिक्षा में भ्रष्टाचार का विस्फोट

सारी दुनिया में शिक्षा के पवित्र कार्य को 'नैतिक उद्यम' कहा जाता है। हम भी शिक्षण संस्थाओं को ज्ञान के मंदिर कहते हैं। हमारी सांस्कृतिक परंपरा में ज्ञान को पवित्रीकरण का साधन माना गया है। अध्यापन को भी 'ज्ञान-दान' का पुण्य-कार्य कहा गया है। उसके बदले या उसके नाम पर कुछ लेना भी वर्जित रहा है। इस घोर भौतिक और उपभोगवादी जमाने में भी, शिक्षा के क्षेत्र में चल रहे भ्रष्टाचार की तरफदारी, शायद ही कोई कर पाएगा। नि:संदेह, 'शिक्षा में भ्रष्टाचार' एक क्रूर विरोधाभास है।

पिछले दिनों टीवी चैनल्स पर, विश्वविद्यालयों में कुलपतियों द्वारा बड़े पैमाने पर किए गए भ्रष्टाचार की कलंक कथाएँ प्रदर्शित हो चुकी हैं। मुक्त विश्वविद्यालय 'इग्नू', सागर और पटना के कुलपतियों के नाम तो अखबारों में प्राय: छपते रहे हैं। चिकित्सा और इंजीनियरिंग की उच्च शिक्षा के नियमन हेतु स्थापित परिषदों के उच्चस्थ अधिकारियों के सदाचार की जाँच-पड़ताल और उनकी जेल यात्राओं के समाचार ज्यादा पुराने नहीं हुए हैं। देश के 44 डीम्ड विश्वविद्यालय और कुछ स्वायत्त कॉलेजों में भ्रष्टाचार की पुष्टि यू.जी.सी. और एम.एच.आर.डी. भी कर चुकी है। सर्वेक्षणों में पाया गया है कि शिक्षा के क्षेत्र में फैल रहे भ्रष्टाचार ने पीडब्ल्यूडी, पुलिस और रेवेन्यू विभागों को भी पीछे छोड़ दिया है। नर्सरी से लेकर पीएच.डी. तक की शिक्षा में भ्रष्टाचार का विषाणु फैलता जा रहा है। संभवत: शिक्षा के निजीकरण के साथ-साथ इसकी पहुँच प्रवेश और नामांकन से लगाकर परीक्षा के परिणाम तक हो गई है। पिछले दो दशकों में, भौतिक सामग्री के क्रय-विक्रय और निर्माण कार्य से आगे

बढ़कर, भ्रष्टाचार की घुसपैठ अकादमिक ऊतक में समा गई है। शिक्षकों की भर्ती, अध्यापन और अनुसंधान भी इसके दंश से बच नहीं पाए हैं। शिक्षा की संस्थाओं में बैठे प्रशासक, शिक्षक, शोधकर्ता और कर्मचारियों की नैतिक कमजोरी के बिना इतना व्यापक भ्रष्टाचार नहीं हो सकता।

यूनाइटेड नेशन्स के समाचार केन्द्र के अनुसार शिक्षा संस्थानों में बढ़ते हुए भ्रष्टाचार ने शिक्षा के मार्ग में एक बहुत बड़ी बाधा उपस्थित कर दी है। यूनेस्को के 'अंतराष्ट्रीय योजना संस्थान' ने शिक्षा में व्याप्त विश्वव्यापी भ्रष्टाचार पर एक रिपोर्ट भी जारी की है। इसका नाम है: 'करप्ट स्कूल्स, करप्ट यूनिवर्सिटीज: व्हाट केन बी डन?" यह रिपोर्ट साठ से अधिक देशों से प्राप्त जानकारी और प्रदत्तों के आधार पर तैयार की गई है। इस सूची में भारत का नाम भी शामिल है। इस अध्ययन के तथ्य और आँकड़ें सरकारी मंत्रालय, विकास अभिकरण तथा अनुसंधान संस्थानों के जरिए एकत्र किए गए हैं। अनेक व्यष्टि-अध्ययनों (केस स्टडीज) से भी पता चला है कि स्कूली और विश्वविद्यालयीन शिक्षा की संस्थाओं में भ्रष्टाचार जंगल की आग की तरह फैलता जा रहा है। इसमें गैर कानूनी फीस की वसूली, अकादमिक धोखाधड़ी, गबन, रिश्वत और कई अन्य छोटे-बड़े अपचार सम्मिलित हैं। ऐसे कारनामे और गोरखधंधे शिक्षा प्रणाली को बदनाम ही नहीं कर रहे हैं, उसकी जड़ें भी काट रहे हैं।

रिपोर्ट में प्रस्तुत भ्रष्टाचार की भयावहता से यूनेस्को के पूर्व डायरेक्टर जनरल कोइचिरो मत्सुरा बेहद निराश और व्यथित हुए हैं। उनका कहना है कि शिक्षण संस्थाओं में बड़े पैमाने पर हो रहे अरबों डॉलर के भ्रष्टाचार की कीमत तो समाज को ही चुकानी पड़ती है। इससे, शिक्षा को सर्वसुलभ बनाने के जीवनदायी कार्यक्रमों और प्रयासों पर भी पानी फिरता है। इस कारण बेचारे गरीब माता-पिता अपने बच्चों को स्कूल नहीं भेज पाएँगे। संस्थाएँ शिक्षा के लिए जरूरी साधन-सामग्री जुटा नहीं पाएँगी। उपकरणों, छात्रवृत्तियों और छात्रवासों की सुविधाओं से छात्र-छात्राएँ वंचित हो जाएँगे। इस प्रकार, भ्रष्टाचार का दुष्परिणाम यह होगा कि अधिगम और अध्यापन का स्तर गिरने से संपूर्ण शिक्षा का स्तर गिरेगा और फिर मजबूरी में हमें नई पीढ़ी के भविष्य से समझौता करना पड़ेगा।

यूनेस्को की रिपोर्ट में तर्क देकर समझाया और सुझाया गया है कि भ्रष्टाचार के 'रक्तबीज' से लड़ने के लिए सरकारों को सर्वोच्च स्तर पर दृढ़

नेतृत्व और राजनीतिक संकल्प का परिचय देना पड़ेगा। संस्थानों में कार्यरत लोगों और शिक्षा से जुड़े हुए समूहों और संगठनों को वित्तीय प्रबंधन, लेखा, निगरानी और लेखा परीक्षण (ऑडिट) संबंधी कौशलों से सज्जित करना पड़ेगा। संस्थाओं के प्रबन्धन तथा संचालन के लिए बनाए गए नियमों के प्रति प्रबंधकों और संचालकों में प्रतिबद्धता पैदा करनी पड़ेगी। राजनीतिक लाभ लेने के प्रलोभन से बचकर ही संस्थाओं को राजनीतिक हस्तक्षेप से बचाया जा सकेगा। भ्रष्टाचार को रोकने के लिए सिफारिश की गई है कि 'पारदर्शी नियामक प्रणाली' स्थापित की जाए तथा मजबूत प्रबंधन के लिए ऐसे प्रयास किए जाएँ जिनसे नैतिक जवाबदारी (एकाउन्टैबिलिटी) बढ़ाई जा सके। यह ठीक ही कहा गया है कि हमारी हर एक विफलता, नैतिक विफलता का ही परिणाम होती है।

भ्रष्टाचार के वातावरण में पढ़ने और बढ़ने वाले बच्चों और युवजनों पर उसका थोड़ा-बहुत असर अवश्य पड़ता है। शिक्षा में व्याप्त भ्रष्टाचार की विकरालता को यह कहकर टाला या सहा नहीं जा सकता कि यह तो एक विश्वव्यापी घटना है। यदि शिक्षण संस्थाएँ 'सद्‌गुणों के संग्रहालय' और 'आदर्शों की आकाशवाणी' नहीं रहेंगी तो आगे चलकर समाज में गुणी और संस्कारवान लोगों की उपलब्धता दुर्लभ हो जाएगी। मूल्यों को लेकर चलने वाले और मूल्यों के लिए लड़ने वाले प्रबुद्ध योद्धा कहाँ से आएंगे। इसलिए, बच्चों और देश के भविष्य की चिंता करने वाले समाज के सभी वर्गों और समूहों को आगे आकर शिक्षण संस्थाओं को स्वच्छता और सदाचार के केन्द्र बनाए रखने के लिए आंदोलन चलाना चाहिए। व्यक्तियों में नैतिक आक्रोश पैदा होने पर ही समाज को सदाचारी बनाया जा सकता है। शिक्षा के द्वारा ही नई पीढ़ी में कदाचार के प्रतिरोध, पाखंड के खंडन और विकृति के विस्थापन की शक्ति पैदा की जा सकती है।

13

जनतंत्र और संवाद की शिक्षा

शिक्षा के क्षेत्र में हमारे यहाँ 'स्वाध्याय' और 'प्रवचन' की एक लंबी परम्परा रही है, लेकिन 'मुद्रण' के आविष्कार ने 'पठन' और 'लेखन' को अपूर्व प्रतिष्ठा दे दी। परिणामस्वरूप, उच्चारित शब्द या मौखिक अभिव्यक्ति की उपेक्षा की शुरूआत हो गई। यहाँ तक कि संभाषण, वाद-विवाद और बातचीत के तौर-तरीकों की तमाम मर्यादाएँ और सारगर्भिता ही धीरे-धीरे लुप्त होने लगी। मध्ययुगीन आदाब-अल्काब-निशस्त-बर्खास्त' भी न जाने कहाँ हवा हो गया। 'संभाषण में शिष्टाचार' पढ़ने का एक पाठ भर रह गया। शिक्षा संस्थाओं में भाषण एवं वार्तालाप गौण तथा पठन, लेखन एवं गणन प्रधान हो गए। छात्र बोलने-चालने वाले जीवन्त व्यक्तियों के बजाए केवल सुनने और देखने वाली मूर्तियाँ बना दिए गए। मौखिक अभिव्यक्ति को अनुशासित, शिष्ट एवं सार्थक बनाने का काम मानो शिक्षण संस्थाओं का रहा ही नहीं। शब्द से चित्र (या इलेक्ट्रानिक माध्यम) तक आते-आते तो बोल व्यवहार की और भी अधिक दुर्गति हो गई।

ऐसे में, जबकि हमारे जीवन का सत्तर-पचहत्तर प्रतिशत काम-काज बोलने-सुनने के सहारे चलता है, बोलने और सुनने के प्रति हमारी उदासीनता अपने दाँतों अपनी ही जीभ काटने जैसा लगता है। यहीं नहीं, देश की आठ-दस प्रतिशत वाचाल 'जीभों' ने शेष नब्बे प्रतिशत लोगों को एक बड़ा भारी 'कान' बना दिया है। आजादी के बाद, जनतंत्र अपनाने से मौखिक अभिव्यक्ति, विशेषकर, जिरह, बहस और वाद-विवाद की आवश्यकता और महत्ता तो बढ़ गई, लेकिन उस चुनौती के लिए नई पीढ़ी को तैयार करने के

प्रयास नगण्य ही रहे। बदले में हम देख ही रहे हैं कि संसद, विधानसभा तथा अन्य लोक समितियों और सामाजिक सभाओं में बहस-मुबाहिसे और मौखिक आचार का स्तर दिनोंदिन गिरता ही जा रहा है। संसदीय जनतांत्रिक प्रणाली की सफलता और मजबूती के लिए वाग्मिता (वाणी अनुशासन) या मौखिक संप्रेषण की शिक्षा का व्यवस्थित विकास और प्रसार आवश्यक है।

भारत के लगभग 80 प्रतिशत लोग मूक संस्कृति में शुमार होते हैं। अन्य 15 प्रतिशत जिस तरह से बोली-बानी का उपयोग करते हैं, उसे फूहड़ और अशिष्ट ही कहा जा सकता है। सदियों के शोषण और दमन ने आम लोगों की आवाज ही उनसे छीन ली है। आजादी के बाद इन बहुसंख्यक वंचित-पीड़ितों में आत्मविश्वास और अभय पैदा करने के बजाए उनकी आवाज को दबाने की ही कोशिशें ज्यादा होती रही। नतीजे, में तीन चौथाई देश गूंगा और गुलाम जैसा हो गया। अफसरों और नेताओं के सामने उनके मुँह से लाचारी भरे 'माई-बाप' शब्दों के सिवाए कुछ निकल ही नहीं पाता। अधिकांश लोगों (खासकर महिलाएँ, बच्चे और दलित वर्ग) में अपनी बात कहने या अपना पक्ष रखने का माद्दा पैदा नहीं करके हमने देश का भला नहीं किया है। आज के प्रौढ़ और सतत् शिक्षा के कार्यक्रम भी वही कर रहे हैं। 80-90 प्रतिशत देशवासियों को सशक्त एवं प्रभावी मौखिक भागीदारी से वंचित करके हम न तो जनतंत्र को सुदृढ़ कर सकते है और न विकास की गति को तेज।

अधिकांश संवादों के माध्यम 'शब्द' होते हैं। शब्द चिन्तन और क्रिया दोनों को ही अपने में सहेजे हुए रहता है। दुनिया अथवा परिवेश को बदलने के लिए चिन्तन और क्रिया दोनों ही आवश्यक है। इसीलिए पाउलो फ्रैरे मानते है कि सच्चा शब्द दुनिया को बदलने की ताक रखता है। इसी 'सच्चे शब्द' को बोलने के लिए लोगों को जगाना, तैयार करना आज की सबसे बड़ी आवश्यकता है। तभी लोग शोषण एवं अन्याय का प्रतिकार कर सकेंगे और प्रतिकूल परिस्थितियों को अनुकूल भी बना सकेंगे।

मनुष्य, जीवन और दुनिया के प्रति गहरे लगाव या प्रेम के बिना संवाद संभव नहीं है। अपने परिवेश और परिस्थिति को बदलने की प्रक्रिया सृजन एवं पुनर्सृजन का काम है। दूसरों के प्रति स्नेह और सहानुभूति से प्रेरित-आप्लावित हुए बिना बदलाव की दिशा में बढ़ा नहीं जा सकता। दबाव एवं दमन प्रेम की विकृति है। इससे दमनकर्ता को पर-पीड़न और दमित (दलित) को स्वपीड़न

के सुख की अनुभूति होती है। सच्चा स्नेह दूसरों की मुक्ति के प्रति प्रतिबद्धता रखता है। चूंकि ऐसी प्रतिबद्धता लोगों के प्रति उमड़े-उपजे प्रेम का परिणाम होती है, इसलिए वह सदैव संवादपूर्ण होती है।

संवाद के लिए नम्रता भी एक आवश्यक शर्त है। दर्प या मगरूरी, संवाद के बजाए अलगाव और आशंका उत्पन्न करती है। जब तक संवादक और संवादित का भेद (या द्वैत) नहीं मिटता और दोनों एक ही सरगम पर आकर एक-दूसरे के हितैषी नहीं बन जाते तब तक संवाद सक्रिय नहीं हो पाता। इसी तरह मनुष्य में भरोसे का भाव भी संवाद को प्रेरित करता है। यह भरोसा या स्वीकृति इस बात की होती है कि प्रत्येक व्यक्ति में सृजन और पुनर्सृजन की क्षमता होती है। निःसंदेह, यह भरोसा अंधा न होकर तर्क और विचार पर आधारित होता है। व्यक्ति में विश्वास की दूसरों द्वारा पूर्व-स्वीकृति ही संवाद को सत्ता-सामंतों और प्रभुत्ता सम्पन्न लोगों की छल-योजना नहीं बनने देती।

'आशा' का भी संवाद से सीधा सम्बन्ध होता है। आशा मनुष्य की अपूर्णता में ही समाई होती है। दूसरों को साथ लेकर निरन्तर विकसित होते रहने की चाह इसी अपूर्णता का परिणाम है। निराशा एक ऐसी दीनता-हीनता है जो संवादहीनता और निष्क्रियता की सूचक है। आशा हाथ पर हाथ धरे बैठे रहने के बजाए निरन्तर लड़ते रहने का नाम है। तभी तो प्रतिकूल परिस्थितियों को अनुकूल बनाने का बीड़ा उठाया जा सकता है।

संवाद 'समीक्षात्मक चिन्तन' की भी अपेक्षा रखता है। सच्चे संवाद में अंध सहमति और अभिभूति की गुंजाइश नहीं रहती। यहाँ सोच-विचार, व्यक्ति और दुनिया के बीच का दुराव दूर करता है। यथार्थ को एक अपरिवर्तनशील इकाई न मानकर परिवर्तनमुखी प्रक्रिया स्वीकार करता है। इस चिन्तन का अन्तिम लक्ष्य निरन्तर मानवीयकरण के लिए रूपान्तरण एवं परिवर्तन है।

न तो संवाद के बिना संप्रेषण संभव है और न संप्रेषण के बिना शिक्षा। मनुष्य की मनुष्यता ही उसकी संवादशीलता में निहित है। सच मानिए तो संवाद-प्रवणता स्वतंत्रता का व्यवहारिक अभ्यास है। संवाद की अक्षमता और अनुपस्थिति विमानवीकरण की निशानी है। संवाद का सीधा सच्चा अर्थ है: बराबरी की बातचीत, जहाँ अस्मिता परम्परता में घुल-मिल जाती है। लेकिन वाचाल और प्रभावी वर्ग (अधिकांश शिक्षित, शासक और शोषक) जनतंत्र के गुणगान के साथ-साथ कमजोर और अशिक्षित लोगों के मुँह से शब्दों के

अपहरण में मशगूल हैं। वे अपनी वाचालता और प्रभाव का उपयोग (दुरूपयोग?) कमजोर लोगों को छलने और तोड़ने-मरोड़ने में करते हुए उन्हें 'व्यक्ति' की गरिमा से गिराकर 'वस्तु' बनाने पर आमादा हैं। सामाजिक समरसता और मनोमिलन के लिए यह जरूरी है कि अभिजन और सम्पन्न वर्ग ऐसा कुछ नहीं बोलें-करें जिससे जन सामान्य और विपन्न लोगों का मन फट जाए तथा देश 'आम' और 'खास' नाम के दो टुकड़ों में और अधिक बँट जाए:

'मोती फाट्यो बींदता मन फाट्यो इक बोल,
मोती फेर मंगावस्या मनड़ो मिले नी मोल।'

14

शिक्षा और नैतिक आक्रोश

बीसवीं शताब्दी तनावों, दबावों और युद्धों की शताब्दी रही है। इसी शती में हिटलर जैसे तानाशाह ने उच्च और तकनीकी शिक्षा प्राप्त लोगों का सर्वाधिक दुरूपयोग किया था। इसी शती में ज्ञान, कौशल और आकांक्षाओं के क्षेत्र में हुए अपूर्व विस्फोट ने शिक्षा के प्रति लोगों की अपेक्षाएँ कई गुना बढ़ा दी थी। आज भी हर समस्या और संकट का समाधान शिक्षा में खोजा जा रहा है, फिर मसला चाहे यौन–विकृति का हो या ऊर्जा संकट का। अर्थिक वृद्धि, सामजिक सद्भाव और जनतंत्र के सुदृढ़ीकरण का दायित्व भी शिक्षा के सुपुर्द कर दिया गया है। यह भी मान लिया लिया गया है कि शिक्षा में किया गया हर निवेश मानवीय और सामजिक पूँजी के निर्माण में सहायक होता है। संभवतः इन ढेर सारी अपेक्षाओं के कारण ही शिक्षा को एक 'नम्रतम क्रांति' ही नहीं, 'क्रांतियों की क्रांति' कहा जाने लगा है। लेकिन, शिक्षा की व्यवस्था और प्रक्रिया में व्याप्त जड़ता, व्यर्थता और कदाचरण इन तमाम प्रत्याशाओं की पूर्ति में बाधक बने हुए हैं। प्राथमिक शिक्षा के लोकव्यापीकरण, माध्यमिक शिक्षा के व्यवसायीकरण और उच्च शिक्षा के आधुनिकीकरण की दिशा में भी पर्याप्त प्रगति नहीं हो पा रही है। 20वीं शती के उत्तरार्द्ध में संभवतः इसीलिये नवलेखन द्वारा शिक्षा की अति औपचारिकता और रूढ़िग्रस्तता पर खूब प्रहार हुए। फलस्वरूप, संस्थाओं में नवचिन्तन और नवाचार को प्रश्रय एवं प्राथमिकता मिलने लगी। इस वैचारिक झटके ने शिक्षा में नम्यता, सृजनशीलता और मूल्योन्मुख्ता को प्रतिष्ठित करने में पर्याप्त सहायता पँहुचाई है।

शिक्षा समाज के शिवत्व का नंदी नहीं, गतिमान गरूड़ है। शिक्षा मूलतः एक नैतिक उद्यम है। वह नई पीढ़ी के लिये 'मूल्य सहित ज्ञान' का अंतरण

है। शिक्षक देह नहीं आत्मा और चेतना को उकेरने वाला कलाकार है। उसे रिश्तों की टूटन, आत्मा का विखंडन और सृजनशीलता का भंजन हर कीमत पर रोकना है, ताकि छात्र अर्थात भावी पीढ़ी न तो बुद्धि कर उपयोग आत्मा को बेचने के लिये कर सके और न ही वह प्रौद्योगिकी की कठपुतली बन सके। इस परिवर्तन-शील युग की महती आवश्यकता है-भविष्य की समझ और भविष्य का सामना करने की तैयारी। इस उद्देश्य की पूर्ति के लिये नयी पीढ़ी के दृष्टिकोण में लचीलापन लाकर उन्हें अधिक पहलशील, ग्रहणशील एवं सृजनशील बनाने की आवश्यकता है। तभी वे अविचलित रहकर आने वाली आपदाओं, अनिश्चिताओं और आकस्मिताओं का विश्वास तथा निपुणता के साथ सामना कर सकेंगे।

परिवर्तन के दौर में सामाजिक संस्थाओं और मानवीय संबंधों में विचलन और विकृतियाँ आना स्वभाविक है। नयी पीढ़ी में इन्हें पहचानने, इनका प्रतिवाद और परिष्कार करने का माद्दा पैदा किया जाना चाहिए। केवल कक्षा में बैठना-पाठ्य पुस्तकें पढ़ना, व्याख्यान सुनना और परीक्षा में प्रश्नों के उत्तर लिख देना मात्र शिक्षा नहीं है। अर्थ, ज्ञान और सत्य तैयार वस्त्र जैसे बने बनाए नहीं मिलते। उन्हें पारस्पारिक संवाद और सहकार से खोजा और रचा जाना चाहिये। सच्ची शिक्षा चिन्तन की जननी और अन्वेषण की दाई है। उसकी तेजस्विता, रचनात्मक असहमति, प्रतिरोधी शक्ति और नैतिक आक्रोश में अभिव्यक्त होती है। शिक्षा-संस्थाओं से निकलकर जीवन में प्रवेश करने वाले युवजन प्रायः मूक दर्शक बने हुये देखे जा सकते हैं। अन्याय, शोषण और विषमता के विरूद्ध आवाज उठाते हुए और संघर्ष करते हुए तो बिरले ही दिखाई देते हैं। शिक्षा की सार्थकता तो इसी में है कि शिक्षित युवक-युवतियाँ केवल मूल्यों को लेकर नहीं चलें, बल्कि मूल्यों के लिये लड़ें भी।

मीडिया के प्रताप से, आजकल बच्चे, किशोर और युवा बहुत सी नयी जानकारी शिक्षण संस्था के बाहर भी प्राप्त कर लेते हैं, लेकिन इस ताजा ज्ञान का उपयोग कक्षाओं में बहुत ही कम शिक्षक कर पाते हैं। इस तत्काल ज्ञान और अनुभव का पाठ्यपुस्तकीय औपचारिक ज्ञान से तालमेल बैठाकर शिक्षण को रोचक और प्रासंगिक बनाया जा सकता है।

शिक्षा-क्षेत्र में साधनों की कमी का रोना एक सीमा तक ही सराहा और सहन किया जा सकता है। मुश्किल यह है कि शिक्षक, शिक्षा-प्रशासक और

शिक्षाकर्मी यह बात ध्यान में नहीं रखते कि साधन से बड़ा सरोकार, ज्ञान से बड़ा संस्कार और धन से बड़ा विचार होता है। 1929-30 की आर्थिक मंदी के दौरान ब्रिटेन के भौतिक विज्ञान के कुछ प्रोफेसर साधनों की कमी के कारण उत्तेजित होकर विभागाध्यक्ष लॉर्ड रदरफोर्ड के पास गए और उनके सामने प्रयोगशालों के लिये सामग्री खरीदने के लिये पैसा नहीं मिलने का रोना रोया। ध्यानपूर्वक अपने साथी प्रोफेसरों की बात सुनने के बाद उन्होंने कहा: "मित्रों आपके पास यदि खर्च करने के लिये पैसा नहीं है तो विचार खर्च कीजिए।" लार्ड रदरफोर्ड का यह उत्तर आजकल की मंदी के संदर्भ में भी बहुत प्रासंगिक है।

इक्कीसवीं शताब्दी की होनी और अनहोनियों का सामना करने के लिये, जहाँ एक ओर हमें ज्ञान, धन, सत्ता और प्रौद्योगिकी की निरंकुशता को, शिक्षा द्वारा तोड़कर, उन्हें आदर्शो और मूल्यों से अनुशासित करना है तो दूसरी ओर स्वयं शिक्षा जगत में गुणवत्ता, सृजनशीलता, नैतिकता और व्यावसायिक (प्रोफेशनल) दक्षता को स्थापित भी करना है। महात्मा गाँधी के गुरू हेनरी डेविड थोरो का यह कथन आज भी हमारा मार्गदर्शन कर सकता है कि "वह शिक्षा सच्ची शिक्षा नहीं होती जो विलास की वस्तु बनकर क्षणभर के लिये हमारी श्रेष्ठतम प्रवृत्तियों को सुला देती हैं। सच्ची शिक्षा के लिये हमें पंजों के बल खड़ा होना पड़ता है और उसके लिये हमें अपने सबसे जागरूक और सतर्कता पूर्ण क्षण अर्पित करने के लिये तत्पर रहना पड़ता है।" सत्य का संताप और 'वालस्ट्रीट का विलाप' क्या हमारी श्रेष्ठता और उदात्त प्रवृत्तियों को सुला देने का घातक परिणाम नहीं हैं? क्या हमारी समस्त विफलताओं का मूल कारण नैतिक विफलता नहीं हैं?

15

महात्मा गाँधी और बुनियादी शिक्षा: एक आधुनिक परिप्रेक्ष

गाँधी की जीवनी के लेखक रोम्यां रोलाँ ने उन्हें 'क्रॉस रहित क्राईस्ट' और 'एक व्यक्ति की सेना' कहा था। राम के शील और कृष्ण की व्यावहारिकता को उन्होंने अद्‌भुत रूप से आत्मसात किया था। वे महावीर के इस कथन को जीवन भर साकार करने में संलग्न रहे कि "न कोई हीन है और न अतिरिक्त" (णो हीणे णो अईरित्ते)। इस प्रकार, महात्मा गाँधी भारतीय सनातन परम्परा, संस्कृति और धर्म के अटल प्रतिनिधि थे।

मूल भारतीय परम्परा में 'धर्म' केवल 'धर्म' होता है। उसके हिन्दू, इस्लाम अथवा ईसाई जैसे न कोई उपसर्ग होते हैं न विशेषण। वह 'मानव धर्म' होने के नाते ही 'सनातन' था। इसका प्रमुख आग्रह संस्कारों की श्रृंखला द्वारा मनुष्य का उदात्तीकरण करते हुए उसकी अन्तर्निहित पूर्णता को उजागर करना था। उसकी यात्रा की दिशा धन से धर्म की ओर, भोग से भाव की ओर तथा स्वार्थ से परमार्थ की ओर थी। प्राणीमात्र के एकत्व को केन्द्र में रखते हुए इस सांस्कृतिक अभियान ने असत्य को सत्य से, हिंसा को अहिंसा से और संचय को दान से पराजित किया था। 'आर्यत्व' इसी आचरण-परम्परा की पराकाष्ठा थी।

महात्मा ने इसी समग्रतावादी सांस्कृतिक धारा का आलोड़न-विलोड़न कर उसके सनातन तत्वों को पुनर्प्रतिष्ठित किया। गाँधी ने पूर्व और पश्चिम की सभ्यता-संस्कृति को निकट से देखा और भोगा था। इसीलिए तुलनात्मक विलेषण के बाद, वे भारतीय सभ्यता की 'धर्मपरायणता' और 'नीति-प्रधानता'

के प्रबल पक्षधर और पैरोकार हो गए। उन्होंने विश्व समुदाय के सामने साहसपूर्वक अपने निष्कर्ष 'हिन्द स्वराज' नामक छोटी सी पुस्तक में प्रस्तुत किए।

गाँधी का निष्कर्ष था कि पाश्चात्य सभ्यता आत्मबल नहीं, पशुबल पर आधारित है। वह प्रेमधर्म के स्थान पर द्वेष-धर्म सिखाती है। वह आत्मा का खंडन और बुद्धि का यंत्रीकरण करके एक आयामी 'अर्थ-मानव' (Economic Man) का निर्माण कर रही है। मनुष्य को 'रोबोट' बनाया जा रहा है। ऐसा आज्ञाकारी 'रोबोट' जो कभी रिबेल (विद्रोह) नहीं करता। यह मनुष्य की भविष्य में 'दासता' का पूर्वाभास है। महात्मा के शब्दों में आधुनिक सभ्यता 'एक रोग' और 'तीन दिन का तमाशा' है, क्योंकि यह सभ्यता न धर्म और न आचार पर ध्यान देती है। शरीर-शक्ति को अनदेखा करती है। गाँधी का अभिमत था कि पाश्चात्य सभ्यता का रोग असाध्य नहीं है। इससे मुक्ति के लिए कठोर एवं क्रांतिकारी उपचार की आवश्यकता है। शिक्षा में श्रम, सहकार, अहिंसा और स्वावलंबन को प्रतिष्ठित कर इस साधना के लिए नई पीढ़ी को तैयार किया जा सकता है।

गाँधी की शिक्षा सम्बन्धी धारणा

गाँधी शिक्षा को 'नीरव सामाजिक क्रांति' का अग्रदूत मानते थे। उनके अनुसार शिक्षा का उद्देश्य एक 'पूर्ण और ओजस्वी' (Whole and Vigorous) व्यक्ति का निर्माण होना चाहिए। 'हस्त शिल्प' को वे शिक्षा का 'ध्रुव तारा' कहते थे। उनका विश्वास था कि उत्पादक हस्त शिल्प की शिक्षा द्वारा नई पीढ़ी में श्रम के प्रति लगाव उत्पन्न कर उन्हें स्वावलंबन की ओर अग्रसर किया जा सकता है। यही नहीं, इस माध्यम से ग्राम और नगर तथा शिक्षित और अशिक्षित के बीच की दूरी को भी घटाया जा सकता है। साक्षरता या अक्षर-ज्ञान को वे शिक्षा की श्रेणी में रखने को तैयार नहीं थे। उनकी मान्यता थी कि साक्षरता न तो शिक्षा का आरंभ है और न अन्त। सच्चे अर्थ में, संपूर्ण व्यक्तित्व की साक्षरता ही शिक्षा का परिणाम होना चाहिए। प्रायः उद्धरित उनकी शिक्षा की व्याख्या है कि बालक और मनुष्य के शरीर, मानस और आत्मा में अन्तर्निहित सर्वश्रेष्ठ का उद्घाटन ही शिक्षा है:

By education I mean an all round drawing out of the best in child and man— body, mind and spirit. Literacy is not the end of education, not even the beginning. It is only one of the means whereby men and women can be educated. Literacy in itself is no education. I therefore begin the child's education by teaching it a useful handicraft. I hold the highest development of the mind and soul is possible under such a system of education. Only handicraft have to be taught today but scientifically i.e. the child should know the why and wherefrom of every process.

My plan to impart education through the medium of village handicraft, like spinning, carding etc., is thus conceived as the spear-head of a silent social revolution fraught with the most far-reaching consequences. It will provide a healthy and moral basis of relationship between the city and the village and thus go long way eradicating some of the worst evils of the present social insecurity and poisoned relationship between the classes.

It will mean a new educational technique where progressive self-reliance in all aspects of a healthy and balanced life........ economic, physical, social, moral and cultural ....form the medium of instruction; and the necessary knowledge of subject-matter is given, habits and attitudes formed and developed throught this process."

बुनियादी शिक्षा प्रणाली

मैकाले के विवरण-पत्र (1835) के अनुरूप संचालित शिक्षा समाज-विमुख और संस्कृति-विरोधी थी। वह भारतीयों को भाषा, विचार और आचार से पश्चिमी रंग में रंगना चाहती थी। अँग्रेजों द्वारा प्रवर्तित यह शिक्षा-व्यवस्था राजनैतिक या औपनिवेशिक उद्देश्य की पूर्ति के लिए खड़ी की गई थी। शिक्षा का लोकव्यापीकरण उनका लक्ष्य था ही नहीं। उन्हें तत्कालीन प्रशासन तंत्र को संचालित करने के लिए कुछ बिचौलिये और कुछ कारकून किस्म के लोगों की आवश्यकता थी। इसी उद्देश्य की प्रतिपूर्ति के लिए अँग्रेजों ने भारत में शिक्षा का आयोजन किया था। इस शिक्षा-व्यवस्था के परिणाम-स्वरूप भारतीय समाज दो वर्गो में विभाजित हो गया। एक वह जो अँग्रेजों का उपग्रह होने के कारण 'विशिष्ट' होने के दंभ से ग्रसित था और दूसरा, जीवन की सामान्य आवश्यक्ताओं-सुविधाओं से वंचित 'जन-साधारण'।

भारतीयों में हीनता-बोध उत्पन्न करने वाली इस प्रणाली के दोषों को गाँधी भली-भाँति जानते थे। वे इस व्यवस्था को एक राष्ट्रीय शिक्षा प्रणाली से

प्रतिस्थापित करना चाहते थे। उनका निष्कर्ष था कि आर्थिक दृष्टि से अँग्रेजी प्रशासन पर निर्भर रहकर राष्ट्रीय शिक्षा प्रणाली का विकास नहीं किया जा सकता। इसलिए, उन्होंने सामाजिक एकता स्थापित करने वाली, श्रम पर आधारित स्वावलंबी शिक्षा की कल्पना की। इस योजना में उनका उद्देश्य, बच्चों के द्वारा 'उत्पादक-हस्त-शिल्प' से अर्जित धन द्वारा शिक्षकों का वेतन निकालना भी था। आरंभ में 'बुनियादी शिक्षा' या 'नई तालीम' का विचार गाँधी के हृदय में एक 'आकस्मिक दीप्ति' के रूप में उद्भासित हुआ था। बाद में, 31 जुलाई 1937 को इस शिक्षा-योजना की क्रांतिकारी रूपरेखा **हरिजन** पत्रिका में प्रकाशित हुई थी। 22 और 23 अक्टूबर 1937 को, वर्धा में सम्पन्न हुए अखिल भारतीय शिक्षा सम्मेलन में, इस राष्ट्रीय शिक्षा योजना पर विशद विचार-विमर्श हुआ। गाँधी जी द्वारा प्रस्तावित योजना पर पारित किए गए प्रस्ताव ही बाद में बुनियादी शिक्षा के सारभूत सिद्धान्त स्वीकृत किए गए:

1. सात वर्ष की निःशुल्क और अनिवार्य प्राथमिक शिक्षा।
2. शिक्षा का माध्यम मातृभाषा।
3. ऐसे उत्पादक हस्त-शिल्प (क्राफ्ट) के माध्यम से शिक्षण जिसका चयन परिवेश के मान से किया गया हो।
4. छात्रों द्वारा बनाई गई वस्तुओं के विक्रय द्वारा अध्यापकों के वेतन का भुगतान।
5. हस्त-शिल्प के माध्यम से पढ़ाए जाने वाले सभी विषयों के बीच सह-सम्बन्ध/समवाय (correlation) उजागर करना।
6. समाज, हस्त-शिल्प और प्रकृति समवाय के केन्द्र (centres of correlation) स्वीकार किए गए।

वर्धा सम्मेलन में स्वीकृत प्रस्तावों के आधार पर पाठ्यचर्या (curriculum) का निर्माण करने के लिए डॉ. जाकिर हुसैन की अध्यक्षता में दस व्यक्तियों की एक समिति गठित की गई। फरवरी 1938 में समिति ने सम्मेलन के सभापति महात्मा गाँधी के समक्ष अपनी रपट प्रस्तुत कर दी। विचार-विनिमय के बाद, काँग्रेस के हरिपुरा अधिवेशन में, बुनियादी शिक्षा कार्यक्रम को 'राष्ट्रीय शिक्षा नीति' के रूप में स्वीकार कर लिया गया। इस नीति को क्रियान्वित करने के लिए 1938 में ही 'हिन्दुस्तानी तालीमी संघ' की वर्धा में स्थापना की गई। बुनियादी शिक्षा के व्यावहारिक पक्ष पर

निरन्तर रूप से विचार करने के लिए अनेक सम्मेलन आयोजित किए गए। पहला बुनियादी शिक्षा-सम्मेलन 1939 में ख्वाजा गुलाम सैयद्दीन की अध्यक्षता में पूना में सम्पन्न हुआ था।

आलोचना

शिक्षा-व्यवस्था को वित्तीय स्वावलंबन प्रदान करने वाला पहलू सर्वाधिक विवादास्पद रहा। बालकों को श्रमिक बनाकर उनके अर्जन से पैसा एकत्र कर, शिक्षकों के वेतन का भुगतान करने पर लोगों को अपत्ति थी। इस विवाद के कारण बुनियादी शिक्षा का उज्ज्वल पक्ष भी दृष्टि से ओझल होता चला गया। महात्मा गाँधी, विनोबा भावे, ई.डब्ल्यू. आर्यनायकम् और श्रीमती आशा देवी ने लोगों की शंकाओं का समाधान करने की पर्याप्त कोशिश की, लेकिन विवाद बढ़ता गया और तीन खेमों में बँट गया। एक समूह में घोर पक्षधर थे, दूसरे में घोर विरोधी और तीसरे में समझौता वादी मध्यममार्गी। बुनियादी शिक्षा योजना क्रियान्वित होने के बाद इसका अध्ययन और मूल्यांकन शासकीय एवं अशासकीय स्तर पर होता रहा। जिन बुनियादी विद्यालयों में समर्पित शिक्षक और प्रशासक थे, तथा जहाँ उत्पादक हस्त-शिल्प सम्बंधी साधन-सामग्री की समुचित व्यवस्था थी, उन विद्यालयों मे छात्रों द्वारा बनाए गई वस्तुओं के विक्रय से शिक्षकों के वेतन का भुगतान करने में कठिनाई उपस्थित नहीं हुई। किन्तु, ऐसे साधन-संपन्न और समर्पित स्टाफ वाले विद्यालय अत्याधिक सीमित थे। दूसरे, बाजार की प्रतियोगिता और शासन की उदासीनता के कारण भी बच्चों द्वारा बनाई गई वस्तुओं को बेचने में कठिनाई होती थी।

युद्धोत्तर शिक्षा-पुनर्रचना योजना अथवा 'सार्जेन्ट प्लान' (1944) में भी, बालक-बालिकाओं द्वारा उत्पादित वस्तुओं को बेचकर शिक्षा-क्षेत्र में आर्थिक स्वावलंबन प्राप्त करने की नीति को सराहा नहीं गया। 1952 में बंबई नगर में प्रौढ़ शिक्षा-संगोष्ठी में भाग लेने आए 'यूनेस्को प्रतिनिधिमंडल' ने भी गाँधी प्रणीत बुनियादी शिक्षा के प्रयोग को सेवाग्राम जाकर देखा-परखा। प्रतिनिधिमंडल के शिक्षाविदों का निष्कर्ष निम्नानुसार था:

"The principle of education through work, not mere activity, is a profoundly sound one, however simple a form it may take with your children. With adequate safeguards against the conscious or unconscious exploitation of the child for the sake of mere production, it helps to integrate the child in his socity, to develop his intellect and his sense of responsibility. There is another profound principle on which the experiment of Sewagram seems to be based. It is the Buddhist, Christian, Gandhian principle of love and dedication to our fellowmen coupled with the principle of renunciation of the acquisitiveness of worldly goods and of personal ambitions as methods of building up a new, peaceful society."

यूनेस्को प्रतिनिधिमंडल का भी वही निष्कर्ष रहा कि, जहाँ तक संभव हो, उत्पादन के लिए बच्चों के शोषण से बचा जाना चाहिए। इस पहलू को छोड़कर, अपरिग्रह, त्याग, प्रेम, सहयोग और शांति के आदर्शों पर आधारित कार्य-केन्द्रित बुनियादी-शिक्षा महात्मा का महान योगदान है। प्रतिनिधि मंडल का आग्रह था कि "इस शिक्षा-प्रणाली को समूचे विश्व के लिए उपयोगी बनाने के लिए इसके साथ आधुनिक विज्ञान को जोड़ा जाना चाहिए।" वैसे, अपनी मूल रूपरेखा में ही महात्मा ने स्पष्ट कर दिया था कि हस्तशिल्प की शिक्षा यंत्रवत अथवा रूढ़ि की तरह नहीं दी जानी चाहिए। उसकी प्रक्रिया में निहित वैज्ञानिकता को प्रत्येक चरण में उजागर किया जाना चाहिए। विनोबा भावे का निम्नांक्ति कथन भी बुनियादी शिक्षा, अहिंसा और विज्ञान की अभिन्नता की पुष्टि करता है:

> "नई तालीम का दर्शन संकुचित नहीं बने, यह ख्याल रखने की जरूरत है। हम महाभारत बनाने जा रहे है, तो हमें विशाल-बुद्धि-व्यक्ति बनना चाहिए। चाहे हमारा जीवन गाँव में बीते, हमें विश्व के नागरिकत्व का अनुभव होना चाहिए। अहिंसा और विज्ञान, दोनों के योग से ही यह हो सकता है। अगर हम विज्ञान को चाहते है, तो अहिंसा को बढ़ावा देना होगा। अगर हम अहिंसा को बढ़ावा देना चाहते हैं तो विज्ञान को रोकना होगा। नई तालीम के मायने हैं, अहिंसा और विज्ञान का योग।"

बुनियादी शिक्षा योजना में दूसरा विवाद और भ्रम 'समवाय' या 'सह-सम्बन्ध' को लेकर है। सैद्धांतिक धरातल पर 'हस्त शिल्प' और 'समवाय' दोनों का ही बुनियादी शिक्षा में अनन्य स्थान है। पर्याप्त प्रशिक्षण और समर्पण के अभाव में इन दोनों ही संकल्पनाओं को सम्यक रूप से व्यवहार में नहीं लाया जा सका। मूल रूप में, ज्ञान की विभिन्न शाखाओं के बीच एकता और संगति होती है। हम केवल अध्ययन की सुविधा की दृष्टि से उसे विभिन्न विषयों में विभाजित कर लेते हैं। इसका यह अर्थ नहीं लगाया जा सकता कि विभिन्न विषयों के

बीच आदान-प्रदान नहीं हो सकता। विभिन्न विषयों अथवा अनुशासनों के बीच की अभिक्रिया और जुड़ाव से वे विषय ही समृद्ध नहीं होते बल्कि अध्ययनकर्ता को इस अन्तर्विषयक समझ से समस्याओं के समाधान में भी सहायता मिलती है। यह जानकारी हम सबको है कि संकीर्ण विशेषीकरण (narrow specialisation) से विभिन्न विषयों और उनके अध्येताओं के बीच की दूरियाँ बढ़ती हैं। ये दूरियाँ शिक्षा-संस्थाओं में बौद्धिक ही नहीं सामाजिक धरातल पर भी दिखाई देती है। बुनियादी शिक्षा की पाठ्यचर्चा में 'सामाजिक अध्ययन' और 'सामान्य विज्ञान' जैसे विषयों के रूप में विभिन्न विषयों की विषयवस्तु का समेकीकरण करने के प्रयास किए गए थे। लेकिन, दुर्भाग्यवश इन विषयों की विषयवस्तु को भिन्न प्रकार से संगठित करने की भावना को अध्यापक समझ और सराह नहीं पाए। परिणामस्वरूप, उनका अध्यापन भी परम्परागत रूप से होने लगा। हस्त-शिल्प को माध्यम अथवा केन्द्र बनाकर भाषा, इतिहास, गणित और भूगोल आदि विषय भी सह-सम्बन्धित प्रकार से पढ़ाने का कौशल अधिकांश अध्यापक अर्जित नहीं कर पाए। कहीं बलात् सहसम्बन्ध कराया जाने लगा तो कहीं सह-सम्बन्ध एक प्रहसन बन कर रह गया। निःसंदेह, यह बुनियादी शिक्षा की सैद्धांतिक नहीं व्यवहार-परक दुर्बलता थी। पाठ्यचर्या को समवाय की माँग के अनुरूप संगठित करके और समवाय द्वारा अध्यापन करने का गहन प्रशिक्षण देकर, बुनियादी शिक्षा के व्यवहार-पक्ष को भी सुदृढ़ किया जा सकता था। विद्यालयों के प्राचार्य अथवा प्रधानाध्यापक स्कूल स्तर पर भी शिक्षकों को इस तरह का प्रशिक्षण देने की व्यवस्थाएँ कर सकते थे।

विफलता

नवम्बर 1961 में, पंचमढ़ी में सम्पन्न 'अखिल भारतीय नई तालीम' सम्मेलन में डॉ. जाकिर हुसैन (पूर्व राष्ट्रपति) ने कहा था कि बुनियादी स्कूलों में जैसा अध्ययन-अध्यापन चल रहा है, वह बुनियादी शिक्षा योजना के मूल विचार और तत्वों के अनुरूप नहीं है। यह बुनियादी शिक्षा के साथ 'धोखा धड़ी' है। 10 अगस्त 1962 को राष्ट्रीय बुनियादी शिक्षा बोर्ड की पहली बैठक को संबोधित करते हुए तत्कालीन शिक्षा मंत्री डॉ. के .एल. श्रीमाली ने डॉ. जाकिर हुसैन की टिप्पणी के संदर्भ में कहा कि हमें यह स्वीकार करने में संकोच नहीं होना चाहिए कि बुनियादी शिक्षा योजना विफल हो चुकी है।

यह कितनी बड़ी त्रासदी है कि बुनियादी शिक्षा के एक प्रमुख स्तम्भ को ही उसकी विफलता और मृत्यु की घोषणा करनी पड़ी:

"If Dr. Zakir Hussain expresses that opinion, we have to give serious consideration to the whole matter and there has to be a lot of heart searching and serious thinking about the whole issue. Basic education has been a failure and I shall not hesitate to confess it. Several State Governments had made very serious attempts to work out a systematic programme of Basic Education and even then, as statistics indicated, Basic education has not made much leadway."

विचित्रता यहीं रही है कि बुनियादी शिक्षा के समर्थक और विरोधियों ने इस शिक्षा योजना को वैसे ही टटोला जैसे अंधों ने हाथी के अंग-प्रत्यंगों के आधार पर उसका अनुमान लगाया था। हर प्रशंसा और आलोचना में गाँधीवादी 'समग्रता' का अभाव रहा।

मुख्यतः बुनियादी शिक्षा की विफलता के निम्नांकित कारण थे:

1. बुनियादी स्कूल गाँवों में खोले गए। नगरों में बुनियादी शिक्षा का प्रसार नगण्य रहा। पहले से ही श्रम और शिल्प कार्य में संलग्न ग्रामवासियों को धीरे-धीरे यह अनुभव होता गया कि नगर वासियों के लिए भिन्न और उच्च स्तर की शिक्षा की व्यवस्था की गई है, जबकि उनके बच्चों को श्रमिक और कारीगर बनाए रखने वाली निम्न कोटि की शिक्षा दी जा रही है। इस द्वैत के कारण ग्रामवासियों ने बुनियादी शिक्षा का विरोध करना शुरू कर दिया।

2. बुनियादी विद्यालयों में, बागवानी एवं कृषि प्रधान हस्त शिल्पों को छोड़कर, अन्य उत्पादक हस्त-शिल्पों के माध्यम से अध्ययन-अध्यापन हेतु साधन-सामग्री और कार्यशाला आदि की समुचित व्यवस्था नहीं की गई।

3. हस्त-शिल्प द्वारा विभिन्न विषयों के अध्यापन एवं समवायी/सह-सम्बन्धित अध्यापन सम्बन्धी गहन प्रशिक्षण की व्यवस्था बड़े पैमाने पर नहीं की जा सकी।

4. बुनियादी शिक्षा के सैद्धांतिक एवं व्यवहार पक्ष पर शोध-कार्य को प्रोत्साहन नहीं दिया गया। फलस्वरूप इसमें ठहराव आ गया और वह केवल गाँधी और भूतकाल की मुखापेक्षी बनी रही।

5. विज्ञान और प्रौद्योगिकी की आधुनिकता के सम्मोहन ने लोगों में 'हस्त-शिल्प' के प्रति संदेह और पश्चगामिता का बोध पैदा कर दिया। युग की माँग के अनुरूप 'हस्त-शिल्प' के प्रकारों को प्रौद्योगिकीकृत नहीं किया गया।

6. जैसा कि बिहार के तत्कालीन राज्यपाल डॉ. जाकिर हुसैन ने कहा था, बुनियादी शिक्षा पश्चिमी मानसिकता रखने वाले भूरे अंग्रेजों की 'तोड़-फोड़' (sabotage) की शिकार हो गई। इस तोड़-फोड़ से प्रत्यक्ष और परोक्ष रूप से जवाहर लाल नेहरू, सी. डी. देशमुख, प्रो. एन.वी. तीर्थ और उनके तमाम अनुचर जुड़े हुए थे। नेहरू ने इस पद्धति को पश्चगामी कहते हुए यहाँ तक कह दिया था कि शिक्षा को सत्य, अहिंसा, संयम, त्याग और स्वयं से प्रतियोगिता करने जैसी दार्शनिक संकल्पनाओं से बोझिल नहीं किया जाना चाहिए। सी. डी. देशमुख ने यह अप्रासंगिक प्रश्न उठाया था कि क्या 'हस्तशिल्प' द्वारा सापेक्षता का सिद्धाँत (Theory of Relativity) पढ़ाया जा सकता है? वास्तव में, पश्चिम मुखी लोगों ने गाँधी को 'तकली और चरखे का पर्याय' समझ लिया। यह गाँधी का नहीं, इनकी कल्पना और विचार शक्ति का दोष था। ये चाहते तो गाँधी के सामने आधुनिक हस्त-शिल्पों को बुनियादी शिक्षा में सम्मिलित करने का प्रस्ताव और आग्रह कर सकते थे। 'उत्पादक हस्त-शिल्प द्वारा शिक्षा' के पीछे रहे गाँधी के विचार और कल्पना को समझकर यह अवश्य कह सकते थे कि हर प्रकार और स्तर का ज्ञान हस्त शिल्प को माध्यम बनाकर देना चुनौतीपूर्ण है। लेकिन, पाश्चात्य सभ्यता के सानिध्य की मगरूरी में संपूर्ण शिक्षा योजना को ही निरस्त कर देना औचित्य से परे था। गाँधी स्वयं यह मानते थे कि कोई भी क्रिया, कार्यक्रम अथवा योजना विफलतातीत नहीं होती। उसमें समय और सामाजिक आवश्यकता के मान से सुधार-सँवार करते रहना आवश्यक होता है। परिवर्तनगामी समाज में नवीनीकरण की प्रक्रिया को प्रश्रय और प्रोत्साहन देना एक अनिवार्यता है।

उपसंहार

सभी आलोचकों और प्रतिक्रियावादियों ने यह एकमत से स्वीकार किया था कि बुनियादी शिक्षा प्रणाली का सैद्धांतिक आधार सुदृढ़ है। उद्देश्यपूर्ण और ध्येयवादी प्रयासों द्वारा उसके व्यवहार-पक्ष की दुर्बलताएँ दूर की जा सकती हैं। लेकिन प्रतिबद्धता और समर्पण के साथ ऐसे प्रयास करने के लिए शिक्षाविद् और कार्यकर्ता आगे नहीं आ पाए। चूंकि बुनियादी शिक्षा योजना को काँग्रेस ने

वैकल्पिक राष्ट्रीय शिक्षा-प्रणाली के रूप में स्वीकार किया था, इसलिए इस प्रणाली की विफलता काँग्रेस पार्टी की ही विफलता थी।

दार्शनिक दृष्टि से बुनियादी शिक्षा का मंथन करने वालों का अभिमत है कि बुनियादी शिक्षा का दर्शन अपने विन्यास में प्रकृतिवादी, उद्देश्य में आदर्शवादी और कार्यक्रम में प्रयोजनवादी हैं अर्थात् गाँधी के शिक्षा-दर्शन में तीनों दर्शनों का समन्वय विद्यमान है। सामूहिकता, श्रम और उत्पादक-कार्य आधुनिक शिक्षा के मूल तत्त्व हैं। महात्मा ने इन्हें चीन्ह कर बुनियादी शिक्षा की बुनियाद खड़ी की थी। शिक्षा द्वारा विज्ञान और आध्यात्मिक मूल्यों के समन्वय और सृजनशीलता के विकास के प्रति भी गाँधी आश्वस्त थे। व्यक्ति को कुशल उत्पादक और अनुशासित उपभोक्ता बनाने के लिए भी बुनियादी शिक्षा सक्षम थी। वर्तमान उपभोक्तावाद और विलासिता को पराजित करने वाले तत्व भी गाँधी की शिक्षा-योजना में उपस्थित थे। एल्विन टॉफलर का चिन्तन उस समय प्रामाणिक नजर आता है, जब वह कहता है कि उद्योगोत्तर समाज में गाँधी और सेटेलाइट का साहचर्य सुनिश्चित है।

वर्तमान परिदृश्य यह भी सूचित कर रहा है कि समाज और उसके तंत्र उत्तरोत्तर, अकुशलता से अर्द्धकुशलता, अर्द्धकुशलता से कुशलता और कुशलता से उच्च (या सूक्ष्म) कुशलता की ओर अग्रसर हो रहे हैं। 'श्रम' और 'कार्य' के क्षेत्र में स्थूल से सूक्ष्म की ओर की यह यात्रा भविष्य में व्यक्तियों में उच्च कौशल विकसित करने का आग्रह करेगी। तब, संभवतः भूत और वर्तमान में निर्धारित श्रम और कार्य की परिभाषा भी बदल जाएगी। सामाजिक और शारीरिक श्रम के बीच की दूरी या अन्तराल भी घट जाएगा। अतएवं, व्यावसायिक शिक्षा और जीविकोपार्जन के लिए आवश्यक कौशलों का स्वरूप भी परिवर्तित होगा। तद्नुसार शिक्षा के विभिन्न आयामों में संवर्द्धन-परिवर्द्धन करना पड़ेंगे।

इसलिए, यह कहना अतिशयोक्ति नहीं होगी कि निरन्तर नवीनीकरण और अवधारणाओं का पुनराधान जीवन और शिक्षा का पुरस्कार है। लेकिन, हर दशा में, नवीनता एवं भिन्नता का व्यामोह हमारी अस्मिता और मूलोत्स को छिन्न-भिन्न करने वाला नहीं होना चाहिए।

संदर्भ

1. Rollang Romain 1974. Mahatma Gandhi. New Delh: Publication Division, Ministry of Information and Broadcasting, Government of India.
2. तुलसी, आचार्य (1981), सोचो,समझो, लाड़नूं: राजस्थान: जैन विश्वभारती प्रेस।
3. गाँधी, मोहनदास (1959) हिन्द स्वराज, अहमदाबाद: नवजीवन प्रकाशन मंदिर।
4. Chaudhari, Umrao Singh. Higher Education: Today and Tomorrow. New Delhi: Gyan Publishing House, 2009.
5. धावन, गोपीनाथ 1963, सर्वोदय तत्वदर्शन, अहमदाबाद: नवजीवन प्रकाशन मंदिर।
6. Avinashlingam, T.S. 1957 Basic Education. Coimbatore: Shri Ramkrishna Mission Vidyalaya.
7. भंडारी, चारूचंद 1962 हमारा राष्ट्रीय शिक्षण, वाराणसी: अखिल भारतीय सर्व-सेवा-संघ प्रकाशन।
8. वही, पृष्ठ 97-98।
9. वही, पृष्ठ
10. Shrimali, K.L. Address to National Board of Basic Education in its first Meeting held on August 10, 1962 appeared in The Deccan Chronicle of August 11, 1962.
11. Nehru J.L. Address to the National Development Council on November 9, 1954.
12. Deshmukh, C.D. The Hindu, June 6, 1962.
13. Subba Rao 1975, C.S. Gandhian Experiment in Primary Education. New Delhi: NCERT, P.I 1.
14. चौधरी, उमराव सिंह 1994, सामाजिक परिवर्तन और शिक्षा, दिल्ली: वाईली ईस्टर्न (विश्व प्रकाशन)।
15. Toffler, Alvin 1981. The Third Wave. London: Pan Books Ltd.

16

विश्वत्व और विद्या का विलोपन करते विश्वविद्यालय

19वीं शताब्दी के आरंभिक दिनों में कलकत्ता में पहले कॉलेज की स्थापना हुई। 1818 में स्थापित प्रेसीडेंसी कॉलेज आज भी देश के दस श्रेष्ठ कॉलेजों में दूसरा स्थान रखता है। अपनी उच्च शिक्षा की श्रेष्ठ परंपराओं के कारण ही कलकत्ता उच्च शिक्षा का 'स्वर्णिम पालना' कहा जाता है। अब कलकत्ता को नोबेल पुरस्कार विजेताओं का एकमात्र नगर भी कहा जाने लगा है। 1857 में कलकत्ता, बंबई और मद्रास प्रेसीडेंसियों में विश्वविद्यालयों की स्थापना हुई थी। 1900 में, कलकत्ता विश्वविद्यालय में दीक्षांत भाषण देते हुए लॉर्ड कर्जन ने भारतीय उच्च शिक्षा के प्रति घोर असंतोष व्यक्त किया। उसने बहुत ही कठोर शब्दों का प्रयोग करते हुए कहा था कि ''परीक्षाएँ निषिद्ध कर दी जानी चाहिए, प्रमाणपत्रों को जला दिया जाना चाहिए तथा तमाम शिक्षकों, अकादमिक स्टाफ, कुलपति और कुलाधिपति को एक पुराने खटारा जलपोत में भरकर बंगाल की खाड़ी में डुबो देना चाहिए। कॉलेजों और विश्वविद्यालयों को 'अवैध सभ्यता' और 'संकर नैतिकता' पैदा करने की अनुमति देने के बजाय तो आदिम अवस्था में लौटना बेहतर होगा।''

एक शताब्दी बीत जाने के बाद आज भी उच्च शिक्षा की गुणवत्ता में कोई उल्लेखनीय सुधार नहीं हुआ है। हाँ, साधरणता के अंधकार में इक्के-दुक्के प्रकाश स्तंभ अभी भी दिखाई दे सकते हैं, लेकिन वे पांच सितारा संस्थाएँ केवल अभिजात वर्ग की बपौती हैं। जागरूक और संवेदनशील लोगों के मन

में उच्च शिक्षा के प्रति आक्रोश लगभग कर्जन जैसा ही है। आखिर उच्च शिक्षा में सुधार क्यों नहीं हो पाया? उसका स्तर उत्तरोत्तर गिरता क्यों गया? इन प्रश्नों के उत्तर के रूप में सभी दिशाओं से यही उत्तर आता है कि 'राजनीतिक संकल्प' का अभाव है। दूसरा यह कि राजनीति, अर्थनीति और शिक्षानीति को प्रभावित करने वाले श्रेष्ठि और प्रभु वर्ग ने उच्च शिक्षा की दुर्गति और बेहाली का पूर्वानुमान लगाकर अपने लिए पृथक से वैकल्पिक संस्थाएँ खड़ी कर ली। कुछ 'डीलक्स' द्वीपों को छोड़कर हमारे जनतांत्रिक राष्ट्र की विराट शिक्षा व्यवस्था असमान, विभाजक और गरीब विरोधी है। जिस प्रकार राजनीति में मनुष्य की उच्च मानवीय आकांक्षाओं ने 'गणराज्य' की अवधारणा का आविष्कार किया है, उसी प्रकार शिक्षा में विश्वविद्यालय का। इसीलिए विश्वविद्यालय को 'प्रोफेसरों का गणराज्य' कहा जाता है। मनुष्य की बौद्धिक आकांक्षाओं की तृप्ति और विचारों के अबाध आरोहण की आश्वस्ति का विश्वविद्यालय ही एकमात्र अभयारण्य है। चूंकि शिक्षा अपने उद्गम और प्रकार्य में एक सामाजिक प्रक्रिया है, इसलिए अपेक्षा की जाती है कि वह हाथी दांत की मीनार से निकलकर 'सेवा केंद्र' (सर्विस स्टेशन) बने और आवश्यकता पड़ने पर दिशा-दर्शक 'अग्रिम चौकी' (फ्रंटियर पोस्ट) भी। मगर विश्वविद्यालय का ऐसा स्वरूप प्रोफेसरों की दृष्टि और साहसिकता पर निर्भर करता है। वामन प्रोफेसर विराट विश्वविद्यालय का निर्माण नहीं कर सकते। शालीनता, गरिमा, उदारता और उदात्तता विश्वविद्यालय के लोकाचार के सहज लक्षण हैं, लेकिन जब क्षुद्रता और संकीर्णता का बोलबाला हो जाए तो वहाँ 'विश्व' एवं 'विद्या' का विलय हुए बिना नहीं रहता।

उच्च शिक्षा में 'ऊंचाइयों का संकट' गहरा रहा है। पतन के लिए प्रतिस्पर्द्धा हो रही है। मस्तक, पांव और गुंबद चबूतरे बनने को आतुर हो रहे हैं। आकाश और शिखर सामयिक स्वार्थों के लिए अपने-अपने स्वाभिमान की सौदेबाजी करके पाताल और तलहटी बनने का संधिपत्र लिख रहे हैं। तरह-तरह की युक्तियाँ गढ़कर कहा जा रहा है कि गिरावट कहाँ नहीं है? उच्च शिक्षा के अहातों में 'प्यार तो होना ही था' की तर्ज पर 'पतन तो होना ही था' की तान सुनाई दे रही है। एमर्सन ने अपने ग्रंथ. ***द अमेरिकन स्कालर*** में लिखा है कि प्रोफेसर की सजधज और वेशभूषा से बढ़कर तो उसके मुँह से निकला हुआ 'एक विद्वतापूर्ण शब्द' होता है, लेकिन कक्षाओं में सन्नाटा है। कक्षाओं में छात्रों को विद्वतापूर्ण शब्द सुनने को नहीं मिलने के कारण उन्होंने कोचिंग

क्लासेस और ट्यूटोरियल्स की शरण लेना शुरू कर दिया है। वास्तव में प्रोफेसरों की ऊँचाई से ही विश्वविद्यालयों की ऊँचाई बढ़ती है। संभवत: इसीलिए विदेशों में 'नोबेल लॉरिएट्स' को आकर्षित करने के लिए होड़ सी लगी रहती है। सच्चा प्रोफेसर वहीं होता है जो अपना 'बेंड वेगन' उच्चतम सितारे से जोड़े रहता है। वह जो ऊँचा विचार रखता ही नहीं, पढ़ता है, लिखता है, सुनता है और उसे अपने छात्रों तक पहुँचाता भी है। प्रोफेसर के छोटे होने से उसका बौनापन ज्ञान-विज्ञान, कला-कौशल और आचार-विचार को गिराकर अन्ततोगत्वा 'संस्कृति' को बौना बना देता है।

प्रोफेसर और उसके द्वारा दी गई शिक्षा 'पारस' का स्पर्श मात्र नहीं होती क्योंकि पारस के स्पर्श से लोहे की वस्तु को सोना बनाया जा सकता है लेकिन उसके मूल रूपाकार को बदला नहीं जा सकता। उच्च शिक्षा कुशल सुनार की उस कारीगरी के समान है जिसके द्वारा सोने को तपाकर इतना नम्य बना दिया जाता है कि उसे इच्छित रूप दिया जा सके। इसी बात को महाकवि तुलसीदास ने इस प्रकार प्रस्तुत किया है:

> पारस के परस से सुवरन भई तलवार,
> तुलसी तीनों ना गए धार, मार, आकार
> ज्ञान हथौड़ी हाथ लिए सद्‌गुरु मिला सुनार
> तुलसी तीनों ना रहे धार, मार आकार।

समाज में हिंसा, शोषण और अभिमान (धार, मार और आकार) का आतंक दिनों दिन बढ़ता जा रहा है। शिक्षकों ने उच्च शिक्षा की इयत्ता को इतना सिमटा दिया है कि ये आचार की दुष्टता और विचारों की भ्रष्टता का प्रतिरोध करने के बजाय उसके मूक दर्शक बन गए हैं। कक्षाओं में थोड़े-बहुत ज्ञान या जानकारी के आदान-प्रदान के अलावा, छात्रों से उनके भावनात्मक संबंधों का धागा लगमग टूट सा गया है। यदि छात्रों और शिक्षकों के बीच आत्मीय संबंध होते तो संभवत: न तो जयपुर में छात्र निशांत भारद्वाज को आत्मदाह करना पड़ता और न अंबिकापुर में नराधम छात्र प्रीति श्रीवास्तव पर जीप चढ़ाकर उसकी हत्या कर पाते। छात्रों एवं अध्यापकों के बीच गहराता यह 'विश्वास और सरोकार का संकट' कहीं आने वाले दिनों में महाविद्यालयों, विश्वविद्यालयों और शिक्षक समुदाय के लिए उनके अस्तित्व का संकट न बन जाए। घटनाओं से सबक लेकर उच्च शिक्षा के अध्यापकों को संस्थाओं की परिसर संस्कृति

के सुधार-संवार का व्रत लेना चाहिए, ताकि कॉलेज और विश्वविद्यालय शालीनता, गरिमा और सदाचार के केन्द्र बने रहे। छात्रों को कॉलेज में प्रवेश लेकर विद्वता और विवेक का विकास करना चाहिए और छोड़कर मनुष्य जाति की सेवा। मगर जैसा कि टी .एस. एलियट ने कहा है: ''वे ज्ञान जानकारी में गवाँ रहे हैं, विद्वता ज्ञान में खो रहे है और जीवन रहन-सहन में।" उच्च शिक्षा छात्रों में सेवा और त्याग का बोध उत्पन्न करने के बजाय स्वार्थ और भोग को अमर्यादित रूप से बढ़ा रही है। भोग की आकांक्षा उनमें दमन और हिंसा जैसे दुर्गुणों को प्रश्रय दे रही है। 'सद्‌गुणों का संग्रहालय' और 'आदर्शो की आकाशवाणी' वाला उच्च शिक्षा संस्थाओं का मॉडल हम छात्रों के बीच लोकप्रिय बनाने में विफल हो गए हैं। लेकिन, यदि उच्च शिक्षा के द्वारा हम ऐसे युवजन तैयार करना चाहते हैं जो जीवन के हर क्षेत्र में नेतृत्व एवं विशेषज्ञता प्रदान कर सके तो इसका आशय यही है कि उस नेतृत्व एवं विशेषज्ञता में नैतिकता और मानवीय मूल्य पहले से ही समाहित होने चाहिए। चूंकि शिक्षा एक नैतिक उद्यम है, इसलिए वह नैतिकता निरपेक्ष या मूल्य विमुख हो ही नहीं सकती। ज्ञान और विशेषज्ञता के साथ विवेक और मूल्योम्मुखता की संगति अनिवार्य है। कोरा ज्ञान और कोरी विशेषज्ञता मानव सेवा और समस्या-समाधान के लिए युवजनों को प्रेरित नहीं कर सकती। अनुभूति और संवेदना से परिपूर्ण ज्ञान ही गतिशील और समाजोपयोगी हो सकता है।

आज की अत्यधिक औपचारिकता और यांत्रिकता ने उच्च शिक्षा को मस्तिष्क-विमुख, सृजन-अवरोधी और अमानवीय बना दिया है। अमरीका के एक कॉलेज के प्राचार्य ने इस तरह की संवेदनशून्य, मूकदर्शी और बर्बर शिक्षा को लेकर अपनी वेदना, शिक्षकों के नाम लिखे गए अपने निम्नांकित पत्र में व्यक्त की है:

> ''प्रिय शिक्षकों! मैं एक यातना शिविर के शिकंजे से बचकर निकला हुआ आदमी हूँ। मेरी आँखों ने वह सब देखा है जो किसी मनुष्य को नहीं देखना चाहिए। वह यह कि गैस चेंबर विद्वान इंजीनियर बना रहे थे, बच्चों को जहर शिक्षित डाक्टरों द्वारा दिया जा रहा था। महिलाओं और शिशुओं की गोली मारकर हत्या करने वाले युवक कॉलेज के ग्रेजुएट थे। इसलिए, मैं शिक्षा के बारे में सशंकित हूँ। मेरी आपसे प्रार्थना है कि अपने छात्रों को मनुष्य बनाए रखने में उनकी मदद करें। आपकी कोशिश उन्हें सुशिक्षित

दैत्य, कुशल मनोरोगी (साइकोपैथ) और पढ़ा-लिखा 'आइशमैन' (Eichmann) बनाने की कभी नहीं होनी चाहिए। पढ़ना-लिखना और गणना करना वहीं तक महत्वपूर्ण हैं जहाँ तक कि वे हमारे बच्चों, किशोरों और युवजनों को अधिक मानवीय बनाने में सहायक होते हैं।''

अनुभूति, पश्चाताप और भावना से ओत-प्रोत यह पत्र उच्च शिक्षा से जुड़े प्रत्येक व्यक्ति से ध्यान और मनन माँगता है, ताकि हम नई पीढ़ी को भोग से भाव, स्वार्थ से स्नेह और धन से धर्म की ओर प्रवृत्त होने के लिए प्रेरित कर सकें।

17

विश्वविद्यालयों में कैसा अनुसंधान, कितना अध्यापन?

विश्वविद्यालयों में कितना शोध और कितना अध्यापन हो यह बहुत पुराना सवाल है। उतना ही जितना कि विश्वविद्यालय या अध्यापन पुराना है। देश और विदेश में उच्च शिक्षा पर बैठाए गए आयोगों ने इस प्रश्न को बूझने का प्रयास किया है। वस्तुतः अंकों में यह नहीं कहा जा सकता कि शोध ऐसा होना चाहिए और अध्ययन इतना। लेकिन इतना सच है कि शोध और अध्यापन एक दूसरे के पोषक और प्रेरक है। एक के अभाव में दूसरा जीवित नहीं रह सकता। अध्यापन और शोध अध्यापक के दो पैर हैं। एक पर वह खड़ा रहता है और दूसरे से चलता है।

शोध एक हँफाने वाली सृजनात्मक बौद्धिक दौड़ है। यह वेलेन्टिना तेरेस्कोव की अन्तरिक्ष यात्रा है, जिसमें चुनौती ही चुनौती है। यह न तो शब्दों की सभा है और न शारिरिक श्रम का स्मारक। इसकी सच्ची और पक्की पहचान विचारों की पारदर्शिता और वैज्ञानिकता है। इसकी अपनी विषय सापेक्ष कठोरता, दुर्गमता और सान्द्रता होती है, जिसे किसी भी कीमत पर डाइल्यूट नहीं किया जाना चाहिए। खेलकूद के क्षेत्र में जिस प्रकार फुटबाल के खेल को सरल नहीं बनाया जा सकता, उसी प्रकार बौद्धिक क्षेत्र में शोध को।

शोध एक बन्दरगाह नहीं, जलयात्रा है जो निरन्तर ज्ञात से अज्ञात की ओर बढ़ती जाती है। नये क्षितिज उघाड़ती है और नये तटों को छूती है। धुँधलके, कुहासे एवं केंचुली को चीर कर नया अर्थ-भेद करती है। यह आगत का

स्वागत और अतिथि की अगवानी है। आने वाले कल से हाथ मिलाने का अनुष्ठान है। शोध के बारे में वैसे दो धारणाए् चली आ रही है। कुछ लोग कहते है कि यह एक शुद्धतम आनन्द है तो दूसरे कहते है यह एक दुर्निवार दुर्गुण है। पी.एन. ब्रानन कहते है कि ''प्रेम, भय या चिन्तन जैसी शोध एक प्राथमिक क्रिया नहीं है। यह दूसरे दर्जे की परजीवी गतिविधि है। वस्तुतः शोध चिन्तन का प्रबल शत्रु है। यह अपने क्षेत्र में से ही बहुत कम लेता है और दूसरे विषयों को अपने में से कुछ नहीं लेने देता। यह अधिकतर एक पूर्ण मानसिक मूर्छा हो सकती है और है भी।''

एच.जी. वेल्स अनुकरण और अनुसंधान को ऐसे दो पैर मानते हैं जिन पर चलकर मानव सभ्यता ने आज तक की यात्रा पूरी की है। महान कलाकार और बेजोड़ कृतियाँ सब अँधेरे में ही रह जाते यदि उन्हें समीक्षा और शोध द्वारा प्रकाश में नहीं लाया जाता। इस प्रकार मानव-जाति शोध के अभाव में बौद्धिक दृष्टि से दीन-हीन रह जाती। कहा जाता है कि सृजन बड़ा कठिन कर्म होता है। किन्तु शोध और समीक्षा उससे भी कठिन और गहन हैं क्योंकि सृजन मुक्त और स्वच्छन्द होता है, जबकि शोध और समीक्षा को अनुशासित. मर्यादित और तटस्थ रहना पड़ता है। सृजन का सात्विक ऐश्वर्य और प्रमाद होता है जो उसे अपने आपसे बेखबर रख सकता है। मगर शोध और समीक्षा को तो सृजन की हर बारीकी, हर तर्ज और तेवर पर नुकीली नजर गड़ानी पड़ती है। सृजन संसार को आश्चर्यान्वित और सम्भ्रमित कर सकता है किन्तु शोध और समीक्षा में स्वंय सृजन को चकित और स्तम्भित करने की शक्ति होती है। अध्यापन तीनों ही प्रक्रियाओं द्वारा समृद्ध होता है। अतः अच्छे अध्यापक में शोध, सृजन और समीक्षा तीनों के प्रति लगाव और उत्साह होना चाहिए।

जार्ज पिकरिंग शोध को बौद्धिक मृत्यु से बचने का उपाय मानते हैं। इसीलिए स्मिट सलाह देते है कि एक युवा पीएच.डी. को, जो एक अच्छा अध्यापक बनना चाहता है, निरन्तर शोध करते रहना चाहिए। पीएच.डी. का तात्पर्य ही शोध के क्षेत्र में आत्मविश्वास और आत्मनिर्भरता अर्जित करना है। एक पीएच.डी. को अपना 'सर्विस स्टेशन' या शोध संस्थान छोड़ने के बाद स्वतन्त्र रूप से शोध कार्य करते आना चाहिए। अपने विशिष्ट क्षेत्र में सृजन और ज्ञान का विस्तार करते रहना ही पीएच.डी., की असली परख है; क्योंकि शोध करने से आता है और संसर्ग से फैलता है। इस कार्य में सीनियर व्यक्ति 'टीचर' ही नहीं एक 'मॉडल' भी होता है।

कई कारणों से हमारे देश में शोध की प्रतिष्ठा घट रही है। एक ओर प्रोफेसरों में "लेन-देन" तथा दूसरी ओर चयन (Selections) में पीएच.डी. पर अन्धविश्वास, ये दो ऐसे कारण है जिनसे शोध पर धब्बा लगा है। सागर विश्वविद्यालय की कामर्स फैकल्टी के एक पीएच.डी. शोध प्रबन्ध पर सरकारी दस्तावेजों की हूबहू नकल के आरोप की जाँच हो चुकी है, जबकि दूसरों की नकल कर डॉक्ट्रेट प्राप्त करने वाले कई व्यक्ति तरक्की भी पा गये होंगे। शोध हमारे यहाँ वेतन वृद्धि, पदोन्नति और हैसियत बढ़ाने का उपकरण बन गया है। फलस्वरूप उसमें बौद्धिक गोताखोरी और मनोयोग के स्थान पर पीएच.डी. भुनाने के दाँव-पेंच अधिक नजर आते हैं। इसी प्रवृत्ति को देखकर डोंगरकरी और शिल्स को कहना पड़ा कि अधिकांश प्रोफेसर शोध करते ही नहीं और जो थोड़ा-बहुत शोध करते हैं उनमें कुछ दम नहीं होता। पीएच.डी. का लक्ष्य ज्ञान की सीमाओं का विस्तार या अध्यापन प्रक्रिया को प्रकाशित करने के बजाय वेतन वृद्धि और उच्च पद प्राप्त करना हो गया है। जॉन डब्ल्यू डिक्सट्रा के अनुसार, सच तो यह है कि कक्षा-अध्यापन और शोध में वही सम्बन्ध होता है, जो कृषि-कौशल (Agricultural Efficiency) और साँडों की लड़ाई में है। पीएच.डी. शोधकार्य का आरम्भ और अन्त दोनों हो गई है। डाक्ट्रेट कर लेने के बाद अध्यापक फिर अपनी बेढंगी रफ्तार पर आ जाता है।

बी.वी. जॉन के मुहावरे में शोधकर्ता 'थोड़ी देर के लिए' ही रिसर्चर रहता है। वास्तव में, शोध-रुचि का प्रमाण पीएच.डी., के पहले और बाद में किया हुआ शोध और लेखन होता है। कदाचित ऐसे ही लोगों द्वारा लिखे गए शोध प्रबन्धों की तुलना एक उच्च वर्गीय कुरूप किन्तु धनवान महिला के चेहरे से की जाती है, जिस पर प्रसाधनों की तह पर तह चढ़ी होती है। मौलिक सौंदर्य नदारदः सारा का सारा रूप-रंग उधार लिया हुआ। ऐसे शोध प्रबन्धों में उद्धरणों का अम्बार, पादटिप्पणियों का पहाड़ और बिबलियोग्राफी का इन्द्रजाल सरलता से देखा जा सकता है।

शोध और बौद्धिक कार्य के इसी खोखलेपन पर चिन्ता व्यक्त करते हुए कोहिमा के प्रोफेसर ब्रजबिहारी कुमार ने तो यहाँ तक कहा था कि "जिस देश के विश्वविद्यालय स्तर के अध्यापक अखबार भी न पढ़ते हों; ज्ञान और आधुनिकता के नाम पर विविध भारती और रेडियों सिलोन के गाने सुनना और क्रिकेट मैच के बारे में बहस करना अपना धर्म समझते हों, अनुसंधान के नाम पर जहाँ व्यापार चलता हो तथा योग्यता और गुण के साथ जहाँ रोज दुर्घटनाएँ

होती हों, वहाँ बुद्धिजीवी शब्द से बढ़कर भ्रामक कोई और शब्द भी हो सकता है ऐसा मैं नहीं मानता।'' हेरल्ड टेलर की शिकायत है कि प्रोफेसर लोग अपने को इस प्रकार कक्षबद्ध कर लेते हैं कि जिन्होंने सबसे अधिक पुस्तकें लिखी है या शोध-लेख प्रकाशित किये हैं, वे छात्रों को उतना ही कम समय देते हैं। रॉबर्ट यूलिक का अनुभव है कि किसी अन्य पाश्चात्य देश की अपेक्षा अमरीकी अध्यापक पीएच.डी. के ''सुनहरे बछड़े'' के पीछे सर्वाधिक भागते हैं। वे डाक्ट्रेट करने में अपना आधा खून सुखा लेते हैं। यूलिक की दृष्टि में अध्यापकों की व्यावसायिक शक्ति और स्वास्थ्य के लिये ऐसी रिसर्च से मछली पकड़ने की यात्रा (Fishing Trip) अधिक लाभदायक है।

विदेशों में व्यावसायिक उत्कर्ष के लिए पहले एक नारा उछाला गया था- ''छपो या सड़ो'' (Publish or Perish)। इसका दुष्परिणाम जब सामने आया तो कहा गया ''पढ़ाओ या छँटो'' (Teach or Terminate)। अब हाँका लगाया जा रहा है ''काम करो या हटो'' (Serve or Sever)। इन बदलते नारों से यही ध्वनित होता है कि न तो शोध को एक महंगी विलासिता बनने दिया जावे और न अध्यापन को एक शुष्क दैनन्दिन व्यापार। शोध और अध्यापन में समन्वय और संवाद बना रहना चाहिये। एक अध्यापक को 'प्रोफेसर' और 'प्रोड्यूसर' दोनों होना चाहिये। जार्ज बिअरडे के अनुसार प्रोफेसर वह है जो आत्मपूर्णता या स्वयंसिद्धि (Self Perfection) के लिये दृढ़ संकल्प हो। जिसमें विचारों के प्रति उद्दाम आकर्षण हो और जो उच्च विचार पढ़ता या बोलता ही नहीं लिखता भी हो। जिसका ज्ञान कल्पना से समृद्ध हो तथा गरिमा एवं भव्यता जिसके रोम-रोम से विकीर्ण होती हो।

अध्यापन पुनरावृत्तियों से परिपूर्ण होता है। इसलिए जीवन भर बिना थके-ऊबे केवल अध्यापन करते रहना बहुत मुश्किल है। अध्यापकीय जीवन में एक ऐसा क्षण अवश्य आता है जब अध्यापक 'डाइवरशन' या परिवर्तन चाहता है। इसे 'सेबेटिकल' या 'शोध-अवकाश' का नाम दिया जा सकता है।

एक बात और है। विकासशील देशों के अध्यापन और शोध दोनों यथार्थपरक होने चाहिये। उनमें देश की मिट्टी की गंध होनी चाहिये। हमारे यहाँ 'शोध' अमीर आदमी की बीमारी में विशेषीकरण (Specialisation) नहीं हो सकता। उसमें राष्ट्रीय विकास की प्राथमिकताएँ और आवश्यकताएँ स्पष्ट प्रतिबिम्बित होनी चाहिये। खुली हवा के उद्दाम उत्साह में हमारी सीमित साधनों की खिड़की के काँच नहीं फूटें, इसका एहसास बराबर बनाए रखना होगा।

18

क्या अनुसंधान कोई समाधान सुझाते हैं?

विश्वविद्यालयों के दो परम्परागत कार्य हैं- शोध और अध्यापन। शोध आज-कल दो प्रकार का होने लगा है। एक पीएच.डी. शोध और दूसरा प्रोजेक्ट शोध। इन दोनों ही प्रकार के शोध कार्यों का व्यापारीकरण हो गया है। वैसे अनुसन्धान और अध्यापन एक-दूसरे के पूरक और पोषक होने चाहिए। लेकिन, आजकल विरला ही अनुसन्धान अध्यापन का पोषण करने वाला होता है। शायद इसीलिए कहा जाने लगा है कि अनुसन्धान और अध्यापन में वहीं सम्बन्ध है जो साँडों की लड़ाई और कृषि-कौशल में है। अब शोध कोलम्बस की यात्रा के बजाए एक चोचला बन गया है। इसके साथ जो झूठी शान और मगरूरी जुड़ गई है उससे शोध करने वाला अध्यापन को दूसरे दर्जे का काम समझने लगा है। शोध कार्य करने वाला शिक्षक इस तरह कक्षबद्ध हो जाता है कि वह छात्रों को कम से कम समय देता है।

पिछले दिनों जानबूझ कर अनुसन्धान को एक कुलीन कार्य बनाने की कोशिश की गई है, ताकि यह मुट्ठी भर लोगों का विशेषाधिकार बन जाए। अनुसन्धान विश्वविद्यालयों या महाविद्यालयों का एकाधिकार नहीं है। प्राथमिक विद्यालय के बच्चों को भी आरम्भिक शोध-कौशलों में प्रशिक्षित किया जा सकता है और वे भी अपने स्तर पर अनुसन्धान कर सकते है। शोध कार्य के लिए शानदार और वैभवपूर्ण व्यवस्था की आवश्यकता नहीं है। लगनशील एडीसन रेल के डिब्बे में प्रयोगशाला खड़ी करके भी अनुसन्धान कर सकता है। खेद की बात यह है कि हमारे देश में, अधिकांश संस्थाओं में, शोध के नाम पर अक्ल कम और पैसा अधिक खर्च किया जा रहा है।

कई कारणों से हमारे यहाँ शोध की प्रतिष्ठा घटती जा रही है। एक ओर प्रोफेसरों में 'लेन-देन' तथा दूसरी ओर नौकरी के लिए किये जाने वाले चयन में पी.एच.डी. पर अंधविश्वास; ये ऐसे दो कारण हैं जिनसे पीएच.डी. शोध में मिलावट बढ़ी है। पिछले दिनों विज्ञान और सामाजिक विज्ञान संकायों में पूर्ण हुए कुछ शोध-प्रबन्धों पर सरकारी दस्तावेजों की नकल और झूठे प्रेक्षण और आँकड़े प्रस्तुत करने के आरोप लग चुके हैं। कुछ लोग शोध-प्रकाशन, लेखन और विदेश में अध्ययन सम्बन्धी झूठी जानकारी देकर विश्वविद्यालयों में प्रोफेसर तक बन गए हैं। शोध कार्य हमारे यहाँ पदोन्नति, वेतन वृद्धि और हैसियत अफजाई का साधन बन गया है। फलस्वरूप उसमें बौद्धिक गोताखोरी और मनोयोग के स्थान पर पीएच.डी. भुनाने के दाँव-पेंच अधिक सम्मिलित हो गए हैं। पीएच.डी. कुछ लोगों के लिए 'मेक अप' की सज्जा और कुछ के लिए 'शेर की खाल' बन गई है।

शोध और बौद्धिक कार्य के इस खोखलेपन पर चिन्ता व्यक्त करते हुए कहा भी गया है कि "जिस देश के विश्वविद्यालय और कॉलेज के अध्यापक अखबार भी न पढ़ते हों, ज्ञान और आधुनिकता के नाम पर विविध भारती और रेडियो सिलोन के गाने सुनना, क्रिकेट मैच की कामेण्ट्री सुनना एवं उस पर बहस करना अपना धर्म समझते हों, अनुसन्धान के नाम पर जहाँ व्यापार चलता हो तथा योग्यता और गुण के साथ जहाँ रोज दुर्घटना होती हो, वहाँ बुद्धिजीवी या विद्वान से बढ़कर भ्रामक और कोई दूसरा शब्द नहीं सकता।" इस कथन में अतिरंजना अवश्य है, मगर यह उस 'ले-लपक और छीना-झपटी' को रेखांकित अवश्य करता है जो कि उच्च शिक्षा के अहातों में व्याप्त है।

विश्वविद्यालय और शोध-संस्थानों के पुस्तकालयों में सुन्दर और चमकीली जिल्दों में सजे-सिमटे शोध-प्रबन्धों को खोल कर जिसने देखा है वह जानता है कि उनका देश की समस्याओं से कितना ताल्लुक है? वास्तव में, विकासशील देशों में अध्यापन और अनुसन्धान दोनों ही यथार्थपरक होने चाहिए। हमारा देश सीमित साधनों का अश्लील अपव्यय बर्दाश्त नहीं कर सकता। यहाँ अनुसन्धान अमीर आदमी की बीमारी में विशेषीकरण जैसा नहीं होना चाहिए। उपलब्ध साधन-स्त्रेतों का अधिकतम उपयोग करते हुए हमें अनुसन्धान को समस्या-समाधान की एक तकनीक या श्रेणी के रूप में विकसित करने का प्रयास करना चाहिए। उदाहरण के लिए, मध्य प्रदेश में

शोध के प्राथमिक क्षेत्र वन, भू-भौतिकी और आदिवासी संस्कृति एवं उद्यम हैं। अनुसंधान, का समाज और जीवन से जुड़ा रहना जरूरी है।

कुछ अपवादों को छोड़ दें तो हमारे यहाँ प्रोजेक्ट शोध पैसा बनाने का धन्धा बन गया है। एक बार भोपाल में शोध प्रविधियों पर सम्पन्न संगोष्ठी में बोलते हुए उच्च अध्ययन संस्थान, शिमला के भूतपूर्ण निदेशक और मध्य प्रदेश उच्च शिक्षा अनुदान आयोग के पूर्व अध्यक्ष डॉ. श्यामचरण दुबे ने कहा था कि शोध कार्य एक नई तरह की 'इंडस्ट्री' बनती जा रही है। कोई प्रोफेसर या प्रभावशाली विद्वान 'प्रोजेक्ट' के लिए बहुत सारा पैसा शासन या किसी संस्था से ले लेता है और फिर उसे मनमाने ढंग से खर्च करता है। ऐसी प्रायोजनाओं का फील्ड वर्क अनुभवहीन और नौसिखिए छोकरों पर छोड़ दिया जाता है और बड़े लोग 'मैनेजिंग डाइरेक्टर' बन कर तथाकथित 'सुपरविजन (पर्यवेक्षण) करते रहते हैं। प्रोजेक्ट का डाइरेक्टर उल्टे-सीधे ढंग से इकट्ठे किए हुए आकड़ों और प्रदत्तों को जल्दी-जल्दी व्यवस्थित करता-कराता है। प्रोजेक्ट के लिए स्वीकृत हजारों (कभी-कभी लाखों) की राशि को भुनाने के लिए तिहरी गलतियाँ की जाती है। एक तो प्रोजेक्ट की झूठ-सच एवं असन्तुलित रिपोर्ट में तथ्यों की तोड़-मरोड़, दूसरे, शोध के लिए पैसा देने वाली संस्था की निगाह में अनुसन्धान और सम्बद्ध विषय की प्रतिष्ठा का गिरना इसकी नियति है। तीसरे, नौसिखिए युवा शोधार्थियों के सामने, इस तरह की शोध-प्रक्रिया से बुरा उदाहरण प्रस्तुत होता है।

सीमित साधनों को देखते हुए यह संभव नहीं लगता कि राज्य के हर विश्वविद्यालय में अनेक विषयों में अनुसन्धान और उच्च अध्ययन की सुविधाएँ जुटाई जा सके। प्रत्येक विश्वविद्यालय को अपने साधन और क्षमता को देखते हुए किन्हीं एक या दो विषयों में शोध की उत्कृष्ट परम्पराएँ विकसित करने का प्रयास करना चाहिए, ताकि हर एक विश्वविद्यालय को आगे चल कर किन्हीं खास विषयों में अनुसन्धान के लिए देश भर में जाना जाने लगे। अतः जिन विश्वविद्यालयों में किन्हीं विषयों में, भविष्य में, हम उच्च अनुसन्धान और अध्ययन केन्द्र विकसित होते देखना चाहते हैं, वहाँ अभी से डाक्यूमेण्टेशन, इन्स्ट्रूमेण्टेशन, कम्प्यूटर और संदर्भ पुस्तकालय जैसी सुविधाएँ मुहैया करना शुरू कर देना चाहिए। वैसे, 'जेरॉक्सिंग की न्यूनतम सुविधा तो हर एक विश्वविद्यालयीन पुस्तकालय में होनी ही चाहिए।

विश्वविद्यालय प्रोफेसरों का एक समूह (या वर्गतन्त्र) ही नहीं, बल्कि शिक्षक, छात्र और पास-पड़ौस के लोगों का जनतन्त्र है। इसीलिए विश्वविद्यालय का एक तीसरा कार्य विस्तार सेवा (Extension Services) भी गिनाया जाता है। विश्वविद्यालय अपनी शैक्षणिक भुजा समाज तक फैला कर एक ओर तो अपनी शोध और शिक्षण सम्बन्धी गतिविधियों को यथार्थवादी आधार देकर समृद्ध कर सकता है, वहीं दूसरी ओर जन समुदाय का नैतिक और भौतिक सहयोग भी प्राप्त कर सकता है। उदाहरण के लिए, रसायन विभाग निजी उद्योगों को मार्गदर्शन देकर उनसे विभाग के विकास के लिए सहायता ले सकता है। विदेशों में ख्यातनाम प्रोफेसरों ने इस तरह उद्योगों के सहयोग से प्रयोगशाला और भवनों तक का निर्माण करवा लिया है। भूगर्भ विज्ञान के छात्र भूमिगत जल का सर्वेक्षण कर कृषकों और अन्य लोगों को सहायता प्रदान कर सकते है। भौतिकी विभाग में उपकरणों को सुधारने और स्कूल स्तर के प्रयोगशाला उपकरण बनाने का काम हाथ में लिया जा सकता है। जीव-जन्तु विज्ञान के छात्र मत्स्य पालन, रेशम पालन और मधुमक्खी पालन जैसे प्रोजेक्ट स्वयं संचालित करके धनार्जन कर सकते हैं। वनस्पति विज्ञान विभाग खाद, बीज, स्टोरेज, मिट्टी परीक्षण और फसल-रक्षण आदि क्षेत्रों में अपनी विशेषज्ञता का लाभ समाज को दे सकता है। ऐसे प्रयासों से एक तो कुछ हद तक विभागों की आर्थिक परेशानियाँ दूर होंगी, और दूसरे उन्हें समाज के अधिक निकट आने का मौका मिलेगा तथा समाज की कुछ समस्याएँ भी सुलझ सकेंगी। इस प्रकार, विश्वविद्यालय अभिजनों के द्वीप न रह कर सर्वसाधारण के सेवा केन्द्र बन सकेंगे।

19

विश्वविद्यालय और सृजनशीलता

मनुष्य संस्कृति को संवारता है, और उससे संवरता भी है। संस्कृति मनुष्य को मुक्त करती है, और बांधती भी है। मानव जीवन के लिए आवश्यक सामाजिक व्यवस्था का निर्माण करने के लिए संस्कृति मनुष्य के लिए कुछ आंतरिक और बाह्य बंधन खड़े करती है। बाह्य बंधन कानून और निषेधों द्वारा खड़े किए जाते हैं, जबकि आंतरिक आदतों और भले-बुरे की चेतना द्वारा। संस्कृति मनुष्य की संपूर्ण क्षमता का केवल कुछ अंश ही विकसित करने के अवसर देकर उसके विकास को सीमित भी करती है। नृतत्व शास्त्री (एंथ्रोपोलॉजिस्ट) ए.एल. क्रोबर का निष्कर्ष तो यहाँ तक है कि कोई भी संस्कृति मनुष्य की सम्पूर्ण सृजनात्मक क्षमता का दो या तीन प्रतिशत से अधिक विकसित नहीं होने देती। कुछ संस्कृतियाँ मनुष्य के भक्ति-कौशल का विकास करती हैं तो कुछ कला-कौशल का। अन्य कुछ उसके युद्ध-कौशल को प्रोत्साहित करती हैं। जूल्स हेनरी कहते हैं कि अमेरिकी संस्कृति अन्य बातों के साथ, वहाँ के लोगों में धन-संग्रह, विलासिता और भौतिक प्रदर्शन को बढ़ावा देती है। विश्व की शायद ही कोई संस्कृति मनुष्य की संपूर्ण सृजनात्मक क्षमता को विकसित करने का प्रयास करती हो। मनुष्य के मस्तिष्क का दायां गोलार्द्ध (राइट हेमिस्फीयर) सृजनशीलता से सीधा संबंध रखता है, लेकिन दुर्योग यह है कि समूची शिक्षा-प्रक्रिया दाएँ मस्तिष्क की प्रायः उपेक्षा करती है।

इतिहास इस बात का साक्षी है कि समस्या समाधान की सृजनात्मक विधियों और शैलियों का प्रयोग नहीं कर पाने के कारण विश्व की कई संस्कृतियाँ लुप्त हो गई। अर्नोल्ड टॉयन्वी ने शायद इसीलिए अमेरिकियों को

आगाह किया है कि सृजनशीलता का विकास करना प्रत्येक समाज के लिए जीवन और मृत्यु का सवाल है। सृजनात्मकता 'यूरेनियम' जैसी अत्यधिक मूल्यवान संपदा है। इसकी उपेक्षा किसी भी कीमत पर नहीं की जानी चाहिए। परन्तु विडंबना यह है कि पिछले 50 वर्षों में, विज्ञान और प्रौद्योगिकी के क्षेत्र में अभूतपूर्व प्रगति होने के बावजूद, लोगों की सृजनशीलता में कमी हुई है। हम दुनिया को दूसरा रमन, दूसरा टैगोर या दूसरा गांधी नहीं दे पाए हैं।

आज की दुनिया में भविष्य का आगमन बड़ी तेजी से (समय से पूर्व) हो रहा है। भविष्याघातों के कारण हमारे चारों ओर अचकचाहट और अस्त-व्यस्तता नजर आ रही है। आज अनिश्चितता ही सर्वाधिक निश्चित और परिवर्तन ही सर्वाधिक स्थायी हो गया है। इन तमाम वैयक्तिक और सामाजिक परिवर्तनों के परिणामस्वरूप मनुष्य ऐसे प्रश्न और समस्याओं का सामना कर रहा है जो उसके सामने पहले कभी उपस्थित नहीं हुए थे। ये समस्याएँ ऐसी हैं कि इनके निराकरण के लिए पुराने समाधान और उपागम अनुपयुक्त और अपर्याप्त साबित हो रहे हैं। यदि मनुष्य और उसकी सहायक संस्थाओं को कायम रखना है तो इन अभिनव समस्याओं के समाधान के तौर-तरीके और तकनीक खोजना अनिवार्य है।

जनसंचार के साधन हमें लगभग हर समय फुसलाते, बरगलाते और बहकाते हैं। आज हमें सापेक्षता, अर्द्धसत्यों और सरकारी-गैर सरकारी एजेंसियों द्वारा गढ़े गए झूठ का सामना करना पड़ रहा है। इस झूठ के अंबार से सत्य के कणों को खोजना बड़ा कठिन कार्य है। हमारे विश्वविद्यालय और महाविद्यालय परंपरागत सरल 'रेखीय' और 'विश्लेषण' प्रधान चिन्तन शैली को प्रोत्साहित करने में तल्लीन हैं. जबकि बदली हुई परिस्थितियों में एक भिन्न, खुली और बहुदिश चिन्तन शैली की आवश्यकता है। विज्ञान और प्रौद्योगिकी ने हमारे सामने कई विकल्प प्रस्तुत कर दिए हैं। इसलिए, आज एक अपरंपरागत संकल्प-शक्ति और मूल्य-निर्णय योग्यता की आवश्यकता है। हमारे विविधतापूर्ण समाज में हमें परस्पर विरोधी मूल्य और मान्यताओं से रूबरू होना पड़ता है। इस सच्चाई से समंजन के लिए नई पीढ़ी में बहुआयामी वफादारियाँ विकसित करना आवश्यक हो गया है। दिनोदिन 'अभिसूचना' एक विश्वव्यापी मुद्रा बनती जा रही है। ज्ञान और अधिसूचना के विस्फोट ने संग्रह और अनुकरण पर आधारित पढ़ने-लिखने के तौर-तरीकों को बेकार साबित कर दिया है। अब केवल सीखने के बजाय 'सीखने की प्रक्रिया की पकड़' ज्यादा महत्त्वपूर्ण हो

गई है। इसी पकड़ को मजबूत करके हम युवजनों को आजीवन सीखने वाले आत्मनिर्भर छात्र बना सकते हैं।

भविष्य की चुनौतियों का सामना करने के लिए 'वहीं थोड़ा और' या 'पहले से बेहतर' नहीं, बल्कि 'पहले से भिन्न', ज्ञान, कौशल, दृष्टिकोण और चिन्तन की आवश्यकता है। विदेशों में नए समाज की चुनौतियों का सामना करने के लिए विश्वविद्यालयों को तत्पर बनाने के लिए गंभीरता से विचार हो रहा है। वहाँ के शिक्षकों और छात्रों को मौलिक और आक्रामक चिन्तन के लिए तैयार किया जा रहा है। वहाँ मतभिन्नता और वैचारिक साहसिकता को पुरस्कृत कर रचनात्मक असहमति को उच्च शिक्षा का सर्वोच्च उद्देश्य स्वीकारा गया है। लेकिन, हमारे यहाँ अभी भी औपनिवेशिक जड़ता व्याप्त है। वैचारिक क्षेत्र में भी 'जी हजूरी' और 'साष्टांग-दण्डवत' बरकरार है। लार्ड बटलर की यह बात हमें याद रखनी चाहिए कि, "कायर लोग और महान विश्वविद्यालय साथ-साथ नहीं चल सकते।" इस कथन का आशय शायद यह है कि जनतांत्रिक समाज के लिए शिक्षा-संस्थाओं द्वारा ऐसे नागरिक तैयार किये जाने चाहिए जिन पर "**नेतृत्व करना सरल हो किन्तु जिन्हें हांकना कठिन हो, जिन पर शासन करना सरल हो किन्तु जिन्हें गुलाम बनाना असंभव हो।**"

दैनिक जीवन में यह हो रहा है कि हमारे माता-पिता, परिजन, अध्यापक और पाठ्यपुस्तकें हमें उन बातों की शिक्षा देने लगते हैं जिनका ज्ञान वे हमें कराना चाहते है। पुस्तक का कवर चढ़ाने से लेकर पत्नी के चयन तक बड़े-बूढ़े लोग ही हम पर अपने विचार और निर्णय लादते रहते हैं। इस तरह हम दूसरों के विचार, उनका मूल्य और सीमा जाने बिना ही, अपनाने लगते हैं। इसका ज्ञान हो जाने से पहले कि वे हमारे अपने विचार नहीं हैं, हम उन्हें स्वीकार करना सीख लेते है। धीरे-धीरे हम इस माहौल के आदी हो जाते हैं और उन वास्तविकताओं को स्वीकार कर लेते हैं जिन्हें दूसरों ने हमारे लिए गढ़ा है। इसमें अच्छा या बुरा, सच या झूठ, रुचिकर या अरुचिकर, सुखकर या असुखकर, वांछित या अवांछित, सुंदर या असुंदर सब कुछ शरीक रहता है। ये अच्छाइयाँ या बुराइयाँ हमारे लिए ठीक हों या नहीं, वे ऐसे साधन अवश्य बन जाती हैं जिनके जरिए हम भावी यथार्थ का सामना करते हैं। पावलोफ के कुत्ते, थार्नडाइक की बिल्ली और फेबर के केटर पिलर जैसे ऐसे अनेक लोग हैं जो, बिना यह जाने, अपना सारा जीवन बिता देते हैं कि इस प्रकार से तैयार किए गए विचारों के अलावा दुनिया में कुछ अन्य प्रकार के विचार भी हैं।

ईरिक फ्रॉम ने शायद इसीलिए कहा है कि बहुत से लोग "बिना पूरी तरह जन्मे ही मर जाते हैं।" सृजनशीलता का तात्पर्य है: 'आत्म-सिद्धि' या मरने से पहले पूरी तरह जन्मना। यहीं 'निरंतर नवीनीकरण' या 'प्रतिदिनि जन्मने की प्रबल इच्छा' उच्च शिक्षा के द्वारा प्रोत्साहित और पुष्ट की जानी चाहिए।

विश्वविद्यालयों में 'विश्वत्व' और 'विद्या' दोनों ही का क्षय हो रहा है। उनके बौद्धिक जीवन में ठहराव सा आ गया है। एंटी इंटेलेक्चुअलिज्म की जड़े गहरी होती जा रही हैं। यह क्षरण भारत की धरती में ही हो रहा हो ऐसी बात नहीं है। 1983 में प्रस्तुत 'कमीशन ऑन एक्सीलेन्स इन एजुकेशन' की रपट में अमेरिकी शिक्षाविदों ने भी इस खतरे के प्रति चिन्ता व्यक्त करते हुए कहा है कि "शिक्षा-संस्थाओं में साधारणता (मिडियोक्रिटी) के उठते हुए ज्वार से देश के लिए खतरा उत्पन्न हो गया है।" कक्षाध्यापन तो महज एक खानापूरी या रस्म अदायगी हो गया है। छात्रों को स्वयं सीखने और सोचने-विचारने के लिए प्रोत्साहित, उत्तेजित नहीं किया जाता। उनकी आवश्यकता और क्षमता को भी अनदेखा कर दिया जाता है। यहीं कारण है कि विद्यार्थी उच्च ज्ञान और बुद्धिजीवियों के प्रति एक विनोदपूर्ण उपहास और हिकारत भरी दृष्टि से देखने लगता है। यह दृष्टि उस समय और तीव्र हो जाती है जब वह देखता है कि उसे मिलने वाली शिक्षा का उसकी क्षमता, प्रतिभा और रुचि से कोई सरोकार नहीं है। ऐसी हालत में एक चतुर और पड़ा-लिखा कॉलेज छात्र अपने अज्ञान को छुपाने, उत्तरदायित्व की उपेक्षा करने और यांत्रिक शिक्षा पद्धति के बौद्धिक और भावनात्मक पाखण्ड को सफलतापूर्वक निभाने में निष्णात् हो जाता है।

विश्वविद्यालय और कॉलेजों में पढ़ाने वाले लोग, जो अपने निजी शोधकार्य में व्यस्त रहते हैं, अपनी पद-मर्यादा के अनुसार, अपने आपको इस तरह कक्ष-बद्ध कर लेते हैं कि जिन्होंने सबसे ज्यादा पुस्तकें लिखी है या शोध-पत्र आदि प्रकाशित करवाए है वे छात्रों को उतना ही कम समय देते हैं। वैसे भी, अनुसंधान और कक्षाध्यापन में वही संबंध दिखाई देता है जो कि 'साँडों की लड़ाई' संबंधी पाठ्यक्रम और 'कृषि-कौशल' में होता है। विश्वविद्यालय समितियों द्वारा स्वीकृत ज्ञान की एक निश्चित राशि अध्यापक से विद्यार्थी को एक सीधे लेन-देन में प्राप्त हो जाती है। तेरहवीं शताब्दी की ही भांति आज भी पाठ्यक्रम के रूप में छपी हुई पुस्तकें पेश कर दी जाती है। एक ऐसा व्यक्ति, जो महाविद्यालयीन रीति-रिवाजों में अच्छी तरह प्रशिक्षित रहता है और जो डॉक्टॅरेट पाने के कठिन प्रयास में अपना खून सूखा चुका होता है, इन

पाठ्य-पुस्तकों की व्याख्या करता है, या अपने लेक्चर के रूप में उन्हीं को दोहरा देता है। विद्यार्थी क्रमबद्ध ढंग से शीर्षक लगाते हुए खास-खास बातें टीप लेते है और पूछे जाने पर उन्हें ज्यों का त्यों दोहरा देते हैं।

विश्वविद्यालयों में सृजनशीलता को प्रोत्साहन देने के लिए यह आवश्यक है कि परंपरागत कक्षाध्यापन में मौलिक परिवर्तन किया जाए। कक्षा 'पाठ सुनने का कमरा' न होकर एक सीखने और विचार करने की प्रयोगशाला बने। जहाँ छात्र और अध्यापक के बीच सुकराती प्रश्नोत्तर और खुले संवाद हो। ऐसे वातावरण में ही छात्रों की विचारशीलता, अन्त:प्रज्ञा और सृजनशीलता उन्मुक्त हो सकती है। तभी कक्षाएँ सृजनशीलता की वधशालाएँ कहलाने के पाप और कलंक से मुक्त हो सकेंगी। इस हेतु छात्रों से छोटी-छोटी, शोध-प्रयोजनाएँ पूर्ण कराई जाएँ, संश्लेषणप्रधान निबंध लिखवाए जाएँ, अनिश्चितताओं और आकस्मिकताओं के बारे में कल्पनापूर्ण विचार कराया जाए तथा संगोष्ठियों और परिचर्चाओं के आयोजन और उनमें भागीदारी के लिए अवसर प्रदान किए जाएँ। **विश्वविद्यालय का काम एक 'विश्व-मस्तिष्क' या 'खुला और उदार मस्तिष्क' तैयार करना है। ऐसा मस्तिष्क ही इस परिवर्तनगामी समाज में आपदाओं और संकटों में पेराशूट जैसा सहायक हो सकता है। ऐसा मस्तिष्क न तो वैचारिक अस्पृश्यता से ग्रसित होता है और न ही किसी एक विचारधारा का गुलाम। ऐसा चिर जिज्ञासु और अन्वेषी मस्तिष्क अवधारणा की अपेक्षा अनुभूति की ओर अधिक झुका हुआ रहता है।** वह एकदिश चिन्तन से आगे बढ़कर बहुदिश चिन्तन की ओर प्रवृत्ति होता है। यह मानकर चलता है कि आज के जमाने में समस्याओं के एक से अधिक समाधान हो सकते हैं और उनकी खोज हमें निरंतर करते रहना चाहिए।

नि:संदेह, विश्वविद्यालयों की समस्याओं के मूल में कहीं यह सच्चाई अवश्य है कि विश्वविद्यालयों का ढांचा प्रतिभा-विमुख और सृजनात्मकता विरोधी है। लगभग सभी सकीर्णताएँ, सृजनात्मक चिन्तन और उद्योगों के सभी अवरोध यहीं से उपजे हैं। जब तक स्वार्थ के शिखरों को तोड़कर सब कुछ नया और कल्पना-समृद्ध रचने और प्रयोग करने की जिम्मेदारी से हम बचते रहेंगे, तथा आज के बुद्धिजीवियों को भी कल व्यवस्था या प्रतिष्ठान का अंग बन जाने का इंतजार रहेगा, शायद तब तक कुछ होने का नहीं है।

20

विश्वविद्यालयीन शिक्षकों के निष्पादन में गिरावट की गूँज

लगभग एक दशक तक शिक्षाविद् डॉ. अमरीक सिंह ने अपने लेखन में अध्यापकों के निम्न निष्पादन की ओर समाज का ध्यान आकर्षित किया है। उनकी पुस्तक **'द ट्रेप कॉल्ड टीचिंग'** में भी यह शिकायत दुहराई गई है। वे यहाँ तक कह चुके हैं कि महाविद्यालय और विश्वविद्यालय के शिक्षक "आधे काम के लिए पूरा वेतन लेते हैं।" उनका यह अवलोकन बिल्कुल निराधार या निस्सार नहीं है। फिर भी, देश के बहुसंख्यक शिक्षकों ने उनके इस सोच का प्रतिवाद किया है। इन शिक्षकों का कहना है कि अन्य व्यवसायों के लोगों के निष्पादन पर उंगली न उठाकर अध्यापन व्यवसाय को ही कलंकित करने के प्रयास क्यों किए जाते हैं? क्या चिकित्सा, अभियांत्रिकी, बैंक, नौकरशाही, राजनीति आदि क्षेत्रों के निष्पादन और कार्यपालन में गिरावट नहीं आई है? मुझे भी लगता है कि शिक्षा क्षेत्र की स्थिति दूसरे व्यवसायों की तुलना में अभी भी बेहतर है। मेरे विचार की पुष्टि केम्ब्रिज के परवेज दीवान के 'हिन्दुस्तान टाइम्स' में प्रकाशित एक पत्र से भी होती है। उनका भी मत है कि "पाश्चात्य देशों में शैक्षणिक कार्य में लगे भारतीय ही नहीं, बल्कि स्वदेशी विश्वविद्यालयों में कार्यरत अकादमिक लोग भी, विशेषकर समाज विज्ञान में, बहुत अच्छा काम कर रहे हैं। यदि पश्चिमी सुपर बाजारों में बिकने वाली 80 प्रतिशत उपभोक्ता सामग्री पूर्वी एशिया के देशों द्वारा बनाई हुई होती हैं, तो कम से कम 50 प्रतिशत शोध पत्र, जो अर्थशास्त्र, राजनीति शास्त्र और समाजशास्त्र के छात्र केम्ब्रिज में संदर्भ के रूप में काम में लाते हैं, वे भारत में कार्यरत प्रोफेसरों, विद्वानों और शोधकर्ताओं द्वारा लिखे हुए होते हैं।"

'निष्पादन' एक स्वतंत्र घटक या चर नहीं है। अपनी इच्छा अथवा सैद्धांतिक निर्धारण के अनुरूप कार्य कर पाना सदैव व्यक्ति के हाथ में नहीं होता। जबरदस्त निर्धारक तो कार्य स्थिति का वह यथार्थ है जिसमें व्यक्ति बेजान वस्तु-सा घिरा रहता है। अर्थात् निष्पादन का सीधा संबंध संस्था या संगठन की परिस्थिति, प्रसंग और पर्यावरण से होता है। अनुसंधान द्वारा यह उद्घाटित हो चुका है कि उबाऊ और प्रेरणाविहीन परिस्थिति निष्पादन के मंदन और न्यूनीकरण के लिए उत्तरदायी होती है। यदि एक ओर गई-गुजरी कार्यदशा और अल्प सुविधा-सामग्री निष्पादन के स्तर को घटाती है तो दूसरी ओर अधिनायकवादी संगठनिक संरचना पहल, स्वयंस्फूर्तता और नवाचारिता को कुंठित करती है। यहाँ बुरे कर्मचारियों द्वारा अपनी अकर्मण्यता के लिए उपकरणों को दोष देने वाला तर्क भी उठाया जा सकता है। मगर यह भी सत्य है कि श्रेष्ठतम साधन उस समय व्यर्थ साबित हो जाते हैं जब कर्मचारी (शिक्षाकर्मी) या शिक्षकों के बीच संवादहीनता पैदा हो जाती है।

हमें शिक्षा संस्थाओं के परिदृश्य की भी समीक्षा कर लेनी चाहिए। यह अतिशयोक्ति नहीं है कि देश और प्रदेश के लगभग 35-40 प्रतिशत महाविद्यालय और विश्वविद्यालय आर्थिक दृष्टि से जीवन-क्षम नहीं हैं। देश के अनेकों निजी तकनीकी और गैर तकनीकी महाविद्यालय उन राजनीतिकों द्वारा चलाए जा रहे हैं जो सत्तासीन अथवा सत्ताच्युत राजनैतिक दलों से जुड़े हुए हैं। ये संस्थाएँ निजी स्वार्थो की सिद्धि के लिए संचालित की जाती है इसलिए यहाँ संचालकों के शब्द ही नियम और कानून होते हैं। बिहार में व्याप्त शैक्षणिक अराजकता इसका सबसे बड़ा प्रमाण है। बिना समग्र सोच और तैयारी के कई विश्वविद्यालय 'राजनैतिक दहेज' के लिए खोल दिए जाते हैं। महाविद्यालयों और विश्वविद्यालयों का नामकरण भी शैक्षणिक के बजाए राजनैतिक आधार पर किया जाता है। राज्य सरकारें विश्वविद्यालय खोलकर उन्हें वैसे ही, अभावग्रस्त छोड़ देते हैं जैसे कि बच्चे पैदा करके गंदी बस्ती के माता-पिता। इस तरह, राजनैतिक लाभ के लिए उतावली में आरंभ की गई संस्थाएँ शिक्षा का स्तर घटाने में भरपूर योगदान देती है। जिस वातावरण और साधनों में ऐसी संस्थाएँ संचालित होती हैं वहाँ शिक्षकों के निष्पादन को ऊँचा उठाना तो दूर, उसे बनाए रखना दुष्कर होता है। **राग दरबारी** उपन्यास इसका, कल्पना मिश्रित ही सही, लेकिन सबूत तो है ही। इस तरह का राजनैतिक संरक्षण और हस्तक्षेप शैक्षिक निष्पादन को विपरीत रूप से प्रभावित किए बिना नहीं रहता। क्या सत्तासीन राजनेता

कामचोर, अक्षम और अयोग्य लोगों के अभिभावक और पीठमर्द बनने से बाज आ पाएंगे?

माली और शिक्षक के कार्य में काफी समानता है। असमानता यह है कि माली गुलाब को खिलाने के लिए भाषण नहीं झाड़ता। हमें ऐसे मालीनुमा शिक्षकों की आवश्यकता है जिनके पास गुलाबों को खिलाने वाला प्रकाश, वायु, ऊष्मा और नमी हो। दुर्योग से, आजकल शिक्षकों का चयन करने वाले विशेषज्ञ शोध उपाधि और प्रकाशित शोध पत्रों की संख्या को आवश्यकता से अधिक महत्व देते हैं। पदाभिलाषियों की अध्यापन के प्रति अभिरुचि और लगाव-झुकाव की छान-बीन नहीं की जाती। वस्तुतः अध्यापन विद्वता और शोध कार्य पर उतना निर्भर नहीं होता जितना कि अभिवृत्ति और अभिक्षमता पर। शोध कार्य का अध्यापन से वही रिश्ता है जो कि सांडों की लड़ाई का कृषि कार्य से। नैतिकता की परीक्षा कर लेने मात्र से कोई व्यक्ति नैतिक नहीं हो जाता। उसी प्रकार, अध्यापन में प्रवेश हेतु आयोजित की जाने वाली प्रवेश परीक्षाएँ उत्तीर्ण कर लेने से कोई व्यक्ति योग्य और प्रभावी अध्यापक नहीं बन जाता। इसलिए, शिक्षकों की भर्ती के समय चयन प्रक्रिया द्वारा उम्मीदवारों के ज्ञानात्मक और भावनात्मक (या अभिवृत्यात्मक) पक्षों के बीच संतुलन की जाँच नहीं की जानी चाहिए।

महाविद्यालयों और विश्वविद्यालयों का सांगठनिक पर्यावरण भी शिक्षकों के निष्पादन में गिरावट के लिए उत्तरदायी होता है। हमारी उच्च शिक्षा संस्थाओं में नेतृत्व कम और प्रशासन अधिक किया जाता है। यहाँ नौकरशाही, सोपानबद्धता और सत्ताग्रह का बोलबाला है। राजनैतिक स्वाधीनता मिलने के 70-71 वर्षों के बाद भी ये 'विचारों के खुले मंच' और 'संवाद के पोषणालय' नहीं बन पाए हैं। शिक्षा-संस्थाओं के अंदर और बाहर की पुरस्कार-प्रणाली भी न तो आत्मसम्मानी है और न मौन रहकर काम करने वाले शिक्षकों के साथ न्याय करती है। व्यवसायवाद (करिअरिज्म) इस कदर हावी है कि सीढ़ियाँ चढ़ने के लिए उच्च शिक्षा प्राप्त लोग उच्च अधिकारियों के चरणों में लौटते नजर आते हैं। कुलपति, प्राचार्य अथवा विभागाध्यक्ष को खुश करने के लिए अधीनस्थ अध्यापक उनके लिए लेख, शोध पत्र और पुस्तकें ही नहीं लिखते, घरों पर चाकरी और हाजिरी भी बजाते हैं। 'चुनौती' नामक टी.वी सीरियल में 'प्रो. वर्मा-श्रीमती पाठक'' प्रसंग द्वारा इस पहलू को बखूबी उजागर किया गया है। संस्थाओं को 'कॉमनवेल्थ' या पब्लिक ट्रस्ट' मानकर संचालित करने के

बजाए संस्था प्रमुख इनका निजी जागीर अथवा पैतृक संपत्ति जैसा उपभोग करते हैं। फलस्वरूप, शिक्षा संस्थाओं में रचनात्मक असहमति पल्लवित होने के बजाए, चाटुकारी और जी-हुजूरी फलफूल रही है। उत्तमता और सृजनशीलता दुर्घटनाग्रस्त हो रही है। शैक्षणिक विचलन और गिरावट लाने में शासी निकाय अथवा प्रबंध समितियाँ 'खल नायक' की भूमिका अदा कर रही हैं। इनके सदस्यों के मस्तिष्क कम और 'हाथ-पेट' अधिक सक्रिय होते हैं।

समाज में व्याप्त प्रयोजन और लाभ वादी माहौल से शिक्षक अछूते नहीं रह सकते। डाक्टरों और इंजीनियरों जैसा वे भी अधिक धन और ऊँचे जीवन-स्तर के लिए दौड़ लगा रहे हैं। दूसरे व्यवसायों के सदस्यों की तरह वे भी अपने सामाजिक दायित्व और आदर्शों के प्रति अंधे नही तो उदासीन अवश्य हो गए हैं। शिक्षा के नौकरशाहीकरण और व्यापारीकरण के परिणामस्वरूप नौकरशाहों और व्यापारियों की तिकड़में तथा चालबाजियां शिक्षकों और शिक्षा प्रशासकों में भी आ गई हैं। वे शिक्षा के निवेश और प्रतिफल की 'कमजोर कड़ियाँ' मात्र रह गए हैं इस अनात्मीय या सरोकारहीन रवैये के कारण शिक्षण कार्य शिक्षकों के लिए आत्माभिव्यक्ति और आनन्द का विषय नहीं रह गया है।

ज्ञान, तकनीक और कौशलों के अपूर्व विस्फोट ने भी अध्यापकों के लिए चुनौती खड़ी कर दी है। सतत् अध्ययन और नवीनीकरण आज के अधिगममुखी समाज में अस्तित्व की शर्त बन गई है। जो शिक्षक अपने क्षेत्र के नवीनतम ज्ञान से संपर्क बनाए रखने के लिए तत्पर नहीं रहते, उनकी स्थिति नगर के प्राणि-संग्रहालय में ध्रुवीय भालुओं जैसी हो जाती है। वर्तमान प्रसंग में यह कहावत काफी चरितार्थ होने लगी है कि यदि "आज स्नातक बना व्यक्ति कल से अध्ययन करना बंद कर दे तो परसों वह अवर स्नातक (अण्डर ग्रेजुएट) हो जाएगा।" इसलिए, निष्पादन के स्तर को ऊँचा और तरोताजा बनाए रखने के लिए शिक्षकों को बौद्धिक जड़ता और ज्ञान के अपक्षय के प्रति सदैव सजग रहना चाहिए।

मनुष्यों में सृजन और विध्वंस की दो विरोधी उद्दामताएँ उपस्थित रहती हैं। वे कठोर श्रम और उत्कृष्ट अर्जन की क्षमता रखने के साथ-साथ कामचोरी और चकमेबाजी में भी माहिर होते हैं। यह भी सत्य है कि मनुष्य केवल परमात्मा का बनाया हुआ 'निष्क्रिय जीब मात्र' बना रहना नहीं चाहता। वह सर्जक के रूप में भी स्वयं को स्थापित और प्रदर्शित करना चाहता है। सृजन

की चाह का दमन उसे विध्वंस की राह पर अग्रसर कर देता है। अतएवं, शिक्षा प्रशासकों का यह मूल दायित्व है कि वे अपनी संस्थाओं में ऐसी प्रेरक, पोषक और उन्मेषक परिस्थितियों का निर्माण करें कि जिससे शिक्षकों का निष्पादन और अर्जन निरन्तर बढ़ता रहे। "अयोग्यः पुरूषो नास्ति प्रयोक्ता तत्र दुर्लभः।" अर्थात् कोई भी व्यक्ति आयोग्य नहीं होता, उसका प्रयोग करने वाले दुर्लभ होते हैं।

21

विश्वविद्यालयों में वित्तीय नियंत्रण: कितना सबल कितना दुर्बल?

पिछले दिनों अखबारों में पढ़ने को मिला कि मध्यप्रदेश सरकार विश्वविद्यालयों में वित्तीय नियंत्रण हेतु एक महानियंत्रक की नियुक्ति करने जा रही है। विचित्र बात यह है कि एक ओर तो सरकार विकेंद्रीकरण और खुलेपन के नगाड़े दिन-रात बजा रही है तथा दूसरी ओर शिकंजे और पिंजरे भी तैयार करने में लगी है। यह अंतर्विरोध सरकार के खोखले और दोहरे सोच के संकेत देता है। विश्वविद्यालय स्वायत्त जनतांत्रिक संस्था है। इसमें यदि कहीं कोई कमजोरी या ढिलाई होती है तो उसका उपचार भी उनकी परिधि में खोजा जाना चाहिए। जनतंत्र के नरम होने का समाधान और अधिक जनतंत्र ही हो सकता है, नियंत्रित जनतंत्र नहीं। स्पष्ट है कि नियंत्रित जनतंत्र से तानाशाही का फासला बहुत ज्यादा नहीं होता।

हाँ, सरकार में कहाँ शिथिलता, सुस्ती और चामठपन नहीं है? ऐसा कौन सा सरकारी महकमा है जहाँ वित्तीय गोलमाल और बर्बादी नहीं होती? विश्वविद्यालयों पर नियंत्रण लादने से पहले सरकार को अपने एकाध विभाग में वित्तीय साफ-सुथरेपन की मिसाल कायम करनी चाहिए। यदि यह संभव नहीं है तो सरकारी 'वित नियंत्रक' से वित्तीय शील और शुचिता की उम्मीद नहीं की जा सकती। रवीन्द्रनाथ ठाकुर के परिवार के बारे में एक कहानी प्रचलित है। उनके घर में कोई साठ सदस्य थे। बड़ा परिवार था और बहुत मात्रा में दूध आता था। रवीन्द्रनाथ के बड़े भाई ने देखा कि दूध में पानी मिलाकर

लाया जाता है। उन्होंने एक नौकर रखा और उससे कहा कि जाँच करो और निगाह रखो कि पानी मिला दूध नहीं आने पाए। लेकिन घर के लोग यह देखकर हैरान हो गए कि जिस दिन से नौकर रखा है, उस दिन से दूध में ज्यादा पानी आने लगा है। कारण, उसमें नौकर का हिस्सा भी जुड़ गया था। बड़े भाई जिद्दी थे। उन्होंने नौकर के ऊपर सुपरवाइजर रख दिया लेकिन हैरानी और बढ़ी तथा दूध में पानी की मात्रा और ज्यादा बढ़ गई। अब सुपरवाइजर का हिस्सा भी उसमें जुड़ गया। तब रवींद्रनाथ के पिता से यह माजरा देखा नहीं गया। उन्होंने बड़े पुत्र से पूछा अब और सुपरवाइजर रखने का इरादा तो नहीं? बड़े पुत्र ने कहा– मेरा तो इरादा है, मैं तो किसी तरह से इस पानी को आने से रोकूंगा। उन्होंने अपने एक निकट के रिश्तेदार को 'चीफ सुपरवाइजर' बना दिया। उसी दिन दूध में एक मछली भी आ गई। अब तक रवींद्रनाथ के पिता का धैर्य टूट चुका था, उन्होंने बड़े बेटे से कहा इन सब को विदा कर दो। उन्होंने समझाया कि जिस बात की सुरक्षा के लिए उपाय कर रहे हो, वे सब उपाय और अधिक सुरक्षा मांगेंगे। यह सिलसिला चलता रहेगा और इसका कोई अंत नहीं है। निस्संदेह सरकार की सोच रवींद्रनाथ के बड़े भाई जैसी ही है – नियंत्रण, और अधिक नियंत्रण। मगर, नियंत्रणवाद के परिणाम के बारे में सरकार का कोई अंग सोचने–विचारने के लिए तैयार नहीं है। इस छोटी सी कहानी की सीख यहीं है कि 'नियंत्रण पर नियंत्रण' के उपाय समस्या का समाधान नहीं कर सकते।

संभवतः आठवें दशक में डॉ. हरिसिंह गौर विश्वविद्यालय, सागर में अपूर्व वित्तीय संकट पैदा हो गया था। तब सरकार ने विश्वविद्यालय में वित्तीय आपात्काल लगाकर सारे वित्तीय अधिकार अपने हाथ में ले लिए थे। यहाँ तक कि कुलसचिव भी आई.ए.एस. अधिकारी को बनाना आरंभ कर दिया था। फिर भी, प्रदेश के इस सबसे पुराने और नामी विश्वविद्यलाय की व्यवस्थाएँ आज तक पटरी पर नहीं लाई जा सकी। तभी से सभी विश्वविद्यालयों में वित्तीय कसावट के लिए सरकारी अनुभवी 'वित्त अधिकारी' नियुक्त होने लगे। ये अधिकतर ट्रेजरी ऑफिसर श्रेणी के होते हैं। इसके अलावा, विश्वविद्यालयों में बाह्य (सरकारी) पूर्ण कालिक संपरीक्षा मंडली भी विराजमान होती है। विश्वविद्यालय अधिनियम की धारा 24(क) के अनुसार कुलाधिपति, प्रत्येक विश्वविद्यालय की वित्त व्यवस्था के नियमन के लिए एक 'वित्त समिति' का गठन भी करते हैं। इसमें मध्यप्रदेश शासन उच्च शिक्षा विभाग के सचिव,

म.प्र. उच्च शिक्षा अनुदान आयोग के अध्यक्ष (अब, कमिश्नर), म.प्र. शासन वित्त विभाग के सचिव, विश्वविद्यालय के कुलसचिव और वित्त अधिकारी सम्मिलित होते हैं। अधिनियम की धारा 32 एवं 33 में 'विश्वविद्यालय निधि' की स्थापना गठन और प्रबंधन का भी प्रावधान किया गया है। विश्वविद्यलाय का बजट और वार्षिक रिपोर्ट कोर्ट (सभा) के समक्ष भी रखी जाती है। इसलिए कोर्ट के सदस्य भी वित्तीय मुद्दों और मसलों पर अपनी राय और मार्गदर्शन विश्वविद्यलाय को दे सकते हैं। अधिनियम की धारा 48 के मुताबिक पंद्रह महीनों से कम के अंतरालों पर प्रति वर्ष कम से कम एक बार, विश्वविद्यालय के लेखाओं की संपरीक्षा (आडिट) राज्य के स्थानीय लेखा परीक्षक द्वारा किया जाना अनिवार्य है। संपरीक्षित लेखाओं और उनके साथ संपरीक्षित रिपोर्ट की एक-एक प्रति कार्य परिषद द्वारा सभा (कोर्ट), म.प्र. उच्च शिक्षा अनुदान आयोग और राज्य सरकार को भेजने का प्रावधान भी किया गया है।

अधिनियम की धारा 10 के प्रावधान के अनुसार कुलाधिपति विश्वविद्यालयों के किसी भी पहलू या मामले की जाँच अथवा निरीक्षण करवा सकते है। धारा 12 (क) द्वारा उन्हें विश्वविद्यालयों से कोई भी दस्तावेज (कागजात) या जानकारी मंगवाने के लिए अधिकृत किया गया है। विश्वविद्यालय के हितों के विरूद्ध होने पर निकायों और समितियों के विनश्चय वातिल (एनल) करने के लिए भी कुलाधिपति को अधिकृत किया गया है। विश्वविद्यालय में वित्तीय कुप्रबंध की असाधारण स्थिति उत्पन्न होने पर राज्य शासन अधिनियम की धारा 51 के अधीन वित्तीय आपातकाल की घोषणा करके विश्वविद्यालय की वित्तीय व्यवस्था अपने हाथ में ले सकता है। इस दौरान, वित्तीय औचित्य का निर्वाह करने के लिए राज्य सरकार विश्वविद्यालय को आवश्यक निर्देश भी दे सकती है। आपात उपबंध अधिक से अधिक तीन वर्ष तक लागू रखा जा सकता है। इतने सारे प्रावधान उपलब्ध होने के बाद भी 'नियंत्रक' की नियुक्ति की कल्पना आश्चर्यजनक और दु:खद ही कहीं जाएगी। विश्वविद्यालयों को टैगोर के बड़े भाई की नहीं, पिता की सलाह की आवश्यकता है।

22

निजी विश्वविद्यालय और सामाजिक दायित्व

इस समय हमारे देश में सभी प्रकार के करीब 800 विश्वविद्यालय हैं। एक अरब से ज्यादा आबादी वाले देश में यह संख्या ''एक अनार और हजार बीमार'' वाली कहावत को चरितार्थ करती है। फिलहाल 17 से 24 वर्ष आयु समूह के 21 प्रतिशत छात्र ही उच्च शिक्षा का मुँह देख पाते हैं। न तो सरकार और न ही निजी समूह छात्रों/विश्वविद्यालयों की संख्या बढ़ाने के लिए आगे आते हैं तो फिर इतने बड़े देश के चहुँमुखी विकास के लिए प्रशिक्षित जनशक्ति कहाँ से आएगी? वर्तमान विश्वविद्यालयों में वैश्विक स्तर की गुणवत्ता और साख रखने वाले विश्वविद्यालय भी इक्के-दुक्के ही हैं। वैश्विक दौड़ और होड़ में जीतने के लिए उच्च शिक्षा का स्तर विश्व के अग्रणी विश्वविद्यालयों के समकक्ष लाना बेहद जरूरी है। अमेरिकन बड़े गर्व से कहते हैं कि उनके विश्वविद्यालय सारी दुनिया की ईर्ष्या का विषय हैं।

यदि प्रदेश और देश में उच्च शिक्षा को वास्तव में ऊँचा उठाने के लिए प्राइवेट यूनिवर्सिटी की स्थापना होती है तो यह कदम स्वागत योग्य है। विश्वविद्यालय को केवल ''विश्वविद्यालय'' अर्थात उच्च कोटि का अध्ययन-अध्यापन करने वाले व्यक्तियों का समुदाय होना चाहिए। ऐसा समुदाय, जिसका 'गाउन' का 'टाउन' से संवाद बना रहे। चाहे फिर यह समुदाय सरकारी क्षेत्र के विश्वविद्यालयों का हो या निजी क्षेत्र के। हमारे देश में जितने भी प्राचीन विख्यात विश्वविद्यालय (गुरूकुल) रहे हैं, वे सब निजी क्षेत्र के ही थे। राजा को तो उन गुरूकुलों में कदम रखने के लिए भी कुल गुरू (कुलपति) से अनुमति लेनी पड़ती थी। ये सभी विश्वविद्यालय जनभागीदारी

से चलने वाले स्वशासी संस्थान ही थे। यह दुर्भाग्य ही कहा जायगा कि 1857 में स्थापित किए गए पहले तीन विश्वविद्यालयों (बंबई, कलकत्ता और मद्रास) में इस प्राचीन शैक्षिक परंपरा को पुनर्जीवित नहीं किया गया। वर्तमान विश्वविद्यालय भी प्रशासनिक एवं अकादमिक दृष्टि से स्वायत्त हैं। लेकिन इनमें उच्च शिक्षा की वह स्वदेशी छाप अनुपस्थित है। नए निजी विश्वविद्यालय भी उनके लिए बनाए गए विधिक प्रावधानों के अनुसार स्वशासी ही होंगे। मगर स्वशासन का मतलब मनमानी करना नहीं है। स्वायत्तता और सामाजिक दायित्व साथ-साथ चलते हैं। और हाँ 'स्वदेशीपन' का आग्रह भी।

निजी विश्वविद्यालय का नाम आते ही यह आशंका क्यों होनी चाहिए कि वहाँ छात्रों और शिक्षको को 'मुँह बंद और बटुआ खुला' रखना पड़ेगा। प्रश्न-प्रतिप्रश्न या चर्चा-प्रतिचर्चा का दायरा सिमट जायगा। ऊँची फीस मनमाने ढंग और प्रकारों में वसूली जाएगी। सुविधाएँ नाममात्र की होंगी। इंस्पेक्शन के समय वे उधार की हो सकती हैं। लाइब्रेरी और प्रयोगशाला वर्षों तक सुसज्जित और आधुनिक नहीं बन पाएँगी। अनुसंधान की तत्परता और उत्साह देख पाना सौभाग्य की बात होगी। नियमित और प्रतिभाशाली शिक्षकों की नियुक्ति और समय पर उनकी पदोन्नति के प्रति उदासीनता देखते ही बनेगी। तमाम व्यवस्थाएँ तदर्थ और कामचलाऊ होंगी।

मध्यप्रदेश में खुलने वाले विश्वविद्यालयों के लिए बनाए गए अधिनियम में निर्धारित शर्तें बहुत साधारण हैं। 48 एकड़ जमीन, एक करोड़ की स्थायी निधि और स्वंय के शासी निकाय द्वारा चुना हुआ चांसलर या कुलाधिपति। चयन समिति की सिफारिश पर, सरकार द्वारा किसी विद्वान अकादमीशियन की कुलपति के पद पर नियुक्ति तथा राज्यपाल को 'विजिटर' का सम्मान और अधिकार। कुल मिलाकर, निजी और सरकारी विश्वविद्यालयों की संरचना और संचालन के तौर-तरीकों एवं विधि-विधानों में कोई खास या ज्यादा फर्क नहीं है। लेकिन अलिखित मुद्दे की बात यह है कि कोई कहे या ना कहे, निजी विश्वविद्यालय को भी विश्वविद्यालयीन शील और संस्कृति बनाए रखने के लिए, उसकी आत्मा के प्रतिनिधि मूल्यों को, अपने कार्य एवं व्यवहार में, स्थान और सम्मान देने में संकोच नहीं करना चाहिए। ये मूल्य हैं: समीक्षात्मक असहमति की अभिव्यक्ति, अकादमिक आजादी, प्रोफेशनल के रूप में शिक्षकों को मान्यता और काम करने की स्वायत्तता, बौद्धिक ईमानदारी तथा जनतांत्रिक सामूहिकता की भावना (कॉलजियलिटी)।

आजकल, नव–उदारवाद और पूँजीवाद की पकड़ सारी दुनिया की उच्च शिक्षा संस्थाओं पर बढ़ती जा रही है। इसलिए निजी विश्वविद्यालय को एक बिजनेस कॉर्पोरेशन के रूप में चलाए जाने का चलन बढ़ता जा रहा है। बचत और कुशलता के नाम पर प्रबंधवाद (मेनेजेरियलिज्म) बुरी तरह हावी होता जा रहा है। व्यापार और उद्योग के मूल्य, मान्यताएँ और प्रविधियाँ उच्च शिक्षा की पीठ पर लादी जा रही हैं। मार्केट को सभी चीजों का मापदंड मान लिया गया है। प्रतियोगिता, दक्षता की कुंजी बन गई है। विभिन्न विभागों, संस्थाओं और संगठनों के बीच उपस्थित अंतर को अनदेखा करके सबके लिए एक जैसे 'निष्पादन के सूचक' बनाए जा रहे हैं। इस तरह, प्रतियोगिता के शिकंजे से एक शिक्षक को दूसरे के, एक विभाग को दूसरे विभाग के तथा एक यूनिवर्सिटी को दूसरी के खिलाफ खड़ा किया जा रहा है। 'गुणवत्ता आश्वासन' के लिए की जा रही कवायदें एक रूढ़ि और ढकोसला बन गई हैं। इस सारे खेल में व्यक्तिवाद बढ़ रहा है और विश्वविद्यालय विघटित हो रहा है।

विश्वविद्यालय का कोई वर्ण, जाति या राजनीति नहीं होती। मगर वह ऐसा अभयारण्य अवश्य होता है जहाँ प्रतिस्पधी विचारों और वादों पर संवाद करने की छूट होती है। इसलिए इसकी संस्कृति जनतांत्रिक और बहुलतावादी होती है। इसी उदारवादी धरोहर को नई पीढ़ी को सौंपने का काम नए निजी विश्वविद्यालयों को बखूबी करना है। न तो हमें युवजनों को 'उत्पादन का फार्मूला' बनने देना है और न उत्पादन एवं उपभोग की 'विस्तारित भुजा।' शीघ्र और अनैतिक लाभ की व्यापारिक दृष्टि से भी उन्हें बचाना है। यदि हम कुछ कर सकें तो इतना जरूर करें कि वे विश्वविद्यालय से निकलकर अपने विवेक की वृद्धि कर सकें और मनुष्य जाति की सेवा भी। यह तभी संभव है जबकि विश्वविद्यालय के अध्यापक अपने छात्रों में, अपने उदाहरणों द्वारा, हृदय की विशालता और मस्तिष्क का खुलापन विकसित कर सकेंगे।

हार्वर्ड यूनिवर्सिटी का यह ध्येय वाक्य अनुकरणीय है कि "स्वंय की अभिवृद्धि (ग्रोथ) के लिए प्रवेश करो और मनुष्य जाति की सेवा के लिए बाहर जाओ"

23

रचनात्मक असहमति और विश्वविद्यालय

कोई भी विश्वविद्यालय मठ, पार्टी का दफ्तर या राजा का दरबार नहीं होता। न ही यह किसी का उपनिवेश या जमीदारी होता है। यह तो मानसिक जीवन की मुक्त अभिव्यक्ति का मंच है। यहाँ कड़वाँ सच बोलना और वैचारिक टकराव होना सहज व आवश्यक घटना है। वैचारिक साहस के अभाव में विश्वविद्यालय उच्च शिक्षा का उच्चतम संस्थान नहीं रह पाता। जिस संस्थान या समाज में असहमति को आचार और अवसर नहीं दिया जाता तथा आलोचना को कुचलने का कुचक्र चलाया जाता है, वहाँ सबसे पहले संस्कृति पीड़ित होती है, फिर भूमिगत हो जाती है और कुछ विलम्ब से गपशप के रूप में प्रकट होकर मानवीय संबंधों को विषैला बना देती है। इसीलिए, विश्वविद्यालयों में उदार शिक्षा की भूमि को रचनात्मक असहमति से सिंचित कर उर्वर बनाया जाना चाहिए ताकि उच्च शिक्षा द्वारा खुले मस्तिष्क और विशाल हृदय विकसित हो सके। विश्वविद्यालयों में सत्य की खोज को प्रोत्साहित करने के साथ-साथ सत्यान्वेषियों को संरक्षण और सुरक्षा भी प्रदान की जानी चाहिए। रवीन्द्रनाथ टैगोर के मतानुसार "दुर्भाग्य यह है कि कट्टरता सत्य को अपने अंगूठे से इतना कसकर दबाती है कि उसके प्राण ही निकल जाते हैं।" किसी संगठन, संस्थान या राज्य में जब बोलने और लिखने पर पाबंदियाँ लगाई जाती हैं तो स्वतंत्रता, ज्ञान और विचार अपराध की श्रेणी में खड़े कर दिए जाते हैं। विश्वविद्यालयों में जब ऐसा होने लगता है तो वे विचारों के खुले मंच न रहकर अंधानुकरण और अंधानुसरण की बस्तियाँ बन जाते है।

जिन शिक्षण संस्थाओं और विश्वविद्यालयों में भिन्न मत तथा दृष्टिकोण को सराहा और सम्मानित नहीं किया जाता, वहाँ नचिकेता और अष्टावक्र पैदा

नहीं हो सकते। वहाँ ऐसे रोबोट और क्लोन पैदा होने की संभावनाएँ बढ़ जाती हैं, जो किसी भी प्रकार का सृजन नहीं कर पाते। हार्वर्ड और एम.आई.टी. विश्व भर में चर्चित और अग्रणी हैं, क्योंकि वहाँ पाठ्यक्रम 'कवर' नहीं, 'डिस्कवर' किए जाते हैं। इन संस्थानों में कोई भी विज्ञान और विचारों पर प्रश्न दागने में तनिक भी संकोच नहीं करता, क्योंकि इसी रवैये से विज्ञान को निरंतर प्रवाहमान और अभिनव बनाए रखा जा सकता है।

महात्मा गाँधी ने कहा था कि "जनतंत्र ऐसा स्टेज नहीं है, जिस पर लोग भेड़ों की तरह अभिनय करें।" जनतंत्र में वैयक्तिक अभिमत और क्रिया-कलापों की रक्षा बहुत चौकन्ना रहकर की जानी चाहिए। संविधान के अनुच्छेद-21 में प्रदत्त जीवन के अधिकार में जिस मानवीय गरिमा का संरक्षण निहित है, वह अभिव्यक्ति की स्वतंत्रता के बिना संभव ही नहीं है। खुलापन जनतांत्रिक राज्य और समाज का मूल्यवान लक्षण ही नहीं, एक सार्थक मूल्य भी है। इसलिए हमारी संवैधानिक चेतना के अभिरक्षक उच्चतम न्यायालय ने अपने फैसलों में इस बात को प्राय: दोहराया है कि व्यक्ति की सृजनशीलता को प्रोत्साहन देने और विचार-विमर्श की गुणवत्ता बढ़ाने के लिए अभिव्यक्ति की व्यापक स्वतंत्रता आवश्यक है।

अनुशासन या आचरण-संहिता के नाम पर निष्ठुर नियम-परिनियम बनाकर असहमति का गला घोंटना जनतंत्र के लिए श्रेयस्कर नहीं है। विचारों का दमन करने वाली अनुशासन की कोई भी व्याख्या खुले समाज के लिए स्वीकार्य नहीं हो सकती। विश्वविद्यालय ऐसे अभयारण्य है जहाँ चर्चाओं, गोष्ठियों और कक्षाओं में वैचारिक विरोध-प्रतिरोध एवं विरोधी विचार के प्रति सहिष्णुता-सराहना का विकास किया जा सकता है। ऐसा संस्थागत प्रशिक्षण युवजनों को आगे चलकर बेहतर नागरिक, विधायक और सांसद बनने में सहायक भी हो सकेगा।

24

हिन्दी विश्वविद्यालय का स्वरूप

आर.एस.एस. के सरसंघचालक स्व. सुदर्शनजी हिन्दी भाषा के प्रबल हितैषी थे और चाहते थे कि इसे इतना समर्थ बनाया जाए कि यह वैज्ञानिक, तकनीकी व गैर-तकनीकी विषयों को उच्चतर स्तर पर पढ़ाने का सफल माध्यम बन सके। उन्हीं की प्रेरणा और प्रयास से प्रदेश की भाजपा सरकार ने 'हिन्दी विश्वविद्यालय' स्थापित करने का निर्णय लिया था, जिसका जुलाई 2012 में शुभारंभ हो गया। लेकिन प्रदेश के नागरिकों के सामने अभी तक इसकी अकादमिक संरचना व कार्यक्रमों की रूपरेखा स्पष्ट नहीं हो पाई है। पिछले दिनों यहाँ ज़िस तरह के पाठ्यक्रम चलाना प्रस्तावित किया गया है, वे इसकी स्थापना के उद्देश्य के अनुरूप नहीं हैं।

इसे स्थापित करने का मुख्य प्रयोजन तो हिन्दी माध्यम से उच्च शिक्षा के विभिन्न अनुशासनों-विषयों को पढ़ाने के लिए इस भाषा को सक्षम और समृद्ध करना है। इसी उद्देश्य को सामने रखकर इस विश्वविद्यालय में विभिन्न विभागों व पाठ्यक्रमों की कल्पना एवं व्यवस्था की जानी चाहिए थी। हिन्दी माध्यम से उच्चतर अध्ययन-अध्यापन के लिए सबसे पहले 'पाठ्य-सामग्री' तथा दक्ष या प्रशिक्षित अध्यापकों/आचार्यों की जरूरत होती है। इसलिए पहला सोच-विचार इसी पहलू को ध्यान में रख कर किया जाना चाहिए। उच्च शिक्षा से जुड़े लोग जानते हैं कि मानविकी और समाज-विज्ञान विषयों के अलावा अन्य विज्ञान से संबंधित एवं प्रौद्योगिकीय विषयों को हिन्दी माध्यम से पढ़ाने के लिए उपयुक्त और अद्यतन सामग्री का अभाव है। तकनीकी, यांत्रिकी और अन्य अंतर-अनुशासनिक विषयों की अंतर्वस्तु की हिन्दी में प्रस्तुति और संप्रेषण-संवाद के लिए यह जरूरी है कि मानक कोशों तथा उच्चकोटि के संदर्भ-ग्रंथों का

संग्रह, परीक्षण और निर्माण किया जाए। ऐसे विशिष्ट कार्य के लिए एक 'विशेषज्ञ-समूह' के गठन की भी जरूरत है। इसमे विषय-विशेषज्ञ, हिन्दी भाषा-वैज्ञानिक, हिन्दी प्रदेशों की क्षेत्रीय भाषाओं के जानकार और उच्चतर शिक्षा के दर्शन एवं उसकी अध्यापन-प्रविधियों की समझ रखने वाले विद्वान सम्मिलित किए जाने चाहिए। हिन्दी माध्यम से पढ़ाने के लिए, प्रत्यक्ष या परोक्ष रूप से जो भी उपयुक्त सामग्री अन्यत्र उपलब्ध हो, उसका एकत्रीकरण करके हिंदी में अनुवाद कराया जाए। इसके लिए 'विविध भाषा-कोष और अनुवाद' नामक विभाग की स्थापना कर सकते हैं।

अध्ययन-अध्यापन के लिए आवश्यक या आधारभूत सामग्री तैयार करने के बाद अध्यापकों को अध्यापन के लिए तत्पर और कुशल बनाना जरूरी होता है। इस कार्य के संपादन के लिए 'उच्च शिक्षा का आधार और अध्यापक-प्रशिक्षण' नामक विभाग की स्थापना भी की जा सकती है। इसके द्वारा उच्च शिक्षा के सामाजर्थिक दर्शन, अध्यापन की आधुनिक प्रविधियाँ तथा उच्चतर शिक्षा की नवीन प्रवृत्तियों की व्यवस्थित एवं गहन जानकारी अध्यापकों को दी जा सकेगी।

उच्चतर शिक्षा भाषायी, सांस्कृतिक और सभ्यता संबंधी टकरावों या द्वंद्वों को रोकने, उन्हें सुलझाने और सद्भाव उत्पन्न करने का प्रभावी साधन है। इस उद्देश्य की पूर्ति के लिए विभिन्न भाषाओं, धर्मो, संस्कृतियों और सभ्यताओं के बीच के संबंधों की सम्यक समझ पैदा करना जरूरी है। भूमंडलीकरण के दौर में विभिन्न सामाजिक समूहों के बीच की समानताओं की समझ और भिन्नताओं की सराहना सभी देशों के लिए एक महत्तर मूल्य बन चुका है। हिन्दी में इन विषयों से संबंधित साहित्य का अभाव है। हिन्दी विश्वविद्यालय इस दिशा में कदम उठाकर 'तुलनात्मक भाषा, संस्कृति और संवाद' नाम से भी एक विभाग की स्थापना कर सकता है। यहाँ अध्यापन के लिए संदर्भ-सामग्री तैयार करने के साथ-साथ संवाद की संस्कृति को बढ़ावा देने वाले अनुसंधान व नवाचारों को भी प्रोत्साहन मिल सकेगा। हिन्दी विश्वविद्यालय अपने कार्यक्रमों द्वारा यूनेस्को का ध्यान आकर्षित करके भी आर्थिक व अकादमिक सहायता प्राप्त कर सकता है। यह एक अंतर-आनुशासनिक प्रकृति का विश्वविद्यालय है। इसलिए विभिन्न विषयों के बीच समन्वय व संवाद स्थापित करने के लिए इसे प्राथमिकता से कदम उठना चाहिए। कुल मिलाकर हिन्दी विश्वविद्यालय के नेतृत्व को एक इन्द्रधनुषी दृष्टि अपनाकर कार्य करना चाहिए।

25

डीम्ड विश्वविद्यालयों की काली करतूतें उजागर

जून 2008 में 'इंडिया नाउ' चैनल द्वारा किए गए स्टिंग ऑपेरशन के बाद डीम्ड विश्वविद्यालयों में व्याप्त धांधली और भ्रष्टाचार की परतें उघड़ती ही चली गई। पिछले कुछ वर्षों से ये विश्वविद्यालय विवादास्पद ही नहीं रहे, बल्कि उच्च शिक्षा की 'बदनाम बस्ती' बने हुए हैं। अचरज की बात यह है कि पिछले वर्षों में इनकी तादाद सर्वाधिक बढ़ी है। अब इनकी संख्या 130 के आसपास पहुँच गई है। डीम्ड विश्वविद्यालयों के गोरखधंधों से मानव संसाधन विकास मंत्रालय (एम.एच.आर.डी.) बेहद परेशान रहा है। चूंकि विश्वविद्यालय अनुदान आयोग (यू.जी.सी.) के पूर्व अध्यक्ष और पूर्व मानव संसाधन विकास मंत्री इन विश्व विद्यालयों की स्थापना से जुड़े हुए थे, इसलिये इन्हें पग-पग पर संरक्षण मिलता रहा। यहाँ तक कि नियमों का उल्लंघन करके, 'डीम्ड' शब्द हटाकर इन्हें केवल विश्वविद्यालय कहलाने की अनुमति भी दे दी गई। बाद में, यह मामला उच्चतम न्यायालय में पहुँच गया और न्यायालय ने आदेश दिया कि ''डीम्ड'' शब्द नहीं हटाया जाए।

कपिल सिब्बल के मंत्री बनने के बाद एक विचित्र घटना यह घटी कि मानव संसाधन विकास मंत्रालय और यू.जी.सी. दोनों ने ही इन विश्वविद्यालयों में फैली निरंकुश अनियमितताओं और अपचार की गहन जाँच करने के लिये अलग-अलग समितियाँ गठित कर दी। उधर यशपाल समिति की रपट में भी कहा गया था कि 'डीम्ड विश्वविद्यालय' अपनी स्वायत्तता का सतत् दुरूपयोग करते हुए उच्च शिक्षा की एक विकृत और शोषक इकाई बन गई है। खास कर

चिकित्सा और यांत्रिकी क्षेत्रों में स्थापित ये विश्वविद्यालय एक ओर तो छात्रों से मनमानी फीस वसूल कर उन्हें लूट रहे हैं, तो दूसरी ओर शिक्षा की गुणवत्ता भी घटा रहे है। यशपाल समिति डीम्ड विश्वविद्यालयों को बनाए रखने के पक्ष में बिल्कुल नहीं थी।

यू.जी.सी. और एम.एच.आर.डी. द्वारा नियुक्त दोनों ही समितियों ने अपने-अपने प्रतिवेदन प्रस्तुत कर दिए। हैरानी में डालने वाली बात यह है कि यू.जी.सी. द्वारा गठित समिति ने लगभग सभी डीम्ड विश्वविद्यालयों को साफ-पाक बता दिया, जबकि एम. एच.आर.डी. द्वारा बनाई गई समिति ने अपनी वीडियोटेपित गहन जाँच पड़ताल में, संदर्भित 130 डीम्ड विश्वविद्यालयों को गंभीर अनियमितताओं और भ्रष्टाचार के अड्डे बताया। पहले तो मंत्री कपिल सिब्बल इन विश्वविद्यालयों के विरूद्व काफी दहाड़ रहे थे, लेकिन स्वंय के द्वारा बनाई गई समिति के गंभीर निष्कर्षो और सिफारिशों को देखकर वे स्तंभित और अवाक् रह गए। सिफारिशों के अनुसार कार्रवाई करने में वे स्वयं को असमर्थ पा रहे थे। उनकी परेशानी का एक कारण यू.जी.सी. द्वारा गठित समिति की यह अनुशंसा भी है कि दोषी विश्वविद्यालयों को अपनी कमियों और खामियों को दूर करने के लिये तीन वर्ष का समय दिया जाए। दूसरी ओर, मंत्रालय द्वारा नियुक्त समिति का कहना था कि डीम्ड विश्वविद्यालयों को प्रमोटर्स की 'पारिवारिक फर्म या दुकान की तरह चलाया जा रहा है। परिवार के सदस्य ही कुलपति और कुलाधिपति आदि बने हुए है। समिति के सामने प्रेजेन्टेशन के लिये भी ये लोग उपस्थित हुए थे। चौंकाने वाली बात यह थी कि इन विश्वविद्यालयों ने सारे देश में अवैधनिक रूप से अपने 'अध्ययन केन्द्र' स्थापित कर दिए थे। इन केन्द्रों में न्यूनतम शैक्षणिक सुविधा और सामग्री तक नहीं थी।

एम.एच.आर.डी. के अधिकारियों का कहना था कि जाँच समिति की रिपोर्ट के वर्तमान स्वरूप के आधार पर कार्रवाई करने से विवाद घटने के बजाए और अधिक गहरा जाएगा। अयोग्य और अपात्र डीम्ड विश्वविद्यालयों में से अधिकांश दक्षिण भारत में और कुछ अन्य राज्यों में स्थित थे। इनमें अकादमिक सुविधा और अधोसंरचना अत्यधिक निम्नकोटि की थी। लेकिन इन्हें राजनीतिक पिता और प्रभुओं का जबर्दस्त संरक्षण प्राप्त था। संभवतः इसी कारण कपिल सिब्बल इनके विरुद्ध कदम उठाने में सकपका रहे थे। यू.जी. सी. और मंत्रालय की राय थी कि डीम्ड विश्वविद्यालयों की छवि उजालने के लिये, उनमें शैक्षणिक और शोधकार्य के लिये पर्याप्त साधन-सुविधाएँ बढ़ाने के

साथ ही नियमों की अवेहलना कर मनमाने ढंग से चलाए जा रहे विश्वविद्यालयों को बंद कर दिया जाना चाहिये।

जाँच प्रतिवेदनों ने दर्शाया है कि 40 से भी अधिक अयोग्य एवं अपात्र डीम्ड विश्वविद्यालयों में से अधिकांश निजी क्षेत्र में संचालित है। मंत्रालय द्वारा गठित समिति की राय में ये निजी विश्वविद्यालय 'डीम्ड' कहलाने की पात्रता नहीं रखते। कुल 130 में से 38 डीम्ड विश्व विद्यालयों में अधोसंरचना बहुत अच्छी है। लेकिन गुणवत्तापूर्ण अध्यापन और अनुसंधान का इन विश्वविद्यालयों में भी अभाव था। 44 डीम्ड विश्व विद्यालय ऐसे थे जो अपने यहाँ की प्रशासनिक, अनुसंधान और अधोसंरचना व्यवस्था में समुचित सुधार करने के बाद डीम्ड विश्वविद्यालय बने रह सकते थे। शेष 40 से अधिक की हालत इतनी बदतर थी कि वे डीम्ड विश्व विद्यालय का दर्जा पाने योग्य नहीं थे। इन निम्नतर डीम्ड विश्वविद्यालयों में तीन हरियाणा में, दो उत्तराखंड में तथा दो उत्तर प्रदेश में स्थित है। शेष निम्नतम स्तर के विश्व विद्यालय कर्नाटक और तमिलनाडु राज्यों में हैं। इनमें मनमानी ऊँची फीस, कैपिटेशन फीस आदि के नाम से छात्रों का शोषण बरकरार था। यहाँ शोधकार्य, अध्यापन, पुस्तकालय और प्रयोगशाला की व्यवस्था नगण्य थी। प्रशासनिक व्यवस्थाएँ चौपट हो चुकी थी। यहाँ नियम-परिनियम की घोर अवहेलना हो रही थी, क्योंकि राजनेताओं ने इन्हें अभय के कवच और कुंडल प्रतिदान में दे रखे थे।

वैधानिक स्थिति यह है कि एम.एच.आर.डी., डीम्ड विश्व विद्यालयों के खिलाफ कोई कार्रवाई नहीं कर सकता, क्योंकि उन्हें 'डीम्ड' हैसियत यू.जी. सी. द्वारा दी जाती है। इस कारण, मंत्रालय अपने द्वारा बनाई गई समिति की सिफारिशों के आधार पर भी उनके विरूद्व कोई अनुशासनात्मक कदम नहीं उठा सका। केवल यू.जी.सी. ही उसके द्वारा गठित जाँच समिति की अनुशंसाओं के अनुसार कार्रवाई कर सकता था। अब सारा मामला यू.जी.सी. और मंत्रालय के बीच शक्ति परीक्षण का बन गया था, क्योंकि यू.जी.सी. पहले ही अपने द्वारा बनाई गई समिति से डीम्ड विश्व विद्यालयों के अनुकूल सिफारिशें करा कर अपना खेल खेल चुका था। अंत में, एम.एच.आर.डी. ने यह सारा मामला उच्चतम न्यायालय में निर्णय के लिये संदर्भित कर दिया था। हम सब जानते हैं कि कभी-कभी कानून की सुई की आँख में से ऊँट तक निकल जाता है।

26

सर्वश्रेष्ठ की सूची में हमारे विश्वविद्यालय क्यों नहीं?

वर्ष 2010 के लिए 'टाइम हायर एज्यूकेशन' द्वारा घोषित किए गए विश्व के सर्वश्रेष्ठ 100 विश्वविद्यालयों में भारत के आईआईटी एवं आईआईएम सहित एक भी विश्वविद्यालय का नाम नहीं था। केवल 1947 से पहले स्थापित इंडियन इंस्टिट्यूट ऑफ साइंस बेंगलुरू, ने ही अपनी उपस्थिति दर्ज कराई थी। हाल ही में प्रसारित क्यूएस वर्ल्ड यूनिवर्सिटी रैंकिंग (2011 और 2014) में भी विश्व के 200 शिखर विश्वविद्यालयों में भारत का कोई विश्वविद्यालय उपस्थित नही था। आज भी अमेरिका के विश्वविद्यालय सारी दुनिया में अपना दबदबा बनाए हुए हैं। शीर्षस्थ 20 में से 13 और 300 में से 70 विश्वविद्यालय अमेरिका के ही हैं। 19 में से 13 केनेडियन विश्वविद्यालय 2010 के श्रेणी क्रम से नीचे उतर गए हैं। जर्मनी भी सर्वोच्च 50 विश्वविद्यालयों में अपना स्थान बना नहीं पाया है। 2010 के शीर्ष 50 विश्वविद्यालयों में से केवल दो के स्थान बदले हैं। बाकी 48 पुराने ही हैं। इसी तरह, पहले के 100 में से मात्र 5 नए शामिल हुए हैं। शेष 95 वही के वही हैं।

वर्ष 2011 की सूची में एशिया के विश्वविद्यालयों की उपलब्धि सराहनीय रही है। अग्रणी 25 में से 21 विश्वविद्यालयों ने 2010 की स्थिति से बेहतर प्रदर्शन किया है। केवल तीन ही पिछड़े हैं। सर्वोच्च 300 विश्वविद्यालयों में 47 एशियाई हैं। 500 के समूह में 88 एशिया के विश्वविद्यालय सम्मिलित हैं। हांगकांग ने एशिया में सर्वोपरि रहकर अपनी 2010 की स्थिति को बरकरार

रखा है। टोक्यो यूनिवर्सिटी से यह तीन सीढ़ी ऊपर है। चीन के पीकिंग और सिन्हुआ विश्वविद्यालय विश्व के शिखर 200 विश्वविद्यालयों की बिरादरी में शरीक हो गए है। भारतीय विश्वविद्यालयों द्वारा विश्व के सर्वोपरि 200 विश्वविद्यालयों में अपनी जगह नहीं बना पाना शर्मनाक है। वर्ष 2010 में जो आई.आई.टी. मुंबई, दुनिया के शिखर दो सौ विश्वविद्यालयों की सूची में 187 वें क्रम पर था, वहीं 2011 में 225 वें स्थान पर फिसल गया। 'छात्र-अध्यापक अनुपात' के मान से भी भारत का कोई भी विश्वविद्यालय वैश्विक ऊँचाई वाले 300 विश्वविद्यालयों में अपना नाम लिखवाने में समर्थ नहीं हो सका है। स्नातकों में उच्च कौशल विकसित करने के लिए नियोक्ताओं की राय में केवल चार विश्वविद्यालय विश्व के प्रथम 100 में अपना स्थान अर्जित कर पाए हैं।

भारतीय विश्वविद्यालयों के विश्व पटल पर नहीं चमक पाने के कारणों में धन-साधन की कमी, अनुसंधान की विरलता, निम्न स्तरीयता तथा नवाचारिता का अभाव बताए जा रहे हैं। क्यू.एस. के शोध प्रमुख बेन सावटर कहते हैं कि "अधिक खुलापन और उत्तर देने की तत्परता दिखाकर भारत के विश्वविद्यालय वैश्विक स्तर पर अपनी क्षमता और शक्ति का बेहतर प्रदर्शन कर सकते हैं।", हमारे विश्वविद्यालयों पर यह व्यंग्य सटीक बैठता है कि 'कब्रगाह को एक स्थान से दूसरे स्थान पर ले जाने में सबसे बड़े बाधक वहाँ दफनाए गए लोग (इनसाइडर्स) ही होते हैं।' यह आरोप भी लगाया जाता है कि विश्वविद्यालय ऐसे संस्थान हैं जहाँ पढ़ाया जाता है, पढ़ा-सीखा नहीं जाता। ये टिप्पणियाँ चाहे हमें अतिशयोक्ति पूर्ण लगें, लेकिन यह सच है कि इस प्रतियोगी जमाने में हमारी गुणवत्ता-चेतना और उत्कृष्टता की चाह प्रबल होने के बजाए दुर्बल हो गई है। इस मनोदशा में रहते हुए, हमारे विश्वविद्यालय, अमेरिका की तरह, 'दुनिया की ईर्ष्या' कब बनेंगे? हमारे विश्वविद्यालयों का अन्तर्राष्ट्रीय संपर्क (आदान-प्रदान) और अनुसंधान का स्तर भी दयनीय है। समूह या टीम में काम करके हम नवाचार और पेटेन्ट्स की संख्या तथा गुणवत्ता बढ़ा सकते हैं।

27

बनारस हिन्दू यूनिवर्सिटी के जन्मदाता: महामना मालवीय

कृतज्ञ राष्ट्र द्वारा महामना मदन मोहन मालवीय की 150वीं जयंती मनाने के आयोजनों का सिलसिला शुरू हो चुका है। उनके चित्र का डाक टिकट प्रसारित किया जा चुका है। प्रधानमंत्री की अध्यक्षता में राष्ट्रीय कार्यक्रम समिति बनाई गई है। विभिन्न उत्सवों और कार्यक्रमों द्वारा महामना के व्यक्तित्व और कृतित्व को जनमानस के सम्मुख लाया जाएगा। उनका जीवन वृतांत, शैक्षणिक योगदान और राष्ट्रवादी उद्यम का प्रकाशन केंद्र सरकार द्वारा किया जाएगा। परतंत्रता के दुर्दिनों में पंडित मालवीय की प्रमुख चिंता यह थी कि उच्च शिक्षा और विज्ञान के क्षेत्र में विदेशों पर हमारी निर्भरता समाप्त कैसे की जाए? वे चाहते थे कि आजादी हासिल करने के बाद हम 'गूलर में फूल' और आलू के एक पौधे में 12 से 14 आलू पैदा करने का संकल्प लेने वाले बरबैंक जैसे वैज्ञानिक पैदा करें।

महामना का जन्म 24 दिसंबर 1861 को एक अत्यंत सीमित साधनों वाले ब्राह्मण परिवार में हुआ था। यह परिवार मालवा से वर्तमान उत्तर प्रदेश में गया था। वहाँ पहले इसे 'मल्लई' परिवार कहा जाता था। मालवीय जी ने बाद में मल्लई शब्द को सुधार कर अपने पिता के व्यास उपनाम की जगह मालवीय लिखना शुरू कर दिया। उनका एक सपना था कि देश में एक ऐसा बेजोड़ विश्वविद्यालय स्थापित किया जाए, जिससे निकलने वाले युवजन राष्ट्रीय एकता, सांस्कृतिक बहुलता और धार्मिक सद्भाव के वाहक ही नहीं, जीते-जागते

उदाहरण बनें। इस सपने को साकार करने के लिए आवश्यक धन एकत्र करने के दौरान उन्होंने अपमान के कड़ुवे घूंट भी पिये, लेकिन अपने लक्ष्य से विचलित नहीं हुए। अपना तन, मन और जीवन समर्पित करके अन्ततः महामना ने एशिया की सबसे बड़ी बनारस हिंदू यूनिवर्सिटी (बीएचयू) का निर्माण कर दिया।

बीएचयू की स्थापना के लिए बनाया गया विधेयक 1915 में इंपीरियल विधान सभा में प्रस्तुत करते हुए महामना ने कहा था कि 'यूनिवर्सिटी एकवर्गीय चरित्र (डिनॉमिनेशनल) की संस्था अवश्य होगी, लेकिन संकीर्ण बिलकुल नहीं। वह मतांधता एवं कट्टरता से दूर एक ऐसे स्वतंत्र मानस और उदार धार्मिकता को प्रश्रय देगी जो मनुष्यों के बीच भ्रातृभाव पैदा कर सके। "मेरा विश्वास धर्मों की सच्चाइयों में है, चाहे वे हिंदू धर्म की हो या इस्लाम की, चाहे वे बीएचयू में पढ़ाई जाए या अलीगढ़ मुस्लिम यूनिवर्सिटी में। ये सच्चाइयाँ अपने-अपने धर्म के सच्चे अनुयायियों में ईश्वर, देश और मनुष्यों के प्रति, सच्ची निष्ठा पैदा करेगी।" उन्होंने यह भी विश्वास दिलाया था कि धर्म के आधार पर न तो प्रोफेसरों की नियुक्ति में और न छात्रों को प्रवेश देने में किसी प्रकार का भेदभाव किया जाएगा। हिंदू और मुस्लिम विश्वविद्यालयों को 'भगिनी भाव' से मिल जुलकर युवा पीढ़ी की भलाई के लिए काम करना चाहिए, ताकि देश की प्रगति में किसी प्रकार की रूकावट नहीं आ पाए। उदारवादी उच्च शिक्षा के लिए समूचे विश्व में जानी जाने वाली एशिया की सबसे बड़ी बीएचयू ने अपने उत्कर्ष के साथ उतार और अराजकता के पड़ाव भी देखे हैं।

12 नवम्बर 1946 को मालवीयजी संसार से विदा हो गए। राष्ट्रगुरु मालवीयजी के निधन पर नौआखाली में महात्मा गांधी ने कहा था-"भारत के आराधक चले गए.... मालवीयजी अमर हैं।" पं. नेहरू ने भी कहा था कि "पं. मालवीयजी भारतीय स्वतंत्रता रूपी भव्य भवन के निर्माता थे।" बीएचयू में एक बार छात्रों को संबोधित करते हुए नेताजी सुभाषचंद्र बोस ने भाव विभोर होकर कहा था-"आज जिस अग्नि के सामने खड़े होकर तुम प्रसन्नता से नाच रहे हो उसे प्रज्ज्वलित करने में मालवीयजी की हड्डियों ने चंदन की लकड़ी का काम किया है।" क्या आज के युवजन इस वाक्य को याद रखेंगे?

नि:संदेह, महामना मालवीय, शायर अंदलीवे हिंद 'नजर' की नजर में, "इब्तिदा की इंतिहा" थे:

"सर बसर मातम है दुनिया, जिस तिलक की मौत पर,
सच तो यह है, उस तिलक का रहनुमा है मालवी।
गोखले ने जो दिया था, हमको पैगामे अज़ल,
ऐ 'नजर' उस इब्तिदा की इंतिहा है मालवी।"

28

कुचली जा रही है विश्वविद्यालयों की स्वायत्तता

फरवरी 1997 में राष्ट्रपति डॉ. शंकरदयाल शर्मा ने अपने गृहप्रदेश (मध्य प्रदेश) की यात्रा की थी। उस दौरान बरकतउल्ला विश्वविद्यालय, भोपाल में संबोधित करते हुए सरकार को सलाह एवं सीख दी थी कि वह विश्वविद्यालयों की स्वायत्तता का सम्मान करे और उन्हें अपने तरीके से काम करते हुए आगे बढ़ने दे। सरकारी हस्तक्षेप से विश्वविद्यालयों को मुक्त रखें तथा वहाँ के फैसले उनकी कुल संसद (कोर्ट) एवं कार्यपरिषद को लोकतांत्रिक तरीके से लेने दें। 27 फरवरी को राष्ट्रपति जी ने अपने ये उद्गार व्यक्त किए थे, लेकिन इसकी पूर्व संध्या को ही मध्यप्रदेश सरकार ने रीवा तथा रायपुर विश्वविद्यालयों में आपातकाल लगाकर दिखा दिया कि वह कितनी मगरूर है और उसे विश्वविद्यालयों की स्वायत्तता को पैरों तले कुचलने में कितनी प्रसन्नता होती है।

मध्य प्रदेश में अर्जुनसिंह के मुख्यमंत्रित्वकाल से विश्वविद्यालयों एवं उच्च शिक्षा पर राजनीति का रोलर चलाने की जो अभद्र शुरूआत हुई थी, वह वर्षों बाद तक दोगुनी क्रूरता के साथ जारी रही। विश्वविद्यालय अधिनियम की धारा 52 जैसे निकृष्ट एवं निष्ठुर प्रावधानों का मध्यप्रदेश में सर्वाधिक प्रयोग हुआ। हमारे इस महाप्रदेश में उच्च शिक्षा की न कोई नीति है और न ही मर्यादाएँ। आए दिन उसके शील और शालीनता को खंडित किया जाता रहा है। सरकार की मौज और मनमानी ही यहाँ के विश्वविद्यालयों का अनुशासन और कानून

रहा है। राष्ट्रपति डॉ. शंकरदयाल शर्मा का विश्वविद्यालयों को सरकारी हस्तक्षेप से मुक्त रखने का आग्रह बुद्धिजीवियों को संतोष प्रदान करने वाली एक प्रियोक्ति हो सकती है, लेकिन सरकार पर शायद ही इसका कोई प्रभाव पड़ा होगा। मध्य प्रदेश के राजनेताओं ने अपवाद स्वरूप ही कभी उच्च शिक्षा को लेकर गंभीरता और दूरदर्शिता का परिचय दिया होगा। अन्यथा वे अधिकतर 'व्यक्तिवाद' और 'तदर्थवाद' के आदी और अभ्यासी रहे हैं। पालतू और सुविधाजनक व्यक्तियों को कुलपति बनाने और बनाए रखने के लिए तथा भिन्न मत रखने वाले असुविधाजनक व्यक्तियों को हटाने के लिए कई बार विश्वविद्यालयों पर आपात्काल का वज्र गिराया गया, तो कभी कुलाधिपतियों की समझ का? संभवत: सरकार विश्वविद्यालयों को 'क्लोन' और 'रोबोट' बनाने के कारखाने बनाना चाहती है, क्योंकि क्लोन भिन्नता से अनभिज्ञ होता है तथा रोबोट में विद्रोह की क्षमता नहीं होती।

सत्ता के सिंह यह जरूरत से ज्यादा जानते हैं कि उनके सामने विश्वविद्यालय और वहाँ के लोग मेमने जैसे हैं। यह कहने की आवश्यकता नहीं कि मेमना, सिंह के साथ केवल उसके पेट में रह सकता है, आजू-बाजू नहीं। इसलिए सरकार आपातकाल की खाल ओढ़कर विश्वविद्यालयों और कॉलेजों पर अपने फैंसले लादती रहती है। विश्वविद्यालय अधिनियम के उन प्रावधानों से वह रूबरू नहीं होना चाहती, जो विश्वविद्यालयों के लोकतांत्रिक संचालन और अकादमिक आजादी का आग्रह करते हैं।

आपातकाल का प्रावधान करने वाले अधिनियम की धारा 52 में ही कुलपति एवं सरकार को तानाशाह बनने से रोकने के लिए तीसरी सूची (थर्ड शेड्यूल) में वैकल्पिक व्यवस्था दर्शाई गई है। इसके तहत आपातकाल की घोषणा के साथ ही तत्काल लघु रूप में कार्यपरिषद, कुल संसद (कोर्ट) और विद्या परिषद का गठन किया जाना चाहिए। कुलाधिपति चाहे तो धारा 52 के अंतर्गत ही कुलपति को सलाह देने के लिए विशेषज्ञों की एक समिति का गठन भी कर सकते हैं। परंतु आपातकाल की घोषणा के साथ ये सहगामी समितियाँ या परिषदें नहीं बनाई जाती। फलस्वरूप आपातकाल की अवधि में विश्वविद्यालयों में जनतंत्र की जगह एकतंत्र या अधिनायकवाद का बोलबाला हो जाता है। न आपातकाल की समाप्ति से पहले और न ही उसकी समाप्ति पर त्वरित गति से विश्वविद्यालयों में उसके सामान्य लोकतांत्रिक स्वरूप को

लौटाने के प्रयास किए जाते हैं। यद्यपि अधिनियम में ऐसा करने के लिए वैधानिक निर्देश दिए गए हैं।

देवी अहिल्या विश्वविद्यालय (इंदौर) में ही आपातकाल की समाप्ति हुए पाँच महीने बीत जाने के बाद भी कार्यपरिषद, विद्या परिषद और कोर्ट का विधिवत गठन पूरा नहीं हो पाया। इन परिषदों के अभाव में विश्वविद्यालय का संचालन सर्वसत्तावादी (टोटलिटेरियन) तरीके से होता रहा। यहाँ तक कि परिषदों के अभाव में लिए गए निर्णयों पर कुलाधिपति की पूर्व स्वीकृति के कानूनी बंधन एवं सामान्य शिष्टाचार को भी नकार दिया गया। भले ही ऐसी बातें होती रहें कि सरकार को विश्वविद्यालयों की स्वायत्तता का दमन नहीं करना चाहिए, लेकिन ऐसा मानना कि इनसे सरकार के कानों पर कोई जूं रेंगेगी, लंपट से संत बनने की अपेक्षा करने जैसा होगा। वित्तीय व्यवस्था पर नियंत्रण और कसावट के लिए सरकार ने विश्वविद्यालयों में वित्त समितियाँ, अपने वित्त अधिकारी और सरकारी अंकेक्षकों की टीम बैठा रखी है। विश्वविद्यालयों द्वारा प्रतिमाह कुलाधिपति को अपनी रिपोर्ट भी भेजी जाती है। कुलाधिपति को विश्वविद्यालयों की समय-समय पर समीक्षा करने की शक्ति भी दी गई है। फिर भी, वित्तीय अनुशासन का पालन क्यों नहीं होता? बिना पूर्व सावधानियों एवं उपचारों का अनुसरण किए, आखिर दफा 144 का उपयोग किए बिना मार्शल लॉ लगाने की नौबत क्यों आती है? इस प्रश्न का उत्तर क्षुद्र राजनीति और निहित स्वार्थ के दलदल में धंसा हुआ है। सरकार पहले वित्तीय अनुदान एवं बुनियादी साधन-सुविधाओं से विश्वविद्यालयों एवं कालेजों को वंचित करके उन्हें भिक्षुक एवं अनाथ बना देती है और फिर उन्हें अकाल मृत्यु के लिए अपने हाल पर छोड़ देती है। प्रदेश के चिकित्सा महाविद्यालयों के साथ भी यहीं हो रहा है। पहले तो उन्हें हर प्रकार से दुर्बल और दीन-हीन बना दिया, फिर अपनी जिम्मेदारी से पल्ला झाड़ते हुए सरकार ने इन कॉलेजों को स्वायत्तता का झुनझुना पकड़ा दिया।

हैरत की बात यह है कि स्वायत्तता प्रदान करने के निर्णय की प्रक्रिया में वहाँ के शिक्षकों एवं विशेषज्ञों को भागीदार तक नहीं बनाया गया। स्मरणीय है कि मेडिकल कॉलेजों की दुर्दशा पर अखिल भारतीय चिकित्सा परिषद कई बार आँसू बहा चुकी है और उसने दुखी होकर ऐसे कॉलेजों को असंबद्ध (डिस्एफिलिएट) करने की चेतावनी भी दे दी थी। प्रदेश के प्रबुद्ध नागरिक गवाह हैं कि बेहतर प्रशासन के बहाने जिन-जिन विश्वविद्यालयों को आपातकाल

के बूटों तले रौंदा गया, उनकी दशा बदतर ही हुई है। प्रदेश के अग्रणी देवी अहिल्या विश्वविद्यालय, इन्दौर में 1994 में आपातकाल का तांडव कराने से उसमें जिस अराजकता, विधि विधान का उल्लंघन और अकादमिक गिरावट का सूत्रपात हुआ है, वह यहाँ के पालक जनप्रतिनिधि, शिक्षकों एवं छात्रों को स्तंभित एवं लज्जित करने के लिए पर्याप्त है। उच्च न्यायालय की इन्दौर खंडपीठ के पूर्व न्यायमूर्ति श्री प्रसाद द्वारा, प्रवेश संबंधी अनियमितताओं को लेकर दायर की गई याचिका पर दिए गए, अपने फैसले में देवी अहिल्याबाई के नाम और उसकी न्यायप्रियता को उद्धृत करते हुए जो टिप्पणियाँ की गई हैं, वह इन्दौर नगर के लिए गौरव की बात नहीं है। बिना समर्पित, ईमानदार और भगीरथ प्रयासों के विश्वविद्यालय की पूर्व छवि तथा निष्पादन के स्तर को बहाल नहीं किया जा सकेगा।

29

स्वायत्तता के स्वर्ग से कॉलेजों का पलायन

कॉलेजों-शिक्षा संस्थानों को स्वायत्तता देना एक अच्छा विचार है। जनतांत्रिक व्यवस्था में व्यक्ति और संस्थाएँ जवाबदारी के साथ स्वशासन का उपयोग करें तो कोई परेशानी नहीं होती। लेकिन क्या हम सामाजिक और अकादमिक दृष्टि से उस स्तर तक पहुँच चुके हैं, जहाँ स्वायत्तता का कम से कम दुरूपयोग होने की संभावना हो? फिलहाल, हम सैकड़ों विश्वविद्यालयों की स्वायत्तता की रक्षा ही नहीं कर पा रहे हैं, तो उनके समानांतर खड़े किए कॉलेजों की स्वायत्तता का बुरा हाल तो होना ही था। भ्रष्टतम तौर-तरीकों से लक्ष्य या सफलता प्राप्त करने के लिए समाज में लग रही होड़ और दौड़ के कारण, स्वायत्तता के दरवाजे से कॉलेजों और विश्वविद्यालयों में राजनीतिक हस्तक्षेप, व्यापारिकता, भाई-भतीजावाद, नौकरशाही-कुचक्र तथा वित्तीय अपचार बढ़ता जा रहा है।

संभवतः इसीलिए देश के सभी विचारधाराओं के शिक्षक-संगठनों ने महाविद्यालयों को स्वायत्तता देने का पुरजोर विरोध किया था। 1986 से पहले स्थापित 21 स्वशासी कालेजों का इतिहास देखने पर बड़ी निराशा होती है। मदुरै और तमिलनाडु के सरकारी महाविद्यालयों के शिक्षकों की संयुक्त परिषद ने एक समिति बनाकर स्वशासी महाविद्यालयों की कार्यप्रणाली का अध्ययन कराया था। समिति ने पाया कि कोयंबटूर स्थित एक स्वायत्त कालेज में प्राचार्य, उप-प्राचार्य, विभागाध्यक्ष तथा दो-तीन मनोनीत सदस्यों ने प्रबंध मंडल, अकादमिक परिषद और अध्ययन मंडलों पर अपना कब्जा जमा रखा था। ये लोग ही मनमाने ढंग से पाठ्यक्रम और मूल्यांकन के तौर-तरीकों में परिवर्तन

किया करते थे। एक बार, तमिल और अंग्रेजी पढ़ाने के लिए नियत समय में आधी कटौती करके इन विषयों के आधे शिक्षकों को अतिरिक्त या अनावश्यक बना दिया। यही नहीं, इस मंडली ने अपने पुत्र-पुत्रियों को मेरिट लिस्ट में लाने के लिए प्रश्न पत्रों में सेंध लगाई और उत्तर पुस्तिकाएँ अपने अनुसार जँचवाई। नतीजा यह हुआ कि शिक्षकों और छात्रों ने कालेज की स्वायत्तता समाप्त करने के लिए हड़ताल कर दी। मद्रास यूनिवर्सिटी द्वारा मामले की जाँच में शिक्षकों-छात्रों की शिकायत सही पाई गई और कालेज की स्वायत्तता समाप्त कर दी गई।

स्वशासी कालोजों में जनभागीदारी का विचार मूलतः अच्छा है, लेकिन दुखद पहलू यह है कि जनभागीदारी समिति में नामांकित किए जाने वाले अधिकांश सदस्यों में शैक्षणिक दूरदृष्टि की कमी देखी गई है। कई बार, वे कालेज के प्राचार्य और शिक्षकों के सहयोगी बनने के बजाए उनके अधिकारी बने रहने की ग्रंथी से ग्रसित रहते हैं। समाज से धन-साधन लाकर कालेजों को आर्थिक सुदृढ़ता प्रदान करने के बजाए समिति का जोर अधिक व्यय करने पर बना रहता है। कभी-कभी अड़ंगे लगाकर प्रशासनिक कार्य में बाधा और टकराहट भी पैदा की जाती है। इस कारण परेशान होकर कालेजों के शिक्षक और प्राचार्य स्वायत्तता से मुक्ति पाने के लिए लिखा-पढ़ी भी कर देते हैं। इस तरह के गतिरोध से कालेजों अर्थात् उच्च शिक्षा को हानि ही उठानी पड़ती है। लगभग तीस वर्षो के स्वायत्तता के प्रयोग से प्राप्त हुए अनुभवों के प्रकाश में, स्वायत्तता के स्वरूप पर पुनर्विचार कर उसका नया संस्करण सामने लाया जाना चाहिए। मुख्य प्रश्न यह है कि स्वशासन की उत्कृष्ट धारणा का स्वार्थसिद्धि के लिए किया जाने वाला दुरूपयोग कैसे रोका जाएं?

आज भी बुरी स्वायत्तता अच्छी से अच्छी पराधीनता से बेहतर ही मानी जाती है। स्वायत्तता का निवास मनुष्य के हृदय में होता है। जब वहीं वह मर जाती है, तो फिर उसकी रक्षा न तो संविधान और न न्यायालय ही कर सकता है। प्रत्येक स्वशासी शिक्षा-संस्थान में आंतरिक जनतंत्र की नैतिक और सहकारी संस्कृति का विकास करके व्यक्तिगत स्वार्थों को नियंत्रित करने की कोशिश की जानी चाहिए। संभवतः तभी हम स्वायत्तता के सुयोग्य पात्र बन सकेंगे। निःसंदेह स्वायत्तता, उत्तमता या गुणवत्ता के साध्य तक पहुँचने का साधन है। स्वशासन का वास्तविक अर्थ प्रयोग, नवाचार और अन्वेषण करने की स्वाधीनता ही है। निरंतर प्रयोगशील, नवाचारी, भिन्न और उत्कृष्ट बने

रहकर ही शिक्षक अपनी संस्था की स्वायत्तता को सार्थक बना सकते हैं। प्रतिभाशाली युवाओं के समूह के साथ तेजी से शिखर की तरफ बढ़ते भारत के लिए तो यह और भी जरूरी है। लिहाजा समय रहते इस गंभीर विषय पर ध्यान दिया जाना चाहिए। अभी तक का अनुभव और निरीक्षण दर्शाता है कि दशकों तक स्वायत्तता का उपयोग करने के बाद भी, स्वशासी कालेजों में चल रहे अध्यापन, अनुसंधान, पाठ्यचर्या और मूल्यांकन के तौर-तरीकों में कोई अभिनव, अपरंपरागत या क्रांतिकारी परिवर्तन नहीं आया है। इसलिये, स्वायत्त कॉलेजों और संस्थानों का सर्वेक्षण एवं समीक्षा करके उनमें सुधार-सँवार करने की प्रक्रिया शीघ्र शुरू करनी चाहिए।

30

बड़बोला राष्ट्रीय ज्ञान-आयोग

सेम पित्रोदा की अध्यक्षता में जुलाई 2005 में राष्ट्रीय ज्ञान आयोग गठित किया गया था। आयोग अपने जन्म से ही विवादग्रस्त हो गया था। पित्रोदा के भारतीय नागरिक नहीं होने के कारण यह सवाल उठा था कि उनके अधिकतर अमेरिका में रहने के कारण वे आयोग के लिए पर्याप्त समय नहीं दे पाएँगे। जवाब में इसीलिए पी एम भार्गव को उपाध्यक्ष बनाया गया था। चूँकि इस स्वशासी आयोग का सीधे प्रधानमंत्री की अध्यक्षता वाली राष्ट्रीय स्टीयरिंग कमेटी के अधीन काम करना प्रस्तावित था, इसलिए जानकार लोग आयोग को 'सुपर मंत्रालय' कहने लगे थे। उच्चतर शिक्षा और ज्ञान-विज्ञान के राष्ट्रीय संदर्भ में, आयोग के अध्यक्ष की स्थिति और हैसियत के साथ-साथ, उनके द्वारा दिसंबर 2005 में प्रधानमंत्री के समक्ष चर्चा के लिए रखे गए मसौदे की गुणवत्ता और गहराई पर भी प्रश्न दागे गए थे। आयोग की क्षमता और फलवत्ता पर आशंका उठाते हुए यह भी कहा गया था कि आयोग, कहीं एक क्रांतिकारी घटना साबित होने के बजाय, केवल शब्दाडंबर की सभा बनकर नहीं रह जाए?

ज्ञान आयोग को योजना आयोग के समकक्ष अधिकार और शक्तियाँ दी गई थी। इसका खर्च भी योजना आयोग ने उठाया था। प्रधानमंत्री ने अपेक्षा की थी कि आयोग हमारे विश्वविद्यालयों को विश्वस्तरीय बनाने, राष्ट्रीय प्रयोगशलाओं की प्राथमिकता बदलने, उद्योगों की उत्पादकता बढ़ाने तथा अनुसंधान और विकास को नई दिशा देने के लिए व्यावसायिक सिफारिशें करेगा। अंतिम रिपोर्ट प्रस्तुत करने के लिए 2 अक्टूबर, 2008 तक की समय-सीमा रखी गई थी।

पित्रोदा का कहना था कि वे धूल चाटने वाली भारी–भरकम रिपोर्ट नही देंगे। सारी सिफारिशें केवल कार्यपालन बिंदुओं के रूप में ही प्रस्तुत की जाएँगी।

पित्रोदा ने ज्ञान आयोग के कार्य को एक ऐसा रोमांचक मिशन माना था जो देश की ज्ञान प्रणाली को हिलाकर रख देगा। उनके सात साथी–सदस्य ज्ञान के सृजन और उसके अनुप्रयोग के तौर–तरीकों में सुधार–सँवार पर ध्यान केंद्रित करेंगे। शिक्षा की संरचना की समीक्षा, उसका विस्तार और गुणवत्ता तथा उसके प्रशासन का सरलीकरण भी आयोग के एजेंडे का हिस्सा था। 'ई–शासन' जैसी सेवा एवं सूचना के अधिकार पर भी आयोग ने विचार करके अपनी राय प्रस्तुत की है।

ज्ञान के सृजन और संप्रेषण से जुड़ी हुई संस्थाओं में जाकर आयोग ने संबंधित विशेषज्ञों और विद्वानों के विचार भी जानने के प्रयास किए थे। मुंबई विश्वविद्यालय में पहुँचकर आयोग के अध्यक्ष ने यह रिमार्क पास कर दिया कि बंबई विश्वविद्यालय की मीनार जितनी ऊँची है, उसका अज्ञान उतना ही गहरा है। इस कथन ने लोगों को नाराज किया था और विवाद की स्थिति भी बनी थी। फिर, इसके दो सदस्य आंद्रे बेतिली और प्रताप भानु मेहता ने भी बड़बोलेपन का परिचय देकर केंद्रीय सरकार की आरक्षण नीति की आलोचना कर डाली थी। उच्च शिक्षा संस्थानों में पिछड़े वर्ग के छात्रों के लिए 27 प्रतिशत आरक्षण को लेकर ज्ञान आयोग के सदस्यों में ही मतभेद हो गया था। बैंगलुरू में संपन्न हुई ज्ञान आयोग की एक बैठक में अध्यक्ष सैम पित्रोदा ने माँग की थी कि सरकार को आरक्षण नीति की पहले समीक्षा करनी चाहिए और आरक्षण के लिए कदम उठाने चाहिए। आरक्षण का विरोध करने वाले सदस्यों में नंदन नीलकैनी, दीपक नैयर, अशोक गांगुली, आंद्रे बैतिली और प्रताप भानु मेहता सम्मिलित थे। महिला सदस्य जयंति घोष ने आरक्षण का पूरा–पूरा समर्थन किया था, वहीं भार्गव ने सशर्त समर्थन किया। छः सदस्य और अध्यक्ष इस मत के थे कि जब तक सकारात्मक विकल्प सामने नहीं आ जाता तब तक यथास्थिति बनाए रखी जानी चाहिए। असहमत सदस्यों ने रिपोर्ट में कोई विकल्प नहीं सुझाया।

अध्यक्ष और उपाध्यक्ष (डॉ. भार्गव) के बीच तनातनी एवं वाक्‌युद्ध बरकरार रहे। उपाध्यक्ष अध्यक्ष की मनमानी करने की प्रवृत्ति से दु:खी थे। जब अध्यक्ष ने 12 जनवरी को लगभग 8–9 विषयों पर रिपोर्ट की पहली किस्त

प्रधानमंत्री के सामने प्रस्तुत कर दी थी तब खबर लगते ही उपाध्यक्ष ने चिदंबरम् में भारतीय विज्ञान कांग्रेस के 94वें जलसे के दौरान कहा कि उन्हें और सदस्यों को बिना बताए ही अध्यक्ष ने प्रधानमंत्री को रिपोर्ट सौंप दी। आयोग के सदस्यों की उपेक्षा का आरोप जब पत्रकारों के सामने भार्गव ने लगाया तो पित्रोदा ने साफ-साफ कह दिया कि उपाध्यक्ष को जो कुछ कहना है, वे सीधे-सीधे अध्यक्ष से कहें। सदस्यों और अध्यक्ष के बीच चले टकराव और बेबनाव से उच्च शिक्षा जगत एवं विद्वानों के सामने ज्ञान के गौरीशंकरों की तस्वीर तो बिगड़ी ही थी, उनके द्वारा की जाने वाली अनुशंसाओं के बारे में भी आशंकाएँ उठी थी। यह प्रश्न भी उठाया गया कि जब देश में ज्ञान-विज्ञान, योजना-विकास, नवाचार-अनुसंधान, उद्योग एवं प्रबंधन आदि क्षेत्रों से जुड़ी हुई तमाम संस्थाएँ और समूह कार्यरत हैं तो छठी ऊँगली जैसे 'राष्ट्रीय ज्ञान आयोग' का चोचला क्यों पाला गया? प्रधानमंत्री की इन महाज्ञानियों से सामूहिक चिंतन की अपेक्षा करना उतना ही असंभव था जितना कि तराजू में बैठाकर मेंढ़कों को तौलना।

उच्च शिक्षा, भाषा, नेटवर्किंग, वोकेशनल शिक्षा, शिक्षा का अधिकार, ई-गवर्नेंस, अनुवाद और लाइब्रेरी आदि विषयों पर आयोग के अध्यक्ष द्वारा प्रधानमंत्री के सामने एक प्रारंभिक प्रतिवेदन प्रस्तुत करने के बाद, अंतिम रिपोर्ट का अध्ययन-विश्लेषण करके उसे लागू करने का काम, प्रधानमंत्री ने छः मंत्रालयों को सौंपा था। मंत्रालयों के दलदल में पहुँचने पर आयोगों की सिफारिशों की कैसी दुर्गति होती है, यह सारा देश जानता है। सैम पित्रोदा ने पत्र लिखकर प्रधानमंत्री से यह अनुरोध भी किया था कि स्कूलों में पहली कक्षा से अँग्रेजी की पढ़ाई अनिवार्य की जानी चाहिए। इससे सर्वसमावेशी (इंक्लूसिव) समाज बनाने में मदद मिलेगी और आगे चलकर युवजनों को रोजगार पाने में सहूलियत हो सकेगी। मेरे विचार से, आज के ज्ञानाधारित समाज की शक्ति अधिकतर विज्ञान और गणित के समुचित अध्ययन और अध्यापन में निहित है। इसलिए, खासकर ग्रामीण क्षेत्र में विज्ञान और गणित की पढ़ाई सुदृढ की जानी चाहिए। आज प्रतिभा के लिए विश्वव्यापी संग्राम चल रहा है, इसलिए प्रतिभा की खोज और विकास पर भी विशेष ध्यान दिया जाना चाहिए। ग्रामीण और शहरी भारत के बीच बढ़ती हुई ज्ञान की खाई को पाटना भी बहुत जरूरी है। ज्ञान-उत्पाद, पेटेंट और बौद्धिक संपदा का विकास और संवर्द्धन सृजनशील लोगों पर निर्भर करता है, इसलिए सृजनशीलता को

प्रोत्साहित करने वाले कार्यक्रम भी बनाए जाने चाहिए। अमेरिका, चीन, जापान और योरपीय संघ के देश उच्च शिक्षा के लोकव्यापीकरण की ओर कदम बढ़ा रहे हैं। हमारे यहाँ 18 से 23 वर्ष की आयु के केवल 21 प्रतिशत युवजन ही उच्च शिक्षा का लाभ ले पा रहे हैं। उच्च शिक्षा की संस्थाओं से निकलने वाले छात्रों में से 15 से 20 प्रतिशत ही नौकरी देने योग्य पाए जा रहे हैं। शिक्षा के पिरामिड के शीर्ष पर बैठे बहुत थोड़े लोग ही स्तरीय एवं गुणवत्तापूर्ण शिक्षा प्राप्त कर पाते है। पिरामिड का आधार साधारणता और स्तरहीनता में डूबा हुआ है। ऐसी स्थिति में, 'मिशन इंडिया, क्वालिटी इंडिया' वाला देश का सपना पूरा कैसे हो सकेगा? 2007 में ही 'ज्ञान आयोग' ने अपनी रिपोर्ट/अनुशंसाएं प्रस्तुत कर दी थी। इस रिपोर्ट का वर्तमान 'मोदी सरकार' के मानव संसाधन विकास मंत्रालय द्वारा अध्ययन-परीक्षण करके महत्वपूर्ण और आयोगी अनुशंसाओं को लागू करने संबंधी निर्णय यथाशीघ्र लेना चाहिए।

31

खुशहाली का मूल मंत्र है शिक्षा

महंगाई, भ्रष्टाचार, धीमी आर्थिक वृद्धि, अशिक्षा और स्वास्थ्य के स्तर में गिरावट ने अधिकांश भारतवंशियों की खुशहाली छीन ली है। भारत की ग्रामीण आबादी में 60 प्रतिशत लोग प्रतिदिन पैतीस रूपए के खर्च पर गुंजर-बसर कर रहे हैं। शहरी आबादी में लगभग इतने ही लोग प्रतिदिन औसतन 66 रूपए खर्च करके अपना जीवन चला रहे हैं। पिछले दिनों गैलअप एजेंसी ने एक अध्ययन करके भारतीयों की वित्तीय दशा पर रिपोर्ट प्रस्तुत की थी। इसमें खुशहाली सूचकांकों की चर्चा भी की गई है। वास्तव में यह प्रतिवेदन भारतीयों की वित्तीय बदहाली का दस्तावेज है। हाल ही में प्रकाशित एक रिपोर्ट में भी बताया गया है कि भारतीय नागरिक खुशहाली में छोटे पड़ोसी देशों से पीछे है।

अध्ययन में पाया गया है कि 32 प्रतिशत भारतीय, 2011 के 24 प्रतिशत के मुकाबले, अपनी वर्तमान और भविष्य की आर्थिक दशा को 'पीड़ित' श्रेणी की बताते है। उन्होंने यह भी खुलासा किया है कि वे 2011 के 21 प्रतिशत से अब बेहतर स्थिति में है। 'पीड़ित' समूह में जबरदस्त बढ़त, मध्य की 20 प्रतिशत आबादी में हुई है। 2011 में मध्यवर्ती जनसमुदाय में पीड़ित लोगों का प्रतिशत 25 था, लेकिन 2012 में बढ़कर यह 32 प्रतिशत हो गया। इसके विपरीत पहले के सबसे अधिक धनवानों (40 प्रतिशत) की जो तादाद पिछले वर्ष 10 प्रतिशत बड़ी थी, वह 2012 में 22 प्रतिशत हो गई है। दूसरी ओर, पिछले साल सबसे गरीब 40 प्रतिशत लोगों में केवल 4 प्रतिशत की वृद्धि हुई थी, मगर 2012 में बढ़कर यह 38 प्रतिशत तक पहुँच गई है। गैलअप का एक महत्वपूर्ण निष्कर्ष यह भी है कि गाँवों में 36 प्रतिशत लोग स्वंय को 'पीड़ित'

महसूस करते है, जबकि शहरों में 21 प्रतिशत। 2012 में केवल 13 प्रतिशत लोग कहते थे कि उनकी हालत सुधर रही है।

गाँव और शहर तथा अमीर और गरीब भारतीयों के बीच आर्थिक फासला बढ़ता ही जा रहा है। सरकारी निष्क्रियता और ऊँची ब्याज-दरों के कारण भारतीय अर्थव्यवस्था की गति 2012 के पिछले कुछ महीनों में काफी धीमी हो गई थी। फलस्वरूप कई कंपनियों ने ऊँची वृद्धि के लिए या तो अपने प्रोजेक्ट स्थगित कर दिए थे या उन्हें दूसरे देशों के बाजारों में स्थानांतरित कर दिया था। यद्यपि आर्थिक मंदी ने रोजगारों के निर्माण में बाधा पहुँचाई है तथा लोगों की आमदनी घट रही है, फिर भी अधिकांश लोगों का कहना है कि 2006 की तुलना में खाद्यान्न और निवास के लिए उनके पास पर्याप्त पैसा है। भारत की वित्तीय खुशहाली कल्याण का पिछला सूचकांक (2.9) दर्शाता है कि अनेक भारतीय व्यक्तिगत और सामूहिक स्तर पर आर्थिक संघर्ष का सामना कर रहे हैं। भारतीय सूचकांक एशिया के मध्यमान (38) से नीचे है। यह ब्राजील के सूचकांक (40) से 11 अंक और चीन के सूचकांक (42) से 13 अंक पीछे है। क्या भारतीय सूचकांक यह नहीं बता रहा है कि भारतीय अर्थव्यवस्था को सघन चिकित्सा कक्ष में रखने का समय आ गया है।

गैलअप अध्ययन का मुख्य निष्कर्ष यह है कि 'शिक्षा' हमारे आर्थिक जीवन को ऊँचा उठाने का समर्थ साथन है। अशिक्षित या कम शिक्षित लोगों के आर्थिक रूप से पीड़ित रहने की अधिक संभावना है। ऐसे लोगों की भावी प्रगति की भी कम उम्मीद होती है। देश और राज्यों में चल रहे अस्थिर आर्थिक दौर को देखते हुए यह सुझाया गया है कि राजनेताओं को अपना ध्यान व्यावहारिक नीतियाँ तैयार करने पर केंद्रित करना चाहिए। उन्हें शिक्षा में अधिक से अधिक निवेश करके भारतवासियों की आर्थिक खुशहाली बढ़ाने वाले कारकों: शिक्षा, रोजगार और आमदनी की भूमिका समझकर इनकी वृद्धि और विस्तार को प्राथमिकता देना चाहिये।

ये तीनों क्षेत्र एक-दूसरें से जुड़े हुए है। यह पाया गया है कि 56 प्रतिशत उच्च शिक्षा प्राप्त लोगों से, उन 62 प्रतिशत लोगों को, ज्यादा आर्थिक संघर्ष करना पड़ा रहा है, जो सीनियर सेंकडरी परीक्षा उत्तीर्ण नहीं कर पाए हैं। हमें यह स्वीकारने में संकोच नहीं होना चाहिए कि ज्ञान आधारित अर्थव्यवस्था में यदि शिक्षा मूल है तो आर्थिक खुशहाली उसका फल लेकिन, यह शिक्षा नाम मात्र की नहीं, गुणवत्ता वाली होनी चाहिये।

2014 में मोदी सरकार बनने के बाद लोगों में 'अच्छे दिन' आने की उम्मीद जागी है। आर्थिक वृद्धि के प्रयासों में तेजी आ रही है। भारतीय अर्थतंत्र सारी दुनियाँ में तेज रफ्तार से बढ़ने वाला तंत्र बन गया है। किशोरों और युवक-युवतियों को रोजगार पाने योग्य बनाने के लिये उनके कौशल उन्नत करने के कार्यक्रम सारे देश में चल रहे हैं। 'कौशल-विकास मिशन' के नेतृत्व में उद्योगों की आवश्यकतानुसार पाठ्यक्रमों में परिवर्तन भी किया जा रहा है।

32

हिंसा रोकने में शिक्षा की असमर्थता

अमेरिकी स्कूल के एक प्राचार्य ने अपने शिक्षक साथियों को एक पत्र लिखकर बताया कि हिटलर के यातना शिविर में उसने अपनी आँखों से जो कुछ देखा है, उससे शिक्षा के प्रति उसका मन संदेह से भर गया। ''प्यारे शिक्षक साथियों! मैं एक यातना शिविर से जीवित बचकर निकल आने वाला व्यक्ति हूँ। वहाँ मैंने जो देखा वह किसी को नहीं देखना चाहिए। वहाँ के गैस चैंबर्स विद्वान इंजीनियरों ने बनाए थे। बच्चों को जहर देने वाले सुशिक्षित चिकित्सक थे। महिलाओं और बच्चों को गोली से भूनने वाले लोग कॉलेज में पढ़े स्नातक थे। इस कारण, शिक्षा को लेकर मैं बहुत शंकालु हो गया हूँ। आपसे मेरी प्रार्थना है कि आप अपने छात्रों को 'मनुष्य' बनाने में सहायक बने। आपके प्रयास ऐसे हों कि कोई भी शिक्षित व्यक्ति 'दानव' नहीं बनें। पढ़ना, लिखना और गिनना तभी तक महत्वपूर्ण है, जब तक कि वे हमारे बच्चों को 'मानव' बनाने में सहायक होते हैं।''

शिक्षण संस्थाओं और शिक्षकों के लिए चिंता और कलंक की बात है कि आज भी कुछ इंजीनियर और डॉक्टर चरमपंथियों के तकनीकी सलाहकार बने हुए हैं। कुछ तो आतंकवादियों को हथियार चलाने, बारूदी सुरंग बिछाने और 'मानव बम' बनाने का प्रशिक्षण देने में लगे हुए है। उच्च शिक्षा प्राप्त लोगों-युवकों का इस तरह के मानव-द्रोही कार्यों में लिप्त होना शिक्षा की असाधारण विफलता है। एल्विन टॉफलर ने दो-ढाई दशक पहले भविष्यवाणी की थी कि सत्ता व शक्ति का स्त्रोत आगे चलकर हिंसा और धनबल नहीं बल्कि ज्ञान हो जाएगा। लेकिन, वास्तविक जीवन में ऐसा कुछ स्पष्ट रूप से

दिखाई नहीं दे रहा है। अपेक्षा के विपरीत, सर्वाधिक साक्षरता और शिक्षा वाले केरल प्रदेश में हिंसा और अपराध का तांडव अपने चरम पर है। शिक्षित युवाओं में आत्महत्या और अपराध की संख्या बढ़ती जा रही है। शिक्षा में अभिव्यक्ति (प्रश्न और विचार) के दमन के रूप में सूक्ष्म हिंसा का मारक रूप बड़े पैमाने पर देखा जा सकता है। ये साक्ष्य और संकेत दर्शाते हैं कि शिक्षा अपराध, हिंसा और आत्महत्या रोकने मे असमर्थ है। इसका आशय यहीं हुआ कि शिक्षा छात्रों में प्रेम, करूणा, मैत्री और भाईचारे की नींव मजूबत नहीं कर पा रही है। इसलिए, मानविकी (सहित्य और कला, तथा समाज विज्ञान की शिक्षा का प्रचार–प्रसार आवश्यक हो गया है। तभी संभवत: मनुष्य को मनुष्य का शत्रु और संहारक बनने से थोड़ा–बहुत रोका जा सकेगा।

हमारे देश की विषम और अन्यायपूर्ण सामाजिक संरचना को समता और न्याय पर आधारित करने के लिए अनेक सामाजिक और राजनीतिक संस्थाओं का निर्माण किया गया है लेकिन, विडंबना यह है कि आए दिन इन्हीं संस्थाओं पर हिंसक और भ्रष्ट होने के आरोप लग रहे हैं। समाजीकरण, शिक्षा और जनसंचार माध्यमों द्वारा उन आदतों, मान्यताओं, विश्वासों और मूल्यों को प्रोत्साहित एवं सुदृढ़ करने के प्रयास किए जाने चाहिए, जो द्वंद्व और टकराहट के स्थान पर संवाद और सहकार पर बल देते हैं। **जब तक सफलता, विजय और समाधान अहिंसक माध्यमों से प्राप्त होते हुए, बच्चे और किशोर बार–बार नहीं देखेंगे, तब तक अहिंसा उनका आदर्श नहीं बन सकेगी।**

सामाजिक संस्थाओं और संगठनों की यह जिम्मेदारी है कि वे जान–बूझकर अपनी शक्ति अहिंसक वृत्ति के निर्माण में लगाएँ। हिंसा हमारे मस्तिष्क में ही जन्म लेती है, इसलिए उसकी रोकथाम के उपाय भी मस्तिष्क में ही किए जाने चाहिए। मनुष्य के स्वभाव में सुधार और परिवर्तन की असीम क्षमता है। क्रांति इसी क्षमता का एक प्रमाण है। यदि धर्म प्रधान और फासिस्ट देशों में जनता को, प्रशिक्षण और दबाव द्वारा, युद्ध के मार्ग पर अग्रसर किया जा सकता है, तो नि:संदेह शंतिप्रिय राष्ट्र उतने ही या उससे अधिक प्रयत्न करके नागरिकों को शांति और अंहिसा के मार्ग पर चलने के लिए प्रेरित कर सकते है।

आज उच्च शिक्षा के सामने एक बड़ी चुनौती छात्रों में खुला मस्तिष्क, विशाल हृदय और अहिंसक प्रतिरोध की शक्ति विकसित करने की है।

प्रौद्योगिकी की अंध पूजा (टैक्नो मैनिया) से छात्रों को बचाना, टैक्नोलॉजी का मानवीयकरण करना और वैज्ञानिक आविष्कारों के दूरगामी तथा तात्कालिक परिणामों के प्रति अग्रगामी सोच-विचार और सतर्कता रखना भी उच्च शिक्षा की प्राथमिकता होनी चाहिये।

33

उपभोक्ता शिक्षा और शॉपिंग की रंगरली

पहले मनुष्य को सृष्टि का सिरमौर मानकर उसे समस्त मापदंडों का मापदंड कहा जाता था। पूंजीवाद के पुत्र बाजार का जन्म होने के बाद अब मार्केट ही मनुष्य का मापदंड बनता जा रहा है। विज्ञापन इस मार्केट के दरबार की 'अप्सरा' है, जो अपने नित नवीन नखरों से, फुसलाव, बरगलाव और बहकाव के कटाक्ष चलाकर, लोगों में बाजार के प्रति अपूर्व और अविचारित आकर्षण पैदा करती है। भारत में 35 वर्ष के युवजनों की संख्या 65 प्रतिशत हो जाने के कारण बाजार में किशोर और युवक-युवतियों को सजाने-संवारने के लिए नई-नई युक्तियाँ और अलंकरण परोसे जा रहे हैं। हीरे के व्यापार के लिए डी बियर्स ने भारत को चिन्हित कर लिया है। अब युवजनों में हीरे पहनने के फैशन को बढ़ावा दिया जाएगा।

कॉलेज और यूनिवर्सिटी के छात्र-छात्राओं के गले में स्टील या पॉलिमर के तार में पिरोए हुए सस्ते डायमंड लटकाने की तैयारी की जा रही है। ये हीरे वाली चेन ऐसी होगी जो जींस और टी शर्ट्स से मैच हो सकेगी। छल, बल और नकल पर केंद्रित मनोवैज्ञानिक विधियों का उपयोग करके नई पीढ़ी में 'उपभोगता का उन्माद' बढ़ाने की कारगुजारियाँ तेजी से चल रही हैं। बाजार-पतियों द्वारा कला, सौंदर्य, साहित्य, संस्कृति, शिक्षा और विचार तक को वस्तु बनाकर बेचा जा रहा है। रंग, गंध स्पर्श, सज्जा, उपहार और नारों का उपयोग करने वाला 'क्रय विज्ञान' मनुष्य के मन, मस्तिष्क और रूझान को अपने व्यापारिक फायदे के लिए इस्तेमाल करने लगा है। **मनुष्यों को वस्तुओं का दास और उपकरणों का उपकरण बनाया जा रहा है।** दुर्योग यह है कि दुष्प्रचार की

शिकार नई पीढ़ी ब्रैंड और लेबल के बाहुपाश में बिना किसी सोच या प्रतिरोध के बँधती जा रही है। शायद, इसी बंधन और बहाव का नाम 'शॉपिग रंगरली' है।

किसी मॉल या सुपर बाजार में पँहुचने से पहले ही हार्ड सेल शुरू हो जाता है। ग्राहकों को रिझाने और लुभाने का श्रीगणेश घरों में बैठे टीवी और सिनेमाघरों में विराजमान चित्रपटों पर गैजेट्स और उत्पादों के आक्रामक प्रदर्शन से ही हो जाता है। ब्रेन-स्कैन टेक्नोलॉजी ने शोधार्थियों को यह एक नई दृष्टि प्रदान कर दी है कि किसी वस्तु या उत्पाद के प्रति लोग क्यों आकर्षित होते है? **लोगों में जो 'वस्तु-भक्ति' और उत्पादों के प्रति जो समर्पण भाव इन दिनों बढ़ रहा है, उससे लगता है कि उनके लिए शॉपिंग एक नया धर्म और मॉल नए मंदिर बनते जा रहे हैं।** ब्रैंड्स के भविष्य के अध्येता मार्टिन लिंड स्टॉर्म ने अपने अनुसंधान द्वारा मस्तिष्क में बैठे 'बाय स्विच' (क्रय बटन) का पता लगा लिया है। न्यूरोसाइंटिस्ट्स ने विकसित देशों में फंक्शनल 'एमआरआई' द्वारा, 2000 स्वयंसेवकों के उन अंतरंग विचारों का आलेख तैयार कर लिया है, जो बताते हैं कि मस्तिष्क के कौन-से भाग किन-किन छबियों और ब्रैंड्स की ओर आकर्षित होते हैं। परिपक्व होती उपभोक्ता संस्कृति ने 'स्टेटस शॉपिंग' को एक व्यसन बना दिया है। व्यापारी और उद्योगपति इस बात की चिंता नहीं पालते कि बच्चे, किशोर और युवाओं की पहुँच शिक्षा, स्वास्थ्य और स्वस्थ मनोरंजन की ओर बढ़ रही है या नहीं। वे केवल यह चाहते हैं कि कैसे लोगों के दिमाग मोड़कर या उनके विचारों की दिशा बदलकर उन्हें सामान खरीदने के लिए उत्तेजित किया जाए।

बाजार की बढ़ती आक्रामक घुसपैठ और नए-नए उत्पादों का खेल उपभोक्ता से अधिक विचारशीलता और संयम की माँग करता है। **बाजार का मारीच लुभावना, खुला और प्रतियोगी भले ही दिखाई देता हो, मगर वह लाभ और स्वार्थ के पैरों पर ही चलता है।** बाजार की सम्मोहन शक्ति का प्रतिरोध करने के लिए खरीददारों को पूर्व योजना, अपनी प्राथमिकता और रणनीति से काम लेना चाहिए। वित्तीय व्यवहार में धैर्य, सादगी और त्याग को प्रश्रय देकर 'संग्रह' की प्रवृत्ति को नियंत्रित कर सकते हैं। पांच-दस रूपए के शैम्पू पाउच और सौंदर्यीकरण की ट्यूब ने गरीब बस्तियों के परिवारों के बजट और प्राथमिकताएँ गड़बड़ा दी हैं। उपभोग के जनतंत्रीकरण के पहले उत्पाद की गुणवत्ता तथा अर्जन के अवसर बढ़ाए जाने चाहिए, तभी बाजार के षडयंत्र और शोषण से उपभोक्ता की रक्षा की जा सकेगी।

34

बदलते समय में उच्च शिक्षा कैसी हो?

हमारे यहाँ बीते हुए दिन के लिये 'कल' शब्द है। लेकिन, आने वाले दिन के लिये अलग से कोई शब्द नहीं होने से हम इसी शब्द का प्रयोग करते हैं। संभवतः हमारा लंबा और गहरा अतीत हमें भविष्योन्मुख और परिवर्तनगामी होने से रोकता रहा है। पुरा विश्वासों ने हमारे दिमागों को इतना जकड़ रखा है कि आज भी हम में से बहुतेरे लोग यह मानते हैं कि जो कल था वहीं आज है, और वही कल भी रहेगा।

सच्चाई यह है कि हम आज एक बेहद चपल दुनिया में रह रहे हैं। परिवर्तन की गति तीव्र होने से आजकल यह कहा जाने लगा है कि परिवर्तन ही स्थायी है और अनिश्चितता ही निश्चित है। आकस्मिकता और जटिलता बढ़ती जा रही है। नित नई समस्याएँ और चुनौतियाँ उपस्थित हो रही हैं। अपेक्षाकृत स्थिर समय में, समस्याओं के स्वरूप में अकल्पनीय परिवर्तन नहीं होता था, इसलिये उनके समाधान में संचित पूर्व-ज्ञान ही, पर्याप्त होता था। अब पुरानी चाबी से नया ताला नहीं खोला जा सकता।

अभिसूचना और ज्ञान का भी अपूर्व विस्फोट हो रहा है। परिणामस्वरूप ज्ञान की 'शेल्फ लाइफ' मात्र 3-4 वर्ष रह गई है। एक बड़ी चुनौती यह भी खड़ी हो गई है कि हमारे आस-पास ज्ञान का अंबार लगा रहने पर भी समस्याओं का समाधान नहीं हो पा रहा है। इसका एक कारण यह हो सकता है कि हम ज्ञान के बासीकरण और मरणशीलता पर ठीक से ध्यान नहीं दे पा रहे हैं। ज्ञान और अभिसूचना के क्षेत्र में त्याग और ग्रहण की प्रक्रिया निरन्तर चलती रहनी चाहिये। कहा भी जाता है कि यदि आप आज ग्रेजुएट हुए हैं और कल से पढ़ना-लिखना बंद कर देते हैं तो परसो अंडर ग्रेजुएट हो जाएंगे। अब

शिक्षा आजीवन चलने वाली बहुआयामी प्रक्रिया बन गई है। इसकी तीन प्रमुख विशेषताएँ है: सीखने की प्रक्रिया को सीखना, अप्रासंगिक हो भुलाना और फिर से सीखना। ज्ञान, कौशल और अभिवृत्ति का निरंतर नवीनीकरण ही शिक्षा का पुरस्कार है।

सामयिक और संभावित प्रश्न, समस्या या चुनौती का सामना करने के लिये पुराने ज्ञान का संश्लेषण-विश्लेषण करने के साथ ही शोध द्वारा नये ज्ञान का सृजन करना भी आवश्यक है क्योंकि प्रत्येक पीढ़ी को अपने समय की माँग के अनुसार सत्य, ज्ञान और अर्थ (मीनिंग) की खोज या पुनर्रचना करनी पड़ती है। ज्ञान के मानवीयकरण और लोकव्यापीकरण के लिये यह भी जरूरी है कि अभिसूचना या ज्ञान के संप्रेषण के मार्ग में आने वाली भाषिक और प्रस्तुतीकरण संबंधी जटिलता का निराकरण किया जाए। ज्ञान को छात्रोपयोगी बनाने के लिये उसका चयन, संगठन और प्रस्तुतीकरण इस प्रकार किया जाना चाहिए कि वह संप्रेषण के 'आन लाइन' और आमने-सामने (फेस टु फेस) दोनों ही माध्यमों के लिये उपयोगी हो सके। चूंकि शिक्षा एक नैतिक उद्यम है इसलिये पाठ्यक्रम में सम्मिलित विषयवस्तु का इस दृष्टि से भी परीक्षण किया जाना चाहिए कि वह नैतिक मानदंडों के अनुरूप है या नहीं, क्योंकि मूल्य सहित अज्ञान, मूल्य रहित ज्ञान से अधिक वांछनीय और आत्मसात करने योग्य होता है।

पहले वर्तमान भूतकाल से बहता था। मगर अब बदलाव की तेज गति के कारण वर्तमान भविष्य से छलकने लगा है। भविष्य का मेहमान वर्तमान के घर बड़ी तेजी से चला आ रहा है। इसलिये, अब लगातार बदलते और अस्थिर होते समाज के लिये छात्रों को इस तरह तैयार करना पड़ेगा कि वे परिवर्तन के धक्कों और झटकों को धैर्यपूर्वक झेल सकें। सामाजिक जटिलता और आकस्मिकता बढ़ती रहने के कारण समस्या-समाधान की नई-नई वैकल्पिक तकनीकें और युक्तियाँ खोजने के लिये छात्रों को तत्पर और गतिशील बनने का प्रशिक्षण देना पड़ेगा। अनपेक्षित और आपातस्थितियों में अविचलित होकर काम करते रहने के लिये युवक-युवतियों की आदतों एवं अभिवृत्तियों को अधिक ग्रहणशील, लचीला और भविष्योन्मुख बनाना पड़ेगा।

आज के छात्रों को आगे चल कर झूठ के अटाले, अर्धसत्य के अंबार और सापेक्षताओं के सराफे से सत्य को खोजने के लिए अनुसंधान को एक 'स्थायी

भाव' की तरह अपनाना पड़ेगा। जनतांत्रिकों के सम्मोहन, संचार माध्यमों के बरगलाव और विज्ञापनों के फुसलाव से बचने के लिये नई–नई युक्तियाँ निकालने के साथ ही सतत् सावधान बने रहने का कौशल भी विकसित करना पड़ेगा।

35

उपेक्षित उच्चतर माध्यमिक शिक्षा

हमारे यहाँ प्राथमिक और उच्च शिक्षा की तो थोड़ी-बहुत चिन्ता और चर्चा होती रहती है, लेकिन माध्यमिक या मझली शिक्षा को लगभग भुला दिया गया है। वास्तव में, माध्यमिक शिक्षा समग्र शिक्षा-व्यवस्था की मध्या या कमर है। कमर के स्वस्थ रहने पर ही शिक्षा का शरीर सीधा खड़ा रह सकता है। उच्चतर माध्यमिक शिक्षा वह चरण है जिसे पार कर अधिकांश छात्र जीवन और व्यवसायों में प्रवेश करने लगते हैं। 12वीं कक्षा उत्तीर्ण करके उच्च शिक्षा की सीढ़ी चढ़ने वाले किशोर और युवा छात्र मुश्किल से 21 प्रतिशत ही है। दूसरी ओर, माध्यमिक स्तर पर सकल नामांकन दर लगभग 60-65 प्रतिशत हैं। यह पूर्वी एशिया और लैटिन अमेरिका देशों में होने वाले नामांकन से बहुत पिछड़ा हुआ है। इस कारण, हम भारत की लगभग आधी युवा आबादी का 'जनसांख्यकीय लाभ' ले पाने में असमर्थ हैं। विकासशील देश उच्चतर माध्यमिक शिक्षा को सर्वसुलभ बनाने के लक्ष्य तक पहुँचते जा रहे है।

अपने देश में, 2005 में पहली बार माध्यमिक शिक्षा को सर्वव्यापी बनाने का सोच-विचार सामने आया था। केन्द्रीय शिक्षा सलाहकार बोर्ड ने राजस्थान के तत्कालीन शिक्षा मंत्री गोविन्द तिवारी की अध्यक्षता में एक समिति भी गठित की थी। इस समिति ने अनुमान लगाया था कि 2010 तक उच्चतर माध्यमिक शिक्षा की माँग में अपूर्व वृद्धि होने लगेगी। 2019-20 तक, कक्षा 9वीं और 10वीं में नामांकन 30 लाख 67 हजार तक पहुँच सकता है। इस विस्तार का सामना करने के लिये लगभग 1,22,414 अतिरिक्त कक्षाओं और 1,83,621 शिक्षकों की आवश्यकता पड़ेगी। यह अनुमान सर्व-शिक्षा अभियान

की शत-प्रतिशत सफलता को आधार बना कर किया गया था। केन्द्रीय शिक्षा सलाहाकार बोर्ड का अभिमत है कि सर्वशिक्षा अभियान की सफलता 75 प्रतिशत से अधिक नहीं रहेगी तथा माध्यामिक शिक्षा की माँग का सामना करने के लिये करीब 75,509 करोड़ धनराशि की व्यवस्था करनी पड़ेगी।

हाल ही में, सैम कार्लसन के नेतृत्व में तैयार की गई विश्व बैंक की रिपोर्ट में कहा गया है कि यघपि कुशल कार्यबल तैयार करने में उच्चतर माध्यमिक शिक्षा का योगदान सर्वाधिक है, फिर भी इस शिक्षा पर होने वाले संपूर्ण व्यय का (भारत में) 30 प्रतिशत ही खर्च होता है। भारत की माध्यमिक शिक्षा में सकल प्रवेश दर मात्र 56 प्रतिशत है। यह दर वियतनाम में 72 प्रतिशत, श्रीलंका में 83 प्रतिशत और चीन में 91 प्रतिशत है। कार्लसन की राय है कि भारत में चलाए जाने वाले 'राष्ट्रीय माध्यमिक शिक्षा अभियान' द्वारा माध्यमिक शिक्षा का पिछड़ापन दूर किया जा सकता है। इस अभियान को गति देने के लिये विश्व बैंक ने भारत को 50 करोड़ डालर का ऋण देने का प्रस्ताव किया है। रिपोर्ट में भी अनुमान लगा गया है कि 2007-08 और 2017-18 के बीच माध्यमिक शिक्षा की माँग में अप्रत्याशित वृद्धि हो जाएगी। प्रतिवर्ष करीब 1 करोड़ 70 लाख छात्र माध्यमिक शिक्षा में प्रवेश लेने लगेंगे। उच्चतम और निम्नतर व्यय करने वाले क्षेत्रों की माध्यमिक शिक्षा में होने वाले नामांकन दर की दूरी 40 प्रतिशत है। शहरी और ग्रामीण क्षेत्रों में नांमाकन दर की दूरी 20 प्रतिशत तथा लड़के और लड़कियों के नामांकन दर की दूरी 10 प्रतिशत पाई गई है।

उच्चतर माध्यमिक स्कूलों में नामांकन दर एक राज्य से दूसरे राज्य में अलग-अलग है। बिहार में नामांकन दर 22 प्रतिशत, केरल में 92 प्रतिशत झारखंड में 04 प्रतिशत और तमिलनाडू में 44 प्रतिशत है। राजस्थान, उत्तरप्रदेश और मध्यप्रदेश में सामान्य वर्ग का नामांकन अनुसूचित जाति, जनजाति और मुस्लिम समुदाय से 80 प्रतिशत अधिक है। इन नामांकनों की भिन्नता और दूरियों को पाटना बहुत जरूरी है, क्योंकि माध्यमिक शिक्षा में गरीबी के दुष्चक्र को तोड़ने की क्षमता है। अध्ययनों में पाया गया है कि माध्यमिक शिक्षा का स्वास्थ्य, पोषाहार और विवाह की आयु बढ़ाने में काफी प्रभाव पड़ता है। इस स्तर की शिक्षा प्राप्त करने के बाद अधिकांश छात्र काम-काज के लिए जीवन में प्रवेश कर जाते हैं।

सरकारी माध्यमिक और उच्चतर माध्यमिक स्कूलों की अधोरचना एवं पढ़ाई-लिखाई का स्तर निम्न होने के कारण माध्यमिक शिक्षा का निजीकरण शहरों में करीब 60 प्रतिशत हो गया है। इसलिये, सरकारी स्कूलों में शिक्षा की गुणवत्ता बढ़ाने पर सर्वाधिक जोर और ध्यान दिया जाना चाहिए। ग्रामीण और जनजाति क्षेत्रों में आधुनिक शैक्षणिक सुविधाओं से युक्त विद्यालय भवनों का निर्माण किया जाना चाहिए। पुस्तकालयों और प्रयोगशालाओं का उन्नयन भी आवश्यक हो गया है। शैक्षणिक प्रौद्योगिकी का प्रसार और अनुप्रयोग भी सुनिश्चित किया जाना चाहिए। गाँवों में विज्ञान और गणित की पढ़ाई माध्यमिक शिक्षा की सबसे कमजोर कड़ी है। जब तक गाँवों में प्रोत्साहन पैकेज या उपवेतन देकर, विज्ञान के स्नाकतोत्तर शिक्षकों की नियुक्ति नहीं की जाती, तब तक वहाँ विज्ञान की शिक्षा अधकचरी और अधूरी ही रहेगी। 'राज्य विज्ञान शिक्षा संस्थानों' को पुनर्जीवित और गतिशील बनाकर विज्ञान के शिक्षकों के सतत् प्रशिक्षण का प्रावधान भी किया जाना चाहिए। सार्वजानिक और निजी क्षेत्र के बीच साझेदारी को बढ़ावा देने, वंचित वर्गों के छात्रों के लिए वित्तीय सहायता उपलब्ध कराने तथा 'सहायता अनुदान' (ग्रांट-इन-एड) प्रणाली में सुधार करने विषयक विश्व बैंक के सुझाव भी स्वागत योग्य है। यह भी याद रखा जाना चाहिए कि उच्च शिक्षा का विस्तार और उसकी गुणवत्ता बहुत कुछ उच्चतर माध्यमिक शिक्षा पर निर्भर करती है।

36

पिछड़े छात्र की शिक्षाः कितनी पीछे, कितनी आगे?

किसी भी देश के बच्चे वहाँ की भावी जनशक्ति होते हैं। शिक्षा जनशक्ति के प्रशिक्षण और जनमत को जागरूक बनाने का एक समर्थ साधन है। आज कोई भी देश जनशक्ति की अवहेलना करके समाजार्थिक क्षेत्र में ऊँचा नहीं उठ सकता। प्रत्येक देश की प्रगति, सुरक्षा और खुशहाली वहाँ के नागरिकों के ज्ञान, कौशल और अभिवृत्तियों के विकास पर निर्भर करती है। वर्तमान समाज की जटिलतर होती हुई परिस्थितियाँ और औद्योगिक विकास नागरिकों से विशिष्ट ज्ञान, उच्च कौशल और गतिशील अभिवृत्तियों की अपेक्षा रखता है।

राष्ट्रीय विकास में राष्ट्र के प्रत्येक व्यक्ति की साझेदारी होती है। अतः राष्ट्रीय लक्ष्यों की प्राप्ति हेतु व्यक्ति, विचार और वस्तु सभी का सम्यक विनियोग आवश्यक है। इस हेतु बच्चों के पोषण, स्वास्थ्य एवं शिक्षण पर स्कूल पूर्व अवस्था से ही ध्यान देकर उनका संतुलित विकास किया जाना चाहिए।

बच्चों के जीवन के आरंभिक पाँच-छः वर्ष अत्यधिक महत्वपूर्ण और नाजुक होते हैं। यह व्यापक रूप से स्वीकार किया जा चुका है कि बच्चों का 80 प्रतिशत मानसिक विकास आठ वर्ष की आयु तक पूर्ण हो जाता है। आयुर्विज्ञान के क्षेत्र में हुए अध्ययन दर्शाते है कि इन आरंभिक वर्षो में यदि बच्चों के स्वास्थ्य और आहार की समुचित देखभाल नहीं की गई तो बुद्धिलब्धि (आई.क्यू.) सामान्य होने पर भी, वे अध्ययन-अधिगम में पिछड़ सकते हैं। अपपोषण और दुर्बल स्वास्थ्य के कारण हुई इस हानि की क्षतिपूर्ति बाद में नहीं की जा सकती। इसे बच्चों को जीवन भर भुगतना पड़ता है।

आरम्भिक वर्षो में बच्चों के स्वास्थ्य के प्रति बरती गई लापरवाही और बहुसंख्यक पालकों की गरीबी के कारण हमारे देश में बाल मृत्यु-दर प्रति एक हजार 37 से अधिक है। कुल मौतों का 30 प्रतिशत पांच वर्ष से कम उम्र के बच्चों का होता है। संक्रामक रोग भी गरीब घरों के बच्चों को ही अधिक होते हैं। इस तरह हमारे देश में करीब 20 हजार बच्चे रोज मर जाते हैं।

बच्चों का शैक्षिक दृष्टि से पिछड़ना जनशक्ति की बहुत बड़ी हानि है। एक कल्याणकारी राज्य का यह दायित्व है कि वह प्रत्येक व्यक्ति को उसकी क्षमताओं के अधिकतम विकास के अवसर प्रदान करे। उन समस्त रुकावटों और दबावों को दूर करे, जो व्यक्ति के विकास में बाधक हैं। सभ्य कहे जाने वाले इस जमाने में राष्ट्रों के लिए यह एक बहुत बड़ी चुनौती है।

आजकल राष्ट्रीय जीवन के हर क्षेत्र में कुशल एवं प्रशिक्षित जनशक्ति के अभाव का अनुभव हो रहा है। आर्थिक दृष्टि से हम गरीब हैं ही, लेकिन प्रशिक्षित बुद्धि और कौशलों की दरिद्रता इससे कहीं अधिक है। एल्फ्रेड नॉर्थ व्हाइटहेड की इस चेतावनी और अनिवार्य नियम को हमें याद रखना चाहिए कि ''जो प्रजाति प्रशिक्षित बुद्धि के मूल्य को नहीं पहचानती उसका विनाश अवश्यंभावी है।''

शैक्षिक सुविधाओं के शीघ्र विस्तार के साथ-साथ स्कूलों में पिछड़े छात्रों की संख्या बढ़ती जा रही है। अपेक्षित शैक्षिक स्तर तक नहीं पहुँच पाने की असमर्थता, आवश्यकता एवं रूचि से असंबद्ध शैक्षिक कार्यक्रम के प्रति ऊब तथा उक्ताहट के कारण अधिकांश छात्र एक या दूसरे स्तर पर स्कूल छोड़ देते हैं। जन जातियों के छात्रों में अधबीच में स्कूल छोड़ने की दर सर्वाधिक है। इनमें से काफी कुछ छात्रों के हाई स्कूल या कालेज में प्रवेश पा लेने पर भी उनकी शैक्षिक उपलब्धि दयनीय ही रहती है। औसत दर्जे की या उच्चकोटि की योग्यता वाले बच्चों का अल्पार्जन या असफलता हमारे जैसे विकासशील देश के लिए अत्यधिक चिंता का विषय है।

शैक्षिक पिछड़ेपन और मंदन से केवल आर्थिक और सामाजिक हानि ही नहीं होती बल्कि मनोवैज्ञानिक एवं मानवीय धरातल पर भी इससे भारी नुकसान होता है। पिछड़ेपन, मंदन या असफलता के अनुभव से बच्चों के मूल्य-निर्णय पर प्रतिकूल प्रभाव पड़ता है। उनकी स्व-संकल्पना और आत्मविश्वास का स्तर घटता है। वे स्वयं को दीन-हीन और हारे हुए समझने लगते हैं।

फलस्वरूप उनकी क्षमताओं की पूर्ण निष्पत्ति नहीं हो पाती। असफलता, अपवाद स्वरूप ही कुछ व्यक्तियों को प्रेरणा दे सकती है, अन्यथा लगातार असफलता का अनुभव पतन की ओर ही ले जाता है। असफल व्यक्ति में प्रतिगमन और निर्गमन जैसी प्रवृत्तियाँ विकसित हो जाती हैं, जो उसके निष्पादन को न्यून से न्यूनतर करती चली जाती है।

बालक-बालिकाओं का पढ़ने-लिखने में पिछड़ना शिक्षा की एक महत्त्वपूर्ण समस्या है। पिछड़ापन केवल मंदबुद्धि बालकों तक सीमित नहीं होता वरन यह प्रकृष्ट बुद्धि वाले बालक-बालिकाओं में भी पाया जाता है। अध्यापक, बालक-बालिकाओं के पिछड़ेपन के बारे में प्राय: शिकायत करते पाए जाते हैं। पिछड़ेपन का सामान्य अर्थ यह है कि बालक अपनी अन्तर्जात योग्यताओं की तुलना में शैक्षिक उपलब्धि अपेक्षाकृत कम दर्शाता है। बालक की शैक्षिक अवाप्ति जब उसकी प्राकृतिक योग्यता से कम स्तर की होती है तब बालक पिछड़ा हुआ कहा जाता है।

पिछड़ापन मुख्य रूप से अन्तर्जात और परिवेशीय कारणों से उत्पन्न होता है। पिछड़ापन उस दशा को सूचित करता है जिसमें एक या एकाधिक विषयों में बालक की शैक्षिक उपलब्धि उसकी क्षमता से कम होती है। मंदबुद्धि जन्मजात न्यूनता पर आधारित होने से मंद छात्रों की योग्यता एवं उपलब्धि में वृद्धि नहीं हो सकती। पिछड़ापन, अर्जित विशेषताओं के कारण होता है, इसलिए इसका उपचार और निराकरण संभव है। भारतीय परिस्थितियों में पिछड़ा बालक वह माना गया है, जो अपनी कक्षा के बच्चों की औसत उम्र से एक वर्ष बड़ा हो। पिछड़ापन स्कूल-सापेक्ष भी हो सकता है। एक बच्चा. जो किसी घटिया स्कूल में पिछड़ा हुआ है, अच्छे स्कूल में सामान्य अर्जन भी कर सकता है।

पिछड़ापन परिभाषा की दृष्टि से एक शैक्षिक समस्या तो है ही इसके मूल में यह एक मनोवैज्ञानिक समस्या भी है जो बालक के संपूर्ण व्यक्तित्व को प्रभावित करती है। शैक्षिक दृष्टि से पिछड़े बालक कुंठाग्रस्थ होकर आगे अपचारी भी बन सकते हैं। इस प्रकार, पिछड़ेपन के दूरगामी और दु:खद परिणाम भी हो सकते हैं।

समाज वैज्ञानिक और नृतत्व-शास्त्री स्वीकार करते हैं कि प्रतिभा या मूर्खता पर किसी विशेष प्रजाति, समाजार्थिक समूह या भौगोलिक अंचल का एकाधिकार

नहीं होता। प्रत्येक समूह में प्रतिभावान और मूर्ख पाए जाते हैं। घर, स्कूल और समुदाय का वातावरण अनुकूल होने पर बच्चे अपनी क्षमताओं के चरम विकास में सफल हो सकते हैं।

तीव्र सामाजिक परिवर्तन के दौर में बालक की शिक्षा और समाजीकरण में स्कूल की भूमिका बढ़ती जा रही है। घर की दुनिया से स्कूल की दुनिया में प्रवेश के संक्रमणकाल में बच्चों पर अत्यधिक ध्यान देने की आवश्यकता होती है। यहीं शिक्षकों द्वारा बच्चों के प्रति उदासीनता और उपेक्षा बरती जाने से उनकी शैक्षिक उपलब्धि विपरीत रूप से प्रभावित होती है। यदि इस तनावपूर्ण संक्रमण को बच्चे बिना अधिक हानि के पार कर लेते हैं तो इसमें उनकी अस्तित्व–शक्ति को सराहा जाना चाहिए, अन्यथा शिक्षक उन्हें पिछड़ाने में कोई कोर–कसर नहीं रखते।

स्कूलों का महत्वपूर्ण काम है, बच्चों के लिए सुखद और प्रेरक वातावरण प्रदान करना, ताकि उनमें स्कूली कार्यों के प्रति अरुचि उत्पन्न न हो। इस उद्देश्य की पूर्ति हेतु स्कूलों में विविध पाठ्येत्तर गतिविधियाँ, रुचिकर कार्यानुभव और शैक्षणिक यात्राओं का नियमित आयोजन किया जाना चाहिए। इस प्रकार के गतिविधि केन्द्रित रोचक कार्यक्रमों से स्कूली सैद्धांतिक अध्ययन–अध्यापन की एकरसता में परिवर्तन होता है तथा छात्र–छात्राओं को अपनी रुचियों को विस्तृत और समृद्ध करने के अवसर मिलते हैं।

कुछ जन्मतः मूढ़ या मानसिक दृष्टि से बुरी तरह क्षतिग्रस्त बच्चों को छोड़कर, शेष पिछड़े बच्चों के लिए शिक्षक और अभिभावक मिलजुल कर बहुत कुछ कर सकते हैं। वे उनके दुखते हुए मानसिक और आत्मिक घावों को भर सकते है। वैसे तो प्रकृति स्वयं एक बहुत बड़ी चिकित्सक होती है तथा सुनियोजित वातावरण का प्रभाव बालक के व्यक्तित्व पर दूरगामी होता है। फिर भी, प्यार और सहानुभूतिपूर्ण वातावरण, शांति और सुरक्षा की भावना, मुक्त क्रीड़ा, रुचिकर कार्य और सामाजिक साहचर्य के खुले द्वारों से पिछड़े हुए और समस्याग्रस्त बालकों की बहुत सी बीमारियों और बाधाओं के उपचार में आश्चर्य जनक सफलता मिल सकती है। **हमें मनोविज्ञान और मनोविश्लेषण संबंधी तकनीकी एवं वैज्ञानिक ज्ञान के गर्व में आकर बालक के मन पर पड़ने वाले कार्य और खेल, प्यार और सहानुभूति एवं स्वतंत्रता और आनंद के रोचक प्रभाव के महत्त्व को कम नहीं आँकना चाहिए।**

37

साधनों और अवसरों द्वारा सांस्कृतिक-शैक्षिक क्षतिपूर्ति

उच्च शिक्षा के गिरते हुए स्तर को ऊँचा उठाने के लिए प्राय: यह सुझाव दिया जाता है कि प्रवेश पर पाबंदी लगा दी जाए। परीक्षा के प्राप्तांको के आधार पर चुने हुए लड़के-लड़कियों को कॉलेजों में भर्ती किया जाए। परीक्षा के अंकों में कितनी विश्वसनीयता होती है, हम सब जानते हैं। नकल, तिकड़म, पहुँच और हिकमत के योगदान से भी हम अपरिचित नहीं है। जाहिर है कि इस कर्मकांड में शहरी और सफेदपोशी लोग ग्रामीण और पिछड़े तबके के लोगों से नम्बर मार ले जाते हैं। इसलिए, प्रवेश पर पाबंदी के शिकार भी सांस्कृतिक और आर्थिक दृष्टि से वंचित लोग ही होंगे। ऐसी हालत में उच्च शिक्षा की महत्वपूर्ण समस्या केवल स्तर या गुणता की चिन्ता करना नहीं है, बल्कि उत्कृष्टता और सामाजिक प्रतिबद्धता में संतुलन बैठाना है। यह वहीं प्रश्न है जिसे अमेरिका के विख्यात शिक्षा विद् जॉन डब्ल्यू गार्डनर ने बहुत पहले, (1961 में) अपनी पुस्तक **एक्सिलेंस** में उठाया था। उन्होंने पुस्तक के उनवान में ही पूछा था कि "क्या हम उत्कृष्ट और समान एक साथ हो सकते हैं?"

गार्डनर का मत था कि हमें शिक्षा द्वारा हर छात्र छात्रा को उसकी क्षमता के शिखर तक पहुँचाने का प्रयास करना चाहिए। हमें हर क्षेत्र में उत्कृष्टता की माँग और सराहना करनी चाहिए। एक 'उत्कृष्ट प्लम्बर' एक 'अनुत्कृष्ट दार्शनिक' से कई गुना अधिक प्रशंसनीय है। वह समाज जो नल सुधारने के कार्य (प्लम्बिंग) को साधारण मानकर उसमें प्रदर्शित उत्कृष्टता को अहमियत

या स्वीकृति नहीं देता और चिन्तन को एक ऊँची गतिविधि मानकर दर्शन में निकृष्टता सह लेता है, उस समाज में न तो अच्छे प्लम्बर और न अच्छे दार्शनिक पैदा हो सकते हैं। न तो उसके 'सिद्धांत' और न उसके 'नल' ही पानी को बहने से रोक सकते हैं।

साधनों और अवसरों की अनदेखी करके शहर वालों को गाँव वालों से, उच्च वर्ग को निम्न वर्ग से, अंग्रेजी बोलने वालों को हिन्दी बोलने वालों से और गोरों को कालों से बौद्धिक क्षेत्र में ऊँचा बताने की साजिश काफी दिनों से चली आ रही है। लोग प्रतिभा का सम्बन्ध वंश, रंग और प्रजाति से जोड़े रखना चाहते हैं। मगर अब यह बात जोर पकड़ती जा रही है कि प्रतिभा या उत्कृष्टता किसी एक धर्म, जाति, सम्प्रदाय, वर्ग या देश की बपौती नहीं होती। प्रतिभा काले-गोरे, नारी-पुरुष, श्रमिक-बुद्धिजीवी आदि भेदभाव नहीं पालती। वह तो कहीं भी और किसी में पाई जा सकती है। पोषक और प्रेरक वातावरण पाकर फल फूल सकती है और प्रतिकूल वातावरण पाकर कुंठित हो सकती है।

हमारे यहाँ परीक्षाओं और साक्षात्कारों में शाब्दिक ज्ञान पर अधिकार को बहुत महत्त्व दिया जाता है। दूसरे शब्दों में, चयन परीक्षाओं में 'भाषा पर अधिकार' बड़ा काम आता है। चयनकर्ता की भाषा या चयन परीक्षा के माध्यम की भाषा पर जिस उम्मीदवार का अच्छा अधिकार होता है, उसके लिए चयन में चमकना सरल और सुविधा जनक होता है। आजकल शिक्षा संस्थाओं में ऐसी पीढ़ियाँ प्रवेश कर रही हैं जिनकें घरों में पहले औपचारिक शिक्षा नाम की कोई चीज थी ही नहीं। उनकी भाषा और शिक्षा के माध्यम की भाषा में जमीन-आसमान का अन्तर है। उनके जीवन का दायरा सीमित और उसमें 'सांस्कृतिक विविधता' की कमी होने से शिक्षा का माध्यम होने वाली एक भिन्न भाषा पर उनकी पकड़ ढीली ही होती है। उनके संचित ज्ञान में भी विविधता और दिखावटीपन कम होता है। यहीं कारण है कि ग्रामीण और गंदी बस्ती के घरों के बच्चे शहरी और सम्पन्न घरों के बच्चों की अपेक्षा बोलने और लिखने में अलंकारों और विशेषणों का कम प्रयोग करते हैं।

सेवा-आयोगों और अन्य निजी संस्थानों द्वारा चयन के लिए आयोजित परीक्षाओं में पूछे जाने वाले प्रश्नों के जवाब बहुत कुछ भाषाई योग्यता और दिखावटी ज्ञान पर निर्भर करते हैं। इस काम में शहरी लोग पूर्व प्रशिक्षित और माहिर होते हैं। उन्हें वैसा सब कुछ बोलना-बतियाना और लटके-झटके दिखाना

आता है जो इंटरव्यू लेने वाले पसंद करते हैं। ग्रामीण और गंदी बस्ती के उम्मीदवार संकोची और ठेठ होने से मात खा जाते हैं। यहीं नहीं, पूछे जाने वाले प्रश्न भी नगरीय संस्कृति से अधिक सम्बन्धित होते हैं। फलस्वरूप, शहरी 'वाचाल संस्कृति' के उम्मीदवार ग्रामीण 'मूक संस्कृति' के उम्मीदवारों से अधिक अंक प्राप्त कर लेते हैं। असंतुलन से बचने के लिए यह जरूरी है कि वाचालता और भाषाई चमक-दमक से अप्रभावित रहा जाए और अशाब्दिक परीक्षण को भी स्थान दिया जाए।

ग्रामीण और पिछड़े घरों के बच्चों में विचार शक्ति, मौलिकता और सृजनशीलता कम नहीं होती। बुद्धि-परीक्षा में उनकी बुद्धि-लब्धि (आई.क्यू.) कम पाई जाने का कारण संभवतः यह है कि बुद्धि परीक्षण एक प्रकार का भाषा परीक्षण ही होता है। इन परीक्षणों द्वारा अपेक्षित भाषा या विषयवस्तु भी अधिकतर सम्पन्न घरों से सम्बद्ध होती है। सांस्कृतिक दृष्टि से वंचित घरों के बच्चों की एक और त्रासदी है। स्कूल का वातावरण और शिक्षकों की भाषा भी मध्यमवर्गीय शहरी मुहावरों से ओत प्रोत होती है। बिरले ही अध्यापक स्थानीय बोली से छात्रों को उबार कर शिक्षा के माध्यम की भाषा तक ले जाने की जहमत पालते होंगे, अन्यथा छात्र ही अपनी भाषा-बोली के व्यवधान से संघर्ष करते रहते हैं। शहरी और सफेदपोश बच्चे तो आरंभ से ही शिक्षा के माध्यम की भाषा के सम्पर्क में रहते हैं। इसलिए वे स्वयं को लाभ की स्थिति में पाते हैं।

बहुसंख्यक स्कूली शिक्षक मध्यमवर्गीय होते है। उनके मूल्य, मान्यताएँ, आदतें और आग्रह सब मध्यमवर्गीयता लिए हुए होते हैं। उनकी पिछड़े घरों के बच्चों से भी मध्यमवर्गीय अपेक्षाएँ होती हैं, जिन्हें बच्चे पूरा नहीं कर पाते। इस कारण? पिछड़े घरों के बच्चे स्कूलों और कालेजों में उपेक्षित रहते हैं। माता पिता के अशिक्षित या अर्द्धशिक्षित होने से उन्हें घर पर भी मार्गदर्शन नहीं मिल पाता, जबकि शहरी और सम्पन्न घरों के बच्चों को ऐसी सुविधा उपलब्ध रहती है। वंचित घरों के बच्चों के फेल हो जाने या अल्पार्जन करने की अध्यापकगण प्रायः भविष्यवाणियां करते रहते हैं। इस प्रकार के अध्यापकीय व्यवहार से उनकी अवमानना होती है तथा उनकी आत्म संकल्पना विपरीत रूप से प्रभावित होती है। नतीजा यह होता है कि वे शिक्षकों की आशंका या भविष्यवाणी के अनुरूप पिछड़ने लगते है और एक दिन फेल हो जाते हैं।

सांस्कृतिक दृष्टि में सम्पन्न और विपन्न समूहों के बीच प्रतिस्पर्धा बेमानी है। बस्तर के स्कूल और डेली कॉलेज (इंदौर) के बीच के अन्तराल को पाटना आसान नहीं है। सामाजिक और आर्थिक विषमता के अभिशाप के लिए वे दोषी नहीं ठहराए जा सकते। आवश्यकता इस बात की है कि आर्थिक और सामाजिक दृष्टि से पिछड़े वर्गों के बच्चों को आरंभ से ही श्रेष्ठतम शैक्षिक वातावरण और सुविधाएँ प्रदान की जाएँ। आदर्श विद्यालय राजधानियों, सुरम्य पर्वतीय नगरों या बड़े नेताओं के चुनाव क्षेत्रों में न खोलकर ग्रामीण और गंदी बस्तियों में खोले जाने चाहिए। प्राथमिक शिक्षा का ग्राम व्यापीकरण माध्यमिक शिक्षा का व्यावसायीकरण तथा उच्च शिक्षा का आधुनिकीकरण शीघ्रता से किया जाना चाहिए। जब तक साधनों और अवसरों का बँटवारा बराबर-बराबर नहीं होता, तब तक अर्हता के साथ साथ सामाजिक न्याय को भी ध्यान में रखना जरूरी होगा। अवसरों और सुविधाओं के अभाव में स्वतंत्रता का उपभोग वंचित वर्ग के लिए लोहे के चने चबाने जैसा है।

38

शिक्षक की आत्मा का दर्पण है अध्यापन

यानुश कोर्चाक (1878-1942) एक पराक्रमी पोलिश शिक्षक और शिक्षाविद थे। शैक्षणिक योग्यता के मान से वे चिकित्सक थे, लेकिन परिस्थिति के तकाज़े और बच्चों से अदम्य लगाव के कारण वे शिक्षक बन गए। यानुश कोर्चाक के शब्द पोलैंड तथा रूस के अनेक शिक्षको के लिए 'नीति-वाक्य' बन गए थे। वे वारसा की यहूदी बस्ती के अनाथालय में बच्चों का पालन एवं शिक्षण करते थे। हिटलरी दरिन्दों ने इन अभागों, अनाथ बच्चों को त्रैब्लीन्का मृत्यु-शिविर की भट्टियों में झोंकने का फैसला कर लिया था। जब यानुश कोर्चाक से यह पूछा गया कि वे क्या चुनेंगे: "बच्चों के बिना जिन्दगी या बच्चों के साथ मौत", तब उन्होने बिना किसी दुविधा के दृढ़ता के साथ उत्तर दिया कि 'वे बच्चों के साथ मृत्यु का ही चुनाव करेंगे।'

गैस्टापो के एक अधिकारी ने उनसे कहा कि आप एक अच्छे डॉक्टर हैं, आपके लिए त्रैब्लीन्का जाना जरूरी नहीं है। जवाब में अविचलित भाव से डॉ. कोर्चाक ने कहा: "मैं ईमान का सौदा नहीं करता।" अंत में, इस वीर शिक्षक ने बच्चों के साथ मृत्यु का आलिंगन किया। भट्टी में झोंके जाने से लगाकर अंतिम क्षण तक वे यही कोशिश करते रहे कि कहीं बच्चे घबरा न जाएँ। उनका धीरज बना रहे और बाल हृदयों में मौत के इंतजार का काला डर समा ना जाए। कोर्चाक के अपूर्व बलिदान, असाधारण नैतिक बल और अंत:करण की अद्‌भुत निर्मलता के सामने हमारे जैसे लाखों लोगों का शिक्षक होने का दावा अत्यंत खोखला और फीका नजर आता है।

अनुपम नैतिक सौंदर्य के स्वामी कोर्चाक तथा उनके अनुयायी प्रसिद्ध रूसी शिक्षाविद वसीली सुखोम्लीन्स्की मानते थे कि वहीं व्यक्ति सच्चा शिक्षक हो

सकता है, जो यह नहीं भूलता कि कभी वह भी बच्चा था। कोर्चाक अपनी छोटी सी पुस्तिका **'जब मैं फिर छोटा हो जाऊँगा'** में लिखते है कि "कोई भी नहीं जानता कि बच्चा कब अधिक ज्ञान प्राप्त करता है: जब वह ब्लैक बोर्ड की ओर देख रहा होता है तब या उस समय जबकि एक उद्दाम शक्ति (सूरजमुखी को घुमाने वाला सूर्य) उसे खिड़की के बाहर देखने को विवश करती है। ऐसे क्षण में उसके लिए क्या अधिक महत्वपूर्ण है? ब्लैक बोर्ड की चौखट में जुड़ा तार्किक जगत या खिड़की के बाहर फैली चंचल दुनिया?" बच्चे की आत्मा के साथ जबर्दस्ती मत कीजिए। प्रत्येक बच्चे के नैसर्गिक विकास के नियमों को ध्यान से देखिए। यह समझने की कोशिश कीजिए कि बच्चे की अपनी क्या खासियत है। किन बातों में उसका मन रमता है, और उसे क्या चाहिए?'

सुखोम्लीन्सकी ने अपनी पुस्तक **'बालहृदय की गहराइयाँ'** में कोर्चाक के एक पत्र का उल्लेख किया है, उसे कोर्चाक का मात्र एक पत्र नहीं, अंत:करण का अंश कहा जाना चाहिए। कोर्चाक शिक्षकों को संबोधित करते हुए कहते है कि उन्हें "बच्चे को कृपा-दृष्टि से देखने के बजाए उसके अंत:करण के स्तर तक ऊँचा उठना चाहिए। सच्चा शिक्षक बच्चे को अलौकिक गुणों की खान अथवा आदर्श नहीं मानता, किन्तु उसे इस पहलू की भी अनदेखी नहीं करनी चाहिए कि बच्चे किन नजरों से दुनिया को देखते हैं। अपने पास-पड़ोस के प्रति उनकी जो भावनात्मक एवं नैतिक प्रतिक्रिया होती है, उसमें एक विशिष्टता, स्पष्टता, सरलता, निष्कपटता तथा एक खास किस्म की बारीकी होती है।" इस प्रकार, कोर्चाक शिक्षकों को बताना चाहते है कि **बच्चों का एक बाल सुलभ 'विश्व बोध' होता है, जिसे बड़ी सूक्ष्मता और संवेदनशीलता के साथ शिक्षकों को समझना और अनुभव करना चाहिए।**

सुखोम्लीन्स्की का दृढ़ विश्वास था कि मानव आत्मा के कुछ विशिष्ट गुणों के बिना कोई व्यक्ति सच्चा शिक्षक या चरित्र निर्माता नहीं बन सकता। इन गुणों में सर्वोपरी है बच्चे के 'आंतरिक जगत' या उसके 'मन की दुनिया' में पैठने की क्षमता। सच्चा शिक्षक बनने के लिए मनुष्य में जो आत्मिक स्तर होना चाहिए उसका निर्णायक लक्षण है: बच्चों से गहरा लगाव, उनमें आत्मीय अनुरक्ति। वैसे तो, मनुष्य का कई बार अपनी भावनाओं पर वश नहीं चलता,

परंतु **शिक्षक के लिए अपनी भावनाओं को घड़ना और परिष्कृत करना ही उच्च आत्मिक स्तर अथवा 'उच्च शिक्षण संस्कृति' है।**

सच्चा स्कूल केवल ऐसा स्थान नहीं है, जहाँ बच्चे किन्ही विषयों का ज्ञान प्राप्त करते है या कुछ करना सीखते हैं। सच्चा स्कूल वहीं है, जहाँ बच्चों का बहुमुखी आत्मिक जीवन होता है, जिसमें शिक्षक और छात्र अनेकानेक रूचियों और शौकों द्वारा एक-दूसरे से जुड़े होते हैं। सुखोम्लीन्स्की कहते हैं: ''वह व्यक्ति जो छात्रों से केवल कक्षा में मिलता है-मेज के एक तरफ शिक्षक और दूसरी तरफ छात्र-वह बाल हृदय की गहराइयों को नहीं जानता और जो बच्चों को नहीं जानता, वह उनका चरित्र निर्माता नहीं हो सकता। ऐसे व्यक्ति के लिए बच्चों के विचार, भावनाएँ और उनकी आकांक्षाएँ सात तालों में बंद होती है। कई बार शिक्षक की मेज वह परकोटा बन जाती है, जिसके पीछे से वह 'दुश्मन' यानी छात्र पर हमला करता है। लेकिन, ज्यादातार मामलों में यह मेज घिरे हुए किले के समान हो जाती है, जिसे दुश्मन (छात्र) थका-थका कर जीत लेता है तथा किले में घिरा हुआ 'सेनापति' अपने को बिल्कुल असहाय महसूस करता है।''

निःसंदेह, अध्यापन एक साहसिक कार्य है। संभवतः इसीलिए उसे ''सभी कलाओं से कठिन और सभी विज्ञानों से गहन माना जाता है।'' पार्कर जे. पामर ने अपनी पुस्तक **'पढ़ाने का साहस'** में जिस साहस का जिक्र किया, वह और कुछ नहीं, बस अपने आंतरिक जीवन की कुंडली को कक्षा में खोल देना है। सचमुच, अध्यापन शिक्षक की आत्मा को प्रतिबिम्बित करने वाला दर्पण है। शिक्षक को इस दर्पण से आँख मिलाकर स्वयं को जानने-समझने का प्रयास करना चाहिए। जिस प्रकार अच्छे अध्यापन के लिए छात्र और विषय को भली-भांति जानना जरूरी है, उसी तरह अपने आप को भी। क्योंकि ''हम जो हैं, वहीं हम पढ़ाते है।''

अध्यापन एक सच्ची मानवीय प्रकिया है। अंत:करण ही उसका उद्‌गम है। जब कोई सच्चा और अच्छा शिक्षक पढ़ाता है, तब वह अपनी आत्मिक स्थिति को अपने छात्रों पर प्रक्षेपित करता है। **पढ़ाने के साहस का आशय है अपने हृदय को उस सीमा तक खुला रखना जबकि उसमें और अधिक स्वीकारने और संभाले रखने की शक्ति नहीं होती।**

अच्छा अध्यापन अच्छे लोग ही कर पाते है। अच्छे शिक्षक अपने आपको छुपाने के बजाए पारदर्शिता के साथ सीधे-सच्चे रूप में छात्रों के समक्ष उपस्थित रहते हैं। जैसे वे अपने अंतरंग से साक्षात्कार करने में संकोच नहीं करते, वैसे ही छात्र के अंतरंग तक पहुँचने का प्रयास करते है। अच्छे शिक्षकों की एक 'पहचान' और 'समग्रता' होती है। वे विभाजित और चालबाज नहीं होते। वे अपनी संपूर्णता में, कक्षा में मुखर होकर उत्साहपूर्वक विषयवस्तु का अध्यापन करते हैं। वे विषय में डूबकर जो चित्रोपम प्रस्तुति करते हैं, उससे भूत और भविष्य वर्तमान में जीवंत हो जाते हैं। वे टिप्स, ट्रिक्स और टेक्निक को अपनी बैसाखी नहीं बनाते। दूसरे के द्वारा तैयार की गई भूमिकाओं को अदा करने के बजाए, वे अपनी भूमिका का आलेख स्वयं लिखते है। **अच्छे अध्यापकों के शब्द और कार्य उनके चेहरे के सामने तैरते रहने के बजाए सीधे-सीधे छात्र के अंतःकरण तक पहुँचते हैं। उनका अध्यापन वस्तुपरक और बाह्य अभियान न रहकर अंतःकरण का अंतःकरण से संवाद बन जाता है।**

सारे बुरे अध्यापक एक जैसे होते हैं। वे प्रायः छात्र और विषय से दूर, दुबके हुए रहना चाहते हैं। उनके पढ़ाने के तौर-तरीके भी लगभग एकरूप होते है। दूसरी ओर, अच्छे शिक्षक एक-दूसरे से भिन्न होते है, वें छात्रों से आत्मीय सरोकार रखते हैं, तथा उनकी अध्यापन विधियाँ व्यापक एवं विविध होती हैं उनमें छात्र, विषय और स्वंय को एक समुदाय के रूप में जोड़ने की महारत होती है। डॉ. पामर की राय में, "अच्छे अध्यापक ऐसी बुनावट करते हैं, जो उन्हें छात्रों और विषयों से जोड़ती है। उनका अंतःकरण वह करघा होता है, जिस पर धागे बँधे रहते हैं, तनाव बनाए रखा जाता है, भरनी (शटल) चलती रहती है और कपड़ा तना रहता है। अध्यापन छात्र की ओर अग्रसर होता है। तथा उसके हृदय में बैठता है। हृदय को खोलता ही नहीं, मर्म को छूता है। **जो अध्यापक अपने अध्यापन पर जितना आसक्त होता है, उतना ही उसका अध्यापन मार्मिक और तलस्पर्शी होता है।"**

बीसवीं शताब्दी में प्रौद्योगिकी ने वस्तुकरण और छलयोजन (मैनीप्युलेशन) को खूब बढ़ावा दिया। परिणामस्वरूप यथार्थ और शक्ति का दायरा बाल जगत की वस्तुओं और घटनाओं तक सीमित हो गया। प्रौद्योगिकी से सम्मोहित होकर हमने अंतर्जगत की उपेक्षा ही नहीं की, उसे खारिज कर दिया। छात्रों के दिलों

को जीतने के बजाए, अध्यापक प्रविधियों और तकनीकों पर अधिकार जमाने में व्यस्त हो गए। शिक्षा छात्रों के आंतरिक जीवन के परिदृश्य को बदलने में असमर्थ हो गई। जिस प्रकार बीसवीं शताब्दी के उत्तरार्द्ध में शरीर को रोगमुक्त रखने के लिए गहरे मनोवैज्ञानिक एवं आध्यात्मिक आयामों पर ध्यान केंद्रित किया जा रहा है, उसी प्रकार अधिगम और अध्यापन को भी स्वस्थ और निर्दोष बनाने के लिए नए सीमांतों की तलाश हो गई। ये नए सीमांत छात्रों और शिक्षकों के आंतरिक जीवन हैं। इन्ही के बीच संवाद स्थापित करना शिक्षा का मर्म और धर्म है।

39

प्रौद्योगिकी युग के शिक्षक की भूमिका

यह कहा जाना काफी हद तक सही है कि शिक्षक अनंत को छूता है और वह स्वयं नहीं जानता कि उसके प्रभाव का अंत कहाँ होता है। श्रेष्ठ एवं समर्पित शिक्षक कई बार यह भी अनुभव करते देखे जाते हैं कि सच्चे अर्थ में शिक्षा प्रदान करने के लिए एक जीवन अपर्याप्त होता है क्योंकि शिक्षा का क्षेत्र समग्र जीवन होता है, और शिक्षा सभी कलाओं से कठिन और सभी विज्ञानों से गहन होती है। इसलिए शिक्षक को अपने ही जीवनकाल में नित नवीन बने रहने के लिए कई जन्म लेना पड़ते हैं। आज के गतिशील युग में समायोजन और अनुसरण मात्र से जीवन नहीं चलाया जा सकता। अतः युग की माँग के अनुरूप नई पीढ़ी को आकार देने के लिए शिक्षक को पहलवृत्ति, नवाचारिता और साहसिकता का पग-पग पर परिचय और प्रमाण देना आवश्यक हो गया है। ज्ञान और विचार अंतिम और अमर नहीं होते। आज का तथ्य कल मिथ्या हो सकता है और कल का मिथक परसों सत्य का अवतार बन सकता है। इस प्रौद्योगिकी युग में टेक्नोलॉजी शिक्षक की सहायक ही नहीं, प्रतियोगी भी बन गई है। जनसंचार माध्यमों की वृद्धि होने से, जानकारी देने के काम से तो इन माध्यमों ने शिक्षक को जरूर थोड़ा-बहुत मुक्त कर दिया है, लेकिन ऑन लाइन स्कूल और ऑन लाइन यूनिवर्सिटी के चलन में आने पर कक्षा अध्यापन के अस्तित्व के लिए ही जोखिम खड़ी हो जाएगी। इसका यह तात्पर्य कदापि नहीं लगाया जा सकता कि शिक्षक विस्थापित या निरर्थक हो जाएगा। विख्यात गणितज्ञ और शिक्षाविद् एलफ्रेड नार्थ व्हाइटहेड ने तो चालीस के दशक में ही कह दिया था कि प्रिंटिंग प्रेस और पाठ्यपुस्तक के आविष्कार के

बाद शिक्षक द्वारा जानकारी के आदान-प्रदान का कार्य तो समाप्त हो गया है। मगर उसी समय उन्होंने जोड़ा था कि यदि शिक्षक जीवंत और ताजा विषय-वस्तु छात्रों तक संप्रेषित कर उनकी विचार प्रक्रिया को उत्तेजित कर सके तो उसे कोई भी अपदस्थ नहीं कर सकता। इस उद्देश्य की पूर्ति हेतु कक्षा में छात्र और शिक्षक के बीच जीवंत संवाद आवश्यक है।

प्रौद्योगिकी के प्रसार और प्रभाव से शैक्षिक प्रौद्योगिकी नामक शिक्षा की एक नई शाखा ही विकसित हो गई है। शिक्षण के लिए साफ्टवेअर बनाने में ज्यादातर समाज शास्त्र और मनोविज्ञान के ज्ञान का उपयोग किया जाता है तथा हार्डवेअर बनाने में भौतिक विज्ञान के सिद्धाँतों एवं नियमों का। शिक्षण को प्रभावी और परिणामकारी बनाने के लिए एजुकेशन टेक्नोलॉजी विविध माध्यमों का उपयोग करती है। एक मास्टर टीचर के नेतृत्व में अध्यापन का आयोजन होता है तथा अन्य तकनीकी और गैरतकनीकी लोग सहायक के रूप में योगदान देते हैं। इस प्रकार के टीम-अध्यापन में प्रधान शिक्षक को बेहतर एवं भिन्न प्रकार से अध्यापन आयोजित करने के लिए पर्याप्त अवसर और सहयोगियों की मदद मिल जाती है। यही नहीं, एक श्रेष्ठ शिक्षक की अध्यापकीय प्रतिभा का लाभ अधिक से अधिक कक्षाओं तक पहुँच सकता है। यह आशंका व्यक्त की जा रही है कि त्रिआयामी होलोग्राफिक प्रक्षेपण और उच्च बेंडविड्थ नेटवर्क्स 'दूर शिक्षा' (डिस्टेंस एजुकेशन) को इतना प्रभावी और रोचक बना देंगे कि जीवंत कक्षाध्यापन क्रमशः अदृश्य होते चले जाएंगे। यदि विख्यात हार्वर्ड विश्वविद्यालय और एक अनजाना सामान्य विश्वविद्यालय विश्व के किसी सर्वश्रेष्ठ अध्यापक के व्याख्यान का एक जैसा होलोग्राफिक प्रक्षेपण करने लग जाएँ तथा दोनों ही संस्थाओं में समान डिजिटल लायब्रेरी की सुविधा भी उपलब्ध हो तो हार्वर्ड की अद्वितीयता या विलक्षणता कहाँ रह जाएगी? और उस दशा में हार्वर्ड का एकाधिकार समाप्त क्यों नहीं होगा? प्रौद्योगिकी के उपयोग पर होने वाला व्यय घटाकर यदि उसे सामान्य लोगों की जेब की सीमा में ला दिया जाए तो प्रौद्योगिकी, शिक्षा में सामाजिक न्याय और समानता की प्रसारक भी बन सकती है। मगर, प्रौद्योगिकी का 'उपयुक्त प्रौद्योगिकी' (एप्रोप्रिएट टेक्नोलॉजी) होना भी निहायत जरूरी है। तभी उसका स्थानीय आवश्यक्ता, सांस्कृतिक परिवेश एवं संसाधनों के साथ तालमेल बैठ सकेगा।

शैक्षिक प्रौद्योगिकी का दो तरह से विचार किया जा सकता है। एक 'शिक्षा में प्रौद्योगिकी' और दूसरी 'शिक्षा की प्रौद्योगिकी'। पहली एक साधन है और दूसरी साध्य। साध्य इसलिए क्योंकि उसमें प्रमुख रूप से अधिगम को घटित कर उसे समृद्ध एवं समुन्नत बनाने पर ध्यान दिया जाता है। 'शिक्षा की प्रौद्योगिकी' छात्रों को नए विचार ग्रहण करने, नई विचार शैलियाँ अपनाने और व्यापक सामाजिक अभिक्रिया में भागीदार होने के लिए प्रोत्साहित करती है। शैक्षिक प्रौद्योगिकी पाठ्यचर्या और संसाधनों की अपेक्षा अधिगम के परिणामों पर विशेष बल देती है। यद्यपि सामान्य प्रौद्योगिकी का प्रयोग डिश वाशिंग से लगाकर मेडिकल केअर तक बड़ी तेजी से बढ़ता जा रहा है, फिर भी शिक्षा में इसकी क्षमता के दोहन की गति अपेक्षाकृत धीमी है। हमारे अधिकांश शिक्षकों की स्थिति अभी भी उन परंपरागत कृषकों जैसी है, जो 'सिंचाई' की ओर अग्रसर होने के बजाय 'सूखी खेती' करने में ही प्रसन्न और संतुष्ट हैं। इस प्रश्न का उत्तर देना बड़ा प्रासंगिक है कि क्या शैक्षिक प्रौद्योगिकी के प्रवेश और प्रसार के साथ शिक्षक की भूमिका सिकुड़ कर सीमित या शून्य हो जाएगी? हाँ, इतना तो संभव लगता है कि जो शिक्षक समय और ज्ञानाधारित समाज की माँग के अनुरूप स्वयं को सज्जित नहीं कर पाएंगे, वे अपनी उपयोगिता खो देंगे। शिक्षक के पद पर एक बार नियुक्त होने पर आज कोई भी व्यक्ति सदा-सर्वदा के लिए शिक्षक बना नहीं रह सकता। आजकल शिक्षक की निदेशक और अनुदेशक की भूमिका बदलती जा रही है। उसे एक साथ लेखक, अभिनेता, संयोजक, नेता और परामर्शदाता (मेंटर) की भूमिकाओं का निर्वाह करना आवश्यक हो गया है।

प्रौद्योगिकी का शिक्षा में चाहे जितना प्रवेश हो जाए, अध्यापन में शिक्षक के व्यक्तित्व के अभिनयात्मक प्रभाव और जीवंत स्पर्श की आवश्यकता बनी रहेगी। शिक्षण की गुणवत्ता बनाए रखने के लिए भी कक्षा में मानवीय संदर्भ और संसर्ग आवश्यक हैं। जब भी हम किसी पुराने शिक्षक से उसके संस्मरण सुनाने के लिए कहते हैं तो वह शिक्षा संस्था के भवन, उपकरण, पाठ्यपुस्तक या अन्य निर्जीव तत्वों के बजाय शिक्षक के संस्पर्श और प्रभाव का ही उल्लेख सबसे पहले करता है। इक्कीसवीं शताब्दी ज्ञान, गुणवत्ता, नैतिकता और प्रतियोगिता की शताब्दी हैं। इसलिए हर क्षेत्र में नवाचार, अनुसंधान, सृजनात्मक, और व्यावसायिक उत्कर्ष की माँग बढ़ती जाएगी। कार्य एवं व्यवसाय में नैतिक प्रतिबद्धता को अधिमान दिया जाएगा। अब शिक्षा एवं उद्योग के संस्थानों एवं

संगठनों में परंपरागत बुद्धि की ही नहीं, भावनात्मक और आध्यात्मिक बुद्धि की भी आवश्यकता महसूस होगी। कुल मिलाकर, ज्ञान, धन, बल, सत्ता और प्रौद्योगिकी पर आदर्शों और मूल्यों का अंकुश क्रमशः बढ़ता जाएगा। इन माँगों के अनुरूप नई पीढ़ी का निर्माण करने के लिए प्रतिभाशाली, प्रतिबद्ध और नवाचारी शिक्षकों की नई कुमुक की आवश्यकता बनी रहेगी।

40

ज्ञान का विस्फोट और शिक्षकों का पठन-संकोच

कहा जाता है कि वर्ष 1300 में पाश्चात्य देशों में जितना भी जानने योग्य था दान्ते वह सब जानता था। वर्ष 1800 में जितना जानने योग्य था, उसके अधिकांश पर गेटे का अधिकार था। परंतु गेटे की मृत्यु (1831) के बाद दुनिया में ज्ञान की जो बाढ़ आई उसके एकांश पर पूरा अधिकार कर पाना परिश्रमी और प्रतिभाशाली लोगों के लिए भी असंभव हो गया। विश्व के 90 प्रतिशत वैज्ञानिक केवल 20वीं शताब्दी की देन हैं। पाँच से दस वर्ष की अवधि में वैज्ञानिक और तकनीकी ज्ञान लगभग तिगुना होने लगा है। सारी दुनिया में प्रतिवर्ष लगभग तीन करोड़ पृष्ठों की सामग्री बढ़ने लगी है। आज दुनियाभर में साठ से अधिक भाषाओं में लगभग दो लाख पत्रिकाएँ प्रकाशित हो रही हैं। ये पत्रिकाएँ 10-15 वर्ष में दुगनी हो जाती हैं। ज्ञान के इस अपूर्व विस्फोट के फलस्वरूप अज्ञानता का विस्फोट भी हो रहा है। ज्ञान अर्जित करके व्यक्ति जब अधेड़ अवस्था तक पहुँचता है, तब तक उसका आधा ज्ञान बासी और अनुपयोगी हो जाता है। आज स्नातक इंजीनियर जो ज्ञान प्राप्त कर रहा है, वह आने वाले सात-आठ वर्षों में पुराना और निरर्थक हो जाएगा। इसलिए हर एक व्यवसाय में व्यावसायिक निपुणता बनाए रखने के लिए सतत और आजीवन पढ़ते-लिखते रहना अनिवार्य हो गया है। इतिहास पहले कभी अपने आपको दुहरा लेता होगा, लेकिन आज ऐसा नहीं हो सकता। ज्ञान के क्षेत्र में जो गया सो गया।

फ्रांसिस बेकन ने कभी कहा था कि पठन से मनुष्य में पूर्णता, लेखन से त्रुटिहीनता और संवाद से तत्परता आती है। यह कथन पहले सही और सार्थक रहा हो या नहीं, मगर पर्याप्त रूप से सटीक लगता है, विशेषकर शिक्षकों के संदर्भ में। निःसंदेह, जब तक शिक्षक पूर्ण, त्रुटिविहीन और तत्पर नहीं होगा तब तक वह अपने छात्रों को ज्ञान के क्षेत्र में ऊँचा कैसे उठा सकेगा? संभवतः इसीलिए शिक्षक से 'ज्ञान का गौरीशंकर' होने की अपेक्षा की जाती है। लेकिन केवल ज्ञान का 'टिकट-संग्रह' करना शिक्षक के लिए पर्याप्त नहीं है। एक बहुत जानकार या ज्ञानवान व्यक्ति विद्वान, पंडित या मनीषी कहला सकता है, मगर प्रोफेसर या आचार्य नहीं। जो जानकार है और जानकारी के 'कैसे' पक्ष को भी जानता है, वह कारीगर हो सकता है। जो जानकारी के 'क्यों' पक्ष को जानता है वह वैज्ञानिक हो सकता है, तथा जो 'क्या' पक्ष को जानता है, वह पुरावेत्ता हो सकता है। परन्तु, वास्तव में **जो व्यक्ति ज्ञान के क्या, कैसे और क्यों इन तीनों पक्षों को जानता-समझता है, वही प्रोफेसर कहलाने का अधिकारी हो सकता है।**

कुछ वर्ष पहले वरिष्ठ पत्रकार अखिलेश्वर झा ने दिल्ली के महाविद्यालयों और विश्वविद्यालयों में पढ़ाने वाले प्राध्यापकों/आचार्यो की पढ़ने-लिखने की आदतों का जायजा लेने के लिए एक सर्वेक्षण किया था। उनकी मान्यता थी कि दिल्ली में उच्च शिक्षा के लिए बेहतर साधन एवं सुविधाएँ उपलब्ध है। सर्वेक्षण के समय वहाँ के 66 महाविद्यालयों और दो विश्वविद्यालयों में लगभग 5 हजार विद्वान शिक्षक एवं शोधार्थी संलग्न थे। इसी जनसंख्या का नमूना सर्वेक्षण कर उन्होंने निष्कर्ष निकाले थे। अखिलेश्वर झा ने अपने विश्लेषण में पाया कि 95 प्रतिशत प्राध्यापक पाठ्यपुस्तकों और अखबारों के अलावा अन्य गंभीर और सामान्य पठन-अध्ययन नहीं करते। एक वरिष्ठ प्राध्यापक की टिप्पणी तो यहाँ तक थी कि पढ़ाने के लिए अतिरिक्त पढ़ाई करने की कोई जरूरत नहीं है। जब कोर्स वैसे ही ठीक-ठाक पढ़ा दिया जाता है तो अतिरिक्त रूप से इधर-उधर का पढ़ने से क्या फायदा?

दिल्ली की लगभग 200 महिला प्राध्यापकों में पठन-रूचि लगभग नगण्य पाई गई। इनमें से 97 प्रतिशत तो दैनिक अखबार तक पढ़ने की जहमत नहीं पालती। बहाने वहीं घर-द्वार के कामकाज और नौकरानियों की पलायनशीलता। पहले नंबर पर वे कढाई-बुनाई और साज-सज्जा संबंधी साहित्य पढ़ने का शौक रखती हैं। दूसरे क्रम पर हस्तरेखा-शास्त्र तथा ज्योतिष एवं जन्म कुंडली

शास्त्र तथा तीसरे क्रम पर ज्यादा बिकने वाले विदेशी उत्तेजक उपन्यास पड़ती हैं। वे भी पुरूष प्राध्यापकों की तरह पढ़ाने के लिए अतिरिक्त पढ़ने की आवश्यकता महसूस नहीं करती। कदाचित वही कारण है कि मुश्किल से 2 प्रतिशत प्राध्यापक दिल्ली के श्रेष्ठ पुस्तकालयों का लाभ ले पाते हैं।

यह तो 95 प्रतिशत प्राध्यापकों-प्राध्यापिकाओं का पठन-प्रेम हुआ। शेष 5 प्रतिशत भी पठन-शूर नहीं है। उन्हें दो वर्गों में बाँटा जा सकता है। 3 प्रतिशत हल्का-फुल्का पढ़ना पसंद करते हैं। ये लोग धनिक वर्ग से आते हैं, जो पुस्तकें खरीद भी सकते हैं। ये अक्सर यौन-फंतासी, जासूसी और अपराध से संबंध साहित्य पढ़ते हैं। ये पढ़कर विचार करने की कसरत और जहमत नहीं पालना चाहते। अब शेष रहे 2 प्रतिशत प्राध्यापक। सचमुच, ये अपवाद जैसे हैं और इन्हें पढ़ाकू भी कहा जा सकता है। ये सोद्देश्य और योजनाबद्ध रूप से पढ़ते हैं। ये आधुनिक ज्ञान का अर्जन करने और उसे बढ़ाते रहने के लिए सदैव तत्पर रहते है।

इधर 1994 में, दिल्ली विश्वविद्यालय और कॉलेजों के भ्रष्ट एवं स्वार्थी शिक्षा तंत्र पर वेकटेश्वर कॉलेज (दिल्ली) के अँग्रेजी के प्राध्यापक डी. रंगा राव ने **'द ड्रंक तंत्र'** नामक एक रोचक एवं रहस्योद्घाटक उपन्यास भी प्रकाशित किया है। इसमें दर्शाया गया है कि दिल्ली विश्वविद्यालय के अंतर्गत आने वाले लगभग आधे प्राध्यापक कक्षाध्यापन करने के बजाए निजी काम-धंधों, कोचिंग क्लासेस में पढ़ाने और निम्न स्तरीय पाठ्यपुस्तकें एवं गाइड्स लिखने में व्यस्त हैं। उनके लंबे समय तक अनुपस्थित रहने के बाद भी उन्हें पूरा वेतन मिलता है। कॉलेज के प्राचार्यों के राजनीतिक गठजोड़ और भ्रष्टाचार का भी एक रोमांचक कथा-सागर है। चयन प्रक्रिया की विकृति और चाटुकारिता की सत्यकथाएँ भी कम चौंकाने वाली नहीं है।

जवाहरलाल नेहरू विश्वविद्यालय की ऊँची दुकान में भी फीका पकवान होने की खबरें बढ़ती जा रही हैं। जवाहरलाल नेहरू उसे प्रिन्स्टन विश्वविद्यालय जैसा बनाना चाहते थे, मगर यहाँ के विद्वतमंडल ने इसका मुँह पटना और कोलकत्ता की ओर मोड़ दिया है। यहाँ अब वह पढ़ने-लिखने की संजीदगी और गहनता नहीं रही। कहते हैं कि यहाँ देश की 'बौद्धिक मलाई' इकठ्ठी होती है, लेकिन उसका लाभ छात्रों और समाज को मिलने के बजाए केवल प्राध्यापकों की आर्थिक और शैक्षणिक बेहतरी तक सीमित रह जाता है।

'द ड्रंक तंत्र' के लेखक डॉ. रंगा राव का यह आकलन सत्य के काफी निकट है कि हमारे उच्च शिक्षा प्राप्त लोगों और बुद्धिजीवियों ने देश और समाज को नीचा दिखाने में कोई कसर नहीं की है। देश के विश्वविद्यालयों, संस्थानों और महाविद्यालयों के 70 प्रतिशत प्राध्यापक गंभीर पठन, चिंतन और मनन का प्रयास नहीं करते। अब तो, 'तड़ित को बोतल में बंद करने' की जिनसे अपेक्षा थी, उन आई.आई.टीज और आई.आई.एम्स में भी, दिनों-दिन जड़ता आ रही है और वहाँ के बौद्धिक लोहे पर जंग लगती जा रही है। शिक्षा संस्थानों में पक्के गाने के बोल जैसा दुहराव और 'वहीं थोड़ा और' सुनाई और दिखाई दे रहा है। कुछेक शिक्षकों के नोट्स तो अमरता प्राप्त कर चुके हैं। अधिकांश का पढ़ने-लिखने का अनुष्ठान तो पीएच.डी. के साथ ही समाप्त हो जाता है। पदोन्नति की मौसमी हवा के झोंको से कभी-कभार बंद किताबें खुल जाती है। धड़ाधड़ पेपर छपने लगते हैं। पदोन्नति हो गई कि फिर पूर्ण विराम। सब कुछ ठप हो जाता है। पायदान पर चढ़ना और दक्षता एवं उत्पादकता का घटना जुड़वाँ बच्चों जैसी दो सहगामी क्रियाएँ चलती रहती है। तीव्र सामाजिक परिवर्तन के दौर में क्या उच्च शिक्षा के ऐसे शिक्षक एक योग्य भावी पीढ़ी तैयार कर सकते हैं?

41

शिक्षकों की शिक्षा और ट्रेनिंग के संस्थान खंडहर बने

पिछले दो ढाई दशकों से मध्यप्रदेश के शिक्षा-संस्थान 'शांति-घाट' बने हुए हैं। वहाँ न तो नवाचार की हुंकार और न अनुसंधान की गर्जन सुनाई दे रही है। प्रश्न, जिज्ञासा और अन्वेषण के उत्साह को कक्षाओं और प्रयोगशालाओं से निष्कासित कर दिया गया है। शिक्षण महाविद्यालय, एकेडमिक स्टॉफ कॉलेज और अन्य शिक्षक-प्रशिक्षण संस्थान इस मान्यता के आधार पर बनाए गए थे कि इनके द्वारा प्रदत्त ज्ञान, कौशल एवं अभिवृत्तियों के द्वारा शिक्षा एवं शिक्षकों का स्तर ऊँचा किया जा सकेगा लेकिन, मध्यप्रदेश में शासकीय शिक्षा महाविद्यालयों, एकेडमिक स्टाफ कॉलेज और जिला शिक्षा एवं प्रशिक्षण संस्थानों की इतनी दुर्गति हो गई है कि उन्हें शिक्षक-शिक्षा के भवन का भग्नावशेष ही कहा जा सकता है। पिछले दो दशकों से उनकी सुध-बुध ही नहीं ली जा रही है। शिक्षा विभाग ने उन्हें इतना अशक्त बना दिया है कि अब अपनी ही मौत मरने के अलावा उनके पास कोई चारा नहीं है। शिक्षा महाविद्यालयों को स्कूली शिक्षा विभाग के साथ नत्थी कर दिया गया है। वहाँ दो दशकों से उपयुक्त नियुक्तियाँ ही नहीं की गई हैं। स्कूल के व्याख्याताओं को वहाँ बेगार के रूप में पढ़ाने के लिए भेज दिया जाता है। स्कूल के ही प्रधानाचार्य को कॉलेज का प्रभारी प्राचार्य भी बना दिया जाता है। जिन स्कूली शिक्षकों और प्रधानाध्यापकों का शिक्षा शास्त्र (पेडागॉजी), शिक्षण की प्रविधियों, प्रौद्योगिकी और अनुसंधान से वर्षो पहले ही नाता टूट चुका है, वे बीएड एवं एमएड के पाठ्यक्रमों को पढ़ाने में कैसे समर्थ हो सकते हैं?

संभवत: यहीं कारण है कि पिछले 15-20 वर्षो से समय की मांग के अनुरूप ज्ञान, कौशल एवं अभिवृत्तियों से सुसज्जित शिक्षक शिक्षा महाविद्यालयों से नहीं निकल पा रहे हैं। निजी शिक्षा महाविद्यालयों में भी आवश्यक योग्यता वाले आचार्यो की नियुक्ति नहीं होने से शिक्षक-शिक्षा का स्तर गिरता जा रहा है। नेशनल काउंसिल ऑफ टीचर एजुकेशन भी बड़ी लापरवाही से शिक्षा महाविद्यालय खोलने की अनुमति देती चली जा रही है। शासकीय शिक्षा महाविद्यालयों में शिक्षकों की नियुक्ति में न तो कॉलेज कोड-28 और न पी.एस.सी. के नियमों का पालन हो रहा है।

प्रदेश की शिक्षक-शिक्षा या प्रशिक्षण के लिए जिम्मेदार राज्य शिक्षा संस्थान और राज्य विज्ञान-शिक्षा संस्थान में एक अजीब सा ठहराव और जड़ता व्याप्त हे। शासकीय शिक्षा महाविद्यालयों में किए जाने वाले शोध कार्य को इन संस्थानों ने इस तरह पकड़ और जकड़ लिया है कि शोध के लिए विषयों या समस्याओं का वे चुनाव भी नहीं कर सकते। राज्य शैक्षिक अनुसंधान एवं प्रशिक्षण परिषद के नियंत्रण में चल रहा राज्य शिक्षा संस्थान ही शोध समस्याओं या विषयों की सूची शिक्षा महाविद्यालयों को भेजता है। स्कूलों से आने के कारण न तो महाविद्यालयों के शोध निर्देशक आधुनिक अनुसंधान की प्रविधियों से परिचित हैं और न ही उन्हें राज्य शिक्षा संस्थान से कोई मार्गदर्शन दिया जाता है। एंक तो एमएड जैसा स्नातकोत्तर पाठ्यक्रम पढ़ाना ही स्कूली शिक्षकों के लिए एक विकट समस्या है। शिक्षा नीति से जुड़े मुद्दे और मसलों पर इनकी पृष्ठभूमि जाने-समझे बिना ही उन्हें शोध कराने के लिए बाध्य किया जाता है। विश्वविद्यालय भी अपने नियमों-परिनियमों को ताक में रख कर, यह तक नहीं देखते कि स्नातकोत्तर (शिक्षा) के प्रबन्ध का निर्देशक शोध कराने की अर्हता रखता है या नहीं?

मध्यप्रदेश शासन के शिक्षा विभाग का यह दायित्व है कि वह शासकीय शिक्षा महाविद्यालयों में एन.सी.टी.ई. द्वारा निर्धारित 'सेट-अप' के अनुरूप अर्हता प्राप्त आचार्यो की नियुक्ति करें तथा अन्य आवश्यक साधन और सुविधाएँ मुहैया करे, ताकि शिक्षकों की शिक्षा और अनुसंधान की गुणवत्ता बनी रहे। इसी तरह, जिला शिक्षा एवं प्रशिक्षण संस्थानों का भी कागजी काम हल्का करके उन्हें प्राथमिक शिक्षा की बुनियादी कमजोरियों को दूर करने के लिए प्रेरित कर गतिशील बनाया जाए। इस उद्देश्य की पूर्ति के लिये 'राज्य शिक्षा संस्थान' और 'राज्य विज्ञान-शिक्षा संस्थान' की जड़ता दूर करना भी जरूरी है।

मध्यप्रदेश में सर्वाधिक निजी शिक्षा महाविद्यालय भोपाल विश्वविद्यालय के क्षेत्राधिकार में संचालित हो रहे है। इन कॉलेजों को सख्ती से मानकों (नार्म्स) का पालन करने के लिए बाध्य कर शिक्षकों की शिक्षा का स्तर ऊँचा उठाने में एक सार्थक पहल की जानी चाहिए।

उधर 'एनसीईआरटी' शिक्षक प्रशिक्षण और अनुसंधान को छोड़कर न जाने क्या-क्या कर रही है? पाठ्य पुस्तक नाम की 'प्रेतबाधा' ने उसे इतना अधिक ग्रसित और वशीभूत कर लिया है कि लोगो ने उसे 'नेशनल काउंसिल ऑफ एजुकेशनल रीडिंग एंड टेक्स्ट बुक' कहना शुरू कर दिया है। आखिर ये प्रादेशिक और राष्ट्रीय परिषदें शिक्षक-शिक्षा और शैक्षिक अनुसंधान की उपेक्षा या अनदेखी करके शिक्षक और शिक्षा का स्तर ऊँचा कैसे रख पाएँगी? 'राष्ट्रीय शिक्षक-शिक्षा परिषद' (एनसीटीई) को पहल करके, शिक्षकों की शिक्षा में गुणवत्ता सुनिश्चित करने के लिये, निरन्तर सार्थक हस्तक्षेप करते रहना चाहिये।

42

नए और पुराने शिक्षकों का टकराव

अध्यापन सभी कलाओं से कठिन तथा सभी विज्ञानों से गहन है, क्योंकि इसका माध्यम मिट्टी, पत्थर, कागज या केनवास नहीं बल्कि जीता जागता परिवर्तनशील मस्तिष्क है। जिस प्रकार 'मोनालिसा' को चिर नवीन और रहस्यमयी मुस्कान देने वाले महान कलाकार बहुत कम होते है वैसे ही महान शिक्षक भी। अध्यापन एक सृजन है, जीवन है। एक बेजान मंत्र या खोखला फार्मूला नहीं वह तो प्रत्येक निष्ठावान अध्यापक का अपना अद्भुत आविष्कार है।

इस भौतिकवादी जमाने में अध्यापन व्यवसाय में प्रतिभाशाली या अध्यापन में वाकई रूचि रखने वाले युवक बहुत ही कम आना चाहते है। जो इत्तफाक से आ भी जाते है वे मजबूरी में आते है। प्राय: अच्छे एकेडमिक रिकार्ड वाले युवक-युवतियाँ उन व्यवसायों में जाना पसंद करते है जहाँ उन्हें अधिक वेतन, सुविधा और अधिकार मिलते हैं। सार्वजनिक शिक्षा की उद्दाम माँग ने यह जरूरी कर दिया है कि जैसे भी युवक-युवतियाँ अध्यापन व्यवसाय में आते है उन्हीं की व्यावसायिक दक्षता बढ़ाई जाए। उन्हीं को अच्छा वातावरण और प्रशिक्षण प्रदान कर अध्यापकत्व की ऊँचाई तक पहुंचाया जाए।

आज की स्थिति में हम पैदाइशी शिक्षक की प्रतीक्षा में बैठे नहीं रह सकते। अत: आवश्यकता इस बात की है कि उन्हीं युवा अध्यापकों को ऐसे अवसर दिए जाएँ जिनसे उसकी पहलवृत्ति, कल्पना और साधनशीलता को बल मिल सकें। उनकी प्रतिभा उजागर हो सके और उन्हें अभिव्यक्ति के आधार मिल सकें। कई उत्साही युवा अध्यापकों को अपने प्रशासकों और सीनियर

साथियों से सहानुभूति, स्वीकृति और सुरक्षा नहीं मिलने पर उनका मन मुरझा जाता है। उनके इरादे या अरमान ठण्डे पड़ जाते हैं। फिर वे या तो प्रतिक्रियावादी हो जाते है या अपने व्यवसाय के प्रति बिलकुल उदासीन।

एक युवक या युवती की अध्यापक के पद पर नियुक्ति होते ही जैसे वह स्कूल या कॉलेज में आता है उसे सीधे कक्षा में पढ़ाने भेज दिया जाता है। कभी-कभी तो ऐसी कक्षाओं में जहाँ जाकर पढ़ाने में अच्छे-अच्छे प्रोफेसरों को भी पसीना आता है। ऐसे उदाहरण भी अनेक मिल सकते है जबकि नव-नियुक्त अध्यापकों को अध्यापन के अतिरिक्त अन्य अरूचिकर कार्य सौंप दिये जाते हैं। ऐसा स्कूलों में बहुत होता है। नए अध्यापकों के साथ कुछ कठोरता अधिक ही बरती जाती है। उनसे आवश्यकता से अधिक काम लिया जाता है। उन्हें नि:संकोच कोई भी काम बता दिया जाता है। कही वे फीस वसूलते हैं तो कहीं अरेन्जमेट के पीरियड पढ़ाते हैं। कहीं फर्नीचर गिनते हैं तो कहीं लेबोरेटरी के केमिकल का हिसाब रखते है। कहीं-कहीं उनसे लायब्रेरियन और गेम्स टीचर का भी काम कराया जाता है। सेन्सस और इलेक्शन के कामों में भी जहाँ कि वृद्ध और अनुभवी लोगों को जाना चाहिए इन्ही नये अध्यापकों को भेजने का प्रयास किया जाता है। इस प्रकार नया अध्यापक 'गरीब की पत्नी' जैसा सबकी भाभी बना दिया जाता है। फलस्वरूप उसके मन में शिक्षण संस्थाओं के वातावरण के प्रति आक्रोश और विक्षोभ उत्पन्न होने लगता है और अन्त में अध्यापन व्यवसाय के प्रति उसके अवचेतन में घृणा की ग्रन्यि गुंथ जाती है।

कॉलेज में या स्कूल में, नये अध्यापकों के मन को अध्यापन व्यवसाय की ओर खींचने अथवा जीतने हेतु और उनमें व्यावसायिक निष्ठा विकसित करने के लिए यह आवश्यक है कि उन्हें सहानुभूति, स्वीकृति और सुरक्षा मिले। सबसे पहली बात तो यह कि नए अध्यापकों को नियुक्त होने के साथ ही कक्षा में पढ़ाने के लिए नहीं भेजा जावे। उन्हें कम से कम 15-20 दिन तक स्कूल या कॉलेज के श्रेष्ठ अध्यापकों को पढ़ाते हुए देखने के अवसर दिये जाएँ। फिर स्टाफ क्लब की ओर से उनके लिए अच्छे अध्यापकों या आमंत्रित शिक्षा वैज्ञानिकों के 'टीचिंग टेक्निक' और क्लास मेनेजमेंट पर व्याख्यान आयोजित किये जाएँ। तत्पश्चात पढ़ाने के लिये उन्हें ऐसे विषय दिए जाएँ जिनमें उनकी रुचि और गति हो।

शिक्षा प्रशासक का काम है परिवेश और परिस्थितियों को इस प्रकार नियोजित करना कि जिससे अधीनस्थ अध्यापकों की सृजनशीलता उन्मुक्त हो सके। वैसे, शिक्षा प्रशासन या 'एडमिनिस्ट्रेशन' की जगह है ही नहीं। नेशनल इन्स्टीट्यूट आफ बेसिक एजुकेशन में एक बार बोलते हुए स्वर्गीय पंडित नेहरू ने भी कहा था कि शिक्षा के भव्य और सुकोमल भवन में प्रशासन का भूत शोभा नहीं देता। प्रशासन शब्द के साथ परम्परागत अफसर शाही और तानाशाही जुड़ी हुई है। कहीं कुछ अपवाद छोड़ कर आज भी उसके साथ आतंक, अंकुश और अधीक्षण जैसे दमनकारी विशेषण जुड़े हुए है। शिक्षा विकास का पर्याय है। यहाँ स्वतन्त्रता और रीति मुक्तता की सर्वाधिक आवश्यकता है। यहाँ सहमति, सुझाव, मनाव और मार्गदर्शन ही कारगर सिद्ध हो सकते है। इनके अभाव में न कर्तव्य का कोई अर्थ होता है, न त्याग का मूल्य और न स्वामित्व को स्वीकृति ही मिल पाती है।

प्रायः देखने में आता है कि बहुत से प्राचार्य और प्रधानाध्यापक शिक्षा संस्थाओं को एक सहकारी संस्थान न मानकर अपनी 'जागीर' या जमींदारी समझ बैठते हैं, और 'द हेड डज नो रांग' की आत्म प्रवंचना के उन्माद से पीड़ित पाए जाते हैं। यही नहीं, विद्यालयों का समय-असमय निरीक्षण करने वाले शिक्षा अधिकारी भी पुराने ब्रिटिश अफसरों से कम रौब नहीं दिखाते। शिक्षकों की कठिनाइयों को सहानुभूति पूर्वक हल कर के उन्हें अध्यापन सम्बन्धी मार्गदर्शन देने के स्थान पर संस्थाओं के प्रमुखों का पक्ष लेकर प्रगतिशील नए अध्यापकों को डराने में ही वे अपने कर्त्तव्य की इतिश्री समझते हैं।

उधर प्राचार्यो या प्रधानाध्यापकों का 'राउन्ड' भी एक रस्म अदायगी के अतिरिक्त कुछ नहीं होता। उसमें न मार्गदशन का प्रावधान है और न मन्त्रणा की गुंजाइश। शिक्षण संस्थाओं के प्रमुखों की यह रूढ़िबद्धता और बन्दखयाली शिक्षक से उनकी दूरी घटाने की अपेक्षा बढ़ाती है। निःसंदेह, 'अफसरशाही' आज के उन सृजनशील अध्यापकों कों बहुत चुभती है जो अफसर के सामने दुम हिलाने की अपेक्षा अपने काम को अधिक महत्व देते हैं। इस प्रकार, अफसरशाही शिक्षक और अधिकारी के बीच एक खाई बन जाती है, जो सहकार और सामूहिक प्रयास में बाधक होकर शिक्षा का श्राद्ध कर बैठती है।

तात्कालिक समस्याओं पर निर्णय लेने में हमारे शिक्षा प्रशासक उस कमेटी से कम नहीं है जिसने एक जीर्ण-शीर्ण चैपल के बारे में निर्णय लिया था कि "नया चैपल बनाया जाए, पुराने चैपल को तब तक काम में लाया जाए जब तक नया नहीं बन जाता।" निर्णय लेने के इन ढुलमुल, टालू और पश्चगामी तौर तरीकों से एक प्रगतिशील और साहसी युवा अध्यापक कैसे संतुष्ट रह सकता है? जब उसकी सेवा-शर्तो, बीमारी की छुट्टियों, स्थाईकरण, वरिष्ठता और पदोन्नति के बारे में भी ऐसे ही असुरक्षापूर्ण निर्णय लिये जाते हों तो उसका झुंझलाना और विक्षुब्ध होना स्वाभाविक है।

यह दुर्भाग्य ही है कि हमारे आज के स्कूल और कॉलेज बीते हुए कल के सिद्धाँतों पर चल रहे हैं। वे 21वीं शताब्दी की ओर कम तथा उन्नीसवीं शताब्दी की ओर ज्यादा झुके हुए हैं। इन शिक्षा संस्थाओं के प्रमुख अधिकतर पुरानी पीढ़ी के हैं। वे भविष्य के स्मरण की अपेक्षा भूत की माला जपते रहते हैं। कुछ आदरणीय अपवादों को छोड़कर, उनमें इतनी ऐंठन, जकड़न और कठमुल्लापन है कि वे पुरानी लीक से तिल भर भी इधर या उधर सरकना नहीं चाहते। योग्यता की अपेक्षा उम्र को ही वे वरिष्ठता का एकमात्र आधार मानते हैं। शायद वे यह नहीं जानते कि सामाजिक परिवर्तन के दौर में उम्र के साथ विवेक नहीं, दुविधा बढ़ती है। वे इस शोध निष्कर्ष से भी अनजान लगते है कि व्यक्ति की सृजनशीलता का उम्र से ताल्लुक नहीं होता। उम्र दिमाग को खोलने की अपेक्षा संभवतः बन्द ही अधिक करती है। डेविड रयान जैसे शोध-मर्मज्ञ का निष्कर्ष है कि शिक्षक की आयु और उसके अनुभव की लम्बाई का सफल अध्यापन से ऋणात्मक संबन्ध है। केल्विन टैलर का कहना है कि "सारी दुनिया रोगग्रस्त है। इसे कई बीमारियाँ लगी हुई है। एक सबसे बड़ी बीमारी नेतृत्व करने वाले व्यक्ति की वह कमजोरी या अयोग्ता है, जिसके कारण वह नई बातें सुनने को तैयार नहीं होता। विशेषकर उस नई बात, नई जानकारी या नये विचार को जो उससे जूनियर या छोटे दर्जे के लोगों की ओर से प्रस्तुत किया जाता है। यदि ऐसे विचार और जानकारी नेता और अधिकारी लोग सुनने लग जाएँ तो हमारी, हमारे संगठनों की और सारी दुनिया की बहुत सी बुराइयाँ दूर हो जाएँगी।"

नए और पुराने शिक्षकों के बीच की दूरी और अलगाव से शिक्षा जगत में एक ठहराव सा आ गया है। नया शिक्षक जितना प्रगतिशील है पुराना उतना ही रूढ़िवादी और अप्रगतिशील। नया शिक्षक 'रडार' है तो पुराना 'कुतुबनुमा'।

पुराना शिक्षक आने वाले कल से हाथ मिलाना नहीं चाहता। वह तो अपनी 'केरीक्युलम' 'चाक' और 'टॉक' की पुरानी खूँटी से टंगा रहना चाहता है। जबकि नया शिक्षक इनोवेशन अथवा नवाचार के लिए सदैव उत्सुक और तत्पर दिखाई पड़ता है। पुराना शिक्षक गुलामी की जलवायु में जन्मा होने के कारण अब भी चाटुकारी और अवैज्ञानिकता का कायल है। विज्ञान और मनोविज्ञान की आधुनिक देन को अनदेखा कर आज भी वह पुराने दकियानूसी पंडितों और मौलवियों की शिक्षण विधियों की श्रेष्ठता की दुहाई देता है। किसी भी नवीन विचार को बकवास और शैक्षणिक गोष्ठियों को लफ्फाजी कहता है। शैक्षणिक साहित्य को पढ़ने की बजाय वह राज्य सेवा नियमों की धाराओं को रटता है। इतना सब होते हुए भी दुर्योग यह है कि पुराना शिक्षक वरिष्ठता सूची के आधार पर नये शिक्षक का अफसर बना हुआ है। निःसंदेह नया शिक्षक पुराने शिक्षक से अधिक प्रखर और प्रगतिशील है, परंतु अड़चन यह है कि उसके लिए अभिनय और अभिव्यक्ति के द्वार ही पुराने शिक्षकों ने बंद कर रखे हैं।

पुराने शिक्षक अपने स्वार्थ की सिद्धि के लिए भले ही कभी नये शिक्षक को अपने अधिकारी के विरुद्ध भड़का दें अन्यथा, वे चाहते यहीं हैं कि नये शिक्षक उनकी गुलामी करें और बॉस की चापलूसी। परंतु न तो वे कभी यह बर्दाश्त कर सकते हैं कि नया शिक्षक बॉस की चाटुकारी में उनसे आगे निकल जाए और न चतुराई में ही नंबर मार जाये। नये शिक्षक की प्रखरता, प्रबुद्धता और प्रगतिशीलता से उनके अहम को ठेस पहुँचती है और वे हीनता की ग्रीन्थ के शिकार हो जाते है। इसीलिए, वे नये शिक्षक की टांग खींचते रहते हैं, उसे यातनाएँ पहुँचाते है और इस प्रकार उस का विकास अवरूद्ध कर अपने अहम की तुष्टि करते है। वास्तव में, आवश्यकता इस बात की है कि नये और पुराने शिक्षकों को मनभेद और टकराव से ऊपर उठकर, एक दूसरे के प्रति सद्भाव रखते हुए, छात्रों की शिक्षा के हित में, सहयोग और विचारों का आदान-प्रदान करते रहना चाहिए।

43

सृजनशीलता के स्तर और आयाम

किसी भी देश की आर्थिक प्रगति वहाँ की जनशक्ति के विकास पर निर्भर करती है। भौतिक सम्पदा की विपुलता प्रशिक्षित जनशक्ति के अभाव में अनछुई और अनभोगी रह सकती है। इसीलिये प्रत्येक आधुनिक देश मानवीय संसाधनों के विकास को सर्वोच्च प्राथमिकता देता है। यद्यपि राष्ट्रीय विकास में प्रत्येक नागरिक की साझेदारी अपेक्षित है, फिर भी राष्ट्रीय विकास अधिकांश रूप में प्रतिभाशाली या सृजनशील लोगों पर ही निर्भर करता है। इसीलिये विकासशील देशों के शिक्षा कार्यक्रमों में प्रतिभा की खोज और विकास पर अधिक ध्यान दिया जाने लगा है। प्रतिभा या सृजनशीलता प्रत्येक देश में बहुत सीमित होती है, किन्तु देश के निर्माण में इसका अत्यधिक योगदान रहता है।

सृजनशीलता (Creativity) अपेक्षाकृत नया क्षेत्र है। इस पर उतनी अधिक जानकारी उपलब्ध नहीं है जितनी कि 'बुद्धि' और 'उपलब्धि' पर। यद्यपि प्रतिभा और प्रतिभाशाली लोगों के अध्ययन में गाल्टन, टर्मन और वैलेस के प्रयासों का ऐतिहासिक महत्व है, मगर शुद्ध रूप से 'सृजनशीलता' के अध्ययन की ओर ध्यान आकर्षित करने का श्रेय गिल्फोर्ड को जाता है। सन 1950 में 'अमेरीकन मनोविज्ञान संघ' के सम्मेलन में दिया गया गिल्फोर्ड का भाषण 'सृजनशीलता' में शैक्षिक दुनिया की रुचि उत्पन्न करने वाला प्रमुख उद्दीपन था। तब से अब तक इस पर हजारों अध्ययन किये जा चुके हैं, लेकिन आज भी 'सृजनशीलता' की सर्वसम्मत परिभाषा सामने नहीं आ पाई है। जितना अधिक अध्ययन होता जा रहा है, उतने ही नए दृष्टिकोण और आयाम सृजनशीलता के साथ जुड़ते जा रहे हैं।

सृजनशीलता के अग्रणी अध्येता ई. पॉल टोरन्स ने वोल्फ द्वारा किये गये एक अध्ययन का जिक्र किया है। इससे सृजनशीलता के अर्थ पर पर्याप्त रोशनी पड़ती है। 212 शिक्षकों से 'सृजनशीलता' का अर्थ पूछने पर वोल्फ ने निम्नांकित निष्कर्ष निकाले:

(क) 80 प्रतिशत शिक्षकों ने बताया कि सृजनशीलता एक 'व्यक्तित्व-विशिष्टता' है, (ख) 25 प्रतिशत ने इसका अर्थ 'प्रतिफल' (प्रोडक्ट) से लगाया, तथा (ग) 20 प्रतिशत ने इसका अर्थ 'प्रक्रिया' (प्रोसेस) माना।

रोड्स ने प्रतिपादित किया कि 'व्यक्तित्व' वातावरण में ही रूपायित होता है इसलिये सृजनशीलता को परिभाषित करने के लिये व्यक्तिव, प्रतिफल एवं प्रक्रिया के साथ-साथ वातावरण (प्रेस) का भी विचार किया जाना चाहिये। संक्षेप में, सृजनशीलता एक मानसिक क्रिया, है जो नये विचार, प्रारूप या सम्बन्ध पैदा करने के लिये पर्यावरण को पुनर्सयोजित या सम्पादित करती है। यह मौलिक कार्य करने की क्षमता है, जिसके द्वारा भूतकालीन अनुभवों की पुनर्रचना कर कुछ नया और उपयोगी निर्माण किया जाता है। सृजनशीलता एक बहुमुखी योग्यता है, जो न्यूनाधिक मात्रा में सभी जगह व्याप्त है। मुख्य रूप से इसके घटक हैं: प्रवाह, लचीलापन, मौलिकता, जिज्ञासा और अध्यवसाय।

सृजनशीलता के स्तर और प्रकार पर भी विचार किया गया है। ऐसा माना जाता है कि बालक द्वारा स्वप्रेरणा से बनाये जाने वाले चित्र से लगाकर अन्तरिक्ष उपग्रह के निर्माण तक के कार्य में सृजनशीलता के कई स्तर होते हैं। घिसलिन ने उच्च और निम्न स्तर की सृजनशीलता की कल्पना की है। वस्तु या विचार के अर्थ में एक सार्थक आयाम जोड़ना उच्च स्तरीय सृजनशीलता होती है। जबकि प्रस्तुत वस्तु या विचार का रूपान्तरण-मात्र करना निम्न स्तरीय सृजनशीलता है। लेहोआय ने व्यापक और सीमित सृजनशीलता नामक दो स्तर बताये हैं। प्रथम कोटि में मनुष्य का सम्पूर्ण विकास समाहित है, जबकि द्वितीय में किसी एक विशेष क्षेत्र, जैसे चित्रकला या संगीत में सृजन सम्मिलित है। टेलर ने सृजनशीलता की पाँच कोटियाँ गिनाई है। यथा: (1) अभिव्यक्ति प्रधान, (2) उत्पादन प्रधान, (3) आविष्कार प्रधान, (4) नवाचार प्रधान, और (5) आकस्मिकता प्रधान। टेलर का मत है कि जब लोग सृजनशीलता पर चर्चा करते है तो अधिकांश में वे सृजनशीलता का अर्थ आकस्मिकता-प्रधान सृजनशीलता से ही लगाते है।

ढिहान और हेविंगहर्स्ट ने सृजनशीलता के तीन क्षेत्रों की भी चर्चा की है। उन्होंने इसे भावनाप्रधान, प्रकार्यात्मक (समस्या-समाधान प्रधान) और अमूर्त सृजनशीलता में विभाजित कर दिया हैं। भावनात्मक सृजनशीलता में व्यक्ति की भावना, संवेग और इन्द्रियाँ माध्यम का काम करती हैं। प्रकार्यात्मक सृजनशीलता का संबंध भौतिक-सामाजिक समस्याओं के समाधान से रहता है, और अमूर्त सृजनशीलता का सम्बन्ध संकल्पना, परिभाषा और सामान्यीकरण से होता है। कुछ विचारक सृजनशीलता को चरणों में बाँट कर देखने पर भी जोर देते हैं। जैसे वैलेस ने तैयारी, मनन, आलोक और पुष्टि नामक चार चरणों में सम्पूर्ण विचार प्रक्रिया को विभाजित किया है। वैसे जॉन डिवी ने पाँच चरणों में विचारणा को विभक्त किया है। लेकिन वर्दीमीर सृजनशीलता के इस प्रकार के विच्छेदन-विभाजन के पक्ष में नहीं है। वे इसे अपने आप में पूर्ण (होलिस्टिक) संकल्पना मानते है।

सृजनशीलता वह परम्परागत योग्यता नहीं है जिसे अक्सर 'बुद्धिलब्धि' (आई.क्यू.) या 'स्कूली उपलब्धि' के नाम से पुकारा जाता है, यद्यपि विद्वानों का मत है कि सृजनशीलता के लिए इष्टतम बुद्धि लब्धि (120) जरूरी है। ये परम्परागत योग्यताएँ व्यक्ति को एक दिशा में सोचने और बहुमान्य उत्तर की पुष्टि करने के लिए तैयार करती है। जबकि सृजनशीलता बहुत-सी दिशाओं में सोचने के लिए तत्पर बनाने वाली योग्यता है। इसके द्वारा व्यक्ति समस्या के एक नहीं, अनेक समाधान खोजने की ओर अग्रसर होता है। सृजनशील व्यक्ति तर्क ही नहीं, अन्तःप्रेरणा का भी प्रयोग करता है। वह संकल्पना नहीं, प्रत्यक्षण (Perception) परक होता है। वास्तव में सृजनशील व्यक्ति कल्पना द्वारा विभिन्न प्रत्ययों, विचारों और वस्तुओं में एक अभिनव सम्बन्ध जोड़ने का प्रयास करता है। इस अर्थ में सृजनशीलता एक प्रकार की 'संलश्लेषण-योग्यता' या 'दूर-साहचर्य योग्यता' है।

बोलचाल में लोग एक कवि, चित्रकार या वैज्ञानिक की सृजनशीलता को कल्पना की उड़ान, दूर की कौड़ी, मौलिकता, संश्लेषण आदि नामों से सम्बोधित करते हैं। वैसे, ये सब विशेषताएँ सृजन की प्रक्रिया में उपस्थित होती हैं, किन्तु गिल्फोर्ड की राय है कि अधिकांश में यह बहुदिश चिन्तन योग्यता और रूपान्तरण योग्यता है। क्रचफिल्ड इसे 'प्रमुख विचारणा' भी कहते हैं। वास्तव में, यह एक ऐसी रूपान्तरण योग्यता है जिसमें कल्पना शक्ति और स्वयं-स्फूर्तता के सहारे सृजनशील व्यक्ति बहुदिश चिन्तन की ओर अग्रसर होता है।

यद्यपि सृजनशीलता (Creativity) की खोज और विकास हर देश के लिए परम आवश्यक है, फिर भी गम्भीरतापूर्वक हमारे देश में इसके प्रोत्साहन और विकास पर ध्यान नहीं दिया जा रहा है। यह मान्यता भी शोध ने अब ढहा दी है कि प्रतिभा हीरे के समान स्वयं चमकने लगेगी। वास्तव में प्रतिकूल परिस्थितियाँ, जैसे अभाव, कठोरता और असहिष्णुता, सृजनशीलता को नष्ट कर देती हैं। इसलिए अनुकूल वातावरण का निर्माण करके सृजनशीलता को प्रोत्साहित किया जाना चाहिए। यह बात भी गलत सिद्ध हो चुकी है सृजनशीलता या प्रतिभा कुलीन या श्रेष्ठ वर्ग के लोगों में ही पाई जाती है। सच तो यह है कि सृजनशीलता कम या ज्यादा अंश में सर्वव्यापी होती है। अनुकूल अवसर पाकर कहीं यह व्यक्त हो जाती है तो प्रतिकूल परिस्थितियों में कहीं यह लुप्त हो जाती है।

सृजनशील व्यक्ति ऊपरी तौर से कुछ विक्षिप्त, अव्यवस्थित और खोये-खोये भले ही नजर आयें, वे रुग्ण नहीं होते। सच्चाई तो यह है कि शेष लोगों को सत्ता, अभाव, वर्जना और सामाजिक जकड़नों के शिकंजे ने सपाट या विशिष्टताविहीन बना दिया है। सृजनशीलता का दमन करने वालों के चश्मे से सृजनशील लोग असामान्य दिखें तो यह अतिरंजना नहीं होगी। एल्डस हक्सले ने ठीक ही कहा है: "वास्तव में मानसिक रोग के बुरी तरह शिकार वे लोग हैं जो बाहरी तौर पर सामान्य नजर आते है। उनमें से कई सामान्य दिखाई देते हैं क्योंकि वे हमारी जीवन पद्धति के अनुरूप पूरी तरह ढले हुए है। उनकी मनुष्य-सुलभ आवाज इतनी जल्दी दबा दी गई है कि वे मानसिक रोगी जैसे लक्षणों का प्रदर्शन करके संघर्ष या कष्ट सहन कर ही नहीं पाते। वे तो केवल गम्भीर रूप से असामान्य समाज के सन्दर्भ में सामान्य कहे जा सकते हैं। असामान्य (रुग्ण) समाज से उनका पूर्ण समायोजन ही उनके मानसिक रोगी होने का पैमाना है। ऐसे लाख-लाख असामान्य लोग बिना किसी शोर-सराबे के उस समाज में रह रहे हैं, जिसमें यदि वे पूरी तरह मानवीय होते तो शायद समायोजित नहीं हो पाते। ये लोग फिर भी वैयक्तिकता के भ्रम में जी रहे हैं, जबकि अधिकांश रूप में, उनसे उनकी 'वैयक्तिता' छीन ली गई है।"

आज जबकि सामाजिक परिवर्तन की गति तीव्र से तीव्रतर होती जा रही है तथा सामाजिक संरचना, मूल्य-मान्यताएँ और सामाजिक सम्बन्ध

गड़बड़ा-लड़खड़ा रहे हैं। तब यह जरूरी हो गया है कि लोगों में ऐसी समर्थता एवं योग्यता (Capability) विकसित की जाए कि वे अनिश्चितताओं और आकस्मिकताओं क़ा सामना कर सकें तथा नित नई उत्पन्न होने वाली समस्याओं के एक नहीं अनेक समाधान खोज सकें।

44

चिन्तन और सृजन के शैक्षिक-सांस्कृतिक अवरोध

विचारों की खदबदाहट कोई मक्का की फसल तो है नहीं जो तीन महीने में भुट्टे दे दे। विचार और कल्पना की फसल लहराने के लिये अनुकूल आबोहवा, उर्वर जमीन और मानसूनी गारंटी चाहिये। एक उदार सामाजिक परिवेश, एक प्रेरक सांस्कृतिक शिष्टाचार, एक खुला संस्थागत संदर्भ और एक संवादपूर्ण शैक्षणिक परंपरा चाहिये। इनके अभाव में, थॉर्नडाइक की बिल्ली, पावलोव के कुत्ते और फैबर के केटरपिलर पैदा हो सकते हैं, स्वतंत्र चेता विचारक नहीं।

जिस प्रकार, कुछ क्षतिग्रस्त को छोड़कर, लगभग सभी स्त्रियाँ गर्भधारण की क्षमता रखती हैं। मगर गर्भ को सफल प्रसूति तक ले जाना सबके लिये संभव नहीं होता। उसी प्रकार, कल्पना और विचार सबके मस्तिष्क में घुमड़ते हैं, लेकिन समय पर उनकी देखभाल नहीं होने पर, वे पूरी तरह अभिव्यक्त नहीं हो पाते। जहाँ गर्भाधान से लेकर प्रसूति तक भावी माताएँ घुटन, उत्पीड़न और मानसिक दासता में सांस लेती हों, घरों में प्रश्न पूछना जहाँ विद्रोह समझा जाता हो, समाज में अपरम्परागत बात कहना 'किशोर अपराध' जैसा माना जाता हो, कक्षा में जिरह-बहस करना उद्धतता कहलाता हो, तथा अधिकारी या वरिष्ठ की हाँ में नहीं मिलाकर मौलिक या नई बांत कहना अनुशासनहीनता में शुमार किया जाता हो, वहाँ हुंकारा भरने और हाँका लगाने का निरापद पुरस्कार छोड़कर, विचार और कल्पना का खतरा कौन उठाना चाहेगा?

हमने हरी क्रांति की, भूरी क्रांति की और सफेद क्रांति भी की, लेकिन विचारों की नम्रतम और नीरव क्राति नहीं कर पाए। हमने कल्पना-शक्ति के पंख काटने का वह द्रोह किया जिसे आइन्स्टाइन देशद्रोह से भी बड़ा मानते थे। फलस्वरूप, हम जे. कृष्णमूर्ति की भाषा मे 'रिपिटीटिव मशीन' बन कर रह गए। इंजीनियर बने पर 'इमेजिनिअर' नहीं बन पाए। हमारी भूतोन्मुखता, पूर्ण-आज्ञाकारिता, गुरु-पूजा, उम्र-पूजा और आर्थिक असुरक्षा ने हमे मौलिक और साहसिक चिन्तन की शक्ति से वंचित कर दिया। गुंथर ग्रास के लहजे में "अपने ही खंडहरों ने हमें खंडहर बना दिया।" हम उस ड्राइवर जैसे हो गए जिसका ध्यान आगे आने वाले स्थान पर केन्द्रित न होकर, पीछे छूटी हुई जगह पर टिका हुआ रहता है। हमारे आदरणीय कुछ ग्रंथों ने हमें आज्ञाकारिता का पाठ पढ़ाने के लिये उसे सुयश और स्वर्ग का पासपोर्ट बता दिया:

"अनुचित उचित विचार तजि, जे पालहिं पितु बैन।
ते भाजन सुख सुजस के, बसहिं रमापति ऐन।।

दो संस्कृति का सिद्धाँत प्रतिपादित करने वाले प्रसिद्ध विचारक सी.पी. स्नो का अभिमत है कि 'ना' कहने वालों की अपेक्षा 'हाँ' कहने वालों ने समाज, देश और दुनिया का अधिक अहित किया है। जिसके पास 'प्रोटेस्टंट एटीचूड' नहीं हो उसे युवा कहना या मानना मुश्किल है। इन कथनों का आशय यह है कि शिक्षा का उच्चतम ध्येय छात्रों को भाषा और विचार के रूढ़ आदर्शों की तहों को तोड़कर अर्थ के आंतरिक केन्द्र तक पहुँचाना है। ऐसे युवजन तैयार करना है "जिनका नेतृत्व करना सरल हो, किन्तु जिन्हें हांका नहीं जा सकता, जिन पर राज्य करना सरल हो, लेकिन जिन्हें गुलाम बनाना असंभव हो।"

जनतंत्र को अंध सहमति से जितना खतरा है, उतना प्रबुद्ध सहमति से नहीं है। **जनतंत्र की जलधारा का सहज प्रवाह दबाव से मनाव, बंधन से मुक्ति और अंध सहमति से सृजनशील अभिव्यक्ति की ओर होता है।** ऐसा नहीं होने पर जनतंत्र का ढांचा उस निष्ठुर नेत्र चिकित्सालय का रूप ले लेता है, जो आँख तो उघाड़ता है, मगर उजाला छीन लेता है। जब तक समाज और शिक्षा-संस्थानों में मुक्त चिन्तन और सृजनशीलता के सामने दुराग्रह, दमन और अधिनायकवादी प्रवृत्तियाँ जैसे सांस्कृतिक-आर्थिक अवरोध खड़े रहेंगे, तब तक साहसिक और भविष्योम्मुख चिन्तन की अपेक्षाएँ धूमिल ही रहेंगी। मस्तिष्क तो पेराशूट जैसा होता है। उसका वैभव या चमत्कार खुलने पर ही देखा जा सकता है।

45

सृजनात्मक प्रतिभा का विकास और शिक्षा

किसी भी देश का भाग्य और भविष्य अधिकतर वहाँ के प्रतिभाशाली व्यक्तियों पर निर्भर करता है। पहले यह माना जाता था कि प्रतिभा तो हीरे के समान होती है, इसलिए वह चमके बिना नहीं रह सकती। दूसरी मान्यता यह भी थी कि प्रतिभा एक आयामी होती है, अर्थात् प्रतिभा के विविध प्रकार नहीं होते। तीसरी मान्यता यह थी कि प्रतिभा का सम्बन्ध कुलीन और आभिजात्य वर्ग से होता है। ये तीनों मान्यताएँ अब ध्वस्त हो चुकी हैं। प्रतिभा और सृजनशीलता पर हुए अध्ययन और अनुसंधान दर्शाते हैं कि अनुकूल और प्रेरक परिस्थितियों में प्रतिभा फलती-फूलती है, जबकि प्रतिकूल परिस्थितियों में मुरझा जाती है। अपवाद स्वरूप कुछ अदम्य और संकल्पवान प्रतिभाएँ भी होती हैं जो बाधाओं और दमनकारी परिवेश को झेल कर अभिव्यक्त हो जाती हैं। फिर भी प्रतिभा को उसके हाल पर या भाग्य भरोसे नहीं छोड़ा जा सकता। पूत के पैर पालने में ही नजर आ जाते हैं, इसलिए प्रतिभाशाली और सृजनशील बच्चों की खोजबीन, पहचान और विकास का कार्य हर समाज को यथाशीघ्र शुरू कर देना चाहिए। इतिहास साक्षी है कि प्रतिभा और सृजनशीलता की उपेक्षा करने वाली सभ्यताओं का पतन होते देर नहीं लगती।

अध्ययनों से अब यह भी उजागर हो चुका है कि प्रतिभा बहुआयामी होती है और उसका किसी विशेष प्रजाति, धर्म या क्षेत्र से सम्बन्ध नहीं होता। प्रतिभा या सृजनशीलता किसी न किसी रूप में सर्वव्यापी होती है। समय पर प्रोत्साहन और पोषण नहीं मिलने पर दमित होकर अदृश्य हो जाती है, किंतु बाद में अनुकूल अवसर पाकर प्रस्फुटित भी हो सकती है। सृजनशीलता के अग्रणी

अध्येता पॉल टोरन्स का तो यह कहना है कि भविष्य में सभी देशों को वहाँ के सास्कृतिक-शैक्षिक दृष्टि से वंचित, गंदी बस्ती और गाँवों में रहने वाले बच्चों, किशोरों और युवजनों की प्रतिभा पर निर्भर रहना पड़ेगा, क्योंकि इस समूह की प्रतिभा और सृजनशीलता का सुव्यवस्थित दोहन और प्रसंस्करण अभी तक नहीं हो पाया है।

शैशव काल से ही कुछ बच्चे अन्यों की तुलना में अधिक सक्रिय, ऊर्जावान और कल्पनाशील दिखाई देते हैं। वे अपने परिवेश और पास-पड़ोस का बड़ी बारीकी से अवलोकन-प्रेक्षण करते हैं। हर ध्वनि, गंध और बिंब के प्रति उनकी सवेदनशीलता और अनुक्रिया देखी जा सकती है। वे अपनी आवश्यकताओं और माँगों को दूसरों तक संप्रेषित करना शीघ्र सीख लेते हैं। उन्हें दूसरों के बर्ताव की व्याख्या करना भी आ जाता है। छान-बीन, पूछ-परख और जाँच-पड़ताल उनकी सहज प्रवृत्ति होती है। संक्षेप में कहा जाए तो वे स्वयं-प्रेरित, जिज्ञासु और ग्रहणशील होते हैं। उनकी यह जिज्ञासा और कुतूहलप्रियता माता पिता और शिक्षकों से जितनी अधिक स्वीकृति और प्रोत्साहन पाती है, उतना ही अधिक वे अपनी सृजनशीलता का विकास कर पाते हैं। कभी-कभी कुछ प्रतिभाशाली बच्चे और किशोर विपरीत परिस्थिति और नकारात्मक परिवेश में भी अपनी सफलता के लिए रास्ता बना लेते हैं। सभी के लिए ऐसा करना संभव नहीं होता। इसलिए, जहाँ तक संभव हो, माता पिता और शिक्षकों को प्रतिकूलताओं से जूझने में प्रतिभाशाली बच्चों की शक्ति नष्ट नहीं होने देनी चाहिए। यदि बच्चों के हित में कुछ बंधन अपरिहार्य रूप से लगाना भी हों तो इसकी पहले समझाइश देकर उन्हें विश्वास में ले लिया जाना चाहिए। यही नहीं, उन्हें अपनी पसंद का वैकल्पिक व्यवहार चुनने के लिए भी प्रेरित किया जा सकता है। चूँकि प्रतिभाशाली बच्चे असाधारण रूप से संवेदनशील होते हैं, इसलिए उन्हें व्यर्थ के तनाव और दबाव से बचाने की कोशिश की जानी चाहिए, ताकि उनका मानसिक स्वास्थ्य बना रहे।

सृजनात्मक प्रतिभा रखने वाले बच्चे स्वतंत्र और आत्म निर्भर रहना पसंद करते हैं। उनके काम में उन्हें रोक-टोक या छेड़छाड़ अच्छी नहीं लगती, क्योकि सृजन के लिए सत्वस्थ और समाधिस्थ होना आवश्यक है। ऐसी अवस्था को 'मंत्रचैतन्यता'' भी कहा जाता है, जहाँ ध्यान धारणा और समाधि एकमेक हो जाते हैं। कसावट और आज्ञाकारिता का अधिक आग्रह प्रतिभावान बच्चों को उपद्रवी और विद्रोही बनाने में सहायक होता है। इसका यह तात्पर्य

नहीं है कि सृजनशीलता में अनुशासन बाधक होता है। रूपक बाँधकर इसी बात को यों कहा जा सकता है कि पक्षी को इतनी सहजता और सरोकार से पकड़ा जाना चाहिए कि न तो उसका दम घुटने लगे और न ही वह उड़ सके। कुम्हार चाक पर गीली मिट्टी को रूप-आकार देते समय भीतर से हाथ का सहारा देता है और बाहर से चाटू द्वारा मिट्टी को हल्के-हल्के पीटता भी है। बस यहीं संरक्षण और निर्देशन का सलूक माता-पिता और शिक्षकों को बच्चों के साथ करना चाहिए। बच्चों की सृजनशीलता के विकास में बाधक वर्जनाओं, भयग्रस्तता और स्वेच्छाचारिता को रचनात्मक गतिविधियों द्वारा प्रतिस्थापित करना आवश्यक होता है। चाहे हम समस्त नियंत्रणों और रूकावटों को हटा पाने में अपने आप को असमर्थ पाते हों, फिर भी ऐसी प्रतिकूल और बाधक परिस्थिति का बोझ उठाने में बच्चों की सहायता तो कर ही सकते हैं।

पक्षाघात से पीड़ित एक आइरिश बच्चे ने, बारह वर्षों में अपने पैर के अँगूठे की सहायता से लिखकर एक सशक्त और सफल उपन्यास की रचना की। यह कार्य वह इसलिए कर पाया क्योंकि उसकी स्नेहमयी माता ने अपने वात्सल्य और प्रोत्साहान से उसमें सार्थकता का भाव पैदा किया, उसके जीवन को अर्थपूर्णता से भर दिया और उसकी प्रतिभा की पूरी-पूरी सराहना की। जब राज्य सरकारें और समस्त सामाजिक संस्थाएँ इस बाल उपन्यासकार की माता जैसा व्यवहार प्रतिभाओं के साथ करने लगेंगी तब प्लेटो की यह उक्ति साकार हो जाएगी कि "जिस देश में जिसका सम्मान होता है वहीं वहाँ विकसित किया जाता है"

युवावस्था में एक प्रतिभाशाली व्यक्ति ने व्यथा भरी टिप्पणी करते हुए कहा कि "अब मैं पीछे मुड़कर देखता हूँ तो लगता है कि मेरी कल्पना को पंख लगाने में स्कूली अनुभव कितने अपूर्ण और अपर्याप्त थे। केवल मेरे शिक्षक ही संवेदनशील होकर यदि मेरी स्वप्नदर्शिता और बेचैनी को समझ कर मेरे लिए प्रचुर उद्दीपक और चुनौतीपूर्ण अनुभव जुटा पाते तो मेरे मन को दुखी तथा समय और ऊर्जा को नष्ट होने से बचाया जा सकता था।"

हमारे यहाँ अधिकांश विद्यालय और महाविद्यालय "औसत छात्र" की अवधारणा से संचालित होते हैं। वहाँ "मंद बुद्धि" और "होनहार" दोनों ही वर्गो के छात्रों की उपेक्षा होती है। न तो शैक्षिक दृष्टि से पिछड़े छात्रों के लिए निदान और उपचार की व्यवस्था की जाती है और न ही प्रतिभाशाली छात्रों के

लिए त्वरण और प्रोन्नति की। सृजनशील छात्रों के लिए उनकी आवश्यकताओं के अनुरूप कक्षा में चुनौतीपूर्ण वातावरण नहीं होने से वे भी शैक्षणिक दृष्टि से पिछड़ जाते हैं। इस प्रकार, उनकी प्रतिभा का क्षय होने लगता है। जिस शिक्षण संस्थान का वातावरण जितना अधिक कठोर औपचारिक और अपरिवर्तनशील होता है, वहाँ बच्चों की प्रतिभा और सृजनशीलता उतनी ही अधिक क्षतिग्रस्त होती है। शिक्षकों को ऐसे प्रतिभाशाली बच्चों को यथाशीघ्र पहचान कर उन्हें अभिव्यक्त होने के लिए अधिक से अधिक अवसर और आधार प्रदान करने चाहिए।

कहा जाता है कि "संदेह महामंत्र है। संदेह बुद्धिमत्ता का लंगर और तर्कपूणता का जलमान है। संदेह ही ज्ञान का अधार और सत्य की खोज का संबल है।" टेनिसन ने भी कहा था कि निश्छल संदेह हमारे पारंपरिक विश्वासों से कहीं ज्यादा आस्था योग्य होते हैं। नया खोजने की उत्सुकता, जिज्ञासा और कुतूहल हमारी प्रगति और उत्कर्ष के आधार रहे हैं। इसी प्रवृत्ति ने मनुष्य को अंतरिक्ष को टोहने, समुद्र को थाहने और सुदूर ध्रुवों को खंगालने के लिए प्रेरित-प्रोत्साहित किया है। बुद्धि और दृश्य जगत् का अतिक्रमण करने वाली यह कल्पना-शक्ति 'दाहिने मस्तिष्क' की कोख से जनमती है। दुर्भाग्य यह है कि समूची शिक्षा व्यवस्था ही दाएँ मस्तिष्क की उपेक्षा करती है। उसे पूरी तरह से जगाने के लिए प्रयास नहीं किए जाते। आइन्स्टाइन, टैगोर और स्वामीनाथन इसीलिए कल्पना ही नहीं स्वैर कल्पना (फंतासी), परीकथा, रूपक और मीथकों तक को अध्यापन की सामग्री बनाने के पक्षधर थे। हमें बच्चों के प्रश्न, शंकाएँ और अटपटी उद्भावनाओं पर नाक-भौं चढ़ाने के बजाए उनका सम्मान कर उन्हें चरमोत्कर्ष तक पहुँचाने में सहायक होना चाहिए। बच्चों के नवाचारी और कल्पनाशील मिजाज के साथ माता-पिता, संबधी, संगी-साथी और शिक्षकों द्वारा जैसा रूख अपनाया जाता है, उसी पर उनकी सृजनात्मक प्रतिभा का विकास या ह्रास निर्भर करता है। नि:संदेह, जैविक विकास में 'उत्परिवर्तन' (Mutation) का जो स्थान और महत्व है, सामाजिक एवं शैक्षणिक विकास में वहीं महत्ता "कल्पना" की है।

46

क्या सृजन का कोई मुहूर्त होता है?

मेरे विचार से किसी भी रचना या सृजन क्रिया का कोई मुहूर्त नहीं होता। सृजन को किसी जन्मकुण्डली में जकड़ा नहीं जा सकता। सृजन पर समय के आयामों को भी आरोपित नहीं किया जा सकता क्योंकि समय का बाण सीधी रेखा में चलता है तथा सृजन की गति लहरदार या नृत्य जैसी होती है। सृजनशील रचनाकार समय से आगे चलता है। सृजन काल का अतिक्रमण करता है। उसे भूत या वर्तमान का बंधक नहीं बनाया जा सकता।

हाँ, परिवर्तन और नवीनता का आकांक्षी एवं पैरोकार होने से वह भविष्य का द्वार अवश्य खोलता है। हमारे यहाँ के भारवि और पश्चिम के अल्बेयर कामू के बारे में कहा जाता है कि वे अपने जमाने से कम से कम पचास साल आगे थे। सर्जक 'परिभू-स्वयंभू' अर्थात् स्वशासी होता है। वह न तो बंधता है और न ही बाँधता है। अपने ध्येय की प्राप्ति के लिये वह विद्रोही हो सकता है और उसका 'हृदय संवेदनाओं का युद्धस्थल'। मनोहर श्याम जोशी के शब्दों में कहा जाए तो 'रचनाकार का एक पैर किस्सागोई की जमीन पर मजबूती से जमा रहता है और दूसरा आसमान में ईश्वर के सिर पर धरा हुआ।' सर्जक की यात्रा, अभिशप्त सिसिफस के यंत्रवत उतार-चढ़ाव के विपरीत, अनन्तगामी होती है। वह तड़ित को बोतल में बंद करने की क्षमता और ऊर्जा संजोए रहता है।

सृजन सात्विक साधना है, समाधि है। सिद्धि का कर्मकांड नहीं इसलिये, इसे आनंद पाने का माध्यम या उद्यम नहीं कहा जा सकता। सच्चे सर्जक का

'आवेशपूर्ण आनन्द' या 'युरेका' सृजनात्मक प्रक्रिया से बाहर नहीं होता है। वह बुद्धि के पार मुक्तावस्था की 'अनाम अनुभूति' है। यह दही (दधि) का नाम बिसराकर "ले लेहु रे, कोई कृष्ण कन्हैया" कहने जैसा भावावेश है। सृजन भौतिक नहीं, रासायनिक प्रक्रिया है। इसमें विचारों, तत्वों, भावनाओं, घटनाओं, क्रियाओं, दृश्यों, स्वरों या रंग-रूपों आदि का विलय वैसे ही घटित होता है, जैसे कि रसायन में तत्वों या पदार्थों के संयोग से एक अभिनव यौगिक बनता है। सृजन में कल्पना की वैसी ही भूमिका होती है, जैसी कि जैविक विकास में उत्क्रांति (म्युटेशन) की। सृजन की आकुलता और उद्वेलन पर कोई बाह्य नियम या अंकुश काम नहीं करता। फिर भी प्रसव की तीव्रता में उसका अपना एक आंतरिक अनुशासन होता है, जिसे सृजन के व्याख्याकार 'मेथड इन मेडनेस' कहते हैं। सृजन के लिये 'खुली हवा में एक क्षण' की आवश्यकता होती है, अमरता की नहीं। इस सृजनक्षम या सृजन-सुलभ स्थिति के बारे में अल्वेयर कामू कहते है कि "उस क्षण जबकि आवेगों की हलचल अपने पूरे उफान पर होती है, तभी हृदय की गहराई में एक गहरा मौन होता है।.... पूरी कलात्मकता इसी मौन का अनुष्ठान है।"

सामान्य रूप से स्वस्थ, हर एक व्यक्ति में सृजन की क्षमता होती है, लेकिन उसे साकार करना हर एक के बस की बात नहीं होती। वैसे ही, जैसे कि प्रत्येक प्रजनन-क्षम महिला में माँ बनने की क्षमता होती है, लेकिन गर्भ को उसकी परिणति तक पहुँचा पाना हर एक महिला के लिये संभव नहीं होता। नए-नए विचार और भाव प्रत्येक व्यक्ति के मन-मस्तिष्क में उमड़ते-घुमड़ते रहते हैं। इन विचारों और भावों की प्रकृति अत्यधिक अस्थिर और चंचल होती है इसीलिये इनकी तुलना चिकनी, चंचल और चमकीली छोटी मछली से की जाती है। जो व्यक्ति अपने मन-मस्तिष्क को स्थिर और शांत करके विचारों के संचरण पर पूरा ध्यान केन्द्रित कर लेता है, वह नए विचारों का बेहतरीन, मेजबान कहलाता है। अतिथि-विचारों की अगवानी और सत्कार किए बिना उन्हें ठहराना या धारण करना मुश्किल होता है। तभी उसका संश्लेषण करके उन्हें मौलिक या बिल्कुल नया रूपाकार दिया जा सकता है।

सृजन मानसिक जीवन का यौनावेश है। मनोसिन्धु में उठने वाली हिलोर या ज्वार यथार्थ की परत को छेद कर उत्क्षेपित या अभिव्यक्त होना चाहता है। आज्ञापालन, नियमबद्धता और निगरानी सृजन के प्रवाह को अवरूद्ध कर देते हैं। सृजन का कोई गणित नहीं होता, इसलिये उसे लंबाई, चौड़ाई और गहराई

की दीवारों में कैद करना बेमानी है। गंगावतरण जैसे उसके प्रचंड प्रवाह से इन दीवारों को ढहते देर नहीं लगती है। जब उसे होना होता है तो रोका नहीं जा सकता और जब नही होना होता है तो बुलाया नहीं जा सकता। सृजनावस्था एक योग या 'समत्व' की स्थिति होती है। वह द्वंद्व और द्वैत से परे है। इसलिये उसमें सुख-दुख, लाभ-अलाभ या जय-पराजय की द्वंद्वात्मक अनुभूति नहीं होती। सर्जक के मन-मस्तिष्क की गति न तो दुःख में घटती है और न सुख में बढ़ती है। दोनों ही स्थितियों में सृजन क्रिया एक ही गति और लयताल में घटित होती है।

सृजन में समय की सघनता या घनत्व जैसी भी कोई चीज नहीं होती है। रसायन विज्ञान के छात्र जानते हैं कि कभी-कभी ऊँचे ताप पर उपयुक्त विलायक में किसी घुलनशील पदार्थ को अत्यधिक मात्रा में घुला देने के बाद भी, उसे ठंडा करने पर, उसे मणिभिकरण की ओर प्रवृत्त करने के लिये अतिसंपृक्तता या सघनता के अलावा ऐसे 'कुछ अतिरिक्त' उत्प्रेरण की आवश्यकता होती है, जिससे विलयन में हलचल पैदा हो सके। यह 'अतिरिक्त' कुछ विशेष नहीं, बल्कि एक धूल का कण, एक रगड़ा या थपकी भी हो सकती है। रवे जमाने की क्रिया को प्रोत्साहित करने वाली इस अतिरिक्त वस्तु को 'सीड क्रिस्टल' (बीज मणिभि) कहा जाता है। घनत्व या सघनता के बजाय, सृजनशीलता के घटित होने में, ऐसे किसी अजनबी 'सीड क्रिस्टल' या मूल स्फुरण की सार्थक भूमिका होती है। बाकी सब तो कसावट, मंजावट और सजावट होती है।

47

अमेरिका में गहराता सृजनशीलता का संकट

पिछले सात-आठ वर्षों से हम अमेरिका के आर्थिक और वित्तीय संकट की खबरें और कहानियाँ पढ़ते आ रहे हैं। इस एकांगी लेखन और चर्चाओं में अमेरिका में उभर रहे 'सृजनशीलता के संकट' का जिक्र शायद कभी नहीं हुआ। अमेरिका के प्रोफेसर रिचर्ड फ्लोरिडा ने सृजनशील वर्ग के उदय और उसकी उड़ान पर काफी काम किया है। उन्होंने पिछले कुछ वर्षों में बड़ा जोर देकर इस बात को उठाया है कि अमेरिका कई पीढ़ियों से अवसर और नवाचार का देश रहने के बाद अब अपनी प्रतियोगी तेजस्विता खोता जा रहा है। यह सवाल भी पूछा जा रहा है कि जिस अमेरिका ने विश्व की सर्वशक्तिमान आर्थिक व्यवस्था का निर्माण, दुनिया भर से मानवीय पूँजी या प्रतिभा को आकर्षित करके किया था, वही अब उस लाभ या उपलब्धि का तिरस्कार करने पर क्यों तुला हुआ है? औद्योगिक क्रांति के बाद उसे सबसे बड़ी चुनौती का सामना क्यों करना पड़ रहा है?

अमेरिका की प्रगति और समृद्धि का केन्द्रीय कारक उसका नए विचारों के प्रति खुलापन है, जिस कारण वह तमाम लोंगों की सृजनात्मक ऊर्जा को गातिशील बनाकर उसका उपयोग करने में सफल रहा है। आज भी अमेरिका प्रतिभा का वैश्विक संग्रहालय है। इसका सकल घरेलू उत्पाद (जी.डी.पी.) सर्वाधिक अर्थात दस ट्रीलियन डालर का आँकड़ा छू चुका है। सॉफ्टवेयर का स्वर्ग सिलिकॉन वेली ही नहीं, सूचना प्रौद्योगिकी, बॉयोटेक, मनोरंजन आदि अनेक क्षेत्रों की अग्रणी और गतिशील कंपनियां यहाँ उपस्थित हैं। निराशाजनक पहलू यह है कि वैश्विक प्रतिभा-पुंज और उच्च कोटि के सृजनशील-उद्योग,

जो अमेरिका की बपौती एवं प्रगति के इंजन थे, वही अब बिखर कर सारी दुनिया में फैलने लगे हैं।

आयरलैंड, फिनलैंड, कैनाडा, आस्ट्रेलिया और न्यूजीलैंड आदि देशों नृ अमेरिका से ही सफलता के सूत्र सीख कर अन्य देशों तथा अमेरिका की प्रतिभाओं को अपने यहाँ बुलाने के लिये लाल कालीन बिछाना शुरू कर दिया है। ये देश उच्चतर शिक्षा में अधिक आर्थिक निवेश ही नहीं कर रहे हैं, सृजनशीलता को बढ़ावा देकर 'नोकिया' और 'लार्ड ऑव द रिंग्स' जैसे सितारा उत्पाद भी तैयार करने में सफल रहे हैं। यदि ये थोड़े से नवोदित देश अमेरिका से उनके यहाँ 2 प्रतिशत से 5 प्रतिशत सृजनशील लोगों को उड़ा ले गए तो अमेरिका के अर्थतंत्र का मेरूदंड झुकने में देर नहीं लगेगी। अमेरिका को नवाचारी बने रहने के लिए जरूरी है कि वह अन्य देशों के उत्कृष्ट मस्तिष्क और प्रतिभाशाली लोगों को आकर्षित और आमंत्रित करता रहे। इस उद्देश्य की पूर्ति के लिये उसे अपने सृजनशील–क्षेत्र का सतत् विकास और उन्नयन करते रहना चाहिए। अन्य देशों के लिये भी यह कार्य उतना ही महत्वपूर्ण है। यह तथ्य किसी से छुपा नहीं है कि जहाँ कहीं प्रतिभा और सृजनशीलता जाती है, वहीं उसके पीछे–पीछे नवाचार और आर्थिक वृद्धि भी दौड़ कर पहुँच जाती है।

फिलहाल, अमेरिकी अर्थतंत्र का लगभग 30 प्रतिशत भाग ही सृजनशील है। विभिन्न क्षेत्रों में कार्यरत सृजनशील लोगों की संख्या करीब चार करोड़ है। इनमें जटिल समस्याओं का समाधान खोजने वाला कार्यबल भी सम्मिलित है। यही वह जनशक्ति है जो नए विचार, नई विषयवस्तु और नई प्रौद्योगिकी को जन्म देती है। इस पर उतना ही अर्थात् दो ट्रीलियन डालर खर्च होता है, जितना कि अमेरिका के समग्र सेवा और विनिर्माण क्षेत्र के कर्मचारियों पर प्रति मास होता है। वैसे, अब अमेरिका ने 'सृजनशील युग' में प्रवेश कर लिया है। बीसवीं सदी में अमेरिका की चौंकाने वाली प्रगति का श्रेय अन्य देशों से आए प्रतिभाशाली और उद्यमी आप्रवासियों को जाता है। प्रतिभा के इसी तारामंडल ने अमेरिका की विश्वविद्यालयीन शिक्षा–प्रणाली और नवाचारी जमीन (इंफ्रास्ट्रक्चर) को उर्वर बनाने में उल्लेखनीय योगदान दिया है। इस आगन्तुक समुदाय की संख्या लगभग तीन करोड़ या अमेरिका की जनसंख्या का 10 प्रतिशत है।

पेटेन्ट और प्रकाशन के क्षेत्र में भी अमेरिका की हिस्सेदारी घटती जा रही है। अमेरिका में जारी किए जाने वाले पेटेन्ट में अब विदेशी कंपनियों और विदेशी मूल के शोधकर्ता और अन्वेषकों की भागीदारी बढ़कर लगभग आधी हो गई है। जापान, ताईवान तथा साउथ कोरिया के अन्वेषकों का योगदान, अमेरिका में दिए जाने वाले औद्योगिक पेटेन्ट्स में, एक चौथाई से ज्यादा है। 1988 में अमेरिका ने 1,78,000 वैज्ञानिक शोधपत्र प्रकाशित किए थे। यह संख्या सारी दुनिया के विज्ञान और यांत्रिकी क्षेत्र में प्रकाशित हुए शोधपत्रों का 38 प्रतिशत था। 2001 में योरपियन यूनियन के देशों ने सर्वाधिक वैज्ञानिक शोध साहित्य प्रकाशित किया था। 1983 में भौतिकी के क्षेत्र में अमेरिकी प्रकाशनों की अग्रगामिता 61 प्रतिशत से घटकर 29 प्रतिशत तक सिकुड़ गई। विदेशी छात्र और आप्रवासियों द्वारा अमेरिका में 50 प्रतिशत वैज्ञानिक शोधकार्य किया जाता है। विज्ञान और यांत्रिकी में 40 प्रतिशत डॉक्टरेट (पीएच.डी.) तथा कम्प्यूटर साईन्स में 65 प्रतिशत डाक्टरेट विदेशी छात्रों (विशेषकर भारतीय और चीनी) द्वारा अर्जित की जाती हैं। इन आँकड़ों से पता चलता है कि किस तरह अमेरिका में अनुसंधान और सृजनशीलता के क्षेत्र में अमेरिकी मूल के छात्रों की भागीदारी घटती जा रही है। 2010 तक प्रत्येक विषय में पीएच.डी. करने वाले विदेशी छात्रों की संख्या 50 प्रतिशत से अधिक तथा विज्ञानों में यह 75 प्रतिशत हो गया। यदि अमेरिका में उच्चतर शिक्षा प्राप्त करने वाले युवावर्ग को वहाँ की सरकार अमेरिका में ही अवसर दे सकी तो वहाँ नवाचारिता और अन्वेषणशीलता फलफूल सकेगी, अन्यथा यह प्रवृत्ति और मानसिकता उनके साथ ही पलायन कर जाएगी।

नौ-ग्यारह (2002) के आंतकी हमले से उपजे भय, आशंका और चिन्ता के कारण सरकार को पैर पसारने के लिये अधिक आजादी मिल गई है। अनुसंधान और वैज्ञानिक अन्वेषण के क्षेत्र में राजनीति के अधिक प्रवेश की वजह से विश्व के उत्कृष्ट मस्तिष्कों का अमेरिका के प्रति आकर्षण तो घटा ही है, स्वयं अमेरिकी वैज्ञानिक भी यू.के. आदि देशों में पलायन कर रहे हैं। चूंकि प्रतिभाशाली वर्ग ही अमेरिका के अर्थतंत्र का ड्राइवर है, इसलिये उसके बाहर चले जाने से अमेरिका के अर्थतंत्र का कमजोर होना स्वभाविक है। 2003 में नेशनल एसोसिएशन ऑफ मैन्युफेक्चरर्स द्वारा किए गए सर्वेक्षण से यह बात सामने आई है कि अमेरिका में कुशल कार्यबल की कमी 2005 से ही महसूस होने लगी थी। यह कमी 2010 में 53 लाख और 2020 में करीब डेढ़ करोड़

तक पँहुच जाएगी। प्रतिभा की कमी होने का एक खास कारण उस 'बेबी बूमर्स' पीढ़ी का बुढ़ाना है, जो अमेरिका के कार्यबल का 60 प्रतिशत है तथा जिसका आयु समूह 30–60 वर्ष का है। यह आयु–समूह अब सेवा निवृत्त होता जा रहा है। वैसे तो हर क्षेत्र में प्रतिभाशाली लोगों की कमी दिखाई दे रही है, लेकिन सर्वाधिक कष्टकारी विज्ञान और यांत्रिकी क्षेत्र में उत्पन्न हुआ घाटा है। दुर्योग यह है कि इन्हीं दोनों में रोजगार की माँग चार गुना बढ़ गई है। 2010 तक अमेरिका में 20 लाख वैज्ञानिकों एवं इंजीनियरों की आवश्यकता बढ़ गई है। उधर, गणित की पढ़ाई–लिखाई में भी अमेरिका बुरी तरह पिछड़ गया है।

युवाछात्र ही वैश्विक प्रतिभा–प्रवाह के अग्रणी सूचक होते हैं। इसलिए, विदेशी प्रतिभावान युवक–युवतियों को आकर्षित कर उन्हें अमेरिका में रोके रखना एक बड़ी चुनौती है। 2004 से अमेरिकी विश्वविद्यलायों में पढ़ने के लिये आने वाले छात्रों की संख्या में कमी होने लगी है। 2004 में यह घाटा 32 प्रतिशत तक पहुँच गया था। आधे से अधिक छात्र एशियाई होते थे। इनमें 14 प्रतिशत भारत के और 10 प्रतिशत चीन के थे। अर्थतंत्र के अपूर्व सुधार के कारण अब छात्रों को बेहतर उच्च शिक्षा अपने देशों में ही मिलने लगी है। यूनेस्को का अनुमान है कि 2000 में वैश्विक धरातल पर 10 लाख, 70 हजार छात्रों ने विदेशों में शिक्षा पाई थी। 2025 तक, यह संख्या बढ़कर 80 लाख हो जाएगी। इन छात्रों को आकर्षित कर सकने वाले देश वैश्विक प्रतिभा–संग्राम में बड़े फायदे में रहेंगें। लेकिन, अमेरिका इस लड़ाई में शायद पीछे रह जाएगा। पिछड़ने का प्रमुख कारण वीजा और ग्रीन कार्ड संबंधी नीतियों का दोषपूर्ण होना है। वीजा देने में देरी करने से दो वर्ष में अमेरिकी व्यापार को लगभग 30 अरब की हानि हुई है। विदेशी छात्रों का अमेरिका के विश्वविद्यालयों में प्रवेश घटने से भी प्रतिवर्ष 8–10 अरब डालर का घाटा होने की संभावना है।

वर्ष 2015–16 में कुल 10.4 लाख विदेशी छात्रों ने अमेरिकी शिक्षण संस्थानों में प्रवेश लिया था। उनमें सर्वाधिक 3.28 लाख चीन के और दूसरे क्रम पर 1.65 लाख भारतीय छात्र थे। अब प्रेसीडेन्ट ट्रम्प की नीति के कारण अमेरिका का वातावरण बदल गया है। कारोबार से ज्यादा शिक्षा और रोजगार में उसका प्रभाव दिख रहा है। सत्र 2016–17 में यह संख्या घटी और वर्ष 2017–18 के शिक्षा सत्र में विदेशी छात्रों के प्रवेश हेतु आवेदनों में एकदम गिरावट आ गई है। पिछले वर्ष अमेरिका में विदेशी छात्रों की संख्या 10 लाख

पार कर गई थी। इस वर्ष (2017-18) आधे से भी कम आवेदन आने से ग्रेजुएशन कोर्स कराने वाले कालेजों की सीटें खाली रह गई हैं। सबसे ज्यादा गिरावट मिडिल ईस्ट देशों के छात्रों की है। ट्रंप इफेक्ट (Trump Effect) 'ट्रम्प इफेक्ट से, प्रतिभाशाली छात्रों का अमेरिका के प्रति आकर्षण घटा है और अमेरिका को लगभग 21.76 अरब रुपयों की हानि उठानी पड़ रही है।

48

नोबेल पुरस्कारः साहित्यिक सृजन पर उठती उंगलियां

फ्रांस के साहित्यकार पैट्रिक मोडियानो को मिले नोबेल पुरस्कार (2014) को लोगों ने उस समय भुला दिया जब उनके विकीपीडिया पेज पर दस लाख लोगों ने हिट किया, जबकि ठीक उसके पिछले महीने में. 'टैफिक हिट' लगभग नहीं के बराबर थे। इस प्रसंग ने, साहित्य के नोबेल के लिये गठित समिति को, साहित्यकारों के चयन से जुड़ी मानसिकता का परीक्षण करने के लिये बाध्य कर दिया।

मोडियानो के नाम की घोषणा करने से पहले चयन समिति की सूची में जिन साहित्यकारों के नाम सम्मिलित थे, वे हैंः केन्या के लेखक नगूमी वा थियोंगो, जापान के हारूकी मुराकामो, बेलारूस की उपन्यासकार स्वेतलाना एलेक्सिजेवित्ज तथा सीरिया के कवि ऐडुनिस। इस सूची में पश्चिमी देशों के साहित्यकारों के नाम नहीं थे।

स्वीडिश अकादमी के सदस्य होरैस एर्गडहल के मतानुसार पश्चिमी देशों के साहित्य की बड़ी समस्या यह है कि वहाँ के साहित्यिक लेखन की गुणवत्ता में गिरावट आ गई है। कारण यह है कि वहाँ के साहित्यिक लेखन का व्यावसायीकरण या व्यापारीकरण हो गया है। एर्गडहल मानते हैं कि पश्चिम में लेखन की गुणवत्ता में गिरावट आ गई है। कारण यह है कि वहाँ साहित्यिक लेखन एक भावावेश की क्रिया होने के बजाए, प्रोफेशन या वृत्ति बन गई है। वहाँ लेखकों के लिये वित्तीय साधनों के अनेकानेक रास्ते खुल गए हैं। इस

कारण लेखक सच्चे या प्रामाणिक मानवीय अनुभवों से कट कर इधर–उधर भटक गए हैं। यद्यपि इस प्रलोभन–आकर्षण को समझना कठिन नहीं है, फिर भी इस प्रवृत्ति से यह तो साफ नजर आने लगा है कि लेखक, सामाजिक प्रतिबद्धता से विमुख होकर, कुछ संस्थानों के अस्वस्थ और लोभी जाल में फँसता जा रहा है। नैतिक संघर्ष और कर्म के तनाव के बिना मौलिक सृजन शायद संभव नहीं है। पहले लेखक/साहित्यकार क्लर्क, वेटर, सेक्रेटरी, टैक्सी ड्राइवर आदि छोटे–छोटे काम करके अपना गुजर–बसर कर लेते थे। यद्यपि ऐसे काम करना कठिन होता था, फिर भी सैमुअल ब्लैकेट से लगाकर माया एंजेलो तक कई लेखकों ने चुनौतियों और अभावों को अपने–अपने ढंग से सहा और उनका सामना किया है।

ऐसे लेखकों में एक साहित्यिक परिप्रेक्ष के साथ ही, सृजन उनके 'मानसिक जीवन का यौनावेश (सेक्स)' होता था। इसीलिये, वे अपने पेट और मानस को भरा–पूरा रख पाते थे। एर्गडहल ने एक महत्व–पूर्ण रहस्य उजागर करते हुए कहा है कि "जब हम एशिया और अफ्रीका के लेखकों की कृतियाँ पढ़ते हैं तो हमें उनमें स्वाधीनता की गहरी अनुभूति कर काफी राहत मिलती है।"

एल्फ्रेड नोबेल चाहते थे कि नोबेल पुरस्कार आदर्श की ओर ले जाने वाली असाधारण (या सर्बोत्कृष्ट) प्रतिभा अथवा उपलब्धि के लिए दिया जाना चाहिए। लेकिन एर्गडहल यह भी स्वीकार करते हैं कि ऐसा करना शायद संभव नहीं है। पुरस्कार के निर्णायक भी ऐसे लेखकों की ओर झुक जाते है जो अतिक्रमण या सीमोल्लंघन का केवल स्वाँग या दिखावा करते हैं। जिन सीमाओं को अतिक्रमित करने का वे दावा करते हैं, वे वास्तव में अस्तित्व में होती ही नहीं हैं।

कहा जाता है कि सृजनशीलता रूमानियत (रोमैन्स) में जन्म लेती है और भावावेश (पैशन) में उसका समापन होता है। रोलो मैं का विचार है कि सृजनात्मकता बच्चों और किशोरों की मासूम स्वतःस्फूर्तता मात्र नहीं होती। प्रौढ़ता के उद्वेलन से इसका मिलाप होना अनिवार्य है। विख्यात फ्रांसीसी चित्रकार पॉल गॉगिंग अपने जीवन के अंतिम वर्षों में साउथ पैसिफिक के एक द्वीप में रहते थे। कहा जाता है कि मृत्यु के कुछ दिन पहले उन्होंने अपनी सर्वश्रेष्ठ पेन्टिंग बनाई थी। उसका शीर्षक था: "हम कौन हैं? हम कहाँ से

आए हैं? और कहाँ जा रहे हैं?'' इस चित्र के बारे में स्वयं गॉगिंग ने लिखा है कि ''इसके निर्माण में मैंने, मरने से पहले, अपनी सम्पूर्ण ऊर्जा उंडेल दी है। उनका यह भावावेश कितना पीड़ादायी और दृष्टि कितनी स्पष्ट थी।

एक बार ओशो से लोगों ने पूछा था कि सृजनशील व्यक्ति पीड़ाग्रस्त क्यों होते हैं? उनका उत्तर थाः ''हमारे मन में खुशी नहीं होती है। मन, वास्तव में, एक दर्दनाक जख्म है। जब तक हमारा सृजन मन के बजाए ध्यान से उत्पन्न नहीं होता तब तक सृजन की प्रक्रिया एक गहरी पीड़ा बनी रहेगी। जब सृजन ध्यानावस्था (सात्विक समाधि) से प्रसूत होता है तब वह प्रसन्नता और आनन्द की अनुभूति कराता है। हाँ, मन-मस्तिष्क से दूर या आगे कुछ संमोहक और मूल्यवान अवश्य होता है। इसलिए उसकी तलाश और तलब बराबर बनी रहनी चाहिएः

''तलाश और तलब में जो लज्जत मिली है,
दुआ कर रहा हूँ कि मंजिल न आए।''

49

भारतीय प्रतिभा के प्रति बढ़ता वैश्विक आकर्षण

सन् 1943 में हार्वर्ड यूनिवर्सिटी में व्याख्यान देते हुए विन्सटन चर्चिल ने कहा था कि भविष्य के साम्राज्य 'मानसिक साम्राज्य' होंगे। वह भविष्यवाणी अब एक वास्तविकता बनती जा रही है। प्रतियोगी वातावरण में अगुआ बने रहने के लिए नवाचारिता का आग्रह दिनों-दिन बढ़ता जा रहा है। विभिन्न कंपनियों और देशों में प्रतिभाओं को आकर्षित करने के लिए संग्राम चल रहा है। प्रत्येक क्षेत्र में प्रतिभाशाली व्यक्तियों और नए तरीके से सोचने-विचारने वाले लोगों की माँग बढ़ रही है। कुछ औद्योगिक संस्थान, व्यापारिक संगठन और विश्वविद्यालय अपने यहाँ नोबेल पुरस्कार विजेताओं को नौकरी देने के लिए मुँहमाँगा वेतन देने की तत्परता दिखा रहे है। प्रतिभावान व्यक्तियों को संस्थानों में बनाए रखने के लिए उनकी कुशलता, सृजनशीलता और अनुभव को पुरस्कृत किया जा रहा है।

उद्योग, व्यापार तथा उच्चतर शिक्षा संस्थानों में प्रतिभावान, कुशाग्र बुद्धि के लोगों को नियुक्त करने की प्रवृत्ति विश्वव्यापी होती जा रही है। यह विश्वास होता जा रहा है कि युवा प्रतिभा अपनी साहसिकता और उद्यमिता के बल पर उत्पादन और पूँजी-निर्माण के नए मॉडल और रणनीतियाँ विकसित कर सकती है। प्रोफेसर रिचर्ड फ्लोरिडा के इस निष्कर्ष ने कि सृजनशीलता भारत के डी.एन.ए. में निहित है तथा टैलेंट और टेक्नॉलॉजी में भारत चीन से आगे है, कई बहुराष्ट्रीय कंपनियों को भारतीय प्रतिभा की ओर आकर्षित कर दिया है। इन कंपनियों ने अपने अच्छे उद्योग-धंधे भारत में स्थानांतरित करना शुरू कर दिया है, लेकिन प्रतिभाशाली ज्ञानकर्मियों की अत्यधिक माँग के कारण भारत में भी उन्हें प्रतिभाशाली व्यक्तियों की कमी महसूस होने लगी है। संभवत: इसीलिए कंपनियों ने ग्रेजुएट युवक-युवतियों को भर्ती करके स्वयं ही उनकी प्रतिभा को तराशना शुरू कर दिया है।

वाशिंगटन के 'व्यापार अनुसंधान समूह' द्वारा वरिष्ठ मानव संसाधन प्रबंधकों से की गई रायशुमारी में यह बात उजागर हुई है कि प्रतिभा को आकर्षित कर उसे उद्योगों और संस्थानों में बनाए रखना 75 प्रतिशत प्रबंधकों की पहली प्राथमिकता बन गई है। बीस से अधिक कंपनियों के भर्ती करने वाले 4000 प्रबंधकों ने पूछताछ में बताया कि 2004 के बाद उम्मीदवारों की औसत गुणवत्ता में 10 प्रतिशत की गिरावट हुई है। यही नहीं खाली पदों को भरने में लगने वाला औसत समय भी अब बढ़ता जा रहा हैं। जो भर्तियाँ पहले 37 दिनों में कर ली जाती थीं, उनके लिए अब 51 दिन लगने लगे हैं। एक तिहाई से अधिक प्रबंधकों की राय थी कि खाली पदों को जल्दी भरने के लिए उन्हें औसत से नीचे के उम्मीदवारों को नौकरी देनी पड़ रही है। इस प्रतियोगी जमाने में एक और नई प्रवृत्ति दिखाई देने लगी है। नियुक्त किए गए तीन व्यक्तियों में से एक को अन्य व्यापारिक संगठन प्रलोभन देकर अपने यहाँ नौकरी दे देते हैं। इन आँकड़ों से यह संकेत मिलता है कि दिनों-दिन माँग बढ़ने के कारण योग्य एवं प्रतिभावान उम्मीदवारों की उपलब्धता कठिन होती जा रही है। कुशल और नवाचारी लोगों को आकर्षित करने के लिए गैर प्रौद्योगिकीय क्षेत्र की कंपनियों ने अपने पर्क और पैकेज औद्योगिकीय क्षेत्र की कंपनियों से और अधिक बड़े कर दिए हैं। एक सेक्टर से दूसरे में प्रतिभा के पलायन और तस्करी की संभावनाएँ बढ़ती जा रही है।

विभिन्न देशों की सरकारें भी अनेक प्रकार की सुविधाएँ मुहैया करके प्रतिभाओं को अपने-अपने देशों में आकर्षित करने के लिए आगे आ रही है। कुछेक विकासशील देशों पर इसका प्रतिकूल प्रभाव पड़ सकता है, मगर एक अच्छा लक्षण यह दिखाई दे रहा है कि भारत और चीन जैसे देश भी आर्थिक शक्तियाँ बनकर अब विकसित देशों की प्रतिभा को अपनी ओर आकर्षित करने की स्थिति में आ गए हैं। हमारे देश में अच्छे अवसर बढ़ने से आईआईटी संस्थानों से निकलने वाले अधिकांश छात्र भी विदेश जाने का मोह छोड़ रहे है। कुछ भी हो, अमेरिका के विश्वविद्यालय अपने यहाँ की सुविधाओं और खुलेपन के कारण आज भी सारी दुनिया के युवजनों के लिए अनोखे चुम्बक बने हुए हैं। पिछले वर्षों में सर्वाधिक नोबेल पुरस्कार अमेरिका की झोली में जाने से वहाँ की शिक्षा-दीक्षा और अनुसंधान का दबदबा फिर बढ़ गया है। चीन भी अमेरिका की तर्ज पर अपने विश्वविद्यालयों को विश्वस्तरीय बनाने में जुटा हुआ है। पिछले वर्षों में चीन के प्रधानमंत्रियों ने विश्वविद्यालयों में

पोस्टमैन की तरह जा-जा कर धन और संसाधनों का खूब वितरण किया है। विज्ञान और टेक्नॉलॉजी के क्षेत्र की विदेशों में बसी चीनी प्रतिभाओं को मुँहमाँगी सुविधाएँ प्रदान करने की गारंटी देकर स्वेदश में बुलाया जा रहा है। पिछले तीन-चार वर्षो में वहाँ विश्वविद्यालयों की संख्या में अपूर्व वृद्धि होकर अब लगभग 1500 से अधिक विश्वविद्यालय हो गए हैं।

हमारे देश में उच्च शिक्षा में जान डालकर उसे नवाचारी और उद्यमशील बनाने की चीन जैसी सरगर्मी दिखाई नहीं दे रही है। कुल मिलाकर हमारे विश्वविद्यालय और कॉलेज जड़ता एवं ठहराव की धर्मशालाएँ बने हुए हैं। 18 से 24 वर्ष आयु समूह के मात्र 21 प्रतिशत युवजन उच्च शिक्षा का मुँह देख पाते हैं। कॉलेज और विश्वविद्यालयों से पढ़-लिखकर बाहर आनेवालों में से मुश्किल से 20 प्रतिशत छात्र ही रोजगार पाने योग्य होते हैं। इसलिए उच्च शिक्षा की गुणवत्ता बढ़ाना निहायत जरूरी हो गया है। एक अरब से अधिक की जनसंख्या वाले देश में लगभग 760 विश्वविद्यालय और 48 हजार कॉलेज ऊँट के मुँह में जीरे के समान है। अनुसंधान और विकास पर उच्च शिक्षा के बजट का एक प्रतिशत भी खर्च नहीं किया जाता। प्रतिभाशाली ज्ञानकर्मियों की अपूर्व माँग और विकास की चुनौती का सामना करने के लिए हमारे यहाँ सर्वसुविधा सम्पन्न कम से कम डेढ़ हजार विश्वविद्यालय तो होने ही चाहिए। रोजगार और शिक्षा का सीधा संबंध है। इसलिए ग्रामीण रोजगार गारंटी योजना का आधा बजट ग्रामीण क्षेत्रों की शिक्षा पर खर्च होना चाहिए। यह तथ्य ध्यान में रखा जाना चाहिये कि बेरोजगारी बढ़ने पर शिक्षा का अवमूल्यन होने लगता है।

गाँवों में कई होनहार रमन और टैगोर या तो गाय-भेड़ चरा रहे हैं या पत्थर फोड़ रहे हैं। वहाँ की विराट सोई हुई प्रतिभा को जगाने की चिंता ''राष्ट्रीय ज्ञान आयोग'' भी नहीं कर पाया। दस-बीस अभिजात 'आई-आईटी' और 'आई-आईएम' के अहंकार में भारत न डूबे तो वह एक अग्रणी ज्ञान-शक्ति बन सकता है और एक आर्थिक ताकत भी। इस उद्देश्य की पूर्ति के लिए प्रतिभा की व्यापक खोज और प्रशिक्षण का राष्ट्रीय कार्यक्रम बनाया जाना चाहिये, ताकि हमारे यहाँ भी बादलों से बिजली खींचकर लाने वाले बेन्जामिन फ्रैंकलिन और दो-दो नोबेल पुरस्कार पाने वाली मैडम क्यूरी को उभरकर सामने आने में देर नहीं लगे।

50

परीक्षा का पेंच और पतन

पिछले सत्तर वर्षों से हम एक ओर तो कहते आ रहे है कि परीक्षा हमारी शिक्षा प्रणाली की सबसे कमजोर कड़ी है, तथा दूसरी ओर यह भी मानते चले आ रहे हैं कि परीक्षा एक अनिवार्य बुराई है। इस तरह के विरोधाभासी और गड्डमड्ड सोच के साथ हमने रहना सीख लिया है। इसलिये शिक्षा के शरीर को जोंक की तरह जकड़ने और उसका रक्त चूसने वाली परीक्षा की कैंचुली को न तो हम उतार पा रहे हैं और न ही उसमें कोई क्रांतिकारी परिवर्तन कर पा रहे हैं। 'एक अनार, सौ बीमार' जैसी स्थिति पैदा करने वाली प्राणलेवा प्रतियोगिताओं ने प्रवेश परीक्षाओं का अंबार लगाकर परीक्षा-कार्य को और अधिक विकट एवं विकराल बना दिया है। प्रवेश परीक्षाओं की बढ़ती हुई संख्या ने 'कोचिंग क्लासेस' का दस हजार करोड़ का विराट बाजार और अक्खड़ अखाड़ा खड़ा कर दिया है। इसने न केवल उच्च शिक्षा का बल्कि गहन मनन-चिन्तन और अनुसंधान का भी अवमूल्यन कर दिया है। कोचिंग क्लासेस केवल पढ़ाने की कक्षाएँ नहीं रही, वे प्रवेश परीक्षाओं में सफलता दिलाने के ऐसे 'शक्ति-केन्द्र' बन चुके हैं जिनके सूत्र देश के ब्रांड संस्थानों से ही नहीं, राजनेताओं, उद्योगपतियों और नौकरशाहों से भी जुड़े हुए हैं। शिक्षा के निजीकरण और व्यापारीकरण के फलस्वरूप जो पैसे की बाढ़ आई है उसने शिक्षा में दलाल और माफिया खड़े कर दिए हैं। अब शिक्षा में 'पावर शिफ्ट' ज्ञान के बजाए धन और हिंसा की ओर हो रहा है। प्रवेश से लेकर परीक्षा-परिणाम तक पैसे का खेल चल रहा है। मध्य प्रदेश में हुए विराट **'व्यापम'** घोटाले ने प्रवेश-परीक्षाओं की कलई खोल कर रख दी है।

आजकल पेपर आउट नहीं होते, कराए जाते हैं। कोचिंग क्लासेस, व्यापारी, नौकरशाह और राजनेताओं के एजेन्ट अपनी अपनी ताकत का इस्तेमाल पेपर सेटर से लगाकर कम्प्यूटर पर तैयार होने वाली रिजल्ट शीट तक करते रहते हैं। इन शिक्षाद्रोही शक्तियों को पराजित करने के लिये व्यवस्थाओं में कसावट के साथ साथ निरंतर निगरानी और जागरूकता की आवश्यकता है। हमारे विशाल देश में समाजार्थिक स्थितियाँ, शैक्षणिक सुविधाएँ एवं स्तर समरूप नहीं है। इसलिये, सारे देश के लिये एक जैसी प्रवेश–परीक्षाएँ आयोजित करना औचित्यपूर्ण नहीं कहा जा सकता। प्रबंधकीय दृष्टि से भी विकेन्द्रीकरण और अपेक्षाकृत छोटी क्षेत्रीय इकाइयों में परीक्षाएँ विभाजित की जानी चाहिए। यह सवाल भी उठता है कि जब विभिन्न राज्यों के परीक्षा बोर्ड 10वीं और 12वीं कक्षाओं के लिये तथा विश्वविद्यालय, उच्च शिक्षा के लिये परीक्षाएँ लेता हैं तो फिर अलग–अलग प्रवेश परीक्षाएँ क्यों संचालित की जानी चाहिए? प्रोफेशनल संस्थानों को मेरिट के आधार पर बोर्ड और विश्वविद्यालयों की रिजल्ट शीट से छात्राओं को चुना जाना चाहिए। पहले ऐसा ही होता था। प्रवेशार्थियों की योग्यता को अधिक विश्वसनीय बनाने के लिये आठवीं, 10वीं और 12वीं की कक्षाओं के प्राप्तांकों के औसत को भी आधार बनाया जा सकता है।

अभी तक जाँची–परखी परीक्षा पद्धतियों में सेमेस्टर प्रणाली ही सर्वश्रेष्ठ पाई गई है, क्योंकि इसमें सतत् आंतरिक मूल्यांकन का प्रावधान है और विषय अध्यापक की भूमिका ही निर्णायक होती है। 'ऑन लाइन परीक्षाएँ' तब ही ली जा सकती हैं जबकि 'इन्टरनेट' की सुविधा की उपलब्धता और उसके उपयोग की कुशलता का प्रसार लगभग सारे देश में हो सके।

आज के परिवर्तनशील युग में कोई भी परीक्षा प्रणाली स्थायी नहीं हो सकती। अनुभव और ज्ञान के आधार पर उसमें सुधार होते रहना चाहिए। प्रणाली की श्रेष्ठता मानवीय प्रतिबद्धता पर निर्भर करती है। मानवीय दुर्बलता अच्छी प्रणाली को भी बदनाम कर सकती है, तथा उत्तम व्यक्तियों के हाथ में रहकर अधम प्रविधि भी बेहतर परिणाम दे सकती है। हर विफलता नैतिक विफलता का ही परिणाम होती है। इसलिये, प्रत्येक प्रणाली की सफलता के लिये नैतिक बल के सहारे की जरूरत से इन्कार नहीं किया जा सकता।

51

क्या करें जिससे परीक्षाओं की गोपनीयता बनी रहे?

भारतीय प्रबंध संस्थानों की प्रवेश परीक्षा की गोपनीयता भंग होने की खबर से सारा शिक्षा जगत स्तंभित है। प्रबंध शिक्षा से जुड़े लोग महसूस कर रहे हैं कि प्रबंधन की शिक्षा देने वाले अपने यहाँ की परीक्षा का ही प्रबंध नहीं कर पाए। भारतीय प्रबंध संस्थानों के शिक्षकों एवं छात्रों के लिए तो यहाँ तक कहा जाता है कि उनकी कल्पनाशीलता और सृजनशीलता 'तड़ित' तक को बोतल में बंद कर सकती है। फिर उन्होंने परीक्षा की गोपनीयता के जिन्न को बोतल से बाहर क्यों और कैसे आने दिया? एक पराई प्रिंटिंग प्रेस के लोगों पर इतना अंधा भरोसा क्यों किया गया? जो अपने सम्मान और स्वायत्तता से बेहद प्यार करते हैं, उन्हें निरंतर निगरानी और सजगता का प्रमाण तो देना ही पड़ेगा।

यह भी नहीं हो सकता कि जिन नए और पुराने धनाढ्य वर्ग के युवक-युवतियाँ आइआइएम्स में प्रवेश लेते हैं उनकी मानसिकता और संस्कृति से वहाँ के विद्वान आचार्य और निदेशक अनजान रहते हों। समाज में यहीं धनाढ्य वर्ग सर्वाधिक भौतिकतावादी और धनवादी होता है। उसका परम विश्वास है कि धन के बल पर चाहे जो किया और कराया जा सकता है। इसी वर्ग के थैलीशाह बड़े दंभ के साथ यह कहते हुए सुने जाते हैं कि "हम तो मिनिस्ट्री बनाना और बिगाड़ना भली-भाँति जानते हैं।" उनकी एजेंसियाँ और दलाल बड़े-बड़े ठेके, परमिट और पुरस्कार पाने और दिलाने के लिए चौबीसों

घंटे तैनात रहते हैं। क्या उनके धन-बल के बूते पर, बारह तालों में बंद संदूक से चाहे जो लाया या उड़ाया नहीं जा सकता? कहना व्यर्थ है कि ऐसी स्थिति में सामूहिक प्रवेश परीक्षा के पेपर फूटने के जोखिम के प्रति कितना सतर्क और सावधान रहा जाना चाहिए था।

आईआईएम्स 'ब्रैंड इंडिया' के दो-चार घटकों में से एक है। इसलिए इन संस्थानों से जुड़े लोगों का आहत होना स्वाभाविक है। यहीं नहीं, दुनियाभर में इन संस्थानों की जो उज्ज्वल छवि और चमकदार साख है, वह भी थोड़ी-बहुत मलिन तो हुई है। अंदर के लोग यह तर्क दे रहे हैं कि लिखित प्रवेश परीक्षा तो चयन का एक आरंभिक चरण मात्र है। 'समूह चर्चा' और 'साक्षात्कार' नामक दो अन्य चरण हैं, उन पर पहले चरण के प्राप्तांकों (या मूल्यांकन) का कोई असर नहीं पड़ता। ऐसा भी नहीं है कि सरकार या अन्य एजेंसी द्वारा प्रवेश परीक्षा संपन्न कराई जाती तो पेपर फूटने जैसी दुर्भाग्यपूर्ण घटना घटित ही नहीं होती। हाल ही में, केंद्रीय माध्यमिक शिक्षा बोर्ड द्वारा अखिल भारतीय चिकित्सा संस्थानों में प्रवेश हेतु संचालित 'पीएमटी' के प्रश्नपत्रों की गोपनीयता भंग होने की खबर भी अखबारों में छप चुकी है।

यह भी कहा जा रहा है कि चाहे पिछले वर्षों में पर्चे लीक होने से लाभान्वित उम्मीदवार प्रवेश पा गए हों, वे सभी कक्षाओं और पाठ्यक्रमों के मूल्यांकन में अच्छी ग्रेड नहीं ला सकते। उदाहरण के लिए, आईआईएम अहमदाबाद में यदि कोई छात्र दो पाठ्यक्रमों में फेल हो जाता है तो वह संस्थान से बाहर कर दिया जाता है। आईआईएम्स के पूर्व छात्र और उद्योगों एवं अन्य सेवाओं से जुड़े हुए अग्रणी लोगों का भी मत है कि इन संस्थानों में कठोरता से विकसित योग्यता एवं गुणवत्ता से सुदृढ़ मानदंडों को प्रवेश परीक्षा संबंधी बदनामी से खरोंच तो लग सकती है लेकिन कोई दूरगामी क्षति नहीं पहुँचेगी।

आईआईएम्स के प्रोफेसरों और कुछ पूर्व छात्रों द्वारा यह आशंका उठाई जा रही है कि प्रवेश परीक्षा की गोपनीयता भंग होने की घटना के बहाने मानव संसाधन विकास मंत्रालय प्रवेश परीक्षा की प्रक्रिया पर कब्जा जमाना चाहता है। इतना ही नहीं, मंत्रालय का हस्तक्षेप प्रोफेसरों की नियुक्ति, शुल्क निर्धारण तथा करोड़ों में संचित कोष आदि संबंधी स्वायत्तता और परम्पराओं को भी परिसीमित कर सकता है। भीतर के लोग सोचते हैं कि इस तरह के हस्तक्षेप

से कई वर्षों में विकसित इन संस्थानों की अकादमिक संस्कृति, स्वतंत्रता और गुणवत्ता पर विपरीत प्रभाव पड़ेगा। दूसरी ओर, मंत्रालय का मानना है कि इन संस्थानों का विकास सरकारी वित्तीय अनुदान से ही हुआ है तथा इनके पास संचित करोड़ों की धनराशि का उपयोग देश के अन्य शिक्षार्थियों के लिए भी होना चाहिए। इन्हें 25 करोड़ तक का कोष बनाए रखने की बात भी कहीं गई है। चूंकि केंद्र सरकार ज्येष्ठ अनुदानदाता है इसलिए उसे हस्तक्षेप और निगरानी का पूरा अधिकार है। यह भी एक आम शिकायत है कि इन श्रेष्ठ संस्थानों के प्रबंधकीय ज्ञान और कौशल का लाभ इनके पास-पड़ोस के अंचलों को नहीं मिल पा रहा है। ऐसा लगता है कि मानों इनसे निकलने वाले स्नातक बहुराष्ट्रीय कंपनियों के साँचों में फिट करने के लिए ही तैयार किए जा रहे है।

आईआईएम्स में ली जाने वाली फीस की पुरानी दर डेढ़ लाख रूपए वार्षिक प्रति छात्र थी, जबकि आईआईटी में यह फीस मात्र पंद्रह हजार रूपए थी। एमबीए के अधिकांश पाठ्यक्रम सैद्धान्तिक कक्षाध्यापन तक ही सीमित है, जबकि बी.टेक. आदि पाठ्यक्रमों के लिए प्रयोगशाला, कार्यशाला और अनुसंधान संबंधी सुविधाएँ भी मुहैया की जाती हैं। मानव संसाधन विकास मंत्रालय देश के समस्त प्रबंधकीय स्कूलों एवं संस्थानों में शुल्क की समकक्षता स्थापित करना चाहता है।

मुख्य मुद्दा यह नहीं है कि प्रवेश परीक्षा का संचालन किसके हाथ में हो, बल्कि यह कि वे कौन-से नियंत्रण और निगरानी बिंदु होने चाहिए, जो गोपनीयता को भंग होने से बचा सके। अन्य देशों के उदाहरण भी उपयोगी हो सकते हैं। अमेरिका में 'जीआई', 'जीमेट' आदि परीक्षाओं की अपनी साख और स्वीकृति है। लेकिन वहाँ भी 'ऑन लाइन टेस्ट' का चलन बढ़ रहा है। इस प्रणाली में प्रत्येक उम्मीदवार का परीक्षण रेंडम आधार पर चुने हुए अनूठे प्रश्नों द्वारा किया जाता है। हमारे यहाँ संभवतः 'झेवियर लेबर रिलेशंस संस्थान' ने इस तरह के परीक्षण का प्रयोग शुरू कर दिया है। मगर परीक्षण का यही अंतिम प्रकार नहीं है। अन्य विकल्प भी हो सकते हैं। प्रवेश परीक्षाओं से जुड़े समस्त भारतीय संगठनों और संस्थानों के विशेषज्ञों तथा सरकार के प्रतिनिधियों को सामूहिक रूप से विचार-विमर्श कर शिव-शंकर जैसा कोई 'मोहिनी' समाधान खोजने का प्रयास करना चाहिए ताकि परीक्षा के 'भस्मासुरी स्वरूप' का मर्दन नहीं तो शोधन तो किया ही जा सके।

52

परीक्षा को क्यों और कितना सरल बनाया जाए?

पिछले साल मानव संसाधन विकास मंत्री ने कहा था कि परीक्षा को सरल और तनावमुक्त किया जाना चाहिए। मंत्रीजी के इस इशारे को वास्तविकता में बदलने के लिएँ सीबीएसई के आज्ञाकारी अधिकारियों ने ऐसी तमाम तरकीबें और हिकमतें ईजाद कर डाली जिससे छात्रों को न केवल बड़ी तादाद में पास होने में सहूलियत हो जाए बल्कि उनके प्राप्तांकों में भी इजाफा हो सके।

परीक्षा के तौर-तरीकों में सबसे पहले यह परिवर्तन किया गया कि अस्पष्ट वाक्य-रचना और स्पेलिंग संबंधी गलतियों के लिए मार्क्स नहीं काटे जाएँ। जहाँ कहीं भी गुंजाइश हो, छात्रों को मार्क्स देने में कोताही नहीं बरती जाए। यही नहीं, कठिन प्रश्नों की संख्या घटाई जाए तथा तर्क और विश्लेषण के बदले उत्तरों में यदि कुछ बिंदु ही लिखे हो तो भी पूरे-पूरे नंबर दे दिए जाएँ। सभी विषयों में वस्तुनिष्ठ प्रश्न भी पूछे जाएँ। लगभग सभी विषयों में प्रोजेक्ट एवं प्रैक्टिकल्स का भी प्रावधान कर उनका आंतरिक मूल्यांकन किया जाए ताकि छात्रों को अधिक अंक दिए जा सकें। गणित और विज्ञान के पर्चे भी सरल करने के लिए बोर्ड द्वारा निर्देश दिए गए हैं। गणित में प्रायोगिक कार्य का प्रावधान कर उसके लिए 20 प्रतिशत अंक निर्धारित किए गए हैं। विज्ञान में 60 अंक सैद्धान्तिक परीक्षा के लिए और 40 प्रायोगिक के लिए रखें गए हैं। पिछले वर्ष विज्ञान की सैद्धांतिक परीक्षा के लिए रखे गए 75 अंक घटाकर इस वर्ष 60 कर दिए गए हैं ताकि आंतरिक मूल्यांकन का वजन बढ़ जाए और छात्रों को अधिक अंक मिल सकें। इसीलिए, इस वर्ष से गणित में भी प्रायोगिक कार्य की आंतरिक परीक्षा लेने का प्रावधान किया गया है। चौंकाने

वाला निर्णय यह लिया गया है कि एक विषय में अनुत्तीर्ण होने वाले परीक्षार्थी को जहाँ पहले तीन मौके दिए जाते थे वहाँ इस वर्ष से पाँच मौके दिए जाएँगे।

परीक्षा को सरल एवं तनावमुक्त बनाने के इन सूत्रों और नुस्खों से परीक्षकों और शिक्षकों में मार्क्स लुटाने की मानसिकता को बढ़ावा मिल रहा है। इससे शिक्षा के प्रति गंभीर पालकों और महत्वाकांक्षी छात्रों में चिंता बढ़ना स्वाभाविक है। इस तरह, प्राप्तांकों में कृत्रिम फुगावा पैदा करने की कोशिशों से अच्छे अध्यापन और उत्कृष्ट छात्रों के अवमूल्यन का खतरा हाजिर हो गया है। लोगों को यह कहने का मौका भी मिल गया है कि अब सीबीएसई परीक्षा का बोर्ड नहीं, खैरात बाँटने का खुला दरबार बनता जा रहा है। पिछले दशकों में परीक्षा के अतिवादी सरलीकरण के बड़े कड़वे अनुभव हुए है। विज्ञान के विषयों की प्रायोगिक आंतरिक परीक्षाओं में परीक्षकों (शिक्षकों) ने इतने ज्यादा (90 प्रतिशत से अधिक) अंक दिए थे कि सैद्धांतिक परीक्षा दिए बगैर ही छात्र उत्तीर्ण हो गए। 1984 में तो मध्यप्रदेश में बिना परीक्षा के ही सारे स्कूलों में जनरल प्रमोशन करवा दिए गए थे।

पिछले वर्ष की सीबीएसई परीक्षा में 90 प्रतिशत से अधिक अंक पाने वाले छात्रों की संख्या लगभग साढ़े पाँच हजार तक पहुँच गई थी। कुछ छात्रों को 98 प्रतिशत तक मार्क्स मिले थे। अँग्रेजी और सामाजिक विज्ञान विषयों में सैकड़ों छात्रों को शत-प्रतिशत अंक प्राप्त हुए थे। ऊँचे अंकों की ऐसी लॉटरी सेंट्रल बोर्ड के इतिहास में पहले शायद ही कभी खुली होगी। अनाप-शनाप मार्किंग और मार्क्स लुटाने की ऐसी चालाकियों से परीक्षा छात्रों की उपलब्धि का आईना बनने के बजाय एक सुनहरा धोखा बन गया है। यहीं चलता रहा तो आगे चलकर परीक्षा पद्धति ही और अधिक बदनाम नहीं होगी, बल्कि शिक्षा की प्रक्रिया और व्यवस्था से ही लोगों का विश्वास उठ जाएगा। यह बड़ी बेढंगी बात है कि परीक्षा की कठिनाई के एक वांछनीय एवं यथोचित स्तर का निर्वाह करने के बजाय उसे गिराया जा रहा है। चिंताजनक विरोधाभास यह है कि उधर उद्योग, कंपनियाँ तथा नौकरी देने वाले संस्थान चिल्ला रहे हैं कि स्कूलों और कॉलेजों से निकल रहे अधिकांश छात्रों में बुनियादी कौशल (सुनना, बोलना, पढ़ना, लिखना और गणना करना) काफी कमजोर हैं। बहुसंख्यक किशोर और युवा नौकरी पाने के योग्य ही नहीं है। ऐसी हालत में, शिक्षा के स्तर को ऊँचा बनाए रखने के स्थान पर परीक्षा के जरिए उसे गिराने की कोशिशें शिक्षा-द्रोह और आत्मघात के अलावा क्या हो सकती हैं?

थर्मामीटर को ठंडा करके बुखार (टेंपरेचर) नोट करना बुद्धिमानी नहीं है। यह दुर्योग ही है कि आज भी परीक्षा शिक्षा-शृंखला की सबसे कमजोर कड़ी बनी हुई है। आवश्यकता इस बात की है कि सतत् मूल्यांकन की पद्धति अपनाकर परीक्षा को शिक्षा की प्रक्रिया का एक सहज और अभिन्न अंग बनाया जाए।

सवाल उठता है कि आखिर परीक्षा को क्यों और कितना सरल बनाया जाए? प्रत्येक विषय की पढ़ाई के जो उद्देश्य या माँग है उसकी अनदेखी कैसे की जा सकती है? परीक्षा की कठिनाई का एक उपयुक्त स्तर तो होना ही चाहिए। तभी तो उसकी वैधता एवं विश्वसनीयता कायम रह पाएगी। परीक्षा शिक्षा के स्वास्थ्य की रक्षक और चिकित्सक है। अध्यापन या पढ़ाई-लिखाई की कमियों और खामियों का निदान तथा उपचार उसी पर निर्भर करता है। शिक्षा का उद्देश्य नई पीढ़ी को केवल आँकड़ों, तथ्यों और जानकारी का निष्क्रिय उपभोक्ता बनाना नहीं है। मुख्य उद्देश्य यह है कि युवजनों को अर्जित ज्ञान के उपयोग की कला आनी चाहिए। उनमें व्याख्या, विश्लेषण, संश्लेषण और मूल्यांकन का माद्दा पैदा कर उन्हें विचारशील और सृजनशील बनाया जाना चाहिए ताकि वे तीव्र परिवर्तन के इस जमाने में अपने व्यवसाय एवं जीवन के प्रश्नों, समस्याओं और चुनौतियों का सामना और समाधान करने में सक्षम हो सकें।

जहाँ तक तनाव और दबाव का सवाल है इन्हें तो पैदा करने के लिए माता-पिता की महत्वाकांक्षाएँ ही सर्वाधिक जिम्मेदार हैं। मनोचिकित्सक कहते हैं कि यथोचित तनाव तो मनुष्य के लिए आवश्यक है। उसके बिना मनुष्य की चालकता (ड्राइव) और उद्यमिता में कमी आ सकती है तथा व्यक्ति की उपलब्धि की प्रेरणा, आवश्यकता एवं आकांक्षा भी विपरीत रूप में प्रभावित हो सकती है।

53

नैतिक और आध्यात्मिक अनुशासन

डॉ. सर्वपल्ली राधाकृष्णन ने उपराष्ट्रपति की हैसियत से 1954 में कनाडा के मैकगिल विश्वविद्यालय में सर एडवर्ड बयटी स्मारक व्याख्यानमाला का उद्‌घाटन करते हुए तीन व्याख्यान दिए थे। एक विख्यात और सफल कुलपति के रूप में एडवर्ड बयटी ने 1920 से 1943 तक मैकगिल यूनिवर्सिटी का नेतृत्व किया था। वे बड़े कष्टसाध्य वर्ष थे। कनाडा में पहले आर्थिक समृद्धि आई और फिर उसे मुद्रास्फीति ने घेर लिया। दूसरे विश्व युद्ध की शुरूआत भी हुई। संक्रांति के उन पच्चीस वर्षों में मैकगिल विश्वविद्यालय के विकास का अधिकांश श्रेय बयटी जैसे महान कनाडावासी की दूरदर्शिता और दृढ़ निश्चय को दिया जाता है।

व्याख्यानमाला का उद्‌घाटन पूरे एक वर्ष तक इसलिए स्थगित रखा गया ताकि डॉ. राधाकृष्णन 'प्रथम व्याख्याता' बनना स्वीकर कर सके। उनके व्याख्यानों के प्रति लोगों में कितनी रूचि थी, यह इसी बात से प्रमाणित हो गया कि मांट्रियल के तीन हजार से अधिक छात्र और नागरिक हर रात उन्हें सुनने आते थे। रेडपाथ हॉल नामक व्याख्यान स्थल में इतने अधिक श्रोताओं के लिए व्यवस्था नहीं थी। इसलिए वे सर ऑर्थर क्यूरी जिम्नेशियम की सख्त कुर्सियों पर बैठकर सुनते रहते रहे। वहाँ आवाज भी ठीक से सुनाई नहीं देती थी, फिर भी व्याख्यानमाला की समाप्ति पर श्रोतागण देर तक हर्षध्वनि करते रहे।

एडवर्ड बयटी कनाडा में 'विश्वविद्यालय प्रसार आंदोलन' के अगुआ थे। वे चाहते थे कि मैकगिल केवल कॉलेज और विश्वविद्यालय की इमारतों की भीतरी सीमा तक पढ़ाई का काम नहीं करें, बल्कि पहाड़ी से उतरकर सड़कों,

उपनगरों और कस्बों में भी जाने को तैयार रहें। डॉ. राधाकृष्णन ने अपने व्याख्यानों में बयटी के 26 मई 1956 को, उनके वहाँ के स्नातकों के समक्ष दिए गए उस भाषण का उल्लेख किया, जिसमें प्रथम विश्व युद्ध के बाद की अराजकता और जड़ता का जिक्र हुआ था। सर बयटी ने छात्रों से कहा था कि ''वे जिस संसार के उत्तराधिकारी है, उसमें तीखे वैमनस्य और उथल-पुथल का बोलबाला है। विश्वयुद्ध के बाद की उन्मत्त अराजकता का कारण यह है कि मानव युद्ध से शिक्षा ग्रहण नहीं कर सका। उस घोर यंत्रणा से निकल आने पर हमारी आत्मा को परिशुद्ध हो जाना चाहिए था, किंतु ऐसा हुआ नहीं।'' बियटी ने 'आत्मा के रोग' को प्रथम विश्वयुद्ध का कारण बताया था। डॉ. राधाकृष्णन ने बियटी की आध्यात्मिक मूल्यों के बारे में व्यक्त चिंता का भी जिक्र किया था। बियटी इस पहलू को लेकर दुखी रहते थे कि ''हमने उन आध्यात्मिक मूल्यों पर ध्यान देना बंद कर दिया है, जिनके कारण मनुष्य की संपूर्ण प्रगति को आँका जा सकता है। यह हमारी आत्मा का विकार है, मस्तिष्क का नहीं।''

डॉ. राधाकृष्णन ने बियटी के इस कथन की व्याख्या करते हुए कहा था कि शरीर, मस्तिष्क और आत्मा के स्वभाविक सामंजस्य से ही व्यक्ति और राष्ट्र सुखी हो सकते हैं। हमारे दुख का कारण यह है कि आजकल हम आध्यात्मिक मूल्यों की उपेक्षा कर मस्तिष्क की उपलब्धियों पर अधिक जोर देने लगे हैं। आत्मिक शक्ति क्षीण होती जा रही है और मानसिक उपलब्धियों का आकार भयोत्पादक सीमा तक बढ़ चुका है। प्रत्यक्ष रूप से हम पृथ्वी और आकाश को अपने अधीनस्थ किए हुए हैं। परमाणु और ग्रह-नक्षत्रों के रहस्यों को भी बहुत कुछ जान चुके है। फिर भी, आकांक्षाओं के बंधन से मुक्त नहीं हो पा रहे हैं। मनुष्य ही मनुष्य के लिए 'भेड़िया' बन गया है। अपनापन और पारस्परिक विश्वास कहीं गुम हो गए हैं। लगता है, भौतिक प्रगति के उन्माद और मानसिक प्रमाद के घटाटोप में काफी महत्वपूर्ण ऐसा कुछ है जो हमसे छूट गया है।

तीन भाषणों की शृंखला के अंतिम भाषण में डॉ. राधाकृष्णन ने कहा कि ''मानव के आंतरिक जीवन की महत्ता का ज्ञान जैसे ही बढ़ता है, भौतिक गुणों के अंतर का महत्त्व कम हो जाता है। हमें पूर्व और पश्चिम के अति समीपी संसर्ग की ही नही, प्रगाढ़ एक्य की, विचारों के मिलन की और भावनाओं के योग की आवश्यकता है। यदि हम अपनी घृणा और ईर्ष्या को पराजित कर सकें

तो जितनी शक्ति आज हमारे पास है, उससे हम पृथ्वी को स्वर्ग में बदल सकते हैं। किंतु हमें भय है कि किसी पागलपन या मिथ्या गणना करके हम सभ्यता की आत्महत्या का क्षण उपस्थित कर सकते हैं। इसलिए, नैतिक नियंत्रण और आध्यात्मिक अनुशासन की तत्काल आवश्यकता है।''

54

सार्वजनिक जीवन में सदाचार का सवाल

देश में बड़े-बड़े पदों पर बैठे हुए उच्च शिक्षा प्राप्त नेता, नौकरशाह और व्यापारियों के गठबंधन से देश में कदाचरण का जो नियाग्रा फूट पड़ा है, वह कोई आकस्मिक घटना नहीं है। यह विस्फोट उन राजनीतिक प्रतिमानों की देन है जिन्हें सत्तारूढ़ दलों ने पिछले पचास वर्षों में पाला-पोसा और प्रायोजित किया है। सत्ता और धन इस आचार-व्यवहार के आदर्श हो गए हैं। फलस्वरूप, राजनीति का धंधा करने वालों में सत्ता एवं पद का मद चढ़ता ही चला जा रहा है। एक ऐसी मगरूरी बढ़ चुकी है कि नेता, मंत्री और धनाढ्य वर्ग के मुकाबले कानून, नैतिकता एवं संस्थाएँ बौनी हो गई हैं। इस पातालमुखी फिसलन को रोकने के लिए न किसी का जमीर जागा है और न कोई प्रतिरोधी पाँव आगे बढ़ा है। संत, समाज सुधारक और बुद्धिजीवी 'निष्क्रिय भले आदमी' बन गए हैं। यहाँ तक कि राजनीतिक दलों ने साधनों की पवित्रता के सिद्धांत को कूड़ेदान में फेंककर देश के नैतिक मेरूदंड को ही तोड़ दिया है। सातवें और आठवें दशक वाला युवकों का आक्रोश और विद्रोह अदृश्य हो गया। न बचा आत्मसम्मान का आग्रह और न असहमति की क्षमता। शीघ्र धनवान बनने की लालसा ने युवजनों को सत्तारूढ़ दलों की कठपुतली बना दिया है। राजनेताओं द्वारा वितरित रेवड़ी ने अधिकांश बुद्धिजीवियों के जुझारूपन को बधिया दिया है। राज्याश्रय ने अनेक लेखकों एवं पत्रकारों से उनकी कलम का पैनापन छीन लिया है। राजनेता, उद्योगपति और नौकरशाह उन्हें अपनी धुन पर नचा रहे हैं।

समाज में सदाशयी लोगों का टोटा नहीं है। उनकी संख्या दुष्टों एवं भ्रष्टों से अधिक है, लेकिन हैरानी यह है कि भले लोग संगठित एवं सक्रिय नहीं है।

बौद्धिक वर्ग को उसके सुरक्षात्मक सोच ने इतना पंगु बना दिया है कि वह शाब्दिक प्रतिकार का साहस भी नहीं जुटा पा रहा है। सब जानते हैं कि स्वतंत्रता संग्राम में भागीदारी करके राजनीति में आने वाले नेताओं में स्वच्छ एवं सदाचार पूर्ण सार्वजनिक जीवन का पर्याप्त आग्रह था, परंतु बाद की पीढ़ी स्वार्थ में इतनी अंधी हो गई कि उसने समाज और राष्ट्र के प्रति अपने कर्तव्य को ही भुला दिया। गाँधी के बाद 'राष्ट्र' का स्थान 'राज्य' ने ले लिया तथा राज्यवाद 'राष्ट्रवाद' को निगल गया। राजनीति में आई छल-कपट, दांव-पेंच और ले-लपक की आँधी ने राष्ट्र के लिए उत्सर्ग करने की भावभूमि को ही बंजर बना दिया। सत्तारूढ़ दलों ने अन्य दलों एवं जन साधारण के सामने अपने आचरण द्वारा, अनुकरणीय उदाहरण प्रस्तुत नहीं किए। उन्होंने नि:संकोच होकर पक्षपात, भ्रष्टाचार और विघटनकारी तत्वों को संरक्षण दिया। शिक्षा, राजनीति एवं अर्थतंत्र में स्वदेशीपन एवं स्वाग्रह को व्यापने नहीं दिया। संयम, सादगी तथा श्रम जैसे भारतीय सनातन आदर्शों का माखौल उड़ाया गया। उन्हें व्यावहारिक जीवन में स्थान और प्रोत्साहन नहीं दिया गया। **जीवन की खोज के बजाय जीवन की दौड़ तथा साधना के बजाय साधन प्रधान हो गए।** रूस और अमरीका के नैतिक पतन के लिए जिम्मेदार 'अर्थाश्रित मानव' (इकॉनॉमिक मैन) की अवधारणा भारत पर भी हावी हो गई। हमारे पास 'गाइडेड मिसाइल' है, मगर आदमी 'अनगाइडेड' हैं।

अमरीका में 'वाटर गेट' कांड के बाद व्यक्तिगत और सार्वजनिक जीवन में स्वच्छता के लिए नैतिक पुनर्जागरण का आग्रह बढ़ता गया लेकिन हमारे यहाँ आपातकाल (1975) जैसी कलंकपूर्ण घटना तथा उसके बाद पनपे भ्रष्टाचार युग के विरुद्ध जनमत बनाने के लिए गंभीर प्रयास नहीं हुए। नैतिक आक्रोश नहीं जागा। नई पीढ़ी उस आपातकालीन बर्बरता से अपरिचित है जिसने सारे देश को एक बंदीगृह बना दिया था। 1978 के महानिर्वाचन में जन साधारण ने ही सत्तांध नेताओं को सबक सिखाया था। शिक्षित एवं सुविधाभोगी वर्ग की अपेक्षा अशिक्षित और आम लोग ही अधिकतर जनतंत्र के सुयोग्य मतदाता और नागरिक होने का परिचय देते आ रहे हैं। संभवत: ऐसा तभी घटित होता है जबकि दरिद्र-दुर्बल वर्ग में अंत:सलिला सामान्य बुद्धि एक तरंग पर आंदोलित होने लगती है।

भारत के सामान्य लोग धर्म के गूढ़ दर्शन और आदर्शों की ऊँचाई का बिना औपचारिक अध्ययन किए भी परंपरा और संस्कारों के सहारे एक मर्यादित एवं

मितव्ययितापूर्ण जीवन जीते हैं। वे नई और अच्छी बातों को सुनने और उनका अनुसरण करने के लिए प्रायः श्रेष्ठिवर्ग का मुँह ताकते रहते हैं, लेकिन अपने स्वार्थ एवं सुविधाओं के बंदी प्रबुद्ध उच्च वर्ग के लोग उनसे एक सोची-समझी दूरी बनाएँ रखते हैं। इस कारण, सार्वजनिक जीवन को स्वच्छ बनाए रखने के लिए आवश्यक संगठित ऊर्जा नहीं मिल पाती। वर्तमान में बड़े पदों पर बैठे व्यक्तियों में व्याप्त कदाचरण और अर्थदूषण के लिए अधिकांश विश्लेषक चुनाव को जिम्मेदार ठहराते हैं। मगर चुनाव केवल नेताओं की महत्वाकांक्षा की पूर्ति का महाभारत हीं नहीं, जनतंत्र के प्रसव की अनिवार्य पीड़ा भी है। निर्वाचन संबंधी दोष एवं विकृतियाँ मानवीय प्रतिभा के सामने असाध्य एवं अशोध्य नहीं हैं। इसका प्रमाण पूर्व निर्वाचन आयुक्त टी.एन. शेषन अपनी दृढ़ता एवं प्रतिबद्धता के द्वारा हमारे सामने प्रस्तुत कर चुके हैं। मूलतः दलीय स्वार्थ एवं सरकारों की संकल्पहीनता ही चुनावी प्रक्रिया के चरमराने के लिए उत्तरदायी है। कार्यपालन के मोर्चे पर सरकारें दृढ़ता एवं निष्पक्षता का एहसास कराने में असमर्थ रही हैं।

सार्वजनिक जीवन में स्वच्छता का सवाल इंग्लैंड में भी उठता रहा है। पूर्व प्रधानमंत्री जॉन मेजर ने अपनी चिंता व्यक्त करते हुए 'हाऊस ऑफ कॉमंस' में 25 अक्टूबर 1994 को सार्वजनिक जीवन के प्रतिमानों पर विचार करने के लिए एक समिति का गठन भी किया था। समिति के संदर्भितद मुद्दे मंत्रियों, सांसदों, नौकरशाहों और निकायों के उच्चाधिकारियों के सार्वजनिक आचरण से संबंधित थे। समिति ने अपनी पहली रपट मई 1995 में प्रस्तुत की थी। उच्च पदों पर आरूढ़ अधिकारी, मंत्री एवं सांसदों के लिए सात सूत्रीय 'आचार संहिता' की अनुशंसा करते हुए समिति ने चाहा था कि इन भद्रजनों में ईमानदारी, निस्वार्थता, वस्तुनिष्ठता, खुलापन, नैतिक दायित्व, सच्चाई एवं नेतृत्व क्षमता का विकास करना बेहद जरूरी हो गया है।

हमारे यहाँ भी तत्कालीन उपराष्ट्रपति डॉ. के आर. नारायणन ने 1996 में, राज्यसभा के सदस्यों के आचरण को स्वच्छ एवं मर्यादित रखने के लिए एस. बी. चव्हाण की अध्यक्षता में एक नौ सदस्यीय समिति का गठन किया था। डॉ. नारायणन की मान्यता थी कि मूल्यों और नैतिकता में आई गिरावट के कारण ही समाज में भ्रष्टाचार स्वीकृति पाकर लगभग स्थापित हो चुका है। डॉ. नारायणन (पूर्व राष्ट्रपति) ने अपेक्षा की थी कि समिति की रिपोर्ट नैतिकता पर एक निबंध मात्र न रहकर सुनिश्चित व्यावहारिक सुझाव देगी। सदाचार समिति

ने अपनी आरंभिक रपट प्रस्तुत कर राज्यसभा तथा विधान परिषदों के लिए खुले मतदान की अनुशंसा की है। साथ ही, सार्वजनिक जीवन में उच्च नैतिक प्रतिमान स्थापित करने के लिए सांसदों हेतु 'आचार संहिता' विकसित करने का अनुरोध भी किया है। यह भी अपेक्षा की गई है कि जनप्रतिनिधियों को अपने व्यक्तिगत हितों को जनहित से बड़ा नहीं होने देना चाहिए।

समिति ने चाहा है कि धनबल का चुनाव से संबंध विच्छेद करने के लिए कानून में परिवर्तन तथा निगमों द्वारा चुनाव हेतु वित्तीय सहायता देने पर पुनर्विचार किया जाना चाहिए। इन सिफारिशों से कोई विशेष आशा नहीं बंधती, लेकिन अध्यक्ष का कहना है कि गहन संपर्क एवं विचार-विमर्श के बाद अंतिम रपट यथाशीघ्र प्रस्तुत की जाएगी। लोकपाल की 'नियुक्ति के बाद भी कहीं कोई ऐसा संकेत नहीं मिल रहा है कि भ्रष्टाचार भेदी प्रक्षेपास्त्र ने जन्म ले लिया है। इस 'बालकृष्ण' के पैदा होने पर 'कंसो' में जो बेचैनी और हड़कप मचना चाहिए था, वह नहीं मचा। भ्रष्टाचार की समाप्ति हेतु दूरगामी एवं तात्कालिक उपाय किए जाने चाहिए। चुनाव और प्रशासन में सुधार, विभिन्न चरणों में, दूरगामी दृष्टि से, किए जा सकते हैं। मगर तात्कालिक दृष्टि से प्रशासन में 'पारदर्शिता' लाने और 'विलंब' की सीमा तथा जिम्मेदारी निर्धारित करने संबंधी कदम तो एकदम उठाए ही जा सकते हैं। साथ ही साथ, धन के फूहड़ और मगरूर प्रदर्शन एवं विलासितापूर्ण जीवन शैली पर अंकुश भी लगाया जा सकता है।

यह प्रसन्नता की बात है कि 2014 में, भारतीय जनता पार्टी की अपूर्व विजय के बाद, अस्तित्व में आई सरकार भ्रष्टाचार को नियंत्रित करने में सराहनीय सफलता प्राप्त की है। शीर्ष पर कदाचार रूकने का प्रभाव धीरे-धीरे समाज के निचले हिस्सों पर भी पड़ने लगा है। राष्ट्र-हित में कुछ उत्सर्ग करने की भावना भी बढ़ रही है। लगता है राष्ट्र के प्रति बढ़ता प्रेम नैतिकता और सदाचार के विकास में सहायक होगा। शिक्षा द्वारा सेवा-भाव, सादगी और उच्च विचारों के प्रसार पर अधिक जोर और ध्यान देने की आवश्यकता है।

55

मनुष्य के बड़प्पन का हास

'एतरेय ब्राह्मण' में उल्लेख है कि विधाता ने जब मनुष्य का निर्माण कर दिया तो उसके संस्कारी स्वरूप को देखकर वह इतना प्रसन्न हुआ कि उसने तीन बार ''सुकृतं, सुकृतं, सुकृतं'' कह कर अपनी पीठ थपथपा ली। तब से आज तक मनुष्य ने अद्भुत भौतिक प्रगति करके बाह्य वस्तु जगत को तो खूब सजाया-संवारा, लेकिन आंतरिक जगत् की घोर उपेक्षा कर उसे खोखला कर दिया। उसकी इस एकांगी प्रगति के वैभव-विलास ने उसे उसी मुकाम पर पहुँचा दिया जहाँ जाकर बड़े-बड़े साम्राज्य और सभ्यताएँ अपना पतन स्वयं अपनी आखों से देख चुके हैं। जर्मनी के नेतृत्व में नैतिक आग्रह नहीं होने से वहाँ बने कॉन्सेन्ट्रेशन केम्प्स' और 'गैस चैम्बर्स' ने जर्मनी के मुँह पर कालिख पोत दी।

आर्थिक एवं तकनीकी प्रगति के दौरान मनुष्य ने अपने ज्ञान और कौशल के बल पर 'गाइडेड मिसाइल' तो बना लिये मगर स्वयं दिशाहीन होकर एक समस्या बन गया। आज ज्ञान और जानकारी का अंबार लगा हुआ है, फिर भी मनुष्य जाति की बुनियादी समस्याओं का समाधान नहीं हो पा रहा है। गरीबी की समस्या का हल गरीबों को जीवित रखने मात्र तक सिमट गया है। जीवन के रक्षा-कवच अर्थात् पर्यावरण को अकूत क्षति पहुँचाकर मनुष्य ने 'सामूहिक हत्या' का आयोजन कर दिया है। मनुष्य आदिम अवस्था में जितना शेर-चीतों के सामने असुरक्षित नहीं था, उससे कहीं अधिक आज वह अपने साथियों के सामने हो गया है। पैसों की दौड़ और होड़ में वह सामाजिक और मानवीय संबंधों के ताने-बाने को ही तोड़ कर कुचलता जा रहा है। आज आदमी अपने

पड़ोसी के बजाए बंदूक पर ज्यादा भरोसा करने लगा है, परन्तु क्या अस्त्र-शस्त्र से स्थायी सुरक्षा प्राप्त की जा सकती है? ऋग्वेद के इस आग्रह को भुला दिया गया है कि अन्ततः "मनुष्य ही मनुष्यों का रक्षक है" (मनुष्य मनुष्यां परिपातु विश्वतः)। यह कितनी घिनौनी बात है कि मनुष्य ही ऐसा प्राणी है जो अपने शिकार के साथ तब तक मित्रवत बना रहता है, जब तक कि उसे मार कर खा नहीं लेता। क्या यह सब मनुष्य की नैतिक-आध्यात्मिक चेतना, अंतःकरण और विवेक का विकृतिकरण नहीं है?

ऋग्वेद में मनुष्य को मनुष्य बनाए रखने का आग्रह है। "मनुर्भव जनया दैव्यं जनम्" अर्थात् "हे मनुष्य तुम मनुष्य बने रहो और दिव्यता का प्रसार करो।" डॉ. राधाकृष्णन का अभिमत है कि मनुष्य का मनुष्य बने रहना उसकी जीत है, दानव बनना उसकी हार है और महामानव बनना चमत्कार है। महामानव बनने के लिये मनुष्य की आत्मा का बलवान होना जरूरी है। इसलिये, आध्यात्मिक विकास के बिना मनुष्य की भौतिक उपलब्धियाँ अधूरी हैं। हमारी सांस्कृतिक परम्परा में, जीवन के सफल संचालन के लिये भौतिक और आध्यात्मिक पक्षों के बीच संतुलन आवश्यक माना गया है। मनुष्य की विफलता के पीछे एक बड़ा कारण उसकी 'नैतिक असफलता' ही होती है। किर्केगार्ड मानते थे "आदमी केवल सोचने से नहीं बनता। वह नैतिक संघर्ष और कर्म के तनाव से बनता है।" मानव जीवन की सार्थकता 'आत्म-विस्तार' या अस्मिता को परस्परता में विलीन करने में निहित है। आधुनिकता भी संकुचन से नहीं, विस्तार और समावेशन की क्षमता से स्वीकार्य होती है। इस वैश्विक दौर में, विविधता और बहुलता को अपनाए बिना कोई भी व्यक्ति या समूह समसामयिक या आधुनिक नहीं कहला सकता।

वर्तमान समय को आजकल 'आधुनिक युग' ही कहा जा रहा है। परंपरा और आधुनिकता परस्पर विरोधी नहीं, पूरक है। परंपरा के अंतिम पड़ाव से ही आधुनिकता का अंकुर फूटता है। 'पश्चिमीकरण' और आधुनिकता में अन्तर है। आधुनिकता एक मनोदशा या मानसिक अभिवृत्ति हैं, पश्चिमीकृत हुए बिना भी हम आधुनिक हो सकते हैं।

आज यह प्रश्न भी उठ रहा है कि क्या मानवीयता और आधुनिकता साथ-साथ चल सकते हैं? वस्तु जगत से प्रगाढ़ लगाव और अनुकरण-अनुसरण की प्रक्रिया से जुड़ाव के कारण 'आधुनिकता' मानवीयता से विमुख होती जा

रही है। आधुनिकता ने 'जीवन की खोज' को त्याग कर 'जीवन की दौड़' को अपना लिया है। साधनों की पवित्रता को भी तिलांजली दी जा चुकी है। पश्चिमी आधुनिकता इतनी विषाक्त हो गई है कि सिंगापुर वासियों ने 'वेस्टॉक्सीफिकेशन' (पश्चिमी विषाक्तीकरण) से बचने के लिये पूर्वी देशों को जगाने का प्रयास किया है। पश्चिमी आधुनिकता की कहानी बढ़-चढ़ कर सुनाई और पढ़ाई जाती है, लेकिन यह अधिकांश रूप में हिंसा, शोषण, नग्नता, यौन-स्वच्छंदता, मादक पदार्थों का सेवन, बच्चों का दुरूपयोग, नारी-शोषण, पारिवारिकता और सामुदायिकता की उपेक्षा, मनुष्य का वस्तुकरण, मार्केट की महिमा (बिकाऊपन) आदि का एक पैकेज है। ज्ञान, धन, बल, प्रौद्योगिकी और सत्ता के आकाश से आदर्श और मूल्यों के निरन्तर होते हुए उल्कापात ने आधुनिकता को आघात पहुँचाया है और निरंकुशता को बढ़ावा दिया है।

यह सब घटित होता हुआ देखकर ऐसा लगने लगा है कि मनुष्य 'बड़प्पन के ह्रास' का शिकार हो रहा है। बड़े पदों और बड़ी कुर्सी पर बैठे लोगों की हरकतें दर्शा रही है कि शिक्षित व्यक्तियों के आचार में भ्रष्टता और विचारों में दुष्टता बढ़ रही है। कविवर कुंवर नारायण ने लिखा है कि "मनुष्य का विकार के रूप पढ़ना जीवन का गलत पाठ है।" लेकिन वे यह भी कहते हैं कि "आदमी के छोटे होने से ज्यादा छोटा कुछ हो ही नहीं सकता।"

मनुष्य का जड़, अशिष्ट या पतनशील होना मनुष्योचित नहीं है। मनुष्य के हर ओछेपन या निकृष्टता का औचित्य प्रतिपादित करने के लिये यह तर्क भी दिया जाने लगा है कि थोड़ा-बहुत ऊँचा-नीचा तो होता रहता है, इसमें हर्ज ही क्या है?" कुंवर नारायण *"कोई दूसरा नहीं"* काव्यसंग्रह में एक श्रेष्ठ संदेश देते हुए कहते हैं कि: "मुझे लगा कि अपने को बड़ा रखने की छोटी से छोटी कोशिश भी दुनिया को बड़ा रखने की कोशिश है।" निःसंदेह, "मनुष्य अपने वर्तमान से बड़ा है, अपने मन से कहीं बड़ा है। मनुष्य अपने आप को जो समझता है वहीं उसकी समाप्ति नहीं होती।"

56

नब्बे मूर्ख, नौ धूर्त और एक बुद्धिमान

पाश्चात्य मध्यकालीन इतिहास में मर्लिन नाम के एक जादूगर व बुद्धिमान व्यक्ति का उल्लेख है। वह किंग ऑर्थर का विश्वस्त मित्र और मार्गदर्शक था। *द वंस एण्ड फ्यूचर किंग* नामक पुस्तक लिखकर टी.एच. व्हाइट ने इस ऐतिहासिक चरित्र का जीर्णोद्धार कर दिया। पुस्तक के अंतिम अध्याय में मर्लिन ने जो कल्पना की है, वह आज के यथार्थ से बहुत दूर की कौड़ी नहीं है। मर्लिन का कहना है कि आज के सौ व्यक्तियों का मानव-समुदाय राजनीतिक दृष्टि से ''नब्बे मूर्ख, नौ धूर्त और एक बुद्धिमान'' में बंटा हुआ है। नौ धूर्त अपने में से धूर्ततम व्यक्ति के झंडे के नीचे इकठ्ठे होकर राजनीतिक बन जाते हैं। अकेला बुद्धिमान व्यक्ति इन नौ धूर्तो के सामने स्वयं को असहाय पाकर कविता, दर्शन या गणित के क्षेत्र में चला जाता है। 90 मूर्ख नौ धूर्तों के पीछे चलते हुए हम्माली, चापलूसी, झांसा-पट्टी और छीना-झपटी की भूल-भुलैया में फँसते चले जाते हैं। सैंको पेंजा का कहना है कि भेड़ों के झुंड पर भी अधिकार जताना या उनका मुखिया कहलाना बड़ा प्रीतिकर और आनंददायी होता है, तो मनुष्यों पर नेतागिरी करने का मजा ही कुछ और है। शायद इसीलिए राजनीतिक लोग अपने-अपने झंडे तानते रहते हैं। वैसे, झंडा कोई-सा भी हो, भेड़ों को उसके नीचे इकठ्ठा होने में कोई फर्क नहीं पड़ता।

जनतांत्रिक व्यवस्था में ये नौ धूर्त सांसद या विधायक बन बैठते हैं तथा फासी तंत्र में पार्टी नेता। व्यवस्था साम्यवादी है, तो उन्हें 'कमिसार' बनते देर नहीं लगती। लेबल बदलने के अलावा इन्हें इन व्यवस्थाओं के बदलाव से कोई फर्क नहीं पड़ता। मूर्ख, मूर्ख बने रहेंगे और धूर्त जननेता। परिणाम होगा घोर

शोषण। जहाँ तक बुद्धिमान व्यक्ति का सवाल है, उसकी नियति तीनों तंत्रों में एक जैसी ही रहेगी।

हमारे देश के संदर्भ में भी यह एक महत्वपूर्ण एवं विचारणीय मुद्दा है कि क्या हमारी जनतांत्रिक राजनीतिक प्रणाली का धूर्तीकरण पूर्ण हो चुका है या इसमें अभी भी अच्छाई का आग्रह रखने तथा पीड़ित–वंचितों की हिमायत करने वाले लोग मौजूद हैं? सत्तर के दशक के बाद के राजनीतिक परिदृश्य की थाह लेने पर तो ऐसा लगता है कि राजनीतिक व्यवस्था को धूर्तों और राजनीतिक माफिया ने हाईजैक करके बंधक बना लिया है। सभवतः यही कारण है कि 'नेता' कहलाने वाले व्यक्तियों पर से सौम्य और भले नागरिकों का विश्वास उठ गया है। मूल्यों को लेकर चलने और मूल्यों के लिए लड़ने की बात जो जाने दीजिए, साधनों की पवित्रता तथा सामाजिक जीवन मे सदाचार की चिंता एवं पैरवी करने वाले राजनेताओं का निपट अकाल पड़ा हुआ है। धूर्त राजनेताओं ने बिहार को विकृत राजनीति की प्रयोगशाला बनाकर ऐसे–ऐसे प्रयोग व प्रदर्शन किए हैं कि उन्हें देख–सुनकर शर्म महसूस होती है। इस अराजक व उत्पीड़क राजनीति के अश्वमेघ का घोड़ा उत्तर प्रदेश से होता हुआ दिल्ली तक पहुँच गया था। इसके विस्तार की आशंका बढ़ती जा रही थी। न्यायपालिका अलार्म बजा–बजा कर चेतावनी दे रही थी। यदि सज्जन–शक्ति अब भी संगठित होकर आगे नहीं आती है तो आने वाली पीढ़ी मौजूदा पीढ़ी के विरूद्ध तटस्थ या विमुख रहने का आरोप लगाने से नहीं चूकेगी।

उधर बुद्धिजीवी केवल नाम के बुद्धिजीवी रह गए हैं। वे शायद जानते हुए भी इस बात से अनजान दिखाई देते हैं कि भीरूता और बौद्धिकता साथ–साथ नहीं चल सकती। वे अभिव्यक्ति के खतरे उठाकर शायद समाज की चेतना या विवेक नहीं बने रहना चाहते। अपने आस–पास उन्होंने अहं और स्वार्थ की दीवारें खड़ी करके वृहत्तर समाज से अपना नाता तोड़ लिया है। संगठित रहने में भी वे अक्षम साबित हुए हैं, अन्यथा अपने ज्ञान और विचार से राजनीति व सत्ता–केन्द्रों को प्रभावित कर उनकी दशा और दिशा को बदलने में योगदान दे सकते थे। धूर्तों ने भी उन्हें धमकाने, धकियाने, लुभाने या खरीदने के अनेक उपाय और उपकरण खोज लिए हैं। जब वे पाखंड का खंडन, शोषण के प्रतिकार व विकृति के विरोध का व्रत लेकर मुकाबले के लिए खड़े दिखाई देंगे तो अन्य युवा और प्रौढ़ भी उनके साथ लामबंद होने में विलंब नहीं करेंगे। आज के संकटापन्न भारतीय समाज को धूर्त और सदाचार–विमुख राजनेताओं

से बचाने के लिए, यदि बुद्धिजीवियों और चिंतकों ने अपनी नैतिक प्रतिबद्धता तथा रचनात्मक असहमति की ऐतिहासिक भूमिका अदा नहीं की, तो वे हाशिए पर ही नहीं फेंक दिए जाएँगे, बल्कि अपनी सामाजिक निरर्थकता स्वयं ही सिद्ध कर देंगे।

57

अभिव्यक्ति की आजादी: पश्चगामिता का प्रतिरोध

स्वंतत्रता हमारी आत्मा है, क्योंकि यह भी शुद्ध, बुद्ध और मुक्त होती है। इसका आविष्कार उन साहसी और भिन्न सोच-विचार का माद्दा रखने वाले महानुभावों ने किया है, जो इस दुनिया और समाज को नित नवीन, हराभरा और खुशहाल रखना चाहते हैं। इस आविष्कार को जन-जन में उतारने के लिए इन महाशयों ने खतरों से खेलकर अपना जीवन तक न्यौछावर किया है। ये मरमिटिया हस्तियाँ यदि 'नहीं' कहने की हिम्मत बटोर नहीं पाती तो आज तक हिटलर, मुसोलिनी, स्टैलिन जैसे दुर्दान्त तानाशाहों और आततायियों की श्रृंखला का अंत नहीं होता। ज्ञान-विज्ञान, विचार और कला के क्षेत्र में ठहराव आ जाता तथा संभवतः दुनिया में उबाऊ एकरूपता का कँटीला जंगल खड़ा हो जाता।

निस्संदेह, संस्कृति और सभ्यता की अनगिनत सीढ़ियाँ चढ़कर आज की खुली और वैश्विक दुनियाँ तक हमें लाने का श्रेय स्वतंत्रता के लिए शहादत देने वाले महापुरूषों को जाता है। आजादी के ऐसे पुजारी और पैरोकारों में अमेरिका के क्रिस्टोफर हिचेन्स का नाम भी लिया जाता है, जिनका निधन दिसंबर 2011 में हो गया। उनकी मान्यता थी कि "अभिव्यक्ति की आजादी हमें महान बनाती है.........। जहाँ मुक्त वाद-विवाद और निर्बन्ध अभिव्यक्ति का दीपक बुझा दिया जाता है, वहाँ अंधकार अधिक गहरा और घातक हो जाता है।" धीरे-धीरे, अप्रिय समाचार और अनचाहे अभिमतों को प्रतिबंधित करने का आग्रह इतना तीव्र होता जा रहा है कि अभिव्यक्ति की आजादी को पुनः प्रतिष्ठित करने के लिए प्रत्येक पीढ़ी को अपनी लड़ाई हर बार लड़नी

पड़ती है। इसीलिए कहा जाता है कि सतत् चौकन्ने रहकर ही स्वतंत्रता को अक्षत रखा जा सकता है।

महात्मा गाँधी असहमति और अभिव्यक्ति की स्वाधीनता के अदम्य प्रयोक्ता और प्रसारक थे। **वे मानते थे कि स्वाधीनता अविभाज्य है। एक व्यक्ति की स्वंतत्रता तब तक अपूर्ण है, जब तक कि दूसरा परतंत्र है।** भारत को अपना उपनिवेश बनाकर अंग्रेज भी परतंत्र हो गए थे। स्वतंत्रता के लिए किए जाने वाले संघर्ष में हमारे प्रतिपक्षी या दमनकारी को भी उतना ही लाभ मिलना चाहिए, जितना कि दमित या परतंत्र को। अर्थात्, संघर्ष के समापन पर हमारे विरोधी या प्रतिपक्ष को भी मुक्त या स्वाधीन होने की अनुभूति होनी चाहिए। वैसे ही, हमारी असहमति भी अधूरी है, यदि हम असहमति बढ़ाने के लिए ऐसी सम्यक स्थिति पैदा नहीं करते जिसमें कि दूसरा पक्ष भी भागीदार हो सके। गांधी का विचार था कि असहमति समतावादी होती है। ब्रिटिश समाज में असहमति के पक्षधर लोगों की यह महत्वपूर्ण भूमिका होनी चाहिए थी कि वे ब्रिटेन की मुक्ति के साथ-साथ भारत की स्वाधीनता के लिए भी सक्रिय रहते। गांधी ऐसी भूमिका को 'नैतिक समावेश' कहते थे। गांधी की असहमति का तर्ज और तेवर अनूठा था। उसे एक अनंत खेल कहा गया है। उसका उद्देश्य जीतना नहीं, बल्कि सतत् खेलते रहना था। गांधी का विश्वास था कि **मनुष्य होने के नाते हम इस सिद्धांत से नैतिक रूप से बंधे हुए है कि चर्चा का दौर कभी बंद नहीं होना चाहिए।** गांधी के लिए असहमति, भावना व्यक्त करने और घाव भरने वाली संप्रेषण क्रिया थी। उनकी असहमति के दो रूप थे। एक, बातचीत की निरंतरता बनाए रखना और दूसरा, आत्मा की आवाज सुनने के लिए मौन धारण कर चर्चा को थोड़ा विश्राम या अवकाश दे देना।

गांधी कहते थे कि जनतंत्र कोई ऐसा स्टेज नहीं है, जहाँ लोग भेड़ जैसा अभिनय करने लगे। उन्हें हर तरह के दमन, प्रलोभन और पांखड का प्रतिकार करके दमनकारी सत्ता और पश्चगामी सोच का प्रतिरोध करना चाहिए। संविधान में उल्लेखित 'जीवन के अधिकार' (अनुच्छेद-21) में जिस मानवीय गारिमा का संरक्षण निहित है, वह अभिव्यक्ति की स्वंतत्रता के बिना संभव नहीं है। आज आवश्यकता इस बात है की है कि हम अतीत की सीमा जाने और भविष्योमुख बने ताकि नए और अजनबी विचारों के प्रति सहिष्णु बन सकें। गाँधी असहिष्णुता को एक प्रकार की 'हिंसा' मानते थे।

58

आदमी के आंतरिक रूदन की चीख

प्रत्येक ऐतिहासिक कालचक्र में कुछ सरोकार और समस्याएँ ऐसी होती हैं, जो पहले से अधिक गहन होने से, समकालीन बुद्धिजीवियों और चिंतकों को अधिक चिंतित और व्यथित करती हैं। ये कभी-कभी हमारे जीवन-प्रवाह को थोड़े या अधिक परिमाण में बाधित भी करती हैं। ये बाधाएँ लेखकों, कलाकारों, दार्शनिकों और विचारकों के उद्गारों में समय-समय पर अभिव्यक्त भी होती रहती हैं।

वर्तमान युग की या बीसवीं-इक्कीसवीं शताब्दी की ऐसी ही मननीय समस्या है–'सामाजिक बिखराव और अलगाव की।' समाज वैज्ञानिकों ने आधुनिक समाज को एक 'एकाकी भीड़' (Lonely Crowd) के रूप में चित्रित किया है। आज के नगरों में लोग भौगोलिक दृष्टि से चाहे पास-पड़ोस में ही और साथ-साथ भी रह रहे हो, लेकिन वह 'मनोवैज्ञानिक बंधन' जो मनुष्यों को परिवार, पड़ोस और राष्ट्रों में सामुदायिक रूप से जोड़कर रखता है, दिनों दिन शिथिल और जर्जर होता जा रहा है। पूर्व-औद्योगिक समाज में सामाजिक परिस्थितियाँ और सांस्कृतिक धरोहर लोगों में स्थान-बोध, पहचान-बोध तथा अर्थपूर्णता का संदर्भ प्रदान करते थे, परन्तु यह कितना विचित्र और दु:खद परिवर्तन हुआ है कि आधुनिक समय में लोग प्राय: अपने सामाजिक संबंध और विरासत को धोखे, कदाचार और दासता के स्रोत के रूप में देखने लगे हैं।

समाज को प्राय: एक विराट 'नौकरशाह-प्रौद्योगिकी मशीन' के रूप में इस तरह प्रस्तुत किया गया है जो मनुष्य की सच्ची प्रकृति के विपरीत है, तथा जो

मानवीय भावना और अंतरात्मा को 'जीवन की अंतिम बूंद' तक निचोड़ कर उसका उपयोग अपने अशुभ, अमानवीय और अदृश्य उद्देश्यों की पूर्ति के लिए करती है। मनुष्य की जीवनशैली और सामाजिक परिस्थितियाँ समय के साथ बदलना स्वाभाविक है। मनुष्य द्वारा किया जाने वाला कार्य उसकी अभिव्यक्ति के बजाय एक ऐसी बेगार बन गया है, जिसने उसे स्वयं से ही निर्वासित कर दिया है। अपना राष्ट्र भी उलझन और शर्म का उतना ही बड़ा उद्गम बन गया है, जितना कि वह गर्व का कारण था। उसी तरह, जो परिवार परंपरागत समुदायों में पहचान का एक सकारात्मक कारण था, वही आज मनोविज्ञान द्वारा पूर्वाग्रह, छल-कपट और मनस्ताप के ऐसे उत्स की तरह देखा जा रहा है, जिससे दूर रहने की हर चंद कोशिश की जा रही है। समझाया जा रहा है कि हम माता-पिता से मुक्त हुए बिना स्वस्थ और खुशहाल व्यक्तित्व के धनी नहीं हो सकते। ये तमाम धारणाएँ और घटनाएँ हमारे आसपास फैल रहे समाजिक बिखराव और अलगाव के ही लक्षण हैं।

हर युग में मनुष्य की एक छाप और छबि रही है। जैसे भारत में योद्धा-योगी, यूनान में हीरो (नायक), तथा ज्ञानोदय या 'एनलाइटनमेन्ट' काल में 'प्रबुद्धता'। आज हमारे समय में मनुष्य की जो छवि है वह कलाकारों-चित्रकारों की क्यूबवादी (क्यूबिस्ट) पेंटिंग के सदृश्य खंडित, विकृत और भ्रमित है। बीसवीं सदी के साहित्य और कला में मनुष्य की जो छवि प्रस्तुत की गई है, उसमें मनुष्य अंदर से इतनी जोर से चीख रहा है कि उसके विलाप से सारा विश्व स्पंदित हो रहा है। लेकिन फिर भी न तो भगवान और न अन्य कोई उसके हताशाग्रस्त रूदन को सुनने के लिए तैयार है। इस बीच मनुष्य का रूदन और उसकी आंतरिक चीख जारी है। अनेक दबाव और तनावजन्य रोगों के अध्ययन द्वारा समाजशास्त्रियों ने भी आदमी के इस आंतरिक रूदन की चीख की उपस्थिति की पुष्टि की है। पहले कभी भी 'स्वयं को जानना' इतना दुष्कर नहीं रहा, जितना कि आज मनुष्य के जीवन में 'निरर्थकता बोध' के अवतरण से हो गया है। ऐसे कई कारण हैं, जिससे वर्तमान युग में मनुष्य, एकाकी भीड़ के चलते, सामाजिक बिखराव और अलगाव से खुद को बचा नहीं पा रहा है।

59

आधुनिकीकरण की आँधी में उड़ता हुआ आदमी

एक ऐसे देश से जहाँ निरक्षरता बहुत ज्यादा थी, एक फर्म को बाल प्वाइंट पेन के टाप्स (टोपियाँ) खरीने का आर्डर मिला। फर्म के मैनेजर को शक हुआ। उसने पत्र लिखकर पुष्टि चाही कि "क्या सचमुच ही आप बाल प्वाइंट पेन की टोपियाँ खरीदने में रूचि रखते हैं? या पत्र-व्यवहार में कोई चूक हो गई है।" जवाब मिलाः "आर्डर भेजने में कोई गलती नहीं हुई है।" सच्चाई यह थी कि वहाँ निरक्षर लोग टोपियों की जबर्दस्त माँग कर रहे थे। यद्यपि वे लिखना-पढ़ना नहीं जानते थे फिर भी शान और दिखावे के लिये अपनी जेबों में पेन की टोपी लगाकर घूमना चाहते थे।

यह किस्सा आधुनिकीकरण की पोल को अच्छी तरह खोलता है। वास्तव में, बिना सोचे-समझे कुछ बाहरी प्रतिष्ठा के प्रतीकों या प्रभावशाली रस्म-रिवाजों को ओढ़कर उनका बेतुका और भोंडा प्रदर्शन करना ही आधुनिकीकरण हो गया है। लेकिन, ऐसे नकलची आधुनिकीकरण की होड़ और दौड़ के शिकार लोग यह गौर नहीं फरमाते कि तोते चाहे पंख पहनें या कोट वे तोते ही रहते हैं।

क्रिकेट के मैचों, शास्त्रीय संगीत के जलसों, चित्रकला की प्रदर्शनियों और साहित्यिक आयोजनों में ऐसे तमाम लोग मिल जाएंगे, जिन्हें जीवन के इन विशिष्ट पहलुओं की रत्तीभर समझ नहीं होती। ऐसे व्यक्ति ज्यादातर नवधनाढ्य वर्ग के होते हैं। इन आयोजनों में शरीक होने के पीछे उनकी हीनता-ग्रंथी काम करती है। वे इस तरह की घुसपैठ द्वारा प्रतिष्ठित होकर, वृहतर समाज में स्थान एवं स्वीकृति पाकर, अपने स्याह अतीत को सफेद करना चाहते है।

मियां-मिठ्ठू बनना, डींग मारना, कुछ बिना सिर-पैर की बातों को उछालना और जो नहीं हैं, उसका अभिनय करना आधुनिकीकरण की संक्रामकता के मोटे लक्षण हैं। यह महामारी इस कदर फैलती जा रही है कि इससे बचना कभी-कभी मुश्किल हो जाता है। पुरूष तो इस प्रवृत्ति का प्रतिरोध कर बच निकलते हैं, लेकिन प्रदर्शन और अनुकरण धर्मी महिलाओं को आधुनिकीकरण के मोहपाश में बँधते देर नहीं लगती।

आप जब लोगों के घरों पर मिलने-जुलने जाते हैं तो बड़े मजेदार अनुभव होते हैं। या यूँ कहें कि आधुनिकीकरण की फूहड़ता के साक्षात् दर्शन हो जाते हैं। जब देख लिया जाता है कि आगन्तुक प्रोफेसर किस्म का आदमी है तो ग्रहिणियाँ अंग्रेजी अखबार या विदेशी पत्रिका हाथ में लेकर दरवाजा खोलती हैं। दरवाजा खोलने से पहले कुछ चमकीली पत्रिकाएँ और दूतावासों से मिलने वाला फोकट साहित्य सेन्ट्रल टेबल पर फैलाने की कोशिश के दर्शन भी कुछ पारखी विजिटर्स ने अवश्य किए होंगे। फिर, अंग्रेजी के असंगत और अनावश्यक शब्द उछलने लगते हैं और बच्चों को पब्लिक या कान्वेन्ट स्कूलों में पढ़ाने की बात शुरू हो जाती है। इसके बाद स्वयं बच्चों की बारी आती है। पुकार होती है: "आओ बेटे अंकल को पोयम सुनाओ।" बच्चा पोयम सुनाता है और मेजबानों के मुँह पर मुस्कुराहट चमक जाती है।

सिलसिला यहीं खत्म नहीं होता। श्रृंगार-प्रसाधन, स्लिमिंग के औजार, होम थिएटर, माइक्रोवेव की महिमा, न्यू जनरेशन कार, केमरा और मोबाइल का बखान तथा विदेश से लौटकर आने का पहाड़ा चन्द्रकला की तरह बढ़ता चला जाता है। भला हो दूरदर्शन वालों का कि उन्होंने एक जमाने से बहिष्कृत रामायण और महाभारत को तथाकथित आधुनिक लोगों के ड्राइंग रूम में बैठा दिया और देसी चरित्र एवं देशी ग्रंथों पर चर्चा का दरवाजा खोल दिया। आधुनिकीकरण के ऐसे सतहीपन के अनेक उदाहरण खोजे और दिए जा सकते हैं।

जीवन-स्तर की दौड़ अनुकरण की होड़ और दिखावे की खोड़ ने हमें पैसा कमाने की मशीन बनाकर संवेदनहीन और बर्बर बना दिया है। उच्च वर्ग विलासी, मध्यम वर्ग उच्छृंखल तथा निम्न वर्ग अधिक कटु एवं आक्रामक होता जा रहा है। उत्पादन और उपभोग का भूत रात-दिन हमारे सिर पर सवार है। ले-लपक और आपाधापी के जुनून ने आदमी को उत्पादन और उपभोग के

बीच की एक निर्जीव कड़ी में बदल दिया है। रॉकेफेलर, टाटा और बिरला अब प्रोडक्शन 'फार्मूलों' के नाम हो गए हैं। नतीजे में, इस उपभोग-प्रधान औद्योगिक सभ्यता ने हमें प्रदूषण का जहर और अपराधों का नश्तर थमा दिया है। आदमी की आदमियत घटती जा रही है। रिश्ते टूट रहे हैं। आदमी भीड़ में अकेला और अपने ही घर में लावारिस हो गया है। वर्चुअल वर्ल्ड के उन्माद ने मनोवैज्ञानिक और सामाजिक दूरियाँ और अधिक बढ़ा दी हैं। माइकेल फूको के शब्दों में 'पागल समाज' में आदमी 'रोगी' बन कर रह गया है।

औद्योगीकरण, यंत्रीकरण और नगरीकरण की निर्ममताओं से हमारी बोधशक्ति भोथरी हो गई है। नजरों की ज्योत जाती रही है। संगीन से संगीन घटना भी अब हमारे दिलों पर कोई दाग नहीं छोड़ती। आत्मा और भावना के क्षत-विक्षत हो जाने से हम अपने ही औजारों के औजार होते जा रहे हैं। यहाँ तक कि मस्तिष्क का उपयोग अपनी आत्मा को बेचने के लिये करने लगे हैं। शायद औद्योगिक सभ्यता देवराज इन्द्र बन गई है और आदमी बेचारा कर्ण। जीवन की रक्षा और गुणवत्ता के प्रतीक 'कवच और कुंडल' देवराज इन्द्र ने कर्ण से छीन कर उसे केवल एक बार काम आने वाला शस्त्र (थ्रो अवे कल्चर) पकड़ा दिया है। अब यह मनुष्य की जागरूकता, समझ और संघर्षशीलता पर निर्भर करता है कि वह औद्योगिक सभ्यता के तांडव को आगे और कितना सहे और झेले। मनुष्य जाति की भलाई इसी में है कि वह उत्तर-औद्योगिक सभ्यता के विकास और प्रसार में अपनी सारी शक्ति का निवेश तेजी से करती चली जाए।

60

रामायण पर निबंध और बौद्धिक प्रलाप

दिल्ली विश्वविद्यालय के बी.ए. के पाठ्यक्रम से रामानुजन के रामायण संबंधी एक निबंध (थ्री हंड्रेड रामायन्स...) को अकादमिक परिषद द्वारा हटाए जाने पर बौद्धिकों का एक हिस्सा ऐसा लिख और बोल रहा है, मानो इस छोटी सी घटना से भारत में सांस्कृतिक और शैक्षणिक प्रलय आ जाएगा। निबंध हटवाने वाली राजनीति और अकादमिक परिषद की कार्यप्रणाली पर वैचारिक जिरह-बहस करने के बजाय, निबंध के बहाने, हिन्दुओं की आस्था, संस्कृति एवं इतिहास पर बेतुके प्रहार किए जा रहे है। तिल का ताड़ बनाकर भारतीय समाज को यह कहकर भयभीत किया जा रहा है कि उग्र 'हिन्दुवादियों की जमात हमारी सांस्कृतिक चेतना को कुंद करना चाहती है और बहुलतावादी संस्कृति का विनाश करने पर आमादा है।' तानाशाही और फासीवाद के लिए जगह बनाई जा रही है। यह कहने-लिखने वालों की वैचारिक दरिद्रता पर तरस आता है कि केवल एक निबंध हटा देने से हिंदू धर्म असहिष्णु और आक्रामक कैसे हो जाएगा तथा भारत एक तालीबानी समाज में कैसे बदल जाएगा?

मेरे विचार से ये बूंद को बाढ़ मानने वाली आकाशवाणियाँ थोथी और भ्रामक हैं। हिन्दू धर्म (जीवनशैली) को भली-भाँति जानने-समझने वालों को मालूम है कि हिन्दू धर्म कितना खुला, लचीला और बहुआयामी है। वह बहुदेव पूजक और समावेशी है। भारतीय संस्कृति बहुलता प्रधान थी, है और रहेगी। हजारों वर्षों के उतार-चढ़ाव का सामना करके उसने दुनिया को दिखा दिया है कि "कुछ बात है कि हस्ती मिटती नहीं जहां से, सदियों रहा है दुश्मन दौरे जहाँ हमारा।" अपनी सुदृढ़ता और सर्वभाव के साथ वह सत्य और तत्व की

आकांक्षी और अन्वेषी है। उसकी परम उपलब्धि है 'एकं सद विप्राः बहुधा वदन्ति।'

वैचारिक क्षेत्र में हिन्दुओं ने एकेश्वरवाद की हिमायत कभी नहीं की। वैचारिक विविधता और भिन्नता सम्माननीय है, लेकिन वस्तुपरकता के सामने आस्था को खड़ा करके उसका अवमूल्यन नहीं किया जा सकता। आस्था एक प्रबल संचालिका शक्ति है, एक ड्राइव है, जो हमें लक्ष्य तक पहुँचाने के लिए आवश्यक गति और स्फूर्ति प्रदान करती है। वस्तुनिष्ठता एक जड़ता और मरीचिका है। आस्था की कर्षणता और आवेश के बिना अन्वेषण-अनुसंधान को उसकी चरमावस्था तक नहीं ले जाया जा सकता।

गांधी ने शायद इसीलिए आस्था को एक लड़ाई कहा है। 'तुलसी मस्तक तब नवै, धनुष बाण हो हाथ' वाली आस्था एकानुरागी और आवरणमुखी है, 'पंचायतन' वाली शंकराचार्य की साझी भक्ति नहीं। तत्व या सत्व को अधिमान देते हुए रूपाकार पर रीझने वाली दृष्टि का मैथिलीशरण गुप्त ने इस तरह विस्तार किया है, 'धनुष बाण या वेणु लो श्याम रूप के संग, मुझ पर चढ़ने से रहा राम दूसरा रंग।'

ऐसे अन्य उदाहरण भी है, जिनसे स्पष्ट होता है कि हिन्दुओं ने राम की छवि को धरोंदे में बंद रखने के बजाय उसे अभिराम, व्यापक और विराट बनाने के प्रयास किए हैं। एक और बात याद रखी जानी चाहिए कि 'सृजन' वस्तुपरकता से नहीं, आस्था (भावना, आवेश और इच्छा) से होता है। आक्रोश, अहं और इच्छा शक्ति हमारी आस्था को उद्वेलित करके उसे सृजन की ओर उन्मुख और आन्दोलित करती है।

61

युवा वर्ग का सोच और राजनीति

आप बच्चों या युवाओं से पूछकर देखिए, उनमें से शायद ही कोई नेता या राजनीतिक बनना चाहेगा। अधिक कुरेदने पर पता लगेगा कि युवावर्ग में राजनीति के वर्तमान चरित्र को लेकर काफी नाराजी और नफरत है। वे जानते हैं कि राजनीति हमारे देश की हवेली का ऐसा अंधेरा कमरा है जिसमें छल-प्रपंच, अपराध, भेड़चाल और भ्रष्टाचार का साजोसामान ठसा-ठस भरा हुआ है। कुछ अपवादों को छोड़कर; गॉड फादर, उपयुक्त जाति, राजनीतिक पृष्ठभूमि, बाहुबल और पैसा जैसे साधनों से ही राजनीति को कॅरियर बनाने की बात सोची जा सकती हे। चौदहवीं लोकसभा में 40 वर्ष से कम के 34 सांसदों में से 19 राजनीतिक पृष्ठभूमि के परिवारों से आए थे। सात की पृष्ठभूमि आपराधिक थी। ये अधिकांश उत्तर प्रदेश के निवासी थे। शेष आठ ऐसे थे जो साफ-सुथरे थे और अपनी राजनीतिक सक्रियता एवं कठोर परिश्रम के बल पर सांसद बने थे। इनमें से 3 पश्चिम बंगाल के, 2 उड़ीसा के तथा एक-एक राजस्थान, महाराष्ट्र और झारखंड के थे।

'साठोत्तर का सट्टा' भारत की राजनीति में खूब फलाफूला। ऊँची पढ़ाई, योग्यता और उपलब्धि के बावजूद युवावर्ग को बुजुर्ग और वरिष्ठ नेताओं ने राजनीति के गलियारों में आगे बढ़ने नहीं दिया। अपने स्वाभिमान को कुचलकर, गिनती के कुछ 'लो-प्रोफाइल' और 'जी-हजूरी' में माहिर युवक-युवतियाँ ही थोड़ा-बहुत इधर-उधर कर लेते हैं। सभी देशों में लगभग एक जैसी स्थिति देखने को मिलती है। संभवतः यहीं कारण है कि हमारा देश जवान होने पर भी यहाँ की राजनीति की बागडोर बूढ़े, दब्बू और थके-माँदे लोगों के हाथों में ही थमी रही।

मुंबई के ताजमहल होटल पर 26 नंवबर को हुए आंतकियों के हमले ने देश के सामने राजनीतिक अक्षमता और नौकरशाही की निष्क्रियता को केवल उजागार ही नहीं किया, बल्कि सरकार और उसकी सहचरी दफ्तरशाही की बाँझ कार्य–प्रणाली की कलई खोल कर रख दी है। सरोकारहीनता और नाकामी पर से पर्दा हटते ही, सारे देश के गुस्से का लावा राजनेताओं और अफसरों पर फूट पड़ा। इतना तीखा धिक्कार और गाढ़ी हिकारत का भाव देश के नेतृत्व पर शायद ही कभी बरपा हुआ होगा। देश के सबसे बड़े दस शहरों में 'सिनोवेट इंडिया' द्वारा कराए गए सर्वेक्षण में भी राजनीतिक जमात को सर्वाधिक पतित और वीभत्स बताया गया है। यह सच है कि सच्चा दोस्त और नेता वही होता है जो संकट के समय काम आता है। दूसरी ओर, यह कहना भी सही है कि जो समाज या देश जिस योग्य होता है, उसे वैसा ही नेतृत्व मिलता है। इस अर्थ में क्या हम अपने ही दुश्मन नहीं है? क्योंकि उत्तम या अधम नेता चुनने और बनाने वाले तो हम ही हैं। देश के कुछ शिक्षित नागरिक तो ऐसे हैं जो चुनाव के समय वोट डालने की जहमत भी नहीं पालते। युवावर्ग में भी मुश्किल से 15–20 प्रतिशत ऐसे हैं जो मतदान करने का कष्ट उठा पाते है। युवजन 'शब्द–बाण' तो खूब चलाते हैं, लेकिन विधान सभा या लोकसभा के लिए चुने जाने पर वहाँ उनकी उपस्थिति और भागीदारी, प्रभावी और परिणामकारी कहाँ रह पाती है?

'युवा और राजनीति' विषय पर 'सिनोवेटे इंडिया' द्वारा एक और सर्वेक्षण कराया गया था। इसमें आठ शहरों के 18 से 35 वर्ष के छः सौ युवक–युवतियों ने भाग लिया था। इस अध्ययन में, युवा भारत के राजनीतिक मानस का चित्र उभरा है। यह सच्चाई लगभग सभी लोग जानते है कि हमारे देश में युवजन एक जनांकिकीय और राजनीतिक शक्ति है, क्योंकि 18 से 35 वर्ष आयु समूह के मतदाताओं की संख्या लगभग 50 करोड़ है। यह शक्ति 3.5 प्रतिशत दर से प्रतिवर्ष बढ़ रही है। यद्यपि यह युवाशक्ति राजनीति की विरोधी नहीं है, फिर भी राजनेताओं से इसका मोहभंग हो चुका है। नौजवानों की नजर में भारतीय नेतृत्व बूढ़ा, कमजोर, अकुशल, भ्रष्ट और सृजनात्मकता की दृष्टि से मृतप्राय है। युवजन राजनीति को एक आदर्श प्रोफेशन नहीं मानते, क्योंकि यह बौद्धिक रूप से बोदे और कुटिल मानसिकता वाले लोगों से आक्रांत है। युवा इस सच्चाई के प्रति सजग है कि वे दुनिया के सबसे बड़े और सर्वाधिक ध्यान आकर्षित करने वाले जनतंत्र का जीवंत हिस्सा हैं। एक जिम्मेदार नागारिक

समूह के रूप में उनका भविष्य और जोखिम भी इसी से जुड़ा हुआ है। जहाँ तक सक्रिय राजनीति का सवाल है, युवजनों के क्रांतिकारी विचारों और उनके कार्यो के बीच एक खंदक खुदी हुई है। वे राजनीति के रणक्षेत्र में मौजूद खतरों का सामना नहीं करना चाहते। मुंबई, कोच्चि और चेन्नई के युवाओं को छोड़कर, अन्य शेष शहरों के युवक और युवतियों की राजनीतिक भागीदारी और जागरूकता नगण्य-सी ही है। 64 प्रतिशत कहते है कि उन्होंने कॉलेज या विश्वविद्यालय में छात्र परिषाद के चुनावों में न तो कभी प्रतिनिधि बनने के लिये कोई चुनाव लड़ा है और न ही भविष्य में कोई चुनाव लड़ना चाहते हैं। दिल्ली के युवजनों में धार्मिक संकीर्णता इस हद तक है कि वे अपने धर्म के अनुयायियों के अलावा अन्य धर्मावलंबियों को वोट देना नहीं चाहते। 89 प्रतिशत युवा कहते हैं कि चुनाव के दौरान उम्मीदवारों की पृष्ठभूमि संबंधी पर्याप्त जानकारी प्रकाशित और प्रसारित की जानी चाहिए। 84 प्रतिशत का विचार है कि वे अपराधी पृष्ठभूमि के उम्मीदवारों को वोट नहीं देगे। मुंबई के 70 प्रतिशत युवा राजनीति में सक्रिय भागीदारी करने के पक्षधर हैं, जबकि चेन्नई के 87 प्रतिशत राजनीति को अपना प्रोफेशन बनाना नहीं चाहते। 60 प्रतिशत युवजनों की राय है कि जन आकांक्षा और अपेक्षा के अनुरूप काम नहीं करने वाले जन-प्रतिनिधियों को वापस बुलाने का अधिकार मतदाताओं को दिया जाना चाहिए। 82 प्रतिशत युवक-युवतियों का भारतीय निर्वाचन प्रणाली में पूरा भरोसा है और वे उससे संतुष्ट है। हाँ, युवा शक्ति को नाममात्र का राष्ट्रपति रास नहीं आता। 83 प्रतिशत युवजन राष्ट्राध्यक्ष को अधिक अधिकार देकर उसे शक्तिशाली बनाना चाहते है।

युवाशक्ति, 21वीं सदी के भारत के लिये, एक योग्य उपयुक्त नेता की तलाश कर रही है। अगले प्रधानमंत्री के लिये, बारह वर्तमान नेताओं की सूची में से, युवजनों को नरेन्द्र मोदी सबसे ज्यादा पंसद आए हैं। मोदी को 16, राहुल गाँधी को 15, सोनिया को 14, मनमोहन सिंह को 13 और अडवानी को 8 प्रतिशत ने प्रधानमंत्री पद के लिये उपयुक्त समझा है। 'पिछले पच्चीस वर्षो में भारत का सर्वश्रेष्ठ नेता कौन रहा है?' इस प्रश्न के उक्त में युवाशक्ति ने नए-पुराने तेरह भारतीय नेताओं की नामावली से पहले क्रम पर इंदिरा गांधी, दूसरे पर ए.पी.जे. अब्दुल कलाम और तीसरे पर नरेन्द्र मोदी का चुनाव किया है। इस मतदान से स्पष्ट है कि युवावर्ग देश के नेतृत्व के लिये ऐसा व्यक्ति चाहते है जो साहसी, सुदृढ़, कर्मठ और दूरदर्शी हो जिसमें कुछ नया करने की

उमंग और तड़प हो। वे देश की सुरक्षा और मजबूती के लिये इंदिरा गाँधी जैसा 'मुक्तिदाता' माँग रहे है, जिसके रक्त में लोहा और अस्थियों में चूना हो।

युवजनों की कल्पना के नेतृत्व की चौखट में न मनमोहन सिंह फिट बैठते है और न ही 'माँ-बेटा'। युवावर्ग की कसौटी पर 'मिस्टर भविष्य' याने राहुल नहीं, **दबंग नरेन्द्र मोदी खरे उतरते हैं।** मोदी की विकास-दृष्टि के सामने वे उन पर लगे तमाम आरोपों को भी अनदेखे करने के लिये तैयार हैं। नई पीढ़ी देश को राजनीतिक जीर्णता से उबारना चाहती है। वह भारतीय राजनीति के सिंहासन पर गरिमा, शिष्टता और सदाचार की वापसी चाहती है। युवजनों की आकांक्षा है कि **भारत भले, साहसी और गुणवान लोगों का गणतंत्र बने।** कांग्रेस और भाजपा द्वारा देश के नेतृत्व के लिये पेश की गई जवान और बूढ़ी दोनों ही प्रतिमाओं को वे अस्वीकार करते हैं। वे 50 वर्षीय ओबामा जैसा चुस्त-दुरूस्त, निर्णयशील और प्रेरणादायी प्रधानमंत्री चाहते हैं, जो चर्चिल की तरह बोलता हो और लिंकन की तरह लिखता और कार्य करता हो। युवजनों की आकांक्षा मई 2014 में पूरी हो गई है। नरेन्द्र मोदी अपनी पार्टी (बी.जे. पी.) को प्रचंड बहुमत से जिताकर देश के प्रधानमंत्री बन गए हैं। देशवासियों की आशा के अनुरूप 'नमो', 'सबका साथ और सबका विकास' के मंत्र और संकल्प के साथ, भारत को विश्व का एक विकसित और अग्रणी राष्ट्र बनाने में जी-जान से जुट गए हैं। उनकी यश-पताका सारे विश्व में फहरा रही है। 2015 के ताजातरीन सर्वेक्षण में मोदी समस्त पूर्व प्रधानमंत्रियों से श्रेष्ठतर पाए गए हैं। 2014 के महा-निर्वाचन में बी.जे.पी. को जिताकर, युवजनों ने नरेन्द्र मोदी को प्रधानमंत्री बनाने का रास्ता साफ करके, अपनी आकांक्षा पूर्ण कर ली है। आज भी उन्हें लगभग 80 प्रतिशत भारतीय काफी पसंद करते हैं।

62

हमारे आदर्श विमुख और नारेबाज़ नवयुवक

युद्धोतर जनसंख्या विस्फोट से उच्च शिक्षा अछूती नहीं रही। 'संख्या विस्फोट' और 'छात्र-असंतोष' बीसवीं शताब्दी के उत्तरार्द्ध की प्रमुख समस्याएँ है। 'छात्र असंतोष' का जहाँ तक सवाल है यह कोई बिलकुल नई प्रक्रिया नहीं है। इस्ताम्बूल के राज्य संग्रहालय में सुरक्षित पेपिरस पर यह बात आज से लगभग तीन हजार वर्ष पूर्व लिखी हुई पाई गई है। शिक्षित युवकों को क्रान्तिकारी होना चाहिए, लेकिन उनकी क्रान्ति और अशिक्षितों की क्रान्ति में फर्क होना चाहिए।

विदेशों में अधिकांश छात्र आन्दोलन उच्च आदर्शों से प्रेरित होते हैं। वहाँ छात्र-छात्राएँ चाहे जितनी निर्बन्ध जिन्दगी जीते हों मगर अपने मकसद और मंजिल के लिए वे पूरी तरह समर्पित हैं। वहाँ छात्र-छात्राओं ने युद्ध, हिंसा, प्रजातिवाद, गरीबी, भेदभाव, प्रदूषण और भौतिक विलास के खिलाफ बगावत की है। जबकि, हमारे यहाँ अधिकांश छात्र-आन्दोलन टटपूंजी और बोदी बातों को लेकर ही हुआ करते हैं। पुराने गुजरात और बिहार के छात्र-आन्दोलनों को छोड़, पिछले दिनों जवाहर लाल नेहरू विश्वविद्यालय (जे.एन.यू.) में हुई देश-विरोधी नारेबाजी और अन्य कार्यक्रमों का आयोजन किसी उच्च उद्देश्य या उच्चादर्श से प्रेरित नहीं थे। विश्वविद्यालय को किसी एक विचारधारा का प्रचारक या प्रसारक नहीं बनाया जा सकता। वह एक ऐसा अकादमिक गौरवशाली स्थान है जहाँ विविध विचार प्रणालियों का तुलनात्मक मूल्यांकन किया जाता है और किसी भी सिद्धांत पर प्रश्न उठाकर उस पर रचनात्मक असहमति व्यक्त की जा सकती है।

लेकिन, सिक्के का दूसरा पहलू भी है। उपद्रव और अनुशासनहीनता के लिए पूरी तरह छात्र ही जिम्मेदार नहीं होते। राजनीतिक दुष्प्रेरणा, प्रशासनिक अक्षमता और पालकों की उदासीनता भी वे आयाम हैं जो छात्रों को उत्तेजित और उग्र होने के लिए बाध्य करते हैं। दूरदर्शिता, तत्परता और सहानुभूति से यदि तीनों क्षेत्रों के लोग मिलकर छात्रों को विश्वास में लेने की पहल करें तो शायद उपद्रवों और आन्दोलनों का समाधान खोजा जा सकता है।

वैसे ही, अन्य प्राणियों की अपेक्षा मानव-शिशु अधिक असहाय और परावलम्बी होता है। वयोवृद्ध लोग उसे पराश्रित बनाए रखने में कोई कोर-कसर नहीं रखते। उन्हें बीस-बाईस तक विद्यार्थी, तीस-बत्तीस तक नौसिखिया और चालीस-बयालीस तक अपरिपक्व ही कहा जाता रहा तो वह सुबह कब आएगी जब उन्हें विचार और कार्य के क्षेत्र में सोचने-समझने और कुछ करने-कराने के अवसर और आधार मिल सकेंगे। वयोवृद्ध लोग उत्तरदायित्व की रामनामी चादर स्वयं ओढ़े रहना चाहते हैं। हमारे सांस्कृतिक परिवेश में माता-पिता, परिजन, गुरूजन और सामाजिक संस्थाओं पर निर्भरता इतनी बढ़ी हुई है कि एक शिशु युवा होने तक मनोवैज्ञानिक असमर्थता का शिकार हो जाता है।

शायद, इस प्रवृत्ति के पीछे वयोवृद्ध माता-पिता, गुरूजन और राजनेता-समाज नेताओं का भावुक प्यार या अपनी वरिष्ठता का वैभव (अवचेतन में) ही काम करता है। इसीलिए, हमारे यहाँ अक्ल की जगह पद, डिग्री और उम्र अधिक पूजी जाती है। वस्तु निष्ठ होकर यदि वयोवृद्ध लोग सोचें तो कदाचित समझ सकेंगे कि पूर्वाग्रहों के परिणामस्वरूप तीव्र सामाजिक परिवर्तन के दौर में, उम्र के साथ दुविधा और सुरक्षित सोच घटने के बजाए बढ़ता जाता है। इतिहास चाहे पोस्टमैन जैसा और कहीं अपने आप को दोहरा लेता हो लेकिन विचारों के क्षेत्र में जो गया सो गया।

पिछले 65-70 वर्षो में हमारे यहाँ और कुछ हुआ हो या न हुआ हो, परन्तु जवान पहाड़ पर चढ़े हैं, बूढ़े गवर्नर बने हैं और औरतों की एड़ियाँ ऊँची हुई हैं। जवानी को हमने कविता, भाषण, आन्दोलन और पर्वतारोहण की विषय वस्तु बनाकर, बौद्धिक क्षेत्र में प्रतिष्ठित होने से अधिकतर रोका ही है। साहित्य और सिनेमा ने युवावर्ग का एक अजीब लिजलिजा चित्र समाज के सामने पेश किया है। उनकी निगाह में अधिकतर युवा गाने-बजाने-नाचने और छेड़-छाड़ करने वाले गैर-जिम्मेदार समूह के अतिरिक्त और कुछ नहीं है। युवकों को एक

ऐसे परजीवी समूह के रूप में भी चित्रित किया गया है जो सिनेमा, कॉफी हाउस और बाजारों में आवारागर्दी के अलावा ज्यादा कुछ नहीं करता।

युवा वर्ग जो कि संख्या और शक्ति दोनों ही दृष्टि से हमारे यहाँ जनसंख्या का लगभग 65 प्रतिशत (35 वर्ष से कम) हिस्सा है, आज ऐसे सामाजिक परिवेश में जी रहा है, जहाँ राजनीति गिरोहगर्दी है, सामाजिक प्रतिष्ठा पैसों से आकी जाती है, श्रम का शोषण और बुद्धि का विक्रय होता है। जहाँ दोगलापन एक रिवाज बन गया है और आधुनिकता अन्धानुकरण हो गया है। ऐसे पाखंड पूर्ण माहौल में युवकों की छटपटाहट और नाराजगी जायज लगती है। मगर नाराजी व्यक्त करने के उनके औजार कभी-कभी भोंडे, अशिष्ट और अनुपयुक्त होते हैं। उन्हें गांधीवादी अहिंसक किन्तु सुदृढ़ तकनीक काम में लानी चाहिए। विदेशों में, खासकर अमेरिका और इंग्लैण्ड में, छात्र समुदाय ईमानदारी से इस तकनीक का उपयोग कर रहा है।

यह सच है कि आज देश ही नहीं दुनिया को एक अपरम्परागत, आक्रामक और बहुदिश चिन्तन की जरूरत है। ऐसा साहसिक चिन्तन ज्यादातर युवावर्ग ही कर सकता है। भूतोम्मुख कठमुल्ला और अधीक्षकनुमा लोगों से यह शायद सम्भव नहीं है। रेडार का काम 'कुतुबनुमा' नहीं कर सकता। कहने को एक रस्म अदायगी के रूप में अपने भाषणों में पुराने लोग निर्भीकता, सुधारक-अभिवृत्ति और सृजनात्मक चिन्तन की शाब्दिक दुहाई अवश्य देते हैं, लेकिन जब कोई विचारशील युवक इन गुणों को व्यवहार में लाता है तो उनका अहं गुर्राने लगता है। अब हमारे देश में हमें नई भविष्योन्मुख अभिवृत्तियों में प्रयोग की आबोहवा बनाने पर ध्यान देना चाहिये। अचम्भा और मुश्किल तो यह है कि धनी और राजनीतिक लोग हमारे युवकों को भरमाकर उनके अगुआ बने हुए हैं। उन्हें अपनी धुन पर नचा रहे हैं, और वे हैं कि नाचते चले जा रहे हैं। जब तक युवा, कुछ खतरे उठाकर, देश का नेतृत्व करने के लिये, आगे नहीं आएँगे तब तक परिवर्तन को पर्याप्त गति नहीं मिल पाएगी।

63

सवाल युवजनों में नेतृत्व के विकास का

जब कभी राष्ट्रीय जीवन में विकृति या संकट पैदा होता है तो हमारा ध्यान सहज ही हमारी मूल्य-चेतना और पुरस्कार प्रणाली पर चला जाता है। ऑर्नोल्ड टॉयन्बी का कहना था कि समाज में जिस गुण को सम्मानित और पुरस्कृत किया जाता है, उसी को विकसित और सुदृढ़ करने के प्रयास किए जाते हैं।

आजादी के बाद रंगमच पर अवतरित हुए नेता, अधिकारी (अफसर) और संस्था-प्रमुखों के चरित्र का विश्लेषण करने पर ज्ञात होता है कि इनमें से अधिकांश सामंती, सवर्णवादी और स्वेच्छाचारी रहे हैं। उन्होंने अधिकतर चाटुकारिता, आज्ञापालन और दब्बूपन को तरजीह दी है। फलस्वरूप, संस्थाओं में मिमियाना, घिंघियाना और जीहजूरी जैसे गुण प्रोत्साहित और विकसित होने लगे। कुछ आदरणीय अपवाद छोड़कर, यही ढर्रा आज भी चल रहा है।

गांधी ही एक ऐसा अपवाद था जिसने निर्भीकता, साहस और स्वाभिमान के प्रसार और पोषण पर ध्यान दिया था। अन्य बड़े नेताओं के 'मैं' ने किसी 'तुम' के उजास को बर्दाश्त नहीं किया। पार्टी की नर्सरी में जिस पौधे ने सिर ऊँचा किया उसी पर माली की कैंची मंडराने लगी। कभी मंत्रिमंडल के पुनर्गठन के बहाने तो कभी 'कामराज योजना' के नाम पर असहमति की छंटनी कर दी गई। युवा 'तुर्कों' तक को असहमति की कितनी कीमत चुकानी पड़ी यह किसी से छुपा हुआ नहीं है।

शीर्षस्थ नेताओं की 'बेर' के कांटों जैसी तुनक-मिजाजी ने 'केर' के अलबेलेपन को कई बार क्षत-विक्षत कर दिया। नेहरू जैसे ऊँचे आदमी भी लोगों को बुरी तरह फटकारने, धकियाने और उन पर तकिया फेंकने में नहीं

झिझके! लाल बहादुर शास्त्री जैसे आज्ञाकारी ही उन्हें रास आते थे। इन्दिरा जी ने तो, जिस किसी को उनकी बराबरी से चलने की हिमाकत करते पाया, उसे एकदम दूध से मक्खी की तरह निकाल फेंका। मोरारजी भाई भी अपनी डिप्टी कलेक्टरी और हेडमास्टरी का इजहार बराबर करते रहे। यहाँ तक कि मंत्री बनने के लिए अंग्रेजी जानने की अलिखित शर्त लगा दी। बड़े नेताओं के इस तरह के पोपनुमा आचरण के कारण, नेतृत्व का विकास करने वाली, एक प्रेरक परम्परा, पोषक परिवेश और सार्थक संदर्भ की कमी हमारे यहाँ बराबर बनी रही।

दैनिक जीवन में हमारे घरों-परिवारों में जो हो रहा है वह भी बहुत भिन्न नहीं है। माता-पिता, रिश्तेदार और पाठ्यपुस्तकें हमें उन बातों की शिक्षा देने लगते हैं जिनका ज्ञान वे हमें कराना चाहते हैं। जन्म की घुट्टी से ही बड़े बूढ़े अपने विचार बच्चों को पिलाना शुरु कर देते है। बच्चे और किशोर दूसरों के विचारों का मूल्य और सीमा जाने बगैर ही उन्हें अपनाने लगते हैं। इसका ज्ञान हो जाने से पहले कि वे उनके अपने निजी विचार नहीं हैं, वे उन्हें स्वीकार करना सीख लेते हैं। धीरे-धीरे वे इन बातों के आदि हो जाते हैं, और उन वास्तविकताओं को स्वीकार कर लेते हैं जिन्हें दूसरों ने उनके लिए गढ़ा है। इनमें भला या बुरा, सच या झूठ, रुचिकर या अरुचिकर सब कुछ हमारे लिए ठीक हों या न हों, वे ऐसे साधन अवश्य बन जाते हैं जिनके जरिए हम भावी यथार्थ का सामना करते हैं। पावलोफ के कुत्ते और थार्नडाइक की बिल्ली जैसे अनेक लोग हैं जो बिना यह जाने अपना सारा जीवन बिता देते हैं कि इस प्रकार के तैयार किए गए विचारों और अर्द्ध-सत्यों के अलावा दुनिया में कुछ अन्य प्रकार के विचार भी होते हैं। इस तरह, बिना पूरी तरह 'जन्मे' ही बहुत से लोग 'मर' जाते हैं।

विश्वविद्यालयों और कॉलेजों का एक महत्वपूर्ण काम नौजवानों में नेतृत्व का विकास करना है। मगर वहाँ के शैक्षिक जीवन में एक अजीब सा कीचड़ मचा हुआ है। ढोल-ताशें बजाकर चुनाव लड़ने, ट्रकों पर चढ़कर विजय का फूहड़ प्रदर्शन करने और वार्षिक समारोहों पर उधार लाई हुई या खरीदी हुई प्रतिभा की नौटंकी करवाने तक ही वहाँ नेतृत्व का दायरा सिमटा हुआ है।

पढ़ना-पढ़ाना महज एक खाना पूरी या रस्म अदायगी हो गया है। एक ऐसा व्यक्ति जो विद्यालयी रीति-रिवाज में अच्छी तरह प्रशिक्षित रहता है या जो

डॉक्टरेट पाने के प्रयास में अपना खून सुखा चुका होता है, पाठ्यपुस्तकों की व्याख्या करता है या अपने लेक्चर के रूप में उन्हें दुहरा देता है। विद्यार्थी खास-खास बातें टीप लेते हैं और पूछे जाने पर उनकी पुनरावृत्ति कर देते हैं।

छात्रों को सोचने-विचारने के लिए उत्तेजित-प्रोत्साहित नहीं किया जाता। उनकी रुचि, क्षमता और आवश्यकता पर भी पूरा ध्यान नहीं दिया जाता। इस कारण, छात्र उच्च ज्ञान और आचार्यो (प्रोफेसरों) के प्रति एक विनोदपूर्ण उपहास एवं हिकारत भरी दृष्टि से देखने लगता है। यह दृष्टि उस समय और तीव्र हो जाती है जब वह देखता है कि उसे मिलने वाली शिक्षा का उसके जीवन और आवश्यकताओं से कोई सरोकार नहीं है। ऐसी हालत में, एक चतुर कॉलेजी छात्र अपने अज्ञान को छुपाने, उत्तरदायित्व की अवहेलना करने और यंत्रवत शिक्षा-प्रक्रिया के बौद्धिक एवं भावात्मक पाखंड को सफलतापूर्वक निभाने में निपुण हो जाता है।

नेतृत्व के लिए व्यक्ति में दूरदर्शिता, कल्पनाशक्ति और विचारशीलता चाहिए। विचार और कल्पना की खदबदाहट के लिए एक उदार सामाजिक परिवेश, एक प्रेरक सामाजिक शिष्टाचार और एक संवादपूर्ण शैक्षिक परम्परा चाहिए। इसके अभाव में, 'फेबर के केटरपिलर' पैदा हो सकते हैं, स्वतंत्र चेता विचारक या निर्णयशील नेता नहीं।

जहाँ गर्भाधान से लगाकर प्रसूति तक अधिकांश माताएँ घुटन, उत्पीड़न और मानसिक गुलामी में सांस लेती हों, घरों में प्रश्न पूछना जहाँ विद्रोह समझा जाता हो, समाज में अपरम्परागत बात कहना जहाँ 'किशोर अपराध' माना जाता हो, कक्षाओं में जिरह-बहस करना उद्दंडता कहलाता हो, और अधिकारी की हाँ-में-हाँ नहीं मिलाकर मौलिक बात सुझाना अनुशासनहीनता में शरीक किया जाता हो, वहाँ हुंकारा भरने और हाँका लगाने का निरापद पुरस्कार छोड़कर विचार, कल्पना और स्वचालन का खतरा कौन उठाएगा?

हमने हरी क्रान्ति की, भूरी और सफेद क्रान्ति भी की। लेकिन उतनी विचारों की विनम्रतम क्रान्ति नहीं कर पाए। हमने कल्पना शक्ति के पंख काटने का वह द्रोह किया जिसे आइन्सटाइन देश द्रोह से भी बड़ा द्रोह मानते थे। नतीजा यह हुआ कि जे. कृष्णमूर्ति के मुहावरे में हम 'रिपीटीटिव मशीन' (दुहराने का यंत्र) बन कर रह गए। इंजीनियर बने पर 'इमेजिनियर' (कल्पनाशील इंजीनियर) नहीं बन पाए। परमात्मा, धर्म, भाग्य और गुरूजन को अपना

अभिभावक बनाकर हमने पहल, सोच-विचार और जिम्मेदारी से छुट्टी पा ली। स्वावलम्बी होने के बजाय हम परावलम्बी हो गए। भूतोम्मुखता, आज्ञाकारिता और आर्थिक असुरक्षा ने हमें भविष्योम्मुख साहसिक चिन्तन नहीं करने दिया। गुंथर के शब्दों में हमारे खंडहरों ने हमें खंडहर बना दिया। यही कारण है कि हमारा साहित्य, शिक्षा और पत्रकारिता भविष्य की सड़क बनाने के बजाए भूतकाल का कीचड़ गूंदते रहते है।

परिवार, शिक्षा-संस्थाएँ, राज्य और पूजागृहों का काम लोगों में नैतिक चेतना और रचनात्मक असहमति उत्पन्न करना है। इसके बिना सच्चे नेतृत्व का विकास सम्भव नहीं है। वहीं व्यक्ति अच्छा नेता और नागरिक हो सकता है जो भाषा और विचार के रूढ़ आदर्शो की तहों को तोड़कर अर्थ के आंतरिक केन्द्र तक पहुँचना जानता हो। सामाजिक संस्थाओं में 'नई अभिवृत्तियों में प्रयोग' को प्रोत्साहन देकर और 'असहमति के प्रति सहिष्णुता' जगाकर नेतृत्व के गुणों के विकास का मार्ग प्रशस्त किया जा सकता है।

दो संस्कृतियों का सिद्धांत प्रतिपादित करने वाले विख्यात विचारक सी.पी. स्नो का कहना था कि 'ना' कहने वालों की अपेक्षा 'हाँ' कहने वालों ने समाज, देश और दुनिया का अधिक अहित किया है। जनतंत्र को अंध सहमति से जितना खतरा है उतना शायद प्रबुद्ध असहमति से नहीं है। जनतंत्र की जलधारा का सहज प्रवाह दबाव से मनाव, बंधन से मुक्ति और अंध सहमति से सृजनशील अभिव्यक्ति की ओर होता है। ऐसा नहीं होने पर जनतंत्र का ढांचा उस निष्ठुर नेत्र चिकित्सालय का रूप ले लेता है जो आँख तो उघाड़ता है पर उजाला छीन लेता है। यह निंश्चित है कि जब तक चिन्तन और सृजनशीलता के सामाजिक, सांस्कृतिक एवं आर्थिक अवरोध बने रहेंगे तब तक नेतृत्व के विकास का सवाल एक सवाल ही बना रहेगा।

ज्ञान पीठ पुरस्कार विजेता कविवर कुँवर नारायण ने अपनी कृति **नचिकेता** में बिलकुल ठीक कहा है :

अहसमति को अवसर दो,
सहिष्णुता को आचरण दो,
कि बुद्धि सिर ऊँचा रख सके,
उसे हताश मत करो -
काइयाँ स्वार्थों से हरा-हरा कर।

64

बेरोजगारी का फूटता मानव बम

स्नातक होकर काम-धंधों में प्रवेश करने वाले नौजवानों के लिए रोजगार के अवसर पैदा करने में वैश्विक अर्थतंत्र विफल रहा है। इस कारण शिक्षा का भी अवमूल्यन हो रहा है। 2008 की आर्थिक मंदी के नौ साल बाद भी रोजगार मिलने की आस नहीं बंध पा रही है। दुनिया के धनी देशों में रोजगार का संकट सबसे ज्यादा गहराया हुआ है। कर्ज से कराह रहे यूनान में युवा बेरोजगारी 51.1, स्पेन में 50.5, इटली में 31.1, स्वीडन में 23.5, यूके में 22.4, यू.एस. में 16.5, जर्मनी में 7.8 और जापान में 8.5 प्रतिशत है। प्यू रीसर्च सेंटर द्वारा किए गए एक अध्ययन के अनुसार अमेरिका के 18 से 24 वर्ष आयु समूह के नौकरी-पेशा युवक-युवतियों का प्रतिशत पिछले दो वर्षों से 54 के आस-पास ठहरा हुआ है। यह अभी तक के आँकड़ों में सबसे कम है। 2007 में 62 प्रतिशत से अधिक युवा कोई न कोई कामकाज कर रहे थे। अंतरर्राष्ट्रीय श्रम संगठन के आँकड़े दर्शाते है कि वैश्विक स्तर पर 15 से 24 वर्ष तक के 7.5 करोड़ युवा बेरोजगार हैं और इस हालत में सुधार की बहुत कम उम्मीद है। जिनेवा स्थित आईएलओ में युवजन रोजगार कार्यक्रम के समन्वयक ने चेतावनी दी है कि यदि ठोस कार्रवाई नहीं की गई तो यह 'बेरोजगारों की सेना' एक भटकी हुई या लुप्त पीढ़ी का रूप ले लेगी। आज हमारे बच्चों और नौजवानों की हालत हमारी 20 साल पहले की स्थिति से भी बदतर है। वास्तव में हम आगे बढ़ने के बजाए पीछे हटते जा रहे हैं।

युवा पीढ़ी की बेरोजगारी का संकट जितना लंबा खिंचेगा, वैश्विक अर्थव्यवस्था के लिए उतने ही गंभीर नतीजे, विकसित और विकासशील देशों में देखने को मिलेंगे। भविष्य के लिए आवश्यक कुशल-श्रम शक्ति का

विकास करने के बजाय, आजकल हम ऐसे लाखों अकुशल लोग तैयार कर रहे हैं, जिनमें आने वाले दशकों की अपेक्षित आर्थिक वृद्धि को प्रोत्साहित करने वाले कौशलों का अभाव है। योरप और जापान जैसे बुढ़ाते देशों में स्वास्थ्य-रक्षा और पेंशन पर खर्च का बोझ बढ़ता जा रहा है, क्योंकि वहाँ करदाता नौकरी-पेशा लोगों की संख्या घट रही है। इस कारण, कर्ज तले दबे हुए इन देशों की सरकारों पर आर्थिक दबाव घटने का नाम नहीं ले रहा है। बेराजगारी का भयानक परिणाम यह हो रहा है कि युवजन आतंक और अपराध की ओर बढ़ रहे हैं। निराश और नाराज युवा समाज से कटकर राष्ट्रीय एकता को भी क्षति पहुँचा रहे हैं। वर्ष 2000 में एक जापानी युवक स्नातक होने के बाद अपने लिए पूर्णकालिक रोजगार नहीं खोज पाया। निराश और शर्मिन्दा होकर उसने स्वयं को घर के कमरे में दस वर्षों तक बंद कर लिया। इस दौरान उसने घर और बाहर के किसी भी व्यक्ति से बातचीत नहीं की। इस तरह की विषादग्रस्तता (डिप्रेशन) को जापान में 'हिकीकोमारी' कहा जाता है। वहाँ रोजगार नहीं पा सकने की मार से पीड़ित और आहत युवक-युवतियों को अलगाव और विषाद से बचाने और जीवन की मुख्य धारा से जोड़ने के लिए 'न्यू स्टार्ट' नामक संगठन भी सक्रिय है। यह संगठन युवाओं का पुनर्वास कराकर उन्हें जीवन का हर तरह से सामना करने के लिए तैयार करता है।

बेरोजगारी से जनशक्ति की भारी क्षति होती है और समाज को शिक्षा का प्रतिफल भी नहीं मिल पाता। हमारे देश में करीब 85 प्रतिशत सामान्य ग्रेजुएट, 75 प्रतिशत इंजीनियर और 73 प्रतिशत व्यापार प्रबंधन के स्नातक नौकरी पाने की पात्रता नहीं रखते। इसलिए शिक्षा संस्थानों और व्यापार-उद्योग के संगठनों को आपस में सहयोग कर युवजनों को रोजगार प्राप्त कराने के लिए उन्हें जरूरी अद्यतन ज्ञान, कौशल और अभिवृत्तियों से सुसज्जित करने की व्यवस्था करनी चाहिए। यूके में रोजगार देने वाली कंपनियों को अनुदान देने के लिए 1.6 बिलियन डॉलर का कोष बनाकर एक अच्छी शुरूआत की गई है। ऐसे उद्यमी युवकों को भी शीघ्र आर्थिक सहायता देने की व्यवस्था की जानी चाहिए, जो स्वयं अपने उद्योग-व्यापार स्थापित कर रोजगार पैदा करने के लिए आगे आते हैं। शिक्षा-संस्थानों में नवाचार, अनुसंधान और पैटेंट पंजीयन को भी बढ़ावा मिलना चाहिए। हमारे देश में विकास दर घटकर 6 प्रतिशत रह जाने से हमने करीब 30 लाख रोजगार के अवसर गवां दिए थे। केन्द्र और राज्य

सरकारों को नए रोजगार पैदा करने के तौर-तरीकों पर विचार करने के लिए यथाशीघ्र कार्यदलों का गठन करना चाहिए। यहीं नहीं, शिक्षा-परीक्षा के बोर्ड और विश्वविद्यालयों को, पाठ्यक्रमों की पुनर्रचना करके उनके द्वारा छात्रों को ऐसा ज्ञान, कौशल और अभिवृत्ति विकसित करना चाहिए, जो उन्हें रोजगार दिलाने में सहायक हो सके।

65

क्या विध्वंसक है मितव्ययिता का महामंत्र?

अमेरिका की यात्रा के दौरान 2008 में मैंने वहाँ के लोगों पर पड़ती मंदी की मार देखी थी। उस समय, वाल स्ट्रीट में लगी आग के पीछे ईंधन का काम करने वाला 'ग्रीड' (लालच) शब्द खूब उछला था। 2010 में जब फिर से यू एस की यात्रा पर गया तो मैंने पाया कि अमेरिकी जनजीवन में 'ग्रीड' एक महादुर्गुण के रूप में घृणा का पात्र बन गया था। सादगी, मितव्ययिता और बचत महामूल्य बन चुके थे और परिवार जीवनरक्षा का महाकवच। परिवार से किनारा करने वाले युवक-युवतियाँ और प्रौढ़ जहाज के पंछी की तरह माता-पिता, दादा-दादी और नाना-नानी की छत्रछाया में लौट रहे थे। सरकार और मीडिया नागरिकों को उन मार्गदर्शक पुस्तिकाओं को पढ़ने की सलाह दे रहे थे, जिनके द्वारा आर्थिक मंदी और विश्वयुद्धों के त्रासद समय में सादगी, मितव्ययिक्ता और घरेलू वस्तुओं के पुनर्प्रयोग की सीख दी गई थी। उसी समय यूरोपीय यूनियन के देशों में पूँजीवाद में संशोधन और बाजार की मनमानी पर नियंत्रण करने की अपील भी की गई थी।

हमारे यहाँ 'सादा जीवन और ऊँचे विचार' नामक महावाक्य को संतों, महात्माओं और समाज सुधारकों ने कभी जनजीवन से बहिष्कृत नहीं होने दिया। स्वामी विवेकानन्द से अमेरिका के कुछ विचारकों ने जब यह पूछा कि आपकी सभ्यता दीर्घजीवी क्यों रही है? उत्तर में स्वामीजी ने कहा था इसलिए क्योंकि "हमने कम से कम साधनों के सहारे जीवित रहना सीख लिया है।" ब्रिटेन के गणितज्ञ, दार्शनिक और शिक्षाविद प्रोफेसर एल्फ्रेड नॉर्थ व्हाइटहेड ने 1929-30 की महामंदी के आसपास अपने एक व्याख्यान में कहा था कि हमें

छात्रों में 'शैली बोध' (सेंस फॉर स्टाइल) का विकास शिक्षा के उद्देश्य के रूप में करना चाहिए, जो परिष्कृत रूप में, शिक्षित व्यक्ति की अंतिम उपलब्धि कहलाती है। 'शैली-बोध' से सज्जित एक प्रशासक बर्बादी से घृणा करता है। 'शैली-बोध' सम्पन्न एक इंजीनियर सामग्री का उपयोग बड़ी किफायत से करता है। शैली-बोध वाला एक कारीगर अपने काम को प्रतिदिन बेहतर ढंग से करने के लिए अग्रसर रहता है। बिना किसी अपव्यय के साधनों का उत्कृष्ट उपयोग करते हुए अपने निष्पादन में निरंतर उत्कृष्टता की ओर बढ़ने की इस कार्यशैली को प्रोफेसर व्हाइटहेड ने 'मस्तिष्क की परम नैतिकता' कहा है। वास्तव में यह त्रिआयामी 'शैली-बोध' सूक्ष्म और स्थूल 'मितव्ययिता का महामंत्र' है। आर्थिक गिरावट के दौर से गुजरने वाले हर देश के लिए 'शैली-बोध' उत्कृष्ट उत्पादन और अनुशासित उपभोग की गारंटी है। इसलिए, 'शैली-बोध' के शिक्षण का संचार और प्रसार जीवन के हर क्षेत्र में होना चाहिए।

किफायतशारी को दुनिया की लगभग हर सभ्यता और संस्कृति में सराहा और प्रोत्साहित किया गया है। फिजूलखर्ची या अनुत्पादक व्यय को क्लासिकल अर्थशास्त्रियों ने भी 'पाप' की संज्ञा दी है। वर्तमान समय की यह एक दुर्घटना या विरोधाभास ही है कि फ्रांस के पूर्व राष्ट्रपति सरकोजी को, मितव्ययिता पर जोर देने के कारण, चुनाव में पराजय का सामना करना पड़ा। इस चुनाव का संदेश था कि "रोजगारों की हत्या करने वाली विध्वंसक मितव्ययिता से अब सरकार को बाज आना चाहिए।" नए राष्ट्रपति फ्रांसुआ ओलाँद को भी जनता की हां में हां मिलाकर कहना पड़ा कि "मितव्ययिता अपरिहार्य नहीं है।" नीदरलैंड और फिनलैंड को छोड़कर, जर्मनी, ग्रीस और इटली में भी सादगी और मितव्ययिता की नीति का विरोध हो रहा है। नोबल पुरस्कार विजेता अर्थशास्त्री क्रुगमैन का भी अभिमत है कि "वित्तीय अस्थिरता के दौर में मितव्ययिता पर जोर आत्मघाती हो सकता है।" वास्तव में, ऐसा सोच बेरोजगारी में हुई विश्वव्यापी वृद्धि के प्रति उपजे आक्रोश का परिणाम है। अमेरिकी राष्ट्रपति ओबामा की तरह हमारे देश में भी रोजगार-निर्माण और मितव्ययिता की नीति के बीच संतुलन बनाकर ही आर्थिक-वित्तीय कदम उठाए जाने चाहिए।

66

वैश्विक स्पर्धा में हम क्यों पिछड़े?

पिछले दिनों 'वर्ल्ड इकोनॉमिक फोरम' ने 'वैश्विक स्पर्धा' पर अपने अध्ययन की रिपोर्ट प्रसारित की थी। इसमें 142 देशों/अर्थतंत्रों का उनके निष्पादन के आधार पर श्रेणीकरण (रैकिंग) किया गया था। इन देशों में भारत को 56वें क्रम पर स्थान दिया गया है। पिछले वर्ष के रैंक 51 से फिसलकर अब भारत पांच स्थान पीछे चला गया है। स्वीट्जरलैंड सर्वाधिक प्रतिस्पर्धी देश पाया गया है। दूसरे क्रम पर 'नगर-देश' सिंगापुर तथा पाँचवे क्रम पर अमेरिका रहा है। अच्छे निष्पादन के कारण एशिया विश्वभर में अधिक प्रतियोगी क्षेत्र माना जा रहा है। पिछले पाँच वर्षों में एशिया पैसिफिक क्षेत्र के चीन, इंडोनेशिया, वियतनाम और श्रीलंका ने वैश्विक प्रतिस्पर्धा-सूचक में काफी बढ़त पाई है।

वैश्विक स्पर्धा में भारत की उपलब्धि साधारण और निराशाजनक रही है। अब चीन भारत से छः गुना आगे बढ़ गया है। 2006 के बाद चीन ने अपनी क्षमता बढ़ाकर 26वां रैंक प्राप्त कर लिया है। भारत के पिछड़ने का कारण उन क्षेत्रों में साधारण उपलब्धि दर्शाना है, जो प्रतिस्पर्धा के लिए बुनियादी और निर्णायक माने जाते हैं। भारत में यातायात, आईसीटी और ऊर्जा के लिए उपलब्ध अधोसंरचना अपर्याप्त ही नहीं, व्यापार-व्यवसाय की आवश्यकताओं के अनुकूल भी नही है। कॉरपोरेट जगत दोहरा-दोहराकर यह बात कह रहा है कि भारत में अधोसंरचना की बुरी हालत व्यापार-उद्योग के फैलाव के मार्ग की सबसे बड़ी बाधा है। 2006 के बाद हम संभले नहीं है। सुधार की गति बहुत धीमी है। अब हम ऊँची रैंक इसलिए भी प्राप्त नहीं कर पा रहे हैं, क्योंकि इस बीच दूसरे देश या अर्थतंत्र अपने यहाँ सुधार-संवार की गति बढ़ा लेते हैं।

भारत में जन स्वास्थ्य और बुनियादी शिक्षा का भी बहुत बुरा हाल है। 142 देशों में, स्वास्थ्य और शिक्षा की दृष्टि से, भारत का स्थान 101वां हैं। रिपोर्ट

के अनुसार पिछले सालों में थोड़े-बहुत सुधार के बावजूद, शिक्षा और स्वास्थ्य के क्षेत्र में गुणवत्ता की कमी सर्वाधिक चिंता का कारण है। हमारे यहाँ यह स्थिति तब भी है जबकि सारी दुनिया में स्वीकार किया जा चुका है कि **शिक्षा और स्वास्थ्य समस्त अधोसंरचनाओं की अधोसंरचना है।** वैश्विक प्रतिस्पर्धा-सूचकांक के दो अन्य आधार अर्थात् संस्थाएँ और आर्थिक पर्यावरण की हालत भी हमारे देश में चिंताजनक है। देश में व्यापार-उद्योग की स्थापना के लिए अनुकूल एवं प्रेरक वातावरण बनाने में भी केन्द्र सरकार का रवैया काफी ढीला-ढाला रहा है। देश में व्याप्त भ्रष्टाचार भी जीवन के हर क्षेत्र की प्रगति में बाधक और असंतोष का बड़ा कारण है।

रिपोर्ट के अनुसार भ्रष्टाचार के मामले में 142 देशों में भारत का स्थान 90वां है। महंगाई और कर्जदारी भी आर्थिक पर्यावरण को हानि पहुँचा रही है। रिपोर्ट ने भारत के विशाल घरेलू बाजार की, निवेशकों को आकर्षित करने की क्षमता तथा यहाँ के व्यापारी और उद्योगपतियों की नवाचारी वृत्ति को, स्पर्धा के लिए सकारात्मक और उत्साहजनक बताया है।

प्रतिस्पर्धा संबंधी बाधाओं को दूर करने और उसे गति देने के लिए हमारे यहाँ आस्ट्रेलिया की तर्ज पर बनाया गया 'प्रतिस्पर्धा आयोग' भी अपने अध्ययन-अनुसंधान और निगरानी से वैश्विक प्रतिस्पर्धा में हमारी भागीदारी को ऊँचाई प्रदान करने में सहायक हो सकेगा। रिपोर्ट में कई और भी पहलू हैं जिन पर देश के व्यापार-उद्योग क्षेत्र के विद्वानों और केन्द्र सरकार को विचार करने की जरूरत है। यह मानना ठीक है कि सरकार के सामने महंगाई और वैश्विक कर्जदारी से निजात पाना सबसे बड़ी चुनौती है। लेकिन, बिगड़ते आर्थिक ढांचे को और अधिक गिरने से बचाना एक बड़ी जिम्मेदारी है। अच्छा होगा कि हम देश की अधोसंरचना को सुधारने में अपनी पूरी क्षमताओं और शक्ति का इस्तेमाल करें ताकि हम वैश्विक मांग के अनुरूप बन सकें।

हमारे यहां समाज के लिए अपना सर्वश्रेष्ठ प्रदान करने और टीम भावना से मिलजुलकर समस्या का सामना करने और समाधान निकालने जैसी भावना और प्रतिबद्धता अभी भी काफी कमजोर है। हम अपने कर्तव्य/कार्य से एकाकार नहीं हो पाते हैं। इसलिए, समाज और देश को शिक्षा और शोध का जितना प्रतिफल (रिटर्न) मिलना चाहिए वह नहीं मिल पा रहा है। हमारा 'उपलब्धि-बोध' समाज के बजाए स्वयं तक सीमित होकर रह गया है।

67

सामाजिक परिवर्तन की चुनौती

आजकल शाब्दिक ज्ञान पर अधिकार ही शिक्षा का आदि और अंत हो गया है। ज्ञान भी इतना उथला और सतही होता है कि बहस के समय अधिकांश स्नातकोत्तर छात्र तक बगले झांकने लगते हैं। वे इस सच्चाई को समझ और सराह नहीं पाते कि विचारों की टकराहट दुर्घटना नहीं, विचारों के विकास की सीढ़ी है। यदि समाज में सुधारवादी और स्वाग्रही लोग आगे नहीं आते तो सभ्यता-संस्कृति का इतना विकास नहीं हो पाता। सच पूछिए तो सकारात्मक प्रतिकार ही शिक्षा की अंतिम उपलब्धि है।

शिक्षा से एक साथ संरक्षण और परिवर्तन नामक दो कार्यो की अपेक्षा की जाती है। स्थापित मूल्यों, मान्यताओं और प्रतिमानों को आत्मसात करने के लिए नई पीढ़ी तैयार करना, तथा साथ ही, सांस्कृतिक विरासत की खामियों और सीमाओं को पहचान कर उन पर प्रश्न चिह्न लगाना, ये दोनों परस्पर विरोधी काम करने के लिए शिक्षा अभिशप्त है।

पहला, अर्थात संरक्षण और सहमति वाला काम तो शिक्षा संस्थाएं बखूबी कर रही है, लेकिन परिवर्तन और असहमति वाला काम करने में काफी सुस्त और पिछड़ी हुई है। हमारे धार्मिक और राजनीतिक संदर्भ भी इसके लिए जिम्मेदार है, क्योंकि 'प्रश्न पूछना' और 'नहीं कहना' यहाँ उद्दंडता में शुमार किया जाता है। आज्ञाकारिता की अयुक्त अपेक्षा ने, हमारी मौलिक चिंतन की क्षमता और रचनात्मकता को विपरीत रूप से प्रभावित किया है। शायद, यही कारण है कि हम बेहद अनुसरण और अनुकरण प्रिय हो गए हैं। हमारा

आधुनिकीकरण भी उत्पादन के बजाए उपभोग की ओर कुछ ज्यादा ही झुका हुआ है।

शिक्षा एक स्वतंत्र और आत्मनिर्भर प्रक्रिया नहीं है। इसे अपने उद्देश्यों की पूर्ति के लिए राजनीतिक और आर्थिक प्रणाली पर निर्भर रहना पड़ता है। मगर, यह भी सही है कि राजनीतिक और आर्थिक प्रणालियाँ भी शिक्षा से लाभांवित होती हैं। इसीलिए, यह कहा जाता है कि शिक्षा राष्ट्रीय विकास का बीज और फल दोनों है। बिना राजनीतिक, सामाजार्थिक तंत्र और शिक्षा से संबंद्ध लोगों के सहयोग के बिना अकेली शिक्षा प्रणाली द्वारा सामाजिक परिवर्तन लाया नहीं जा सकता। शिक्षा केवल लोगों को जगाकर जनमत ही बना सकती है। यद्यपि शिक्षक को सामाजिक परिवर्तन का दूत कहा जाता है, लेकिन उसे भी शिक्षक समुदाय के समर्थन की जरूरत होती है। बहुत थोड़े साहसिक, कल्पनाशील और नवाचारी शिक्षक ही सामाजिक जड़ता, यथास्थितिवाद और श्रेष्ठि वर्ग के प्रभुत्व से शिक्षा और समाज को छुटकारा दिलाने के लिए संघर्ष कर पाते हैं।

सातवें दशक में, दुनिया भर में शिक्षा के प्रति लोगों की अपेक्षाएँ बहुत ज्यादा बढ़ गई थी। आठवें दशक में आकांक्षाएँ पूरी नहीं होती देखकर शिक्षा से लोगों का मोह भंग होने लगा। नौंवे दशक तक आते-आते शिक्षा का संकट काफी गहरा गया। आज भी, शिक्षा में बढ़ते कदाचार और गुणवत्ता में आई गिरावट को लेकर समाज में गहरी निराशा है।

शिक्षा द्वारा आर्थिक विकास, जनतंत्र का सुदृढ़ीकरण और समानता लाने का सपना अधूरा रह गया। शैक्षिक योजनाकारों की ओर संदेह की उंगलियाँ उठ रही हैं। बारहवीं पंचवर्षीय योजना के प्रारूप ने शिक्षा से जुड़े और जानकार लोगों को काफी निराश किया है। लगता है, स्वयं शैक्षिक आयोजन ही 'पहचान के संकट' से गुजर रहा है। इसकी प्रासंगिकता पर भी प्रश्न उठ रहे हैं। कुल मिलाकर विडंबना यह है कि अतीत की अपेक्षा वर्तमान में शिक्षित व्यक्तियों की संख्या और ज्ञान की मात्रा में अपूर्व वृद्धि होते हुए भी वैयक्तिक पतन और सामाजिक विघटन रूक नहीं पा रहा है।

भूतकाल में, छात्रों को अपेक्षाकृत स्थिर समाज के लिए तैयार किया जाता था। आज हमें लगातार बदलते हुए समाज के लिए उन्हें तैयार और प्रशिक्षित करना पड़ेगा। आगे चलकर, उन्हें झूठ के अटाले, अर्द्ध सत्य के अंबार और

सापेक्षताओं के सराफे से सत्य के मोती खोजने पड़ेंगे। इसलिए, वे चयन करने, निर्णय लेने और विकल्प खोजने के लिए विवश होंगे। उन्हें जनतांत्रिकों के सम्मोहन, संचार माध्यमों के बरगलान तथा विज्ञापनों के फुसलाव से बचने की युक्तियाँ भी निकालनी पड़ेगी। अब विराट क्षमता वाली प्रौद्योगिकी से प्रतिस्पर्द्धा करने के बजाए, हमें मानवीय क्षमताओं, संबंधों और गुणों को विकसित करने पर अधिक ध्यान केन्द्रित करना चाहिये।

68

हीरों की भरो बोरियाँ, साधू चलो जमात

राही मासूम रजा ने अपने एक उपन्यास में लिखा है कि उनकी तीन माताएँ हैं भारत माता, अलीगढ़ विश्वविद्यालय और गंगा। यह बात उस स्वदेशी और विदेशी परम्परा से मेल खाती है जिसमें 'शिक्षण संस्था' को माता का दर्जा दिया गया है। मगर पूर्व मध्य प्रदेश, वर्तमान छत्तीसगढ़ में पिछले दिनों मेरे नौजवान दोस्तों ने क्या किया? रायपुर में अपनी माता 'रविशंकर विश्वविद्यालय' के अंगों को जलाया। भोपाल में क्षेत्रीय इंजीनियरिंग कालेज में आग लगा दी। यह कौन सी बहादुरी है? यह तो ड्राइवर से गलती होने पर ईंजन से लड़ाई करने जैसी ही बेवकफूी है। जिस जगह पर कुत्ता या तोता रहता है उसे भी उस जगह से प्यार और लगाव हो जाता है। मगर यह कितनी विचित्र बात है कि जिन कक्षाओं और बरामदों में छात्र अपने जीवन के मूल्यवान क्षण व्यतीत करते है उसी को थोथी उत्तेजना में आकर आग के हवाले कर देते हैं।

मैं यह कैसे मान लूँ कि कल मेरे देश की तरुणाई कुछ आदर्शों, कुछ मूल्यों और कुछ मान्यताओं के लिए मर मिटेगी, जब कि उन्हें मैं सिनेमा में कन्सेशन लेने और कंडक्टर से थोड़ी कहा-सुनी हो जाने पर सिनेमा और बसों को जलाते देखता हूँ? भारत में छात्र असंतोष की शुरूआत शायद बीसवीं शताब्दी के आरम्भ में 'बंग-भंग' के विरोध में हुई थी, एक ऊँचे और उज्ज्वल उद्देश्य के लिए। पर आज अदना और तुच्छ बातों के लिए मेरे विद्यार्थी भाई सर-फुटव्वल पर उतर आते हैं। उनके आंदोलनों, धरनों और हड़तालों में कौन सा वृहत्तर और व्यापक सामाजिक हित छुपा रहता है? जिस देश के 30 प्रतिशत से अधिक लोग निरक्षर हैं, वहाँ जिन लोगों को उच्च शिक्षा का

विशेष लाभ मिल रहा हो, उन्हें अपने आप को कितना भाग्यशाली और देश के प्रति कितना कृतज्ञ होना चाहिए, यह बताने की आवश्यकता नहीं।

बौद्धिक दृष्टि से नई पीढ़ी कितनी बोदी, पोची और कच्ची है कि उसे चलतू राजनीतिक तक बहका और बरगला लेते है। उन पढ़ने-लिखने वाले अल्पसंख्यक छात्रों को भी मैंने अंगद के पैर की मुआफिक अच्छाई के लिये अड़ते-लड़ते नहीं देखा। पढ़ने-लिखने की दुहाई देकर कॉलेज में बुराई का प्रतिकार करने में दुम दबाने वालों से आगे जीवन में क्या उम्मीद की जा सकती है? बदलते हुए जमाने को देखते हुए 'हीरों को बोरियों में आना पड़ेगा और साधुओं को जमात में चलना पड़ेगा' अन्यथा बुराई विजय का उत्सव ही नहीं मनायेगी विजयी भी होती रहेगी। कदाचार के विरूद्ध सज्जनों का एकजुट होकर प्रतिरोधी शक्ति के रूप में खड़े होना आजकल पहले से अधिक आवश्यक है। शिक्षा का भी यही तकाजा है।

आज ही नहीं, भविष्य में भी राजनीतिक शिक्षा के कश्मीर में घुसपैठ शिद्दत के साथ करते रहेंगे। वे युवा छात्र-छात्राओं की रूमानी भावनाओं और हौसलों का शोषण करेंगे। मगर, 'राजनीतिक ब्रह्मचर्य' का पालन किस सीमा तक करना यह निर्णय तो स्वयं छात्रों को लेना है। राजनीतिक तो उन्हें पहाड़ पर चढ़ने, आग में कूदने और अपने ही पैरों पर कुल्हाड़ी मारने के लिये उकसाते रहेंगे। लेकिन, छात्रों में से कुछ उनके 'कॉल ब्वाय' और 'कॉल गर्ल' क्यों बन जाते है? राजनीतिज्ञों की इन हरकतों के कई दुष्परिणाम समाज भोग चुका है। अब हमें ''अब लौं नसानी अब न नसेहौं'' का संकल्प लेकर ''पुनर्मूषकोभव'' की नौबत नहीं आने देनी चाहिए। वर्ना नतीजा वहीं होगा: 'नाचे कूदे बाँदरी खीर खाय फकीर'।

पानी मिला दूध पीते-पीते शायद छात्रों में दूध की पहचान की क्षमता ही समाप्त हो गई है। यही कारण है कि वे राजनीतिक प्रेशर कुकर के जरिये शिक्षा में अन्तर्निहित कटहल की कठोरता को कद्दू की स्वादहीन सरल सब्जी में बदलना चाहते हैं। धीरे-धीरे उनमें बिना पान चबाए ओंठ लाल देखने और बिना मेंहदी पीसे-लगाये हथेली लाल देखने की इच्छा बलवती होती जा रही है। ए. टी.के.टी., दो-दो, तीन-तीन परीक्षाएँ और जनरल प्रमोशन जैसी फूहड़ माँगे इसी सरलीकरण की दाहक और दंशक परिणति है। आखिर, छात्र छात्राएँ कबड्डी और फुटबाल की हंफाने वाली कठोरता और चुनौती को सरल बनाने

की माँग क्यों नहीं करते? क्या ही अच्छा हो कि बिना गोल किये (या रन बनाये) हमारे सिर पर जीत का सेहरा बंध जाये। शायद अन्तर्राष्ट्रीय खेल-कूद प्रतियोगिताओं और प्रतियोगी परीक्षाओं में हमारे चारों कोने चित्त होने का मूल कारण यहीं सरलीकरण की शुतुरमुर्गी मुद्रा है।

पक्के गाने की तरह बड़े-बड़े नेताओं द्वारा यह बात कई बार दुहराई जा चुकी है कि जो माँगे बिना घेराव, धरने और उग्र प्रदर्शन के रखी जावेंगी उन्हीं पर विचार किया जावेगा। जोर-जबर्दस्ती से जुड़ी माँगें मंजूर नहीं की जानी चाहिए। यह उम्दा सुझाव है। इसी से शोर करके माँग का वजन बढ़ाने की प्रवृत्ति रोकी जा सकेगी। मगर दूसरी तरफ प्रशासकों का भी कर्तव्य है कि वे उचित और विधि-सम्मत माँगों को यथाशीघ्र मंजूर कर लें ताकि लोगों को यह कहने का मौका नहीं मिले कि बिना चिल्लपों मचाये कोई बात सुनता ही नहीं है। गैर वाजिब माँगों को चाहे जितना शोर मचाने पर भी, तरजीह नहीं दी जानी चाहिए। यदि ऐसा संतुलन स्थापित हो सके तो धीरे-धीरे लोग आश्वस्त हो जाएंगे कि बिना हल्ले-गुल्ले और हड़ताल के भी माँगे मंजूर हो सकती है।

हम एक अजीब और दुखद विरोधाभास के शिकार हैं। एक ओर तो हमारी शिकायत है कि विश्वविद्यालय के डिग्रीधारियों को मनीआर्डर फार्म या बैंक स्लिप भरना नहीं आता। वे ठीक तरह से औपचारिक पत्र नहीं लिख सकते। प्रतियोगी परीक्षाओं में विफल रहते हैं। इन्टरव्यू से मुँह लटकाये घर आते है। कई पीएच.डी को 'भारतीय संस्कृति' पर निबंध लिखना नहीं आता। दूसरी ओर, इस स्थिति के लिए हम शिक्षण और अध्ययन को कोस रहे हैं, पर साथ ही ग्रीन रूम में लड़कों का धरनाधरों, हड़तालियों और उपद्रवियों के रूप में मेकअप कर उन्हें सड़कों के रंगमंच पर ला रहे हैं। कभी ग्रेडिंग की माँग तो कभी उसकी खिलाफत। कभी समेस्टर सिस्टम चाहिये और कभी नहीं चाहिए। कभी 40 प्रतिशत अंक वालों की एडमिशन की वकालत तो कभी 30 प्रतिशत वालों की पैरवी।

आखिर हम क्या चाहते हैं? ज्ञान और विचार शक्ति बढ़ाने वाली बढ़िया 'शिक्षा' या नकल, कुंजी तिकड़मधर्मी घटिया 'डिगरी-लूट'। ऐसी डिग्री की लूट-खसोट, छीना-झपटी और आपा-धापी में लगे रहने का शुभाशीष हम युवक-युवतियों को देते रहे तो सामाजिक जीवन के लिए जरूरी ज्ञान, कौशल, अभिवृत्तियाँ और मूल्य कहाँ से लाएंगे?

नौजवानों का काम कमजोरों की रक्षा करना है, सताने का नहीं। उन्हें शोषण के डण्डे और थैली दोनों का प्रतिवाद करना चाहिए। आतंक, दंगे और उपद्रव से अपेक्षाकृत स्थिर परिवर्तन नहीं लाया जा सकता। इसलिए, युवकों को बदलाव के साधन और औजार बदलने चाहिए। उन्हें गुण्डे–बदमाशों की तलवार की मूठ बनने के बजाय गुण्डागर्दी और बदमाशी का दमन करना चाहिए। विगत समय में थैली, डंडे और गुण्डों की सोहबत ने नौजवानों को नीचा दिखाया है। चंडीगढ़ के छात्रवासों में घुसकर गुण्डों ने युवा छात्रों के साथ जो तथाकथित व्याभिचार किया उसे युवा और छात्र–संस्कृति कैसे हजम कर पाएगी? युवकों ने ऐसी घटनाओं की पुनरावृत्ति नहीं हो इसके लिए कौन सी दीवारें बनाई हैं? कौन से 'डाइक' खड़े किये हैं? क्या नये लवकुशों को अश्वमेध के घोड़े को पकड़ने की चुनौती छोड़कर लड़कियों के होस्टल के सामने "नौकरी नहीं छोकरी चाहिये" की नारेबाजी करनी चाहिए? क्या अन्य महती और व्यापक हित की समस्याओं को छोड़कर केवल कुछ अंक कम या ज्यादा कराना ही उनके जीवन का चरम और परम लक्ष्य हो गया है? क्या कभी मेरे नौजवान दोस्त यह भी सोचेंगे कि वे जो भी लेना चाहते हैं (या नष्ट कर रहे हैं) उसके बदले में देश को देने के लिये उनके पास क्या है?

69

वैश्विक अनुसंधान में भारत का नगण्य योगदान

जब हमारा देश ज्ञान की शिखर-सत्ता हासिल करने का स्वप्न संजो रहा है, तब यह सूचना सदमा पहुँचाने वाली है कि वैश्विक अनुसंधान के सागर में हमारा योगदान एक बूँद के बराबर भी नहीं है। 2010 में, दुनिया भर के शोध-भण्डार में भारत का देय केवल 3.5 प्रतिशत था। लगभग सभी विषयों के समग्र वैश्विक शोध-कार्य में हमारी हिस्सेदारी वैश्विक औसत से बहुत कम है। आज जबकि दुनिया का भविष्य शोधारित नवीन अभिसूचना, ज्ञान और दृष्टिकोण पर निर्भर करता है तब यह महाप्रश्न उत्तर माँगता है कि आखिर हमारे देश के उच्च शिक्षा संस्थानों में 'अनुसंधान और विकास' के लिये उत्साह और आवेश क्यों दिखाई नहीं दे रहा है?

वैश्विक अनुसंधान संबंधी आँकड़े दर्शाते है कि वर्ष 2010 में, मेडिसिन, साइकियट्री, न्यूरोसाइंस, ईम्यूनोलाजी, मॉलीक्यूलर बायोलाजी और इन्विरोन्मेन्टल साइंस के क्षेत्र में हमारा योगदान क्रमशः 1.9, 0.5, 1.4, 1.8, 2.1 और 3.5 प्रतिशत था। गणित में हमारा अवदान 2 प्रतिशत था, जबकि चीन का 17 प्रतिशत। मैटेरियल साइन्सेज में भारत का हिस्सा 6.4 प्रतिशत था और चीन का 2.6 प्रतिशत। चीन ने 1996 के बाद लगभग 5 प्रतिशत की बढ़त प्राप्त की है। इसी प्रकार, जहाँ 2010 में फीजिक्स में भारत का शोधांश 4.6 प्रतिशत था, वहीं चीन का 19 प्रतिशत।

2010 में, भारत की वैश्विक अनुसंधान में सर्वाधिक हिस्सेदारी केमेस्ट्री (6.5 प्रतिशत), मैटेरियल साइंस (6.4), एग्रीकल्चर (6.2), फार्मेकोलॉजी

एवं टॉक्सीकोलॉजी (6.1), माइक्रोबायोलाजी और इंजीनियरिंग (4.2) में थी। कम्प्यूटर साइंस के क्षेत्र में भारत को एक बड़े मुकाम पर देखा जाता है, लेकिन यहाँ भी अनुसंधान काफी पिछड़ा हुआ है। कम्प्यूटर साइंस में 2010 में, भारत का वैश्विक शोध-कार्य में योगदान केवल 2.4 प्रतिशत रहा है। वास्तव में, वैश्विक अनुसंधान के क्षेत्र में सर्वाधिक योगदान का श्रेय चीन (15 प्रतिशत), दक्षिण कोरिया (6.3) और ताइवान (5.7) देशों की 'रीसर्च ईकॉनॉमीज' को जाता है। भारत का अर्थशास्त्र में शोधांश 0.7 प्रतिशत तथा समाज विज्ञान में इससे भी कम अर्थात् 0.6 प्रतिशत है।

1981 और 2010 के बीच शोधकार्य में सर्वाधिक गिरावट प्लांट एवं एनीमल साइंसेज (−1.6 प्रतिशत) तथा एग्रीकल्चर साइंसेज में देखी गई है। शोधकार्य का सर्वाधिक एवं सार्थक विस्तार फार्मेकोलॉजी और टॉक्सीकोलॉजी (+4.2 प्रतिशत), माइक्रोबायोलॉजी (+3.2) तथा मैटेरियल साइंसेज में पाया गया है।

2010 में, वैश्विक धरातल पर भारत के शोध विषयक योगदान संबंधी उपर्युक्त निष्कर्ष भारत सरकार के विज्ञान और प्रौद्योगिकी विभाग को सौंप दिये गए हैं। आशा है, 'अनुसंधान और विकास' की राष्ट्रीय नीति के निर्माण में इन निष्कर्षो पर विशेष ध्यान दिया जाएगा। अनुसंधान और विकास' पर सकल राष्ट्रीय उत्पादन (जी.एन.पी.) का कम से कम 2 प्रतिशत और शिक्षा पर 6 प्रतिशत निवेश किया जाना चाहिए। साथ ही, उच्च शिक्षा के संस्थानों में 'शोध संस्कृति' और छात्रों में 'शोध अभिवृत्ति' विकसित करने के प्रयास किए जाने चाहिये। अध्यापन में शोध के निष्कर्षो का अनुप्रयोग बढ़ाकर भी शिक्षकों और छात्रों को शोधोन्मुख किया जा सकता है। अनुसंधान ज्ञान-विज्ञान को उन्नत करने और तरोताजा बनाए रखने का प्रबल साधन है। जहाँ शोध-कार्य एक ओर अध्यापक/आचार्य की बौद्धिक मूर्छा से रक्षा करता है, वहीं दूसरी ओर छात्र को अपने 'विषय' में उत्पन्न होने वाले नये ज्ञान से सतत् परिचित कराता रहता है।

70

बच्चे, बहार और फूल

क्या आपने खिलखिलाते फूलों पर किसी को गुस्सा होते हुए देखा है? देखा हो तो जरूर बताइए, क्योंकि मैंने नहीं देखा है। हाँ, मैंने एक कहानी जरूर पढ़ी थी, जिसमें बहार और बच्चों के अटूट संबंध को बड़े मार्मिक ढंग से उठाया गया था। सारांश यह था कि एक दैत्य ने बच्चों को अपने बगीचे में आने से रोक दिया। बस उसी दिन से बगीचे से बहार रूठ गई। एक अर्से के बाद अचानक कुछ ऐसा हुआ कि बगीचे की दीवार का एक हिस्सा थोड़ा सा टूट गया। फिर क्या था, बच्चों ने खेलते-कूदते, जब, उनके लिये प्रकृति द्वारा बनाई गई इस खिड़की को देखा तो, वे झूम उठे और पहुँच गए बगीचे के पेड़-पौधों के पास। जिस-जिस मुरझाए हुए पौधे के पास बच्चे पहुँचे वह हरा-भरा हो गया और फूलों से सजकर मुस्कुराने लगा। बगीचे में बहार लौट आयी। सचमुच, बच्चे और फूल एक ही जीवन के दो पहलू हैं।

इस कहानी को पढ़ने और सुनने वाले सहृदयों ने अपने बगीचों के दरवाजे बच्चों के लिए खोल दिये होंगे। शायद स्वेच्छा से नहीं बल्कि बहार के रूठ जाने की दहशत से। इस दुनिया में अभी भी कुछ कठोर दिल वाले हैं जो अपने बगीचों को बच्चों की पहुँच से बचाए हुए हैं। अपने बीचे में बच्चों की घुसपैठ पर पाबंदी लगाने वाले उस स्वार्थी दैत्य के अनुभव से कुछ नहीं सीख कर अपने-अपने बगीचे सुखा रहे हैं। यह भी महसूस नहीं कर पा रहे हैं कि बच्चों से दूर रखकर वे बगीचों को ही नहीं सुखा रहे हैं, उनके दिलों को भी रेगिस्तान बना रहे हे।

कांटों को देखकर मनुष्य ने सुई से लेकर भाले तक, अनेक परपीड़क हथियार बना डाले। लेकिन फूलों को देखकर मनुष्य जाति को सुखी और प्रसन्न बनाए रखने वाले उपकरण शायद कम ही बनाए हैं। हाँ, फूलों को तोड़ और निचोड़ कर पैसा कमाने का काम बहुत जोर-शोर से हुआ है। जितने फूल उजाड़े और कुचले गए उतने कदाचित उगाए और खिलाए नहीं गए। "जो तोको काँटा बुवे, ताहि बोउ तू फूल" जैसी कहावत और कविता अवश्य बना दी गई, मगर उसे व्यवहार में तो कभी-कभार ही लाया गया होगा। ज्यादातर तो कांटे बोने वालों के लिये भाले ही बोए गए हैं। यह प्रतिशोध का पहाड़ा, सभ्यता की तमाम सीढ़ियाँ चढ़ने के बाद भी, आदमी भूल कहाँ पाया है?

पुष्पों की भी अभिलाषा होती है, लेकिन केवल बड़ों के गले का हार बनने, देवताओं के सिर पर चढ़ने या बलिदानियों के मार्ग में बिछने की नहीं। वे तो अपने जैसे सुकुमार बच्चों के हाथ में और साथ में रहना चाहते हैं। फूल को फूल जैसों की संगति ही प्यारी और सहज लगती है। यदि नारी और पुरूष भी फूलों की कंपनी चाहते हैं तो उन्हें भी अपने में थोड़ा-बहुत बचपन संजोकर रखना पड़ेगा। प्रौढ़ों या वयस्कों में बचपन बचा रहना या बना रहना उनके सरल, सरस और संवेदनशील बने रहने की निशानी है। यदि अधिसंख्य लोग ऐसा कर पाये तो इस संसार के कंटीले और कसैलेपन में काफी कमी लाई जा सकती है।

आर.डब्ल्यू. एमरसन कहा करते थे कि 'पुष्प धरती की मुस्कान' है। अन्य लोग फूल को 'प्रजनन की कविता' भी कहते हैं। ये लोग ठीक ही कहते हैं, क्योंकि किसी कली का आविर्भाव कविता के अँकुराने से कम पुलकित नहीं करता। खिलता हुआ फूल, सूरज की पहली किरण की तरह रोम रोम को लहरा देता है। फूलों के चेहरे हमारे जैसी ही भावों को अभिव्यक्त करते हैं। कुछ हँसते-मुस्कुराते दिखाई देते हैं तो कुछ उदास और खिन्न भी होते हैं। कुछ मनन में मगन तो कुछ संकोची और अनमने। कुछ सूरजमुखी और गुलखैरा जैसे सीधे-सच्चे और उत्तान। हम यूँ भी कह सकते हैं कि जितने फूल के प्रकार हैं उतने ही शायद फलसफे भी हो सकते हैं।

फूलों के रूप में आपके बगीचे में भी रंग-बिरंगी भावनाएँ बिखरी होंगी। मेरा उपवन मेरे विचारों और सपनों का भी उद्यान है। विचार भी गुलाब की तरह

चटकारी देकर निर्बाध खिलते रहते है। फूलों की तरह विचारों के रूपहले परस और पाश में, बंधना-बिंधना कितना मधुर और मादक होता है। क्या इस दुनिया में कहीं बहुत कुछ ऐसा नहीं होना चाहिए जो केवल फूलों जैसा हो। जो बच्चों द्वारा ही सिरजा और संजोया गया हो और उतना ही उत्फुल्ल और मनोरम जितनी कि फूलों की चाँदनी होती है। निःसंदेह, आत्मा का आहार 'फूल' जीवन की अनन्त मोहकता का उज्ज्वल उदाहरण है। पर कहीं हमारी आधुनिक सभ्यता और प्रौद्योगिकी अपने कृत्रिम उत्पादों और औजारों द्वारा चिड़िया की चहक, हरियाली की झलक और फूलों की महक से हमारा नाता तोड़ तो नहीं रही है? कहीं हम फिर वही स्वार्थी दैत्य तो नहीं बनते जा रहे हैं?

71

अनुचित अपेक्षाओं से दबता बच्चों का व्यक्तित्व

इस प्रतियोगिता के जमाने में बच्चों के भविष्य को लेकर माता-पिता को चिंतित और बच्चों को तनावग्रस्त होते देखा जाना आम बात हो गई है। संवेदनशील और संतुलित दृष्टिकोण रखने वाले अभिभावक यह भी कहते सुने जाते हैं कि पढ़ाई-लिखाई बच्चों के "जी का जंजाल" बनती जा रही है। जानकार लोग दोहरा-दोहराकर कह रहे हैं कि प्रतियोगिता और गुणवत्ता 21वीं शताब्दी की दो सबसे बड़ी चुनौतियाँ होगी। इसलिए, स्तरीय शिक्षा और प्रशिक्षण से सज्जित युवक-युवतियाँ ही बेहतर अवसर और ऊँची सफलता प्राप्त कर सकेंगे। नतीजे में माता-पिता और शिक्षकों का दबाव बच्चों पर बढ़ता चला जा रहा है। परीक्षाएँ जानलेवा होती जा रही हैं। समय से पहले और उम्र से अधिक बौद्धिक उपलब्धि की अपेक्षाएँ नई पीढ़ी को एकांगी विकास की ओर धकेल रही हैं। माता-पिता सुनने को तैयार ही नहीं हैं कि बच्चों-किशोरों को शिक्षा उतनी ही सहजता से मिलनी चाहिए जितना कि पक्षियों को उड़ना और पशुओं को तैरना मिलता है। शिक्षा अब संगीत की भाँति मधुर, अंत:स्पर्शी और लय-तालबद्ध नहीं रही है। एक संतोषदायी खोज के बजाय वह ईर्षालु दौड़ बन गई है।

मुश्किल यह है कि माता-पिता और शिक्षक बच्चों की पसंद और विलक्षणता को समझे बिना ही उन्हें अपनी महत्वकांक्षाओं और क्षतिपूर्ति का माध्यम बना देते हैं। बच्चों को अदृश्य चाबुक मार-मारकर अनचाहे रास्ते पर

दौड़ने के लिए मजबूर किया जा रहा है। गेंदे में गुलाब और गुलाब में कमल खिलाने की कोशिशें हो रही हैं। इस असहजता और उतावली के शिकार बच्चें और किशोर खिन्नता, विषाद और तनाव के संताप से जूझ रहे हैं। इन अदृश्य आघातों का बाद में उपचार करना शायद ही कभी संभव हो पाएगा। केवल बुद्धि को तेज रफ्तार से बढ़ाने के उपायों का दुष्परिणाम पूर्व सोवियत रूस में देखा जा चुका हैं। सामाजिक, भावनात्मक और क्रियात्मक दृष्टि से बच्चे विकलांग हो जाते हैं।

एक स्वस्थचित्त और आश्वस्त बच्चे को ऊँची से ऊँची शिक्षा और सफलता प्राप्त करने में कठिनाई नहीं होती। माता-पिता या शिक्षक जब बच्चों की प्रवृत्ति, रूचि और झुकाव की अनदेखी कर उन पर कुछ थोपना या लादना चाहते हैं, तब वे एक सीमा तक ही ऐसी जिद और जबदस्ती को सहन कर पाते हैं। उसके बाद, उनके व्यवहार में प्रतिक्रिया, प्रतिरोध और प्रतिवाद उभरने लगता है। समझदार माता-पिता को समय निकालकर, बच्चों के पास बैठकर, उनसे बोलना-बतियाना चाहिए। इन आत्मीय क्षणों में बच्चें खुलते हैं और अभिव्यक्त होते हैं। इस दौरान बच्चों की वास्तविकता और दिशा को भलीभाँति पढ़ा, सुना और समझा जा सकता है।

बच्चों और किशोरों की कुछ मूलभूत मनोवैज्ञानिक आवश्यकताएँ होती हैं। इनकी पूर्ति किए बिना उनसे शैक्षणिक या अन्य उपलब्धियों की अपेक्षा नहीं की जा सकती। सबसे पहले, बच्चे जैसे भी हैं, उसी रूप में उन्हें स्वीकृति और सम्मान दिया जाना चाहिए। बच्चों के आत्म-सम्मान को कुचलने से अधिक अधम और अनैतिक अन्य कुछ हो ही नहीं सकता। दूसरे, घर और विद्यालय में बच्चों के मन में किसी प्रकार के भय और असुरक्षा का भाव नहीं आने देना चाहिए। आतंकित और असुरक्षित बच्चे सहज और सुस्थिर नहीं हो पाते। इस कारण सीखने और ग्रहण करने के लिए उनका मन-मस्तिष्क खुला और तत्पर नहीं रहता।

परिवार में बच्चों का अतिरक्षण या उपेक्षा दोनों ही बच्चों के संतुलित विकास में बाधक हैं। अतिलालित बच्चे मुश्किल से आत्मनिर्भर बन पाते हैं, जबकि उपेक्षित बच्चे असामाजिकता की ओर अग्रसर हो जाते हैं। बच्चों से उनकी क्षमता से अधिक अपेक्षा, अनुपयुक्त तुलना और असमानुपाती दण्ड उन्हें असुरक्षित बना देता हैं। परिवार में अनुशासन की सुसम्बद्धता का अभाव भी

बच्चों में तनाव और अस्थिरता को जन्म देता है। पिता और माता की कठोरता या कोमलता में संतुलन होना चाहिए। दादी-नानी का बच्चे के पक्ष में अबांछनीय हस्तक्षेप बच्चे के विकास में बाधक होता है। बच्चे के सामने अलग-अलग मानदंड रखे जाने से वह समझ नहीं पाता कि उसे कौन सा मानदंड अपनाना चाहिए। इसलिए, परिवार के सदस्यों द्वारा बालकों के सामने रखे जाने वाले आदर्श, मान्यताएँ और माँगों में विरोधाभास नहीं होना चाहिए।

72

हेलीकॉप्टर पालकों के बच्चे होते हैं संतुष्ट और खुशी

सामान्य रूप से यह मान लिया गया है कि जिन बच्चों के पालक उनके पीछे पड़कर पढ़ाई-लिखाई में ऊँची उपलब्धि दिखाने के लिये उन्हें गोदते रहते हैं, वे प्रायः तनाव, विषाद और दुश्चिन्ता के शिकार हो जाते हैं। ऐसी अस्वभाविक माँगों से बच्चों का 'मानसिक स्वास्थ्य' बिगड़ जाने का भी अंदेशा रहता है। लगभग ऐसी ही सोच अमेरिका क़े लोगों की भी है। पिछले दिनों कैन्टरबरी के आर्क-बिशप के साथ एक सौ दस विशेषज्ञों ने चेतावनी दी है कि तेज रफ्तार वाली अति-प्रतियोगी संस्कृति बच्चों का इस कदर शोषण कर रही है कि इससे उनका 'बचपन' ही गुम होता जा रहा है। येल विश्वविद्यालय के डॉ, जोजफ महोनी ने इस चेतावनी को चुनौती मानकर इस पहलू पर शोध करना आरंभ कर दिया। उनके शोध कार्य के निष्कर्ष शोषण संबंधी सामान्य विश्वास या मान्यता के विपरीत थे।

डॉ. महोनी ने ऐसे पालकों को जो कि बच्चों के आस-पास मँडराते हुए, उनसे ज्यादा कामकाज या क्रिया-कलाप कराते थे, 'हेलीकॉप्टर पेरेन्ट्स' नाम दिया है। ये अपने बच्चों/किशोरों की प्रगति के लिये उनके जीवन के लगभग सभी पहलुओं पर ध्यान देते हैं। ऊँची आमदनी वाले ऐसे पालक अपने बच्चों के पीछे पड़कर उनसे इतना कसकर काम लेते हैं कि वे हर काम या जिम्मेदारी को उत्तमता से पूरा करना सीख जाते हैं। महोनी द्वारा किया गया यह नया अध्ययन इस बात की पुष्टि करता है कि बच्चों के पीछे लगे रह कर अधिक

काम कराने वाले 'पुशी पेरेन्ट्स' काफी सही कदम उठाते हैं। इनके बेटे-बेटियाँ साहित्य, संगीत, नृत्य, अभिनय, चित्रकला, तैराकी और खेलकूद सम्बन्धी विविध गतिविधियों में भाग लेने से अपने वर्तमान और भविष्य में भी लाभ की स्थिति में रहते है। अध्ययन यह भी दर्शाता है कि जो बच्चे/किशोर सुचारू रूप से आयोजित पाठ्य-सहमागी (को-केरिक्यूलर) क्रिया-कलापों में भाग लेते है, उनका विकास अबाधित तथा उम्र के अनुरूप होता है।

औपचारिक पढ़ाई के अलावा विविध गतिविधियों में भागीदारी करने वाले बच्चे शारीरिक, मानसिक और सांवेगिक दृष्टि से भी स्वस्थ एवं संतुलित होते हैं। क्रियाशील रहने से, पढ़ाई-लिखाई में उनकी रूचि और उपलब्धि तो बढ़ती ही है, उनका आत्म-सम्मान और हौसला भी ऊँचा रहता है। वे नशीले पदार्थो के सेवन से दूर रहते हैं तथा माता-पिता से उनके संबंध भी सौहार्द्रपूर्ण बने रहते हैं। विविध गतिविधियों में भाग लेने से कतराने वाले बच्चों से वे अधिक समायोजित, शांत और निपुण पाए गए हैं। वे न तो कक्षा या स्कूल से अकारण अनुपस्थित रहते हैं और न उनके बारे में किसी प्रकार के असामाजिक कार्य या अपराध में भागीदारी की शिकायत मिलती है। बीस-बीस घंटे तक आयोजित की जाने वाली गतिविधियों में भागीदारी करने वाले बच्चे उन बच्चों से अधिक प्रसन्न और संतुष्ट पाए गए जिन्होंने कक्षा से बाहर की किसी गतिविधि में हिस्सेदारी नहीं की थी। यह भी उल्लेखनीय है कि कक्षा से बाहर क्रियाशील रहने वाले बच्चों के पालक उन्हें स्नेह, सुरक्षा और प्रेरणा देने में सदैव तत्पर रहे है। मुख्य बात यह है कि बच्चों और किशोरों की ऊर्जा का निवेश रचनात्मक कार्यो में हो जाता है।

बच्चों की शिक्षा को ध्यान में रखते हुए अमेरिका के पूर्व प्रेसीडेन्ट बुश ने पिछले वर्षो में एक नारा दिया था कि "कोई भी बच्चा पीछे नहीं रहे"। इस पर आवश्यकता से अधिक जोर देने वाले अधिकांश स्कूलों ने बच्चों को खेलकूद (जिम) से ही वंचित कर दिया। फलस्वरूप स्कूली बच्चों में तेजी से बढ़ रहा मोटापा एक राष्ट्रीय समस्या बन गई। बाल चिकित्सा की अमेरिकी अकादमी ने हाल में आगाह करते हुए कहा है कि बच्चों के स्वस्थ विकास के लिये पुराने प्रकार के खेलकूद काफी उपयोगी होते हैं। खेलकूद बच्चों के लिये सहज आनन्द का स्त्रोत हैं। इसकी कमी से बच्चों और उनके अभिभावकों में तनाव पैदा होने की पूरी संभावना रहती है। हमारे देश में भी स्कूल और कालेजों में खेलकूद की नियमित व्यवस्था चरमरा चुकी है। इस कारण, बच्चों,

किशोरों और युवजनों में मोटापे की समस्या सिर उठाने लगी है। मोटापा किसी विपदा की तरह कभी अकेला नहीं आता। वह चुपचाप अपने साथ कुछ अन्य बीमरियाँ भी बुला लेता है।

यह पुराना निष्कर्ष आज भी मौज है कि बिना खेलकूद के केवल पढ़ने-लिखने में जुते रहने से बच्चे मानसिक मंदन और शारीरिक दुर्बलता के शिकार हो जाते है। पाठ्य सहमागी गतिविधियों के बिना पढ़ाई बोझ बन जाती है? तथा शिक्षा के प्रति बच्चों के उत्साह को घटा देती है। चरित्र का निर्माण भी गतिविधियों की निहाई पर होता है। इसीलिये, शिक्षा की संस्थाओं में पढ़ाई के साथ खेलकूद एवं अन्य गतिविधियों का नियमित और व्यवस्थित संचालन नई पीढ़ी के संतुलित विकास और चरित्र-निर्माण के लिये जरूरी है। जॉर्ज बर्नार्ड शॉ की यह उक्ति भी हमारी प्रेरणा बन सकती है कि **"हम खेलना इस आशंका से नहीं छोड़ देते कि हम बूढ़े हो जाएंगे। वास्तव में, हम बूढ़े इसीलिये हो जाते है क्योंकि खेलना छोड़ देते हैं।"** खेलकूद और पढ़ाई का संतुलित मिश्रण ही शिक्षा का सही मॉडल है। हमारी अपेक्षाएँ यदि बच्चों की रूचि और क्षमता के अनुरूप होगी तो वे उन पर बोझ नहीं बनेंगी। सतर्कता इस बात की बरतनी चाहिए कि हमारी अपेक्षाएँ स्नेह और सहानुभूति से रीती होकर क्रूरता का रूप ग्रहण न कर लें। बच्चों के प्रति पालकों की संतुलित संवेदनशीलता ही पालन-पोषण की कुंजी है।

73

बाल साहित्य द्वारा वैज्ञानिक संस्कारों का विकास

बाल मन की गहराइयों में प्रवेश किए बिना बाल साहित्य का सृजन नहीं किया जा सकता। चित्रकारों के बारे में कहा जाता है कि यदि वे चिड़िया का चित्र बनाना चाहते है तो उन्हें पहले चिड़िया की काया में प्रवेश कर चिड़िया होने का अहसास करना पड़ता है। उसी प्रकार, बच्चों के लिए कहने-लिखने वालों में थोड़ा-बहुत बचपन अपेक्षित है। बच्चे हर प्रकार से सरल और सुकुमार होते हैं। इसलिए उनके लिए लिखे गए सहित्य की भाषा और शैली भी सरल और सुकुमार होनी चाहिए। कौतूहल, कल्पना, रहस्य, जिज्ञासा, सूझ, तलाश, खेल और प्रयोग बचपन की सहज प्रवृत्तियाँ होती हैं। इन्हीं गुणों और प्रवृत्तियों को पूँजी बनाकर बच्चों में वैज्ञानिक संस्कार विकसित करने के लिए बाल साहित्य रचा जा सकता है।

विज्ञान के बारे में बच्चों को कहने-लिखने के लिए विज्ञान की मूल प्रकृति को समझना जरूरी होता है। विज्ञान सीधी रेखा में नहीं चलता। वह लहरीला होता है। उसकी गति की तुलना नृत्य से की जा सकती है। विज्ञान एक ऐसा विराट प्रश्न है, जिसका कोई एक स्थायी या अंतिम उत्तर नहीं होता। वह निरंतर चलने वाली ऐसी यात्रा है, जिसमें पड़ाव तो होते हैं लेकिन मुकाम नहीं। विज्ञान की तुलना एक ऐसे विशाल महल से की जा सकती है, जिसमें अनगिनत दरवाजे हैं। हमें एक के बाद दूसरा दरवाजा खोलते चले जाना है। एक दरवाजा खुलने पर एक अस्थायी छोटा उत्तर या समाधान मिलने का संतोष होता है।

लेकिन सिर ऊँचा उठाते ही सामने की दीवार में दूसरा दरवाजा खोलने की चुनौती उपस्थित हो जाती है ऐसा क्रम चलता रहता है।

इस प्रकर सूझबूझ के साथ एक असमापनीय तलाश से गुजरते रहने का माद्दा और मिजाज बच्चों में कहानी, कविता, एकाकी, यात्रा-वृत्तांत, संस्मरण रिपोर्ताज आदि-आदि विधाओं के द्वारा, विकसित किया जा सक्ता है। निःसंदेह साहित्य या फिक्शन जिज्ञासा को विकसित और सुदृढ़ बनाने में विज्ञान का विश्वस्त साथी सिद्ध हो सकता है। परीकथाओं के पंखों पर चढ़कर आकाश की सैर का आनंद, पर्वतारोहण का रोमांच या समुद्र की तलहटी में टोहने-तैरने का कौतूहल वैज्ञानिक संस्कार जमाने में काफी सहायक होता है। 'हामिद का चिमटा' जैसी कहानी जहाँ बच्चों में दादी के हाथों को जलने से बचाने के बहाने नए उपकरणों के निर्माण का जज्बा पैदा कर सकती है, वहीं मैग्नेट के जासूस द्वारा नानी की सुई खोजने की कहानी उन्हें विज्ञान की प्रक्रियाओं को समझने-सराहने की ओर अग्रसर कर सकती है। हमारे देश की पौराणिक कथाओं का यथोचित संपादन करके उनके माध्यम से वैज्ञानिक सोच को उद्दीप्त और प्रेरित किया जा सकता है। पुरा-वैज्ञानिक डॉ. राव को द्वारका नगरी की खोज के लिए महाभारत के एक प्रंसग ने ही उकसाया था। नारद जैसे पौराणिक पात्र के यायावरी चरित्र का दोहन विज्ञान के चरित्र को उजागार करने के लिए बखूबी किया जा सकता है। उसी प्रकार नचिकेता का 'न' एवं उसके प्रश्न तथा सावित्री का सत्याग्रही संवाद बच्चों में वैज्ञानिक रूझान और मानसिकता पैदा करने में सहायक हो सकते हैं। इन तमाम पौराणिक सामजिक कथानकों में निहित वैज्ञानिक अर्थवत्ता को सतह पर लाकर जनतांत्रिक जीवनशैली को भी प्रेरित-प्रोत्सहित किया जा सकता है।

विज्ञान और जनतंत्र दोनों न्यायपरक है। एक तथ्यों के साथ और दूसरा व्यक्तियों के साथ न्याय करने का आग्रह करता है। दोनों ही मस्तिष्क के खुलेपन और हृदय की विशालता पर जोर देते हैं। विज्ञान सिखाता है कि आज जो तथ्य और सिद्धाँत स्वीकार्य है, वे कल अस्वीकार्य भी हो सकते हैं। प्रमाणों के आधार पर त्याग और ग्रहण निरंतर चलता रहता है। विज्ञान के क्षेत्र में 'एकेश्वरवाद' या एकाग्रह का कोई स्थान नहीं है। संकीर्णता, संप्रदायवाद, क्रूरता और धर्मांधता को दूर करने की दृष्टि से लिखे जाने वाले साहित्य में विज्ञान की बहुआयामी, अनंतिम और खुली प्रवृत्ति ही प्रतिबिंबित होती है। समय की धारा अनंत है। इसमें आगे-पीछे का कोई मतलब नहीं होता। विज्ञान

भी सिखाता है कि समाज में स्थायी रूप से कोई स्याह या सफेद नहीं रहता। अंतिम कुछ नहीं होता। इस वैज्ञानिक अभिवृत्ति को साहित्य के माध्यम से बच्चों और किशोरों के समक्ष आरंभिक वर्षो में प्रस्तुत कर सामजिक क्रूरता और कठमुल्लापन से निजात पाने की नींव रखी जा सकती है।

एकदम शिखर पर पहुँचने और शीघ्र कच्चे फल तोड़ने-चखने की उतावली पर भी विज्ञान की समझ से लगाम लगाई जा सकती है। विभिन्न साहित्य विधाओं द्वारा बच्चों के सामने यह प्रदर्शित किया जा सकता है कि विज्ञान प्रतिफल्त (या परिणाम) नहीं, एक प्रक्रिया है। विज्ञान के विद्यार्थी केवल तथ्यों के उपभोक्त नहीं अन्वेषक हैं। बच्चों को इस भ्रम से भी उबारा जा सकता है कि विज्ञान 'तथ्यों का टिकट संग्रह' या 'सही उत्तर लाने का खिलवाड़' नहीं है। उत्तर या परिणाम से पहले मस्तिष्क में होने वाली उथल-पुथल (संश्लेष-विश्लेषण) की ओर बच्चों का ध्यान आकर्षित किया जाना चाहिए ताकि वे समझ सके कि मंजिल पाना नहीं, रास्ता तय करना जरूरी है। विज्ञान की प्रयोगाश्रित विधियाँ केवल वर्तमान के 'कार्य कारण संबंध' को ही स्पष्ट नहीं करती, बल्कि दी गई परिस्थितियों में क्या घटित हो सकता है, उसकी संभावना भी व्यक्त करती है। इसलिए कथा-कहानियों में लेखक द्वारा उपसंहार के रूप में अतिम निष्कर्ष प्रस्तुत करने की जल्दबाजी नहीं दिखानी चाहिए। आधे-अधूरे छोड़े गए निष्कर्म या उत्तर की पूर्ति का अवसर छात्रों/पाठकों को दिया जाना चाहिए।

बच्चों की पहुँच उनकी पकड़ से बड़ी ही होती है। विज्ञान तथ्य, निष्कर्ष और प्रमाण का सम्मान करना सिखाता है, लेकिन प्रमाण के अभाव में निष्कर्ष को स्थगित रखने की सीख भी देता है। वह विज्ञापन के मायाजाल और फुसलाव से एकदम प्रभावित या अभिभूत नहीं होता। कथनों, संवादों, घटनाओं और दृश्यों के सुप्त एवं अदृश्य पहलुओं के बारे में भी वह सोच-विचार करता है, क्योंकि विज्ञान अनुसरण नहीं, अन्वेषण करने की ओर अग्रसर करता है। बहकाने, बरगलाने और फुसलाने वाले प्रलोभन, चमत्कार और चालाकियों पर प्रश्न करना, विश्लेषण कर उनकी तह में जाने जैसी मानसिक प्रवृत्तियाँ बाल साहित्य की विषयवस्तु बनाई जा सकती है। बाल साहित्य के सर्जकों के लिए मानवतावादी मनोवैज्ञानिक ए.एच. मैसलो के विज्ञान संबंधी विचार भी उपयोगी हो सकते है।

मैसलो की मान्यता है कि विज्ञान का मतलब न तो गलती करने से डरना होता है और न आवृत्ति, सावधानी, सतर्कता या धीमेपन के पल्लू से बंध जाना। जोखिम उठाना, पासा फेंकना, स्वायत्तता, रचनात्मक असहमति, सौंदर्य बोध, कवि एवं नारी सुलभ गुण तथा रहस्यवादी प्रवृत्ति भी विज्ञान के ही लक्षण और मूल्य है। दरअसल, सावधानी और साहस, ओज और कल्पना, कठोरता और तरलता जैसे गुणों में कोई अंतर्निहित विरोधभास नहीं है। सत्य, शिव और सुंदर जीवन के ही तीन पक्ष हैं। इसलिए, विज्ञान का तीनों से ही संबंध है। "और कुछ नहीं बस....." कहकर हम अनेक मनोरम प्राकृतिक घटनाओं और दृश्यों का तथ्य और सत्यपरक विलेषण तो करते रहते है, लेकिन उनके सौंदर्यात्मक पहलू की अनदेखी कर देते हैं। इंद्रधनुष की वैज्ञानिक व्याख्या करके हम प्रायः बच्चों की आनंदात्मक अनुभूति का अवमूल्यन करते रहते है। बाल साहित्य के द्वारा, इस प्रकार विज्ञान के नाम पर बच्चों, किशोरों को जीवन के ललित पक्ष से विमुख कर बैरागी बनाने की कोशिशें नाकाम की जानी चाहिए।

74

पाकिस्तानी पाठ्य-पुस्तकें सद्भाव के लिए खतरा

दुनिया के अधिकांश जागरूक देशों ने पाकिस्तान को विफल, उद्दंड और निगरानीशुदा देशों की सूची में सम्मिलित कर रखा है। हम पाकिस्तान से भाईचारे के रिश्ते कायम करने की चाहे जितनी आकांक्षा पालते रहें, लेकिन पाकिस्तान ने अपने यहाँ की पाठ्य-पुस्तकों में भारत और खासकर हिंदुओं के खिलाफ घृणा, द्वेष और शत्रुता के बीज इतनी गहराई तक बो दिए हैं कि हम अपने प्रयास में शायद ही सफल हो सकेंगे। पिछले दिनों अमेरिकी धार्मिक स्वतंत्रता आयोग ने पाकिस्तान में पढ़ाई जा रही पहली से दसवीं कक्षा तक की सौ से अधिक पाठ्य पुस्तकों का अध्ययन-विश्लेषण करके जो रिपोर्ट प्रसारित की है, उसमें भी यहीं निष्कर्ष निकला है कि इन पाठ्य पुस्तकों में कच्ची उम्र के बच्चों के दिलो-दिमाग में गैर मुस्लिमों के खिलाफ जो नफरत और दुश्मनी का जहर घोला जा रहा है, वह धार्मिक, भाषायी और अंतराष्ट्रीय सद्भाव एवं सहअस्तित्व के लिए बहुत बड़ा खतरा बन रहा है।

पहले भी पाकिस्तान की सामाजिक अध्ययन की पाठ्यपुस्तकों का अध्ययन यूनिवर्सिटी ऑफ टैक्सास, आस्टिन की पूर्व छात्रा वाय.सी. रोजर ने किया था। इस शोधाध्ययन की रिपोर्ट 'इस्लामाइजेशन ऑफ पाकिस्तान: सोशल स्टडीज टैक्स्टबुक्स' पुस्तक के रूप में वर्ष 2003 में प्रकाशित हो चुकी है। इस पुस्तक के पहले पृष्ठ पर रोजर ने नजम मुश्ताक का कथन उद्धृत किया है। यह 'पाकिस्तानी विचारधारा' और पाकिस्तानी-मुस्लिम राष्ट्रीयता' के मायने को

दुनिया के सामने बड़ी साफगोई से रखता है। नजम मुश्ताक कहते हैं कि "यदि यह भारतीयता का विरोधी नहीं तो क्या है? इनके अलावा और किन शब्दों में पाकिस्तानी–मुस्लिम राष्ट्रीयता को व्यक्त किया जा सकता है?" हर एक स्कूल और कॉलेज में छात्रों के सामने जो 'पाकिस्तान की विचारधारा' परिभाषित की गई है वह भारतीयता का विलोम या उसकी मुखालफत के अलावा कुछ नहीं है। पाकिस्तानी जीवन के हर पहलू में, अकादमिक चर्चाओं से लेकर पत्रकारिता तथा खेलकूद से नौकरशाही तक, यहाँ भारत–विरोधी कपोलकल्पित धारणा लोगों के दिलों–दिमाग में कूट–कूट कर भर दी गई है। 'हिंदू मानसिकता' और 'पथभ्रष्ट भारतीय मनोवृत्ति' जैसी शब्दावली सेना के दैनन्दिन वार्तालाप में सुनाई देती है। संक्षेप में कहा जाए तो पाकिस्तानी राज्य और समाज में भारतीयता का विरोध काफी गहराई तक पहुँच चुका है। यह एक ऐसी पाकिस्तानी मनोदशा है, जिसे बढ़ने से रोका नहीं जा सकता। 'पाकिस्तानी राष्ट्रीयता' को परिभाषित करने के लिए इस नकारात्मकता के अलावा यहाँ के लोगों के पास दूसरा कोई विकल्प नहीं है। वहाँ का बौद्धिक वर्ग, मीडिया, सामाजिक संगठन और सरकार भी पाकिस्तानी राष्ट्रीयता को परिभाषित और विकसित करने के लिए सकारात्मक विकल्प की खोज नहीं कर रही है।

पाक–अध्ययन, सामाजिक अध्ययन और इतिहास की पुस्तकें झूठ और दुराग्रह का पुलिन्दा बनी हुई हैं। जो व्यक्ति या ऐतिहासिक चरित्र भारत में नायक के रूप में स्थापित हैं उन्हें पाकिस्तान में खलनायक बना दिया गया है। मुहम्मद बिन कासिम, मोहम्मद गजनवी, औरंगजेब और बाबर पाकिस्तानी इतिहास के महापुरूष हैं। अकबर और सूफियों को पाकिस्तान की पाठ्य पुस्तकों में इसलिए जगह नहीं दी जाती क्योंकि इनको पढ़ाने से इस्लाम की कट्टरता कमजोर होती है। तानाशाहों, चरमपंथियों, मुल्लाओं और फौज ने इस्लाम को अपना–अपना दबदबा बनाए रखने और राज–काज चलाने का साधन बना लिया है। पाकिस्तान में शिक्षा को बलात मतारोपण (इन्डॉक्ट्रीनेशन) बनाकर, बच्चों के भविष्य के साथ खिलवाड़ किया जा रहा है। इससे पाकिस्तान को ही नुकसान होगा, क्योंकि वहाँ बच्चों को दी जा रही झूठी शिक्षा के कारण विश्व स्तर पर अपनी बौद्धिक प्रतिभा दिखाने का मौका ही नहीं मिल सकेगा। छात्रों में धर्मान्धता इतनी ज्यादा भर दी गई है कि आगे चलकर उनमें अन्तर–राष्ट्रीय सद्भाव और भाईचारा विकसित करना असंभव हो जाएगा।

75

बंद करो यह हिन्दी-अंग्रेजी की तीतर लड़ाई

महात्मा गांधी ने अपनी पुस्तक **'हिन्द-स्वराज'** में लिखा है कि "हिन्दुस्तान को गुलाम बनाने वाले तो हम अंग्रेजी जानने वाले लोग ही हैं। हमारी कांग्रेस का करोबार भी अंग्रेजी से ही चलता है। राष्ट्र की हाय अंग्रेजों पर नहीं हम पर पड़ेगी।" भारतीय शिक्षा के इतिहास को निष्पक्ष होकर पढ़ने वाले जानते हैं कि भारतीय प्राथमिक शिक्षा पर अंग्रेजी को लादने की पहली कोशिश अंग्रेजों ने नहीं की थी। बंगाल के भद्रजन और तत्कालीन कांग्रेस के कुछ नुमाइंदों ने अपने बच्चों को अंग्रेजी पढ़ाने में उतावलापन इसलिए दिखाया था ताकि वे नौकरी-धंधे और बिचौलियों की भूमिका अदा करने में आगे निकल सकें। आजादी के बाद की भाषायी नजाकत को देखते हुए हमारे राजनेताओं द्वारा हिंदी के समानांतर अंग्रेजी को संविधान में सह-राजभाषा का स्थान देने के बाद अंग्रेजी पराई भाषा नहीं रही। वैसे भी, सैकड़ों वर्षों तक हमारे साथ रहते-रहते, अंग्रेजी अन्य विदेशी भाषाओं के बजाय, हमारे संचार-संवाद में ज्यादा ही घुली-मिली हुई है। इसलिए, अमर्त्य सेन द्वारा अंग्रेजी को एक 'भारतीय भाषा' कहना कोई अतिरंजना नहीं है। थोड़ी भिन्न तरह से, चेतन भगत की बात मानें तो, क्या हम हिंदी को माता और अंग्रेजी को पत्नी की तरह प्यार नहीं कर सकते?

विरोधाभास यह है कि भूमंडलीकरण के जमाने में, बदलते हुए भाषिक भूगोल की अनदेखी करके कुछ लोग आज भी अंग्रेजी में परायापन खोजते फिर रहे हैं। ऐसा उस देश में हो रहा है, जहाँ अकबर के राज में भारत की भाषा

फारसी थी। उस समय के काव्य शास्त्र के आचार्य भिखारीदास ने कविता में विविध भाषाओं के प्रयोग और संस्कृत–फारसी के मिश्रण की खूब सराहना की थी। महाकवि रामधारीसिंह दिनकर ने **'संस्कृति के चार अध्याय'** ग्रंथ में लिखा है कि संस्कृत शब्दों से मुस्लिम बादशाहों का भी प्रेम था, क्योंकि संस्कृत शब्द ही इस देश में अधिक समझे जाते थे। सांप्रदायिकता से पीड़ित बादशाह औरंगजेब भी हिंदी शब्दों के सौदर्य को पहचानता था। एक बार जब उसके बेटे आजमशाह ने उसे कुछ आम भेजे और उनका नामकरण करने का अनुरोध किया, तब औरंगजेब ने उनके नाम 'सुधा रस' और 'रसना विलास' रखे थे। विविध भाषाओं के प्रयोग को अंगीकार करने की यह परंपरा हमारी कमजोरी नहीं ताकत है। मार्शल मेक्लुहान के मुहावरे में, 'ग्लोबल गाँव' में बदलती हुई इस दुनिया में सफलतापूर्वक रहने के लिए बहुभाषिकता और बहुसांस्कृतिकता की समझ और उसमें भागीदारी आवश्यक हो गई है।

पास–पड़ोस में, पाकिस्तान के सिंध प्रदेश में चीनी या मैन्डेरिन भाषा की पढ़ाई प्राथमिक शिक्षा में अनिवार्य कर दी गई है। चीन में 1995 में अंग्रेजी का उपयोग करने वालों की संख्या 20 करोड़ थी। वहाँ नई शिक्षा–नीति के फलस्वरूप, 2 करोड़ अंग्रेजी बोलने वाले हर साल बढ़ रहे हैं। हमारे देश में जनसंख्या का 5 प्रतिशत ही अंग्रेजी बोल पाता है। 2010 तक हमारे यहाँ केवल साढ़े पांच करोड़ लोग ही प्रवाहपूर्ण ढंग से अंग्रेजी बोल पाते थे। ब्रिटिश काउंसिल के डेविड ग्रेडोल द्वारा किए गए अध्ययन (2007) में पाया गया है कि भारत अंग्रेजी भाषा–कौशल अर्जित करने की अपनी पूर्व क्षमता खोता जा रहा है। यहाँ के युवजनों की अंग्रेजी सीखने की गति धीमी पड़ गई है। उच्च शिक्षा के अधिकांश छात्रों की अंग्रेजी बहुत कमजोर है। केवल 33 प्रतिशत छात्र ही अंग्रेजी ठीक तरह से लिख, बोल और पढ़ पा रहे हैं। अंग्रेजी भाषा पर प्रकार्यात्मक (फंक्शनल) अधिकार में हम चीन से पीछे है। भारत 'सर्विस सेक्टर' से दुनिया में पहचाना जाता है, इसलिए भी अंग्रेजी का ज्ञान हमारी प्राथमिकता होनी चाहिए।

आज की आवश्यकता बहुभाषाभाषी और बहुभाषाविद् होना है। इसलिए, भाषायी परहेज और द्वेष को तत्काल विसर्जित किया जाना चाहिए। हिंदी के हिमायती और पैसेकारों को अपने–अपने लाउड–स्पीकर बंद कर पूरे समर्पण और प्रतिबद्धता के साथ हिंदी की सर्वतोन्मुखी समृद्धि में जुट जाना चाहिए।

हिंदी वालों का 'इस्लाम' न पहले कभी खतरे में था और न आज है। इसलिए, उन्हें अंग्रेजी के प्रति जेहादी रूख अख्तियार करना छोड़ देना चाहिए।

पिछले वर्षो में, अंग्रेजी ने सारी दुनिया में हमारी छवि और धाक जमाने में काफी योगदान दिया है। अंग्रेजी सीखने के लिये गाँवों में अनुकूल वातावरण नहीं होने का तर्क भी अब अप्रासंगिक हो गया है। गाँवों में, खेती-बाड़ी संबंधी काम-काज में विज्ञान और टैक्नोलॉजी का प्रवेश और प्रयोग इतना बढ़ गया है कि बच्चों से बूढ़ों तक की जबान पर अंग्रेजी के पचासों शब्द विराजमान हो गए हैं। साईकिल से लेकर ट्रेक्टर और घड़ी से लेकर कम्प्यूटर एवं मोबाईल फोन जैसी मशीनों और उपकरणों ने अंग्रेजी के शब्दकोष में अपूर्व वृद्धि की है। मीडिया, सिनेमा, यातायात, संचार और नगरीय संपर्क भी अंग्रेजी को बढ़ावा दे रहा है। विडंबना यह है कि हमारे यहाँ, इन विविध स्त्रोतों से आई शब्दावली को आधार बना कर अंग्रेजी पढ़ाने की व्यवस्था नहीं हुई। और तो और हमने हिन्दी पढ़ाने के लिये भी नवीनतम 'बुनियादी शब्दकोष' तैयार नहीं किया है। अबूझमाड़ या पातालकोट के जनजाति समुदाय को हिन्दी पढ़ाना भी अंग्रेजी पढ़ाने से कम चुनौतीपूर्ण नहीं है।

अंग्रेजी की पढ़ाई के प्रति सरकारी शिक्षा विभागों की ढुलमुल और संकीर्ण नीति के कारण न तो हम आरंभिक कक्षाओं से अंग्रेजी में बोलचाल और पढ़ना-लिखना सिखाने के लिये आवश्यक तादाद में शिक्षक तैयार कर पाए और न ही पढ़ने-पढ़ाने की देशज सामग्री। यह कितने दुख और चिन्ता की बात है कि पिछले वर्षो में विश्वबैंक को यह कहना पड़ा है कि "भारत की प्राथमिक शिक्षा काफी कमजोर है।" अब तो, हिन्दी के सम्यक अध्ययन-अध्यापन के प्रति हमारी घोर लापरवाही भी जग जाहिर हो चुकी है। यहाँ तक कि बहुत से प्राथमिक विद्यालयों के अध्यापकों को न तो पूरी वर्णमाला लिखना आता है, और न ही बिना वर्तनी संबंधी गलती किये, वे पाँच सात वाक्य लिख पाते हैं। 'प्रथम' एन.जी.ओ. द्वारा 2014 में कराए गए, शिक्षा के वार्षिक सर्वे (एन्युअल स्टेटस ऑफ एजुकेशन रिपोर्ट) की रिपोर्ट में गाँवों में प्राथमिक स्तर पर हो रही पढ़ाई-लिखाई की स्थिति बड़ी निराशाजनक पाई गई हैं। पाँचवीं कक्षा में पढ़ने वाले छात्र-छात्राओं में से आधे (50 प्रतिशत) दूसरी कक्षा की हिन्दी भाषा की पुस्तक के सरलतम वाक्य भी नहीं पढ़ पाते हैं। कितनी दुखद बात है कि पाँच-छः वर्ष तक स्कूलों में पढ़ने के बाद भी बच्चे न तो बुनियादी वाक्य पढ़ पाते हैं और न अंकगणित के जोड़ने-घटाने से सम्बन्धित सरल सवाल हल कर

पाते हैं। यही नहीं 'आर्थिक सहयोग और विकास संगठन' (ओईसीडी) के नेतृत्व में होने वाले 'अन्तर्राष्ट्रीय छात्र मूल्यांकन कार्यक्रम' (पी.आई.एस.ए.) की परीक्षा में भी भारत के 15 वर्षीय किशोर छात्र-छात्राओं की पठन, विज्ञान और गणित में उपलब्धि निम्नतम स्तर की रही है। दक्षिण भारत और विदेशों में चल रही हिन्दी की पढ़ाई के स्तर की तुलना जब हम उत्तर और मध्य भारत से करते हैं तो हिन्दी के शिक्षण का भविष्य अंधकारमय लगता है। कॉलेजों और विश्वविद्यालयों में भी हिन्दी भाषा और साहित्य में जिस उदासीनता से अध्यापन और अनुसंधान हो रहा है, उससे लगता है कि कहीं भविष्य में हमें हिन्दी के शिक्षक दक्षिण भारत या विदेश से तो नहीं बुलाने पड़ेंगे?

मुख्य मुद्दा प्राथमिक शिक्षा से ही, हिन्दी की पढ़ाई-लिखाई को सुधारने और सुदृढ़ करने का है। इसके लिये हिन्दी के बेहतर और प्रशिक्षित शिक्षक तैयार करना हमारी प्राथमिकता होनी चाहिये। इस दिशा में, केन्द्रीय हिन्दी संस्थान, प्रदेशों के हिन्दी विश्वविद्यालय और अन्तर्राष्ट्रीय हिन्दी विश्वविद्यालय (वर्धा) आदि, हिन्दी और अंग्रेजी भाषा के अध्यापन, अनुसंधान और प्रशिक्षण से जुड़े संस्थानों को, विशेष प्रयास करने चाहिये। यदि हम एक अभियान चला कर हिन्दी भाषा और साहित्य के उन्नयन का बीड़ा उठाते हैं तो, फिर पढ़ाई चाहे हिन्दी की हो या अंग्रेजी की, दोनों ही भाषाओं में सामान्य पृष्ठभूमि के बच्चें भी प्रवीणता प्राप्त कर सकेंगे। अंग्रेजी भाषा की पढ़ाई का निरोध या प्रतिरोध करने से भारत की भलाई नहीं होगी। अंग्रेजी की ताकत हमने अर्जित की है। आज के प्रतियोगी जमाने में इस शक्ति का उपयोग करके नई पीढ़ी ऊँची उड़ानें भर सकती है। अंग्रेजी की उपेक्षा से सर्वाधिक हानि गरीब और पिछड़े परिवारों के बच्चों-किशोरों की ही होगी। राजनेता और धनाढ्य वर्ग के लोग बातें भले ही हिन्दी की करते हों, मगर अपने बच्चों को वे श्रेष्ठ अंग्रेजी माध्यम के स्कूलों में प्रवेश दिला कर पहली कक्षा से ही अंग्रेजी पढ़ाने की व्यवस्था करते हैं।

अब, समाजार्थिक एवं शैक्षिक दृष्टि से कमजोर वर्ग को "शिकारी कुत्ते के साथ शिकार करने और खरगोश के साथ दौड़ने" वालों की दोगली नीति के प्रति सावधान हो जाना चाहिए। आँकड़े दर्शाते हैं कि अंग्रेजी की कमजोरी के कारण, ग्रामीण स्कूलों में पढ़ने वाले छात्रों में से केवल 10 प्रतिशत ही आई.आई.टी. संस्थानों में प्रवेश की पात्रता अर्जित कर पाते हैं। दूसरी ओर कस्बों (छोटे शहरों) से 25-26 प्रतिशत तथा बड़े शहरों से

65–66 प्रतिशत छात्र इन संस्थानों में पहुँच जाते हैं। गाँवों से आई.आई.टी. और आई.आई.एम. जैसे संस्थानों में प्रवेश पाने वाली लड़कियों की संख्या तो नगण्य ही है। ग्रामीण स्कूलों में पड़े हुए लड़के-लड़कियों की लगभग ऐसी ही स्थिति प्रतियोगी परीक्षाएँ पास कर प्रबंधकीय एवं प्रशासकीय सेवाओं में प्रवेश करने को लेकर भी है। इसके लिये, ग्रामीण क्षेत्र में मिल रही घटिया और दूसरे दर्जे की शिक्षा-व्यवस्था ही जिम्मेदार है। ग्रामीण क्षेत्र के बच्चों में प्रतिभा की कमी नहीं है, लेकिन उसकी पहचान कर उसे विकसित करने वाले शैक्षणिक अवसर वहाँ उपलब्ध नहीं है। यह दुहराना अनुचित नहीं है कि हमारी शिक्षा-व्यवस्था गरीबों और वंचितों के विरुद्ध छेड़ी गई लड़ाई है। यदि ऐसा नहीं होता तो शायद हमारे गाँवों, शहरों की मलिन बस्तियों और आदिवासी-अंचलों में शिक्षा की इतनी दुर्दशा नहीं होती।

76

महिला पीछे और पुरूष आगे क्यों?

लड़कियों के प्रति हमारा एकांगी और उथला दृष्टिकोण हमारे जीवन, साहित्य और मीडिया में दिखाई देता है। आज हमारे देश में जो गिनती की महिलाएँ ऊँचे पदों पर आसीन हैं या जिन्होंने उच्च शिक्षा का लाभ उठाया है, वे लगभग सभी ऐसे घरों-परिवारों की हैं जो या तो सम्पन्न हैं या जहाँ शिक्षा की एक लंबी परम्परा रही है। इनमें से भी कुछ होनहार और महत्वाकांक्षी लड़कियाँ विवाह होते ही चौका, चूल्हा और चक्की के त्रिकोण में बंद होकर सामाजिक रंगमंच से ओझल हो जाती हैं। साधारण और पिछड़े घरों की लड़कियाँ तो अभी भी उच्च शिक्षा का लाभ लेने में असमर्थ हैं।

कहा जाता है कि जिन मूल्य, मान्यताओं और विश्वासों का विकास हम नई पीढ़ी में करना चाहते हैं, उन्हें पाठ्यपुस्तकों में पिरो देना चाहिए। महिलाओं को पुरूषों के समकक्ष अधिकार और आदर देने और जीवन के विभिन्न क्षेत्रों में उन्हें प्रवेश देने की नीति पाठ्यपुस्तकों और शिक्षा-संस्थाओं के परिवेश में भी प्रतिबिंबित होनी चाहिए। अपने यहाँ और अन्य कई देशों में पाठ्यपुस्तकों का विश्लेषण कर जो निष्कर्ष निकाले गए हैं, वे चौंकाने वाले हैं। मुस्लिम देशों की पाठ्यपुस्तकों में 'जिहाद' को महिमा मंडित किया गया है, लेकिन महिलाओं की गरिमा और छवि बढ़ाने वाले पहलू पर कुछ नहीं कहा जाता। तमाम विदेशी पाठ्यपुस्तकें बहुतांश में 'पुरूषों की, पुरूषों द्वारा और पुरूषों के लिये' ही रची गई दिखाई देती हैं। हमारे यहाँ की स्थिति भी वहाँ से बहुत अलग नहीं है। यहाँ भी पाठ्यपुस्तकों की कहानियों, कविताओं और संवादों में प्रमुख पात्र लड़के या पुरूष ही हैं। लड़कों की ही अधिक चर्चा होती है।

जीवनियाँ भी महिलाओं की अपेक्षा पुरूषों की अधिक हैं। चित्रों में भी लड़के भरे पड़े हैं। लड़कियों वाले चित्र और वर्णन सीमित हैं। ऐसे चित्रों और सामग्री का तो बेहद अभाव है, जिनके साथ ग्रामीण, पिछड़ी बस्ती और आदिवासी वर्ग के बच्चे तादात्म्य स्थापित कर सकें या एकाकार हो सकें।

पाठ्यपुस्तकों और अन्य मुद्रित शिक्षण सामग्री में लड़कियों को बिल्कुल शांत, निष्क्रिय, पराश्रित और पिछलग्गू दिखाया जाता है। उनकी सक्रियता मुस्कुराने, ताली बजाने और लड़कों का उत्साह बढ़ाने तक सीमित है। शायद ही कभी उन्हें साहसी, सफल और सृजनशील बताया जाता है। स्वतंत्रता, आत्मनिर्भरता और उद्यमशीलता जैसे गुणों को उनके व्यक्तित्व और चरित्र का हिस्सा बनने ही नहीं दिया जाता। उनका पढ़ना-लिखना, रहना-सहना सब कुछ 'विवाह' का लक्ष्य भेदने के तीर-कमान हैं।

पढ़ने-लिखने में लड़कियाँ नियमित, परिश्रमी और बहुत अंशों में लड़कों से बेहतर होती हैं, मगर बाल साहित्य और पाठ्यपुस्तकों में उनकी यह विशेषता उभारी नहीं जाती। वहाँ उन्हें पढ़ाकू, निर्भीक और नायिका नहीं, बल्कि विजेता और 'हीरो' पति के सपने देखने वाली लड़कियों के रूप में चित्रित किया जाता है। उनकी स्वतंत्र-व्यवसायी और नेतृत्व करने वाली नारी के रूप में पहचान प्रस्तुत नहीं की जाती। अक्सर लड़कियों या युवतियों को 'सेवक और सहायक' के रूप में ही पेश किया जाता है। अधिकतर वे नर्स, टाइपिस्ट, सेक्रेटरी और टीचर के रूप में ही दिखाई जाती हैं। बहुत हुआ तो कभी-कभार अभिनेत्री, नर्तकी या रिसेप्शनिस्ट के रूप में प्रदर्शित कर दिया जाता है। ज्यादातर लड़कियाँ गौण एवं मामूली भूमिकाओं में खड़ी कर दी जाती हैं। दूसरी ओर लड़कों को आकर्षक, प्रतिष्ठित और चुनौतीपूर्ण व्यवसायों और साहसिक कार्यो में भागीदारी करते हुए प्रस्तुत किया जाता है। इस तरह, लड़कियों को यह महसूस कराया जाता है कि उनकी योग्यता कम और भविष्य सीमित है।

समाज को 'नारी शक्ति' और 'पुरूष शक्ति' दोनों की ही आवश्यकता है। इसलिये हमारे समतावादी समाज में लड़के और लड़कियों को समान अवसर और सम्मान मिलना चाहिए। आज के किशोर और किशोरियाँ जब तक युवा और प्रौढ़ होंगे तब तक समाज में काफी बदलाव आ जाएगा। हर क्षेत्र और व्यवसाय में लड़कों के साथ लड़कियाँ भी कंधे से कंधा मिलाकर कामकाज करने लगेंगी। इसलिये, हमें यह अंधविश्वास छोड़ना पड़ेगा कि यह विषय या

व्यवसाय लड़कियों का है और वह लड़कों का। कुछ क्षतिग्रस्त लोगों को छोड़कर सभी लड़के और लड़कियाँ बुद्धिमान और सृजनशील होते हैं।

जिस प्रकार हिंसा हमारे दिमाग में जनमती है, वैसे ही भेदभाव और ऊँच-नीच भी हमारे मस्तिष्क में ही अवतरित होते हैं। यदि हम युवतियों और महिलाओं की दशा सुधारना चाहते हैं तो सबसे पहले हमें अपने सोच-विचार के पुराने और घिसे-पिटे रवैये में बदलाव लाना चाहिए। महिलाओं को महिलाओं के प्रति अपने पूर्वाग्रह भी त्यागने होंगे। पढ़ी-लिखी, धुली-पुंछी और रंगी-पुती महिलाओं का व्यवहार ग्रामीण, अपठित और घरों में नौकरी-चाकरी करने वाली महिलाओं के प्रति बहुत अच्छा नहीं होता है। उपलब्ध अवसर और सुविधाओं का अधिकांश लाभ शहरी महिलाएँ ही उठा पा रही हैं। अभी भी बहुसंख्यक ग्रामीण महिलाओं के लिये बहुत कुछ किया जाना शेष है।

आज भी लड़की को बोझ मानकर उसके विवाह के लिये जल्दबाजी की जाती है। भारत की आधी लड़कियों का विवाह 18 वर्ष की आयु से पहले ही कर दिया जाता है। **जैसे हवा को चलने, पानी को बहने और बीज को अंकुराने के लिये आजादी की आवश्यकता होती है, वैसे ही लड़कियों और महिलाओं को भी विकसित होने के लिये स्वतंत्रता की जरूरत होती है।** उन्हें भय का सामना करने और उससे पार पाने के लिये समर्थ बनाया जाना चाहिये। उसी तरह, अतीत में पृष्ठभूमि के कारण लगे घावों को भरने और भविष्य में लगने वाले संभावित मनोवैज्ञानिक आघातों की रोकथाम के लिये भी उपाय किए जाने चाहिए।

विवाह के फेरों में आगे रहने वाली नारी बाद में जीवन-भर पीछे-पीछे रहने के व्यसन की शिकार क्यों हो जाती है? इसका एकमात्र कारण पुरूषों द्वारा उसके आसपास रचा गया कृत्रिम या काव्यात्मक आभामंडल ही है। वास्तव में, पारंपरिक दासता के लिये उसकी यह मान्यता सर्वाधिक, जिम्मेदार है कि "स्त्री को, स्त्री की तरह ही रहना चाहिए।" स्त्री को स्वयं अपनी 'आत्मरति या आत्ममुग्धता' और दुनिया को लुभाने की प्रवृत्ति से भी मुक्त होना पड़ेगा। शायद तब उसे जंजीरों को पिघलाने के लिये अपने पिता से निम्नांकित संवाद नहीं करना पड़ेगा:

"पिताजी मुझे सुनार के यहाँ मत देना, मुझे गहने नहीं भाते हैं;
मुझे तो लुहार के घर देना जो मेरी जंजीरें पिघला दे।"

77

महिलाएँ: कितनी सशक्त, कितनी अशक्त?

अन्य देशों की तरह हमारे देश में भी महिलाएँ पुरुषों से प्रतिस्पर्धा करती हुई जीवन के विभिन्न क्षेत्रों में प्रवेश करती जा रही है। वे नर्स, टाइपिस्ट या टीचर ही नहीं, इंजीनियर, न्यायाधीश, कुलपति और प्रशासक भी बनती जा रही हैं। अभी तक बहुसंख्यक मनोविज्ञानिकों और शिक्षाशास्त्रियों की यह राय रही है कि महिलाएँ कम सृजनशील होती हैं। यूनेस्को के एक अंतर्राष्ट्रीय सर्वेक्षण का भी निष्कर्ष है कि विज्ञान और गणित में लड़कियों की उपलब्धि लड़कों की तुलना में निम्न कोटि की होती है। परन्तु हमारे देश के पिछले दस वर्षों के परीक्षा-परिणाम कुछ दूसरी ही कहानी कहते है। विभिन्न बोर्ड, विश्वविद्यालय और प्रतियोगी परीक्षाओं की मेरिट लिस्ट लड़कियों के नामों से पटी पड़ी हैं। बछेन्द्री पाल ने एवरेस्ट पर चढ़कर तो औरतों की एड़ियाँ और भी अधिक ऊँची कर दी है। ये कुछ ऐसे उदाहरण हैं जिन पर हम गर्व कर सकते है। सम्भवत: ऐसी घटनाएँ और उदाहरण आगे और बढ़ेंगे। लेकिन वास्तविकता यह है कि हमारे समाज में आज भी बहुसंख्यक महिलाएँ और लड़कियाँ दूसरे दर्जे के नागरिक का जीवन व्यतीत कर रही हैं। पुस्तकों में उन्हें कानूनी सुरक्षा दी गई है और उनके अधिकार भी गिनाए गए हैं? परन्तु व्यवहार में कुल मिलाकर वे दलित और वंचित ही हैं। पश्चिम में इस भेदभाव का काफी विरोध हुआ। प्रतिक्रिया स्वरूप प्रसाधनों और चोलियों की होली जली तथा 'शयन-तड़ी' भी चली, लेकिन पूरी तरह सजने-संवरने का लोभ तो 'लिब' की वकालत करने वाली सुन्दरियाँ भी नहीं छोड़ सकीं। वैसे, यह अस्वाभाविक भी है, क्योंकि स्वयं को सुन्दराना एक सहज प्रवृत्ति है।

महिलाओं को कमजोर, काँच की गुड़िया अथवा हीन समझना हममें बसी-बैठी चेतना या अभिवृत्ति का सवाल है। जिस प्रकार हिंसा हमारे दिमाग में शुरू होती है, वैसे ही भेदभाव और ऊँच-नीच का जन्म भी हमारे मस्तिष्क में ही होता है। यदि हम सचमुच ही महिलाओं की दशा सुधारना चाहते हैं और उन्हें आदर-सम्मान देना चाहते है, तो पहले हमें अपने सोच-विचार के घिसे-पिटे रवैये में परिवर्तन लाना पड़ेगा।

हमारे सामाजिक ढांचे में लड़का परिवारों का आर्थिक सहारा और मोक्ष का माध्यम माना जाता है। यही कारण है कि पुत्रीवान माता की अपेक्षा पुत्रवान माता अधिक आदरणीय होती है। लड़का एक बड़ा 'बीमा' या 'सुरक्षा बाँड' समझा जाता है, जबकि लड़की ओवरड्यू चुकारा। इस सांस्कृतिक तंग-नजरी के कारण लड़कियाँ अनादर और उपेक्षा का शिकार होती हैं। वैसे यह बिल्कुल एकतरफा बात है, क्योंकि आजकल लड़कियाँ भी नौकरी-धंधा करके परिवारों को आर्थिक सुरक्षा प्रदान कर रही हैं। आवश्यकता इस बात की है कि उन पर से बिना वजह की नजरबन्दी उठा ली जाए। हम अपने आस-पास देख ही रहे हैं कि जैसे-जैसे बंधन ढीले पड़ रहे है, वैसे-वैसे लड़कियां कठिन और चुनौती भरे काम करने लगी हैं। पर्वतारोहण, तैराकी, और पेराशूट उड़ान में भी नाम कमा रही हैं। धैर्य, सहनशीलता और लचीलेपन के विशिष्ट गुणों के कारण महिलाएँ कठिन परिस्थितियों का सामना करने में पुरुषों से भी अधिक सफल हो सकती हैं। अवसर और सुविधाएँ मिलने पर महिलाएँ बड़ी-बड़ी जिम्मेदारियाँ बखूबी निबाह सकती हैं। परन्तु खेद है कि उपलब्ध अवसरों और सुविधाओं का अधिकांश लाभ शहरी महिलाओं को ही मिल रहा है। अभी बहुसंख्यक ग्रामीण महिलाओं के लिए बहुत कुछ किया जाना शेष हैं।

यह लगभग हम सभी का अनुभव है कि कई घरों में लड़कियों या बहनों को दूसरे दर्जे का सदस्य समझा जाता है। पहला दर्जा प्रायः लड़कों या आदमियों को दिया जाता है। जिन घरों में माता-पिता पढ़े-लिखे और समझदार होते हैं, वहाँ यह भेदभाव सतह पर तो दिखाई नहीं देता, परन्तु मन की गहराई में लड़कों के प्रति कुछ अधिक ही उत्साह और लगाव होता है। लड़कों का कॅरियर बनाने-संवारने के लिए हर माता-पिता चिन्तित रहते है, लेकिन लड़कियों को सामान्य शिक्षा दिलाकर ही वे संतुष्ट हो जाते है। अचरज तो तब होता है जब स्वयं माताएँ, नारी होकर भी, बेटों का बेटियों से अधिक ख्याल रखती हैं। इतना ही नहीं, विधवा, बांझ, कुरुप, ग्रामीण और पिछड़ी महिलाओं

के प्रति भी पड़ी-लिखी, धुली-पुंछी और रंगी-पुती महिलाओं का व्यवहार अच्छा नहीं होता। जब महिलाएँ महिलाओं के साथ ही अच्छा बर्ताव नहीं कर पाती हैं तो उनका पुरुषों को दोष देना या उंगली उठाना बेमानी है। पहले महिलाओं को महिलाओं के प्रति अपने दृष्टिकोण में बदलाव लाना चाहिए।

शिक्षा, विज्ञान और स्वतंत्रता के प्रसार के बावजूद अधिकांश भारतीय परिवार रूढ़िवादी है। हमारे वस्त्र भले ही आधुनिक हों, विचार आज भी पुराने हैं। बहुत से शिक्षित और अशिक्षित परिवारों में लड़की का जन्म दुःख और चिन्ता का कारण बन जाता है। अच्छे-अच्छे घरों में, पढ़ी-लिखी माताओं तक को, तब तक संतोष नहीं होता जब तक कि वे पुत्र को जन्म नहीं दे देती! लड़कियों के लालन-पालन और शिक्षा पर भी उतना तवज्जो नहीं दिया जाता, जितना कि लड़कों की पढ़ाई-लिखाई पर दिया जाता है।

ग्रामीण पिछड़े और निरक्षर घरों में यद्यपि लड़कियाँ लड़कों के बराबर कामकाज करती हैं, फिर भी खाने-पीने और पहनने-ओढ़ने में उनके साथ भेदभाव बरता जाता है। अच्छा खाना और पहनना अक्सर लड़कों के लिए रिजर्व रहता है। यही कारण है कि हमारे देश में आसन्न माताओं और लड़कियों की मृत्यु दर लड़कों से अधिक है। उनके जीवन की लम्बाई या आयु भी लड़कों से कम है।

हमारे देश में बहुसंख्यक लड़कियों का कोई स्वतन्त्र व्यक्तित्व नहीं होता। वे पवनाधीन पताका-सी दूसरें के संकेत पर ही चलती रहती हैं। जैसे उन्होंने दूसरों की सेवा-चाकरी और आज्ञा-पालन करने के लिए ही जन्म लिया हो। बहुत कम लोग अनुभव कर पाते हैं कि महिलाओं की भी अपनी अस्मिता होती है। उन्हें भी स्वीकृति और सम्मान की आवश्यकता होती है। परिवार में भाई-बहनों की फरमाइश पूरी करती रहें और स्कूल-कॉलेज मे सहपाठियों की फब्तियाँ सुनती रहें। क्या बस इसी तरह दबे, सहमे और सिमटे रहना उनकी नियति हैं?

लड़कियों के प्रति हमारा एकांगी एवं उथला दृष्टिकोण हमारे दैनन्दिन जीवन में ही नहीं, संस्थाओं, साहित्य, समाचार-पत्रों और पुस्तकों में भी दिखाई देता है। भारत की जनसंख्या का लगभग आधा भाग महिलाएँ हैं। इनमें बहुसंख्यक महिलाएँ निरक्षर हैं। महिला दशक के आरंभ अर्थात् 1975 में, भारतीय संसद में 524 सदस्यों में से मात्र 25 और राज्य सभा में 241 में से

केवल 18 सदस्य महिलाएँ थीं। दस वर्ष बाद आज महिला दशक के अन्तिम वर्ष (1985 में) इन जनतांत्रिक संस्थाओं में महिला सदस्यों की संख्या दुगुनी तक नहीं हो पाई थी। उनकी संख्या के मान से उनको प्रतिनिधित्व मिलने का सपना तो शायद 21वीं शताब्दी में भी पूरा होता दिखाई नहीं देता।

फिलहाल, हमारे देश और समाज के लिये चिन्ता की बात लिंग–अनुपात जेन्डर–रेशो) का असंतुलन है। लड़कियों की जन्म–दर घटती जा रही है। उत्तर भारत के कुछ राज्यों में 1000 पुरुषों के साथ केवल 840 से 880 महिलाएँ रह गई हैं। सैकड़ों युवकों के लिये वधुएँ (दुल्हनें) मिलना मुश्किल होता जा रहा है। गाँवों और शहरों में बढ़ती हुई विवाह–विच्छेद की घटनाएँ भी समाज और महिलाओं के लिए चिन्ताजनक हैं।

नारी और पुरुष एक दूसरे के पूरक हैं, प्रतियोगी नहीं। जनशक्ति का संतुलन बनाए रखने के लिये लड़कियों की संख्या घटाने वाले कारणों को चिन्हित कर उन्हें शीघ्रता से दूर करने के प्रयास किये जाने चाहिए। लड़कियों के सम्यक खान–पान और समग्र स्वास्थ्य पर प्रायः निर्धन और वंचित परिवारों में पर्याप्त ध्यान नहीं दिया जाता। हमारे देश में स्वास्थ्य पर लगभग संपूर्ण खर्च व्यक्तियों और परिवारों द्वारा ही उठाया जाता है। समस्या की विकटता को देखते हुए लड़कियों की सुरक्षा, शिक्षा और स्वास्थ्य पर सरकार को प्राथमिकता से ध्यान देना चाहिये। ज्ञान आधारित समाज में, लगभग हर एक व्यवसाय में ज्ञान की हिस्सेदारी दिनों दिन बढ़ती जा रही है। इसलिये लड़कियों की शिक्षा का प्रसार और उन्नयन निरन्तर होता रहना चाहिये ताकि उनका सशक्तीकरण होता रहे।

78

गरीबों पर बढ़ता चिकित्सा व्यय का बोझ

पिछले दिनों विश्व स्वास्थ्य संगठन (डब्ल्यूएच ओ) ने दक्षिण-पूर्व एशिया क्षेत्र में आम आदमी द्वारा अपने स्वास्थ्य पर किए जाने वाले व्यय का लेखा-जोखा प्रसारित किया था। दुखद निष्कर्ष यह है कि इस क्षेत्र के देशों में गरीबों द्वारा चिकित्सा पर सर्वाधिक खर्च किया जाता है। 2009 में भारत के आम आदमी ने अपने स्वास्थ्य पर हुए खर्च का 60 प्रतिशत अपनी जेब से दिया हैं। आँकड़े दर्शाते है कि भूटान में यह खर्च सबसे कम अर्थात् 13 प्रतिशत है और म्यांमार में सबसे ज्यादा अर्थात् 82 प्रतिशत है। मालदीव और थाईलैंड में क्रमशः 28 और 15 प्रतिशत है। बांग्लादेश में 65 प्रतिशत, पाकिस्तान में 41, और चीन में 38 प्रतिशत है। इसी प्रकार नेपाल में 49, श्रीलंका में 44 और इंडोनेशिया में 41 प्रतिशत है। दक्षिण एशिया क्षेत्र के विपरीत, योरपीय देशों में आम आदमी को बहुत कम चिकित्सा व्यय वहन करना पड़ता है। इन देशों में यह व्यय 7 से 20 प्रतिशत के बीच है। नीदरलैंड में 6, फ्रांस में 7, मोनाको में 7, यूको में 10, आयरलैंड में 12 और जर्मनी में 13 है। नार्वे, स्वीडन और डेनमार्क में क्रमशः 15, 17 और 13 प्रतिशत है। इटली में सर्वाधिक अर्थात् 20 प्रतिशत है।

डब्ल्यू. एच. ओ. ने अध्ययन में यह भी पाया है कि 70 प्रतिशत भारतीय अपनी लगभग संपूर्ण आमदनी स्वास्थ्य की देखरेख और दवाइयों पर खर्च कर देते हैं। चिकित्सा पर क्षमता से अधिक खर्च करने के कारण लगभग 3.2 प्रतिशत भारतीय गरीबी रेखा के नीचे पहुँच जाएँगे। योजना आयोग ने स्वीकार किया है कि आम आदमी की जेब पर चिकित्सा व्यय का बढ़ता हुआ बोझ

एक विराट समस्या बनती जा रही हैं। बढ़ती रोगग्रस्तता के कारण 4 करोड़ भारतवासी प्रतिवर्ष गरीब होते जा रहे है। 2004 में आर्थिक तंगी के कारण 30 प्रतिशत ग्रामीण अपना उपचार नहीं करा पाए। वर्ष 2012 में शहरी क्षेत्र में भी आर्थिक मजबूरी के कारण 20 प्रतिशत रोगियों का इलाज संभव नहीं हो सका। अस्पतालों में भर्ती होने के लिए गाँवों के 47 प्रतिशत और शहरों के 31 प्रतिशत लोगों को या तो ऊँची ब्याज पर कर्ज लेना पड़ता है या अपनी संपत्ति बेचनी पड़ती है। राज्यों ने दवाइयाँ खरीदने के खर्च में कटौती करके आम आदमी का दुःख दर्द और बढ़ा दिया है। सार्वजनिक स्वास्थ्य सेवाओं को व्यापक बनाने के लिए योजना आयोग के विशेषज्ञ समूह ने अनुमान लगाया है कि सरकार द्वारा दवाइयाँ खरीदने की सीमा जीडीपी का 0.1 से बढ़ाकर 0.5 प्रतिशत करने से अत्यावश्यक दवाइयों को आम लोगों की पहुंच में लाया जा सकेगा। इस कदम में आम आदमी की जेब पर पड़ रहे चिकित्सा व्यय के बोझ को थोड़ा-सा घटाने के साथ-साथ परिवारों को वित्तीय राहत भी मिल सकेगी।

स्वस्थ एवं प्रशिक्षित जनशक्ति आर्थिक समृद्धि का समर्थ साधन है। जिस समाज में कुपोषण, रोग और अस्वच्छता को हटाने की क्षमता नहीं होती, उस समाज में सक्रिय मानवीय संसाधनों का क्षरण होते देर नहीं लगती। यह दुर्भाग्यपूर्ण है कि इस प्रतियोगी जमाने में हमारे देश के गाँवों में खाद्यान्न वितरण प्रणाली और स्वास्थ्य सेवाएँ अस्त-व्यस्त, अकुशल और दोयम दर्जे की हैं। इन्हें सुधारने-संवारने के लिए सरकारों के साथ सामाजिक एवं औद्योगिक संगठनों को भी आगे बढ़कर अपना योगदान देना चाहिए। परिवेशीय स्वच्छता और निर्मलता (अर्थात् हवा, पानी और खाद्यान्न की शुद्धता) को बढ़ाकर भी बहुत से रोगों की रोकथाम की जा सकती है। देश के स्वास्थ्य मंत्री का यह कहना महत्वपूर्ण है कि एलोपैथी या होम्योपैथी ये ज्यादा जरूरी डॉक्टरों की रोगियों के प्रति 'सिम्पैथी' (सहानुभूति) होती है। मगर इससे भी बढ़कर, रोगियों को मंत्री जी की उस 'एम्पैथी' (तदनुभूति) की आवश्यकता है, जो उनके दवाइयों और चिकित्सा पर होने वाले भारी-भरकम खर्च में राहत पहुँचा सके।

गाँवों और कुछ शहरों में नकली (झोलाछाप) डॉक्टरों की बढ़ती हुई संख्या भी जन-स्वास्थ्य के लिए एक बड़ा खतरा बन गई है। ये योग्यता-विहीन

झूठे डॉक्टरों की जानलेवा करतूतों से गाँवों में मृत्युदर बढ़ रहा है। जनशक्ति (मानव-संसाधन) अशक्त हो रही है। विभिन्न प्रदेशों में उपस्थित 'बाल और महिला विभाग' को स्वास्थ्य संबंधी सामान्य साक्षरता/शिक्षा का प्रसार करने का दायित्व देकर आम लोगों को अपने स्वास्थ्य की प्राथमिक देखरेख करने के लिए जगाया जा सकता है।

79

क्या ज्ञान और मूर्खता अजर-अमर है?

पिछले दिनों अपने वक्तव्यों से प्रेस परिषद के पूर्व अध्यक्ष न्यायाधीश मार्कंडेय काटजू और लेखक चेतन भगत ने 'मूर्खता' शब्द को पुनर्प्रचारित करके तथाकथित मूर्ख संप्रदाय को प्रसन्न ही किया है। 90 प्रतिशत सामान्य भारतीयों को काटजू ने मूर्ख बताया है, जबकि भगत ने ऊँची कुर्सी पर बैठे हुए महाजनों को। पहले भी दार्शनिकों ने मूर्खों को याद करते हुए उनकी मूर्खता को एक शारीरिक बोझ बताया है। इसी तरह, कवि हृदय लोगों ने ललित शब्दों में अपने-अपने ढंग से मूर्खों को संबोधित किया है। एक ने कहा, 'मूरख गुण न चेतई जदपि गुरू मिले ब्रह्मा सम।' दूसरे ने कहा, 'ज्ञानी भुगते ज्ञान सों मूरख भुगते रोय।' कुछ लोग कहते हैं कि एक व्यक्ति की मूर्खता दूसरे की समझदारी हो सकती है। अर्थात समाज में मूर्खता के जानकारों की भी कमी नहीं है। आइए, इस ज्ञान युग में हम 'मूर्खता' पर भी थोड़ी चर्चा कर लें।

महान वैज्ञानिक आईन्स्टाइन ने एक बार कहा था कि "केवल दो चीजें असीम है: एक, ब्रह्मांड और दूसरी मनुष्य की मूर्खता (स्टुपिडिटी)। पहली के बारे में मैं सुनिश्चित नहीं हूँ।" इस कथन का यह अर्थ लगाया गया कि मनुष्य की मूर्खता असीम और अनंत है। चूंकि आत्मा या चेतना ज्ञान स्वरूपा है, इसलिए कहा जाता है कि प्रत्येक व्यक्ति जन्म से अज्ञ भले ही हो, मूर्ख नहीं होता। मूर्खता तो अर्जित की जाती है। इसका आशय कदाचित यहीं है कि मूर्ख बनना या नहीं बनना, यह प्रत्येक व्यक्ति के हाथ में है। कुछ मानसिक रोग या मस्तिष्कीय आघात से पीड़ित असामान्य व्यक्तियों को छोड़कर लगभग सभी जिज्ञासा को सक्रिय रखकर तथा विचारक्षम होकर मूर्खता की व्याधि-उपाधि से

मुक्त रह सकते है। ज्ञान, खोजबीन की एक सतत् चलने वाली प्रक्रिया है। ज्ञान और विचार देश-काल से मुक्त या निरपेक्ष नहीं होते। आज के परिवर्तनगामी ज्ञान आधारित विश्व में कोई विचार या सिद्धांत अमर नहीं हो सकता। आज का तथ्य कल का मिथक हो सकता है और कल का मिथक परसों का तथ्य। पहले, डॉल्टन के अनुसार परमाणु के टुकड़े नहीं हो सकते थे, लेकिन आज का 'परमाणु सिद्धांत' कहता है कि परमाणु के ऐसे महीन टुकड़े हो सकते हैं, जो आँखों से देखे नहीं जा सकें। विज्ञान के क्षेत्र में हर विचार और सिद्धांत चुनौती योग्य है, अंतिम नहीं। मूर्खता शब्द का प्रयोग बुद्धि-लब्धि अंकों के हिसाब से भी किया जा रहा है। आज बुद्धि-लब्धि संबधी मान्यता और सोच-विचार में आसमानी अंतर आ गया है। बुद्धि-लब्धि के बहुआयामी स्वरूप को स्वीकारा जा चुका है, इसलिए किसी व्यक्ति का प्रत्येक क्षेत्र में मूर्ख या निपट अज्ञानी होना असंभव है। यदि किसी क्षेत्र में एक व्यक्ति की उपलब्धि साधारण है, तो दूसरे में विशिष्ट भी हो सकती है। अतएवं यह कहना व्यावहारिक एवं स्वीकार्य होगा कि मूर्खता का संबंध ज्ञान के घटन-अपघटन से है, न कि अभाव या अनुपस्थिति से। दूसरे शब्दों में, मूर्खता की मात्रा या अनुपात ज्ञान के एक थ्रेशहोल्ड से कम होते रहने पर निर्भर करता है। यदि व्यक्ति ज्ञान और चिंतन की वृद्धि के लिए पंजे के बल खड़ा रह कर सतर्क और समर्पित हो तो उसके मूर्ख कहलाने का कारण और आधार ही समाप्त हो जाएगा। तीव्र पविर्तन के युग में ज्ञान के बासी या बूढ़े होने और मरने में देर नहीं लगती।

ज्ञान की 'शेल्फ लाइफ' घटती जा रही है। वैज्ञानिक एवं तकनीकी क्षेत्र में ज्ञान के बासी (ऑब्सोलीट) होने की रफ्तार बहुत तेज हो गई है। ऐसी स्थिति में, नवीनतम ज्ञान की खोज और उसके साथ कदमताल करना अनिवार्य हो गया है। दूसरी ओर, ज्ञान प्राप्त करने के नए माध्यमों की भी अपूर्व वृद्धि हुई है। इंटरनेट के रूप में 'ग्लोबल मांइड' हमारे घरों और पास-पड़ोस में विराजमान है, इसलिए अब अज्ञता और तथाकथित मूर्खता से मुक्ति प्राप्त करना आसान हो गया है। 'ज्ञानोदय' से ज्ञान के प्रति जागरूकता और ललक भी बढ़ी है। असामान्य मानसिक न्यूनता के शिकार बहुत थोड़े लोगों को ही जड़ या मूढ़ कहने की परिपाटी चली जा रही है। शेष लोगों में से कुछ ज्ञान की मात्रा या गुणवत्ता की दृष्टि से पिछड़े हुए हो सकते है, लेकिन मूर्ख नहीं। ज्ञान का स्वरूप और तत्संबंधी निष्कर्ष दिनोंदिन अस्थिर और अस्थायी होते जा रहे हैं।

यह आधुनिक समाज के लिए एक चुनौती है। इसलिए विज्ञान की तरह जीवन में भी स्वीकार किया जाना चाहिए कि 'अंतिम' कुछ नहीं होता। मूर्खता को निर्वंश करने के लिए ज्ञान का सतत् नवीनीकरण एक अनिवार्य शर्त है। दाहिने मस्तिष्क के लिए अधिक चुनौती जुटाना तथा मानसिक स्वास्थ्य की बेहतर देखभाल करना दूसरी अपरिहार्य शर्त है।

80

जनतंत्रः राजनीतिक सड़क का आखिरी छोर

व्ही. एस. नायपॉल ने अपनी पुस्तक "भारत: एक आहत सभ्यता" में दर्शाया है कि संसार के अन्य किसी राष्ट्र ने बाहरी खतरों के सामने अपने को इतना असहाय और निहत्था नहीं पाया जितना कि भारत ने। भारत पर जितने आक्रमण हुए और जितना उसे लूटा-खसोटा गया उतना शायद ही दुनिया के किसी अन्य देश के साथ घटित हुआ होगा, किन्तु फिर भी भारत इन दुर्घटनाओं और हादसों से बहुत थोड़ी सीख ले पाया। आज का भारत भी आधुनिक जीवन की चुनौतियों का सामना करने के लिये उतना ही असज्जित है। शायद यही कारण है कि 1975 के आपातकाल (इमरजेन्सी) के ज्वारभाटे ने जनंतत्रीय संस्थाओं और आजादियों को रेत के टीले की तरह आसानी से ढहा दिया। नायपॉल का कहना है कि भारत में भविष्य में इमरजेंसी लगने की संभावना मौजूद है। ऐसी कड़वी बात कहने के पीछे उनका तर्क यही है कि भारत में जन-तंत्रीय आस्थाओं और विश्वासों की जड़ें गहरी नहीं जम पाई हैं। भारतीय मूल्य-प्रणाली में न तो पश्चिमी देशों जैसी स्वतंत्रताओं के लिये मर मिटने की उत्तेजना है और न संसद, स्वतंत्र प्रेस और न्यायालय जैसी संस्थाओं का मान-सम्मान। नायपॉल भारतीय मूल के हैं, इसलिये वे यह भी जानते है कि यहाँ लोगों का "अंह (इगो)" लुंज-पुंज है। इस कारण, वे सार्थक सृजनशीलता के लिये अक्षम साबित हुए हैं। हमारे यहाँ सामाजिक आविष्कारों की गति धीमी होने का भी यह एक कारण हो सकता है।

वाटरगेट कांड के बाद अमेरिका में राजनैतिक और शैक्षिक प्रणाली पर काफी जिरह-बहस और पुनर्चिन्तन हुआ। विश्लेषण के बाद वहाँ की मूल्य

प्रणाली में 'आत्म पवित्रता' और 'साधन शुचिता' मूल्यों को अग्रता देने पर सहमति पाई गई। इन मूल्यों के विकास की जिम्मेदारी शिक्षा-प्रणाली को सौंपी गई, क्योंकि वे मानते है कि शिक्षा ही एक ऐसी 'दाई' है जो हर पीढ़ी के लिये उसकी आवश्यकता के अनुरूप एक नया जनतंत्र जनमा सकती है। हमारे यहाँ आपातकालीन अपराधों की जाँच पड़ताल के लिये आयोग तो बैठाए गए मगर हमारी मूल्य प्रणाली और सामजिक व्यवस्था की कमियों और कमजोरियों पर हाथ रखकर उन्हें दूर करने की जहमत नहीं पाली गई। भविष्य में आपातकाल की पुनरावृत्ति नहीं हो इसलिये शिक्षा की चौकी को चुस्त और मुस्तैद बनाए जाने की फिक्र नहीं पाली गई। क्या इस देश के अगुआओं की यहीं मंशा है कि सब कुछ वैसा ही लुढ़कने दिया जाए? लगता है 'साबार ऊपर कुर्सी सत्य' ही उनका एकमात्र दर्शन है।

जनतंत्र मूलतः एक नरम शासन प्रणाली है। जिम्मेदारी और आत्मानुशासन के अभाव में यह भुराभुरा सकती है। लेकिन स्वंयसेवकता और संकल्प की उपस्थिति में यह नरमी एक अजेय शक्ति भी बन सकती है। सत्तारूढ़ दल के, कम से कम प्रधानमंत्री ने, आरम्भ में लोगों में जिम्मेदारी और निर्भीकता जगाने का थोड़ा-बहुत प्रयास किया था। उन्होंने जब भी अपने भाषणों में निर्भीकता की बात कहीं तब उनका आशय घनात्मक रहा है। ऐसी निर्भीकता जो उत्तर-दायित्व और आत्मविश्वास की सहोदरा हो। वैसे, आत्मविश्वास तो गुण्डों और मूर्खों में भी होता है, और बेहिसाब होता है, मगर जनतंत्र के लिये समझदारी और सामाजिक दायित्व से जुड़ा हुआ आत्मविश्वास चाहिए। यह जब तक नहीं जागता जनतंत्र लड़खड़ाता रहेगा। उसको संभाले रखने के लिये बैसाखी और टेके लगाने की जरूरत पड़ती रहेगी, परन्तु ऐसे कानूनी सहारों से जनतंत्र की रक्षा कब तक की जा सकती है?

दुःख इस बात का है कि कभी-कभी देश में ऐसी स्थिति भी बन जाती है जब लोग फिर जनतंत्र की हड्डियों में लोहे और चूने का लेप चाहने लगे है। स्वंय जयप्रकाश नारायण जी ने पिछले दिनों आगाह किया था कि हम जनतंत्र की सड़क के छोर पर है। यदि जनतंत्र का वर्तमान स्वरूप नहीं रह पाता है तो फिर हमें वही क्रूरतम दुर्दिन देखने को मिल सकते है, जब आदमी एक पुर्जे के अलावा और कुछ नहीं रह जाएगा।

संविधान के 42 वे संशोधन को वापस लेने और 'मीसा' (आंतरिक सुरक्षा कानून) को हटाने के पहले 1977 के उत्तरार्द्ध में, जनता पार्टी के चोटी के

नेताओं द्वारा प्रयुक्त विचार, उनके चुनावी घोषणापत्र की पृष्ठभूमि में चौंकाने वाले अवश्य लगते हैं, मगर वे काल्पनिक नहीं हैं। उनमें सच्चाई भी है। देश में तोड़-फोड़, अर्थिक-सामाजिक अपराध; शिक्षा-संस्थाओं में मनाए जा रहे आग के जलसे, व्यापारियों जैसे संपन्न वर्ग द्वारा भारत बन्द की हिमाकत और यहाँ तक कि पुलिसकर्मियों द्वारा हड़ताल और आंदोलन को देखते हुए लगता है कि शान्ति-व्यवस्था बनाए रखना भी कितना मुश्किल काम है। यदि शासन की सारी शक्ति शान्ति-व्यवस्था बनाए रखने में लगी रहेगी तो उन गरीबी की रेखा के नीचे रहकर गुजर-बसर करने वालों के लिये कल्याणकारी कार्यक्रम तेजी से क्रियान्वित कैसे हो सकेंगे? कुछेक को यह बात पढ़ने में बुर्जुआ या यथास्थितिवादी भले ही लगे, मगर वाचालों और अपेक्षाकृत सम्पन्न वर्ग की चिल्लपों से पहले, मूक लोगों की व्यथा और पीड़ा को सुनना सरकार का पहला फर्ज है। यह भी सोचने की बात है कि जहाँ हर छोटी-मोटी अव्यवस्था या दुर्घटना से राजनैतिक दल और असामजिक तत्व लाभ उठाने के लिये एक पैर पर खड़े हों, वहाँ आदर्श और उदारता की चादर कहाँ तक तानी जा सकती है?

जॉर्ज फर्नांडिज को 'मीसा' की उपस्थिति से शर्मीन्दगी महसूस होती थी, मगर उन्होंने उसे असहनीय कभी नहीं कहा। ज्योति बसु (पश्चिमी बंगाल के पूर्व मुख्यमंत्री) ने प्रमाणपत्र दिया था कि आपातकाल के दौरान बनाए सभी कानून बुरे नहीं थे। जेठमलानी भी कुछ आपात्कालीन कानून बनाए रखना चाहते थे। पूर्व विधि मंत्री शान्तिभूषण की राय थी कि उचित प्रकार से उपयोग में लाने पर 'मीसा' असामाजिक तत्वों से निपटने के लिये कारगर साधन सिद्ध हो सकता है। आचार्य कृपलानी ने भी इस बात पर बल दिया था कि मतभेद और विवाद की एक सीमा होती है। मसानी भी राष्ट्रीय हित में कुछ आजादियों को सीमित करने के पक्ष में नजर आए थे। कृष्णकान्त (पूर्व उपराष्ट्रपति) ने तो यहाँ तक कहा था कि एक प्रणाली को परिपक्व होने में समय लगता है। केवल 42वें संशोधन को वापस ले लेने से सब कुछ पवित्र नहीं हो जायेगा। इसी तारतम्य में, न्यायमूर्ति शाह की यह उक्ति भी कम मजेदार नहीं है कि "कविता चाहे राजनैतिक ही क्यों न हो निराघात होती है।"

इन उक्तियों से ऐसा भ्रम होने लगता है कि ये सबके सब लोग किसी न किसी प्रकार के निरोधक कानून के पक्ष में है। फिर यह भी शंका होने लगती है कि अब हमारे पास पाठ्यपुस्तकीय स्वतंत्रता और तानाशाही के बीच चुनाव

करने के अलावा कुछ शेष नहीं है। मगर यह कोरा भ्रम है। यद्यपि नेताओं के उपर्युक्त कथन तानाशाही के लक्षण नहीं हैं, फिर भी उस दुविधाजनक स्थिति का संकेत अवश्य देते हैं, जहाँ जनतंत्र की रक्षा ही उसका निषेध बन सकती है।

कभी कभी अनचाहे भी, अस्थाई रूप से, जनतंत्र की रक्षा के लिये जनतंत्र विरोधी कदम उठाना आवश्यक हो सकता है क्योंकि सामाजिक व्यवस्था का संचालन और सामाजिक कल्याण ही साध्य है, शासनतंत्र की शैली तो साधन मात्र है। ये कदम ऊपरी तौर से सिद्धान्तों के खिलाफ भले ही नजर आते हो मगर जनतंत्र और बहुमत को निरापद बनाए रखने के लिये जरूरी हो जाते हैं। सवाल इतना ही है कि समाज विरोधी तत्वों से बहुसंख्यकों की रक्षा के नाम पर उठाए जाने वाले कदम बहुत सावधानी और जनमत को ध्यान में रखकर उठाए जाने चाहिए। शासकों के निरंकुशता की ओर जाने से पहले ही 'सेफ्टी वाल्व' की व्यवस्था कर रखना जरूरी है। न्यायिक समीक्षा और संसदीय स्वीकृति के प्रावधान द्वारा तो शासकों की निरंकुशता पर लगाम लगाई कई जा सकती है।

भविष्य में आपात्काल लगे या न लगे यह अलग बात है, मगर देश में ऐसी परिस्थितियाँ पैदा नहीं होने देने की जवाबदारी भी जागरूक नागरिकों की है कि शासकों को आजादियाँ कम करने या स्थगित करने का कोई बहाना न मिल पाए। जनतंत्र अच्छा हो या बुरा फिलहाल इससे बेहतर तंत्र तो हमारे पास नहीं है। हो सकता है, भविष्य के गर्भ में जनतंत्र का समयानुकूल रूप कहीं आकार ले रहा हो, मगर तब तक कम और कमजोर जनतंत्र का इलाज भी ज्यादा और मजबूत तनतंत्र ही है। इसी जनतंत्र को सुदृढ़ बनाने के प्रयास जारी रहना चाहिये।

81

सरकार और जनता के बीच की रेशमी कड़ी: नौकरशाही

बहुत से लोग सोचते हैं कि यदि भारतीय प्रशासनिक सेवा के अधिकांश अधिकारी पूरे समर्पण और सरोकार से काम करना शुरू कर दें तो वे भारत के भविष्य की नई वर्णमाला लिख सकते है। लेकिन दुर्योग यह है कि पिछले 15-16 वर्षो में की गई प्रशासनिक सुधार की कोशिशें इस बात की गवाही नहीं देती। अफसरशाही या ब्यूरोक्रेसी एक ऐसी बीमारी बन गई है कि जिस पर अच्छी से अच्छी दवाई का भी कोई असर नहीं हो रहा है। कुछ लोग इसे एक ऐसी 'पार्टी' मानते हैं जो देश के विकास के विरूद्ध सिंगूर से लगाकर हरदा तक खड़ी हुई है। गरीबी मिटाने के लिए, केंद्रीय सरकार द्वारा आंबटित पैंतालीस हजार करोड़ की धनराशि जहाँ पहुँचनी थी, वहाँ तक क्यों नहीं पहुँची? इस प्रश्न के उत्तर में पूर्व प्रधानमंत्री ने कहा कि मेरी नेकनीयती पर नौकरशाही ने बुलडोजर फेर दिया है। यह एक अच्छी खबर है कि अपेक्षाकृत युवा, तेजस्वी और समर्पित अस्सी आईएएस अधिकारियों ने नौकरशाही की संरचना और कार्यप्रणाली में क्रांतिकारी सुधार करने का बीड़ा उठा लिया है।

लाख अच्छा बीज हो, मगर उसे यदि समय पर बो नहीं पाए, उसके लिए जमीन तैयार नहीं कर पाए, तो उस बीज की अच्छाई बेमानी हो जाती है। यही तक कि बीज बदनाम हो जाता है। ठीक वहीं हाल और हश्र अच्छे से अच्छे कार्यक्रम और योजना का होता है। समय भी बड़ा बलवान होता है। बेहतरीन कार्यक्रम और उम्दा योजना जन्मने के बाद लंबे समय तक यदि प्रसूतिगृह के पालने में ही पड़ी रहे तो कालांतर में वह मृतप्राय नहीं तो पंगु अवश्य हो

जाएगी। उसके क्रियान्वयन के लिए स्टेज तैयार नहीं की गई तो भी योजनाएँ और कार्यक्रम वाहवाही लाने के बजाय बदनामी बाँध लाते है। जनता की सुरक्षा, कल्याण और खुशहाली के लिए प्रतिबद्ध एवं गतिशील नौकरशाही सरकार को इन दोनों ही अप्रिय स्थितियों से उबार सकती है। इसीलिए दूरदर्शी राजनेता साफ-साफ शब्दों में याद दिलाते रहते हैं कि कागज पर एक अच्छी योजना बना लेना पर्याप्त नहीं है। सब कुछ निर्भर करता है योजना के फलदायी क्रियान्वयन पर, और यहीं भूमिका आती है नौकरशाही और बाबूतंत्र की।

जन-प्रशासन सेवा केंद्रित उद्यम है। नौकरशाह जनता के नौकर है। उन्हें ईमानदारी और निष्पक्षता से काम करने के लिए जिम्मेदार पदों पर बैठाया जाता है। स्वयं, भाई-भतीजों या दबंगों की स्वार्थपूर्ति के लिए नहीं। यह सब जानते हुए भी, जड़ नौकरशाही कई बार या तो टस से मस नहीं होती या फिर सूँड हिलाने लगती है तो इस दानवीय अंदाज से कि लक्ष्य और आँकड़ों की दीवानगी में इंसानियत को निगल जाती है। हड़बड़ी और उतावली में नहलाने के पानी के साथ बच्चे तक को फेंक देती है। इस बेरहमी का नतीजा सरकारों को भुगतना पड़ता है।

वास्तव में सरकार नौकरशाही के माध्यम से अभिव्यक्त होती है। इसलिए सरकार की छवि का बनना और बिगड़ना बहुत कुछ नौकरशाही पर निर्भर करता है। विन्रम, निष्पक्ष और लोकोपकारी व्यवहार द्वारा वह जनता का दिल जीतकर उसे सरकार के अनुकूल बना सकती है। बेशक, नौकरशाही सरकार और जनता के बीच की रेशमी कड़ी है। वह जितनी साफ-सुथरी, नम्र और समर्पित होगी, उतनी ही जनता और शासन के बीच की दूरी घटेगी। नई सरकार बना लेने से नया समाज अपने आप नहीं बन जाता। नए समाज के निर्माण के लिए सरकार और नौकरशाही के बीच सद्भावपूर्ण युगलबंदी ही नहीं, पर्याप्त जनभागीदारी की भी जरूरत होती है। विकास कार्यों में सम्यक जनभागीदारी उत्प्रेरित नहीं कर पाने के कारण ही गाँवों और कस्बों में सरकारी जीप और सरकारी अफसरों को देखकर लोग भड़कने लगे हैं।

प्रबंध और प्रशासन के क्षेत्र में काफी कुछ नया सोच-विचार चल रहा है। प्रशासन को सृजनशील और लोकोन्मुख बनाने के प्रयास भी हुए है। लेकिन न जाने क्यों हमारे देश का जन प्रशासन, नए जमाने में भी, उतना संवेदनशील, पूर्वगामी (प्रोएक्टिव) और उत्तरदायी नहीं बन पाया है, जितनी कि उससे

अपेक्षा है। एडमंड बर्क द्वारा उस पर 'डेस्क के अत्याचारी' होने का आरोप लगाए जाने के बाद वह आज भी बराबर चिपका हुआ है। आज के परिवर्तनशील दौर में, जब अनिश्चितता ही निश्चित और परिवर्तन ही स्थायी बन चुका है, तब भी लोक प्रशासन में भविष्योन्मुखता के दर्शन बहुत कम ही हो पाते है। आगामी दस–बीस वर्षो में परिवर्तन की गति और अधिक तेज होगी तथा जटिलता और समस्याएँ बढ़ती चली जाएँगी। इसलिए, संभावित आपदाओं, आकस्मिकताओं और अनिश्चितताओं का अनुमान लगाना तथा उसका सामना करने के लिए आवश्यक ज्ञान, कौशल और अभिवृत्तियों से सज्जित रहना भी लाजमी है। तभी भविष्य के गर्भ में छिपी आसन्न समस्याओं के समाधान और तोड़ खोजें जा सकेंगे।

82

सिविल सोसायटी: जनता की सेवक और सचेतक

सिविल सोसायटी की छोटी–छोटी सफलता को भी कुछ सत्ताधीश और नेता पचा नहीं पा रहे हैं। एक दो पत्रकारों ने तो पार्टी प्रवक्ताओं की तर्ज पर इसे कोसने और इस पर मनगढ़ंत आरोप लगाने का सिलसिला शुरू कर दिया था। थोड़ा बहुत संदेह और भ्रम तो 'एनजीओ' और 'सिविल सोसायटी' के बीच के सूक्ष्म और सारभूत फर्क को नजरअंदाज करने के कारण पैदा होता है। पिछले वर्षो में कुछ एनजीओ के द्वारा वित्तीय हेराफेरी करने संबंधी मामले उजागार होने से भी कुछ लोग सिविल सोसायटी के प्रति आशंकित है। निस्संदेह सिविल सोसायटी वृहत्तर और वंचित समाज की सुरक्षा, कल्याण और खुशहाली के लिए समर्पित है।

सिविल सोसायटी को निशाना बनाकर लिखे गए कुछ लेख तो जनमत रोधी और जनघाती कहे जा सकते हैं। इनमें सिविल सोसायटी की एक भी अच्छाई का जिक्र न करते हुए आरोपों की झड़ी लगा दी गई थी। वास्तव में, भीड़ तंत्र को प्रोत्साहन सिविल सोसायटी नहीं, बल्कि वे नेता दे रहे हैं जो अपनी साख बढ़ाने या बनाए रखने के लिए किसी भी मर्यादा का पालन नहीं करते। यदि पत्रकार ही दरबारी बनने लग गए तो सरकार और उसके दलालों को उद्दंड होने से कौन रोकेगा? मीडिया के बाद या समांतर रहकर जनतंत्र का पाँचवा स्तंभ (अर्थात सिविल सोसायटी) भी जनमत बनाकर रचनात्मक प्रतिरोध द्वारा सरकार और जनप्रतिनिधियों को निरंकुश होने से रोकता है। जनाधिकार की सीमाओं में रहकर, प्रदर्शन, भाषण और भ्रष्टाचार विरोधी जन

लोकपाल बिल का मसौदा तैयार कर उस पर चर्चा आयोजित करना संविधान या संसद को नकारना नहीं है। इसी प्रक्रिया को अपनाकार सिविल सोसायटी सूचना के अधिकार संबंधी कानून को भी अस्तित्व में लाने में कामयाब रही। चर्चा, सवांद और बहस तो जनतंत्र के प्राण है। कौन नहीं जानता कि संसद और विधान सभाओं से बाहर आयोजित बहस और चर्चाओं की गुणवत्ता कितनी उच्च कोटि की होती है?

सिविल सोसायटी एक नम्र, नीतिपरायण, जागरूक और अहिंसक नागरिक शक्ति है। वह संविधान को तोड़ने-मरोड़ने या संसद का मान भंग करने जैसा कुत्सित कार्य कैसे कर सकती है? वह उस जनता की पीड़ा के प्रतिकार के लिए लड़ती है, जो संसद की माता होने से संसद से भी बड़ी है। अमेरिका के उच्चतम न्यायालय ने समुदाय या जनता को संसद से ऊँचा ठहराया है। मिनहाज मर्चेंट के शब्दों में कहा जाए तो "हमारी लोकसभा में लांछित 76 सदस्यों की उपस्थिति भारतीय संसदीय जन तंत्र के लिए, अनिर्वाचित एक्टिविस्ट नागारिकों की तुलना में एक अधिक बड़ा खतरा है।'' यह कैसी संसद है कि जिसमें बिना संजीदगी और गहन चर्चा के दो-दो या कभी पंद्रह मिनट से भी कम समय में बिल (विधेयक) पास हो जाते हैं? सिविल सोसायटी धन्यवाद की पात्र है कि उसके दबाव के कारण जनता यह जान सकी कि 42 बरसों तक ठंडे बस्ते में कैद रहने के बाद एक जन लोकपाल नामक बिल भी संसद में पेश किया गया था।

आखिर सरकार और नागारिक समुदाय की सतत सहभागिता के बिना कोई भी जनतंत्र सार्थक एवं सफल कैसे हो सकता है? एक तरफ तो उदारीकृत आर्थिक नीति लाने का यश लूटा जाता है, पर दूसरी ओर यह नहीं सोचा समझा जाता कि उससे अंतिम व्यक्ति का कितना उदय हुआ है? क्या यह नीति गरीबों की तादाद को वर्ष 2015 में आधी कर पाएगी? यही नहीं, संसद के बाहर और भीतर करोड़ और अरबपतियों के द्वीप बढ़ते जा रहे हैं, लेकिन गरीबी, बेरोजगारी और महंगाई अपेक्षा के अनुरूप घटने का नाम नहीं ले रही है। खुला और समावेशी समाज क्या सीधे आसमान से टपकेगा? सर्वे बता रहे हैं कि पिछले 35 वर्षो की सरकारों में सर्वाधिक भ्रष्ट और अनाड़ी पिछली यूपीए सरकार थी। मैं भारत में जापान के दूत अकीताका के इस कथन से सहमत हूँ कि ''सरकार की आलोचना कम नहीं ज्यादा होनी चाहिए।'' अन्यथा उसकी मनमानी और मगरूरी बढ़ती रहेगी।

83

संसद और सिविल सोसाइटी में सहकार की आवश्यकता

मत कहो, आकाश में कुहरा घना है,
यह किसी की व्यक्तिगत आलोचना है।

दुष्यंत की गज़ल की इन दो पंक्तियों में निहित व्यंग्य हमारी लोकसभा और सांसदों पर भी खरा उतरता है। संसद देश की समस्त संस्थाओं का आकाश है। उसमें कुहरे का गहराना देश के लिए चिंता और परीक्षण का कारण है। भवानी भाई ने कहा था कि "आकाश का विस्तार आमंत्रण है, बाधा नहीं है।" यह आमंत्रण उड़ने के लिए विराट और निर्बंध फलक प्रदान करने के लिए है। भारतीयों की संवैधानिक सभा होने के नाते लोकसभा का चरित्र भी खुला, उदार और लोकोन्मुख होना चाहिए ताकि भारतवासी अपने मूल अधिकारों के साथ विकास की उड़ान भरने में रूकावट महसूस नहीं कर सकें। हाल ही में, संसद के मान-सम्मान के बहाने प्रदर्शित हुई सांसदों की तुनक-मिजाजी और आलोचना के प्रति असहिष्णुता किसी भी तरह से संसद के बड़प्पन और लोकतांत्रिक स्वरूप के अनुरूप नहीं कही जा सकती।

आलोचकों को चेतावनी देने से पहले साफ-सुथरे सांसदों ने अमर्यादित और अपचारी आचरण करने वाले साथियों की समीक्षा या भर्त्सना क्यों नही की? वेतन और भत्ते बढ़वाने वाली अद्‌भुत एकता और दृढ़ता दागी एवं अपराधी सांसदों के विरूद्ध मुखर क्यों नहीं होती? अपना व्यवसाय 'सेवा' बताने वाले सांसदों की संपत्तियाँ चार-पाँच साल में करोड़ों तक पहुँच जाने के

रहस्य का उद्घाटन कर ऐसे लोगों को प्रताड़ित करने का साहस क्यों नहीं जुटाया जाता? वास्तव में, राजनेताओं या जनप्रतिनिधियों के अवांछित व्यवहार से अपमान तो उन मतदाताओं का होता है, जिन्होनें जनप्रतिनिधियों में उत्तरदायित्वपूर्ण और नैतिक आचरण की अपेक्षा और विश्वास रख कर मतदान किया था। शपथ लेकर, संसद/लोकसभा की कुर्सियों पर बैठते ही जिन जनप्रतिनिधियों में लोकरक्षण और सदाचार की भावना का संचार नहीं हो, उनके प्रति जनमानस में आदर का भाव पैदा नहीं हो सकता।

लोकसभा स्पीकर को निर्वाचन आयोग का आवरण ओढ़ने के बजाय स्पष्टता और दृढ़ता से कहना था कि सांसदों पर आरोप लगना या अपराधों में उनका लिप्त होना संसद के लिए शर्म की बात है। लगता है संसद संविधान के प्रावधानों का पालन अक्षरशः करती है। स्व. कवि भवगत रावत ने अपनी एक लंबी कविता में बिल्कुल ठीक कहा है कि ''राष्ट्रीय शोक की तरह राष्ट्रीय शर्म'' का कोई प्रावधान संविधान में नहीं है।" शायद इसीलिए लोकसभा में 'संसद के लिए शर्म' या 'राष्ट्रीय शर्म' जैसे जुमलों का प्रयोग करने में स्पीकर ने संकोच किया होगा। सांसदों के अनुचित आचार–व्यवहार की आलोचना करने वाले प्रबुद्धों को लोकसभा से चेतावनी दिलवाकर जनप्रतिनिधियों ने जनभावना और जनमत को आघात ही नहीं पहुँचाया, बल्कि जन–आक्रोश को भी जगाया है। जागरूक लोगों को धमकाकर या उनके खिलाफ अभियोग चलाकर संसद या सांसदों का सम्मान न तो बरकरार रखा जा सकता है और न ही बढ़ाया जा सकता है। वृहत्तर समाज की भलाई तो जनप्रतिनिधियों और सिविल सोसाइटी के बीच सद्भाव और सहकार बना रहने से ही संभव है। इस प्रसंग में, कविवर कुंवर नारायण की निम्नांकित काव्य–पंक्तियों को आचरण में लाकर संभवतः हम राजनीति और समाज का अधिक भला कर सकेंगें। बस इसे समझकर अपनाने की जरूरत है:

असहमति को अवसर दो
सहिष्णुता को आचरण दो
कि बुद्धि सिर ऊँचा रख सके,
उसे हताश मत करो
काइयाँ स्वार्थों से हरा–हरा कर।

84

उदारीकृत अर्थनीति में प्रशासन की भूमिका

हमारे देश को राजनीतिक आजादी 1947 में और आर्थिक आजादी 1991 में मिली थी। 1991 से पहले भारतीय अर्थतंत्र कई बाधाओं और प्रतिबंधों से जकड़ा हुआ था। बोलचाल में उसे 'लाइसेन्स-परमिट राज' कहा जाता था। उस कारण, आर्थिक और वित्तीय गिरावट चरम पर पहुँच गई थी। 1991 में हमने आर्थिक उदारवाद, निजीकरण और वैश्वीकरण की ओर कदम बढ़ाने का संकल्प लिया। कहा जाता है कि आवश्यक सजगता और सावधानी नहीं रखी जाने पर जो सुधार या परिवर्तन आरंभिक दिनों में, एक खरगोश की तरह चंचल होता है, वही कुछ समय बाद कछुए की तरह शिथिल और कठोर हो जाता है, तथा उसके बाद उसे चट्टान बनने में ज्यादा देर नहीं लगती।

कहने का आशय यह है कि आम लोगों तक सुधारों का विसरण (डिफ्यूजन) करने के लिये समाज में जागरूकता बढ़ाई जानी चाहिए। सुधारों के पक्ष में 'जनमत' तैयार किया जाना चाहिए ताकि जन-भागीदारी बढ़े और सुधारों की स्वीकृति के लिये जमीन तैयार हो सके। यह काम प्रशासनिक रूचि और तत्परता के बिना संभव नहीं हो सकता। हर तरह से, प्रशासन द्वारा यह प्रयास चलता रहना चाहिए कि सुधारों का लाभ यथाशीघ्र हर एक गरीब और वंचित परिवार तक पहुँच जाए। आर्थिक सुधारों की गंगा जन-जन तक ले जाने की तड़प या पहल प्रशासनिक मशीनरी में दिखाई नहीं दे रही है। यदि यहीं प्रशासनिक शिथिलता या उदासीनता आगे भी बनी रही तो उदारीकृत अर्थनीति का सुफल 'अंतिम आदमी' तक कैसे पहुँच पाएगा?

यह बात किसी भी जागरूक देशी या विदेशी नागरिक से छुपी हुई नहीं है कि भारतीय जन-प्रशासन या तथाकथित 'प्रशासनिक सेवा' में गतिशीलता और संवेदनशीलता की काफी कमी है। संभवतः इसी कारण प्रशासनिक व्यवस्था में आम आदमी के प्रति स्वागत और सम्मान का भाव नहीं है। लगभग हर जगह वह दुत्कारा ही नहीं जाता, धक्के भी ख़ाता है। 'जन प्रशासन' में 'जनता' ही गैर हाजिर है। अपवादों को छोड़कर, लगभग हर छोटे-बड़े अधिकारी या प्रशासक के सामने जाने के लिये साधारण आदमी या औरत को दलाल, नेता या वकील का सहारा लेना पड़ता है। चाहे पुलिस थाना हो, तेहसील हो, जिलाध्यक्ष का कार्यालय हो या राशन की दुकान हो, वहाँ गरीब और अशिक्षित व्यक्ति ठगा, लूटा और टरकाया जाता है। उसके जो हक और सुविधाएँ सादर और उपहार की तरह मिलनी चाहिए, उनके लिये भी उसे कुछ न कुछ चुकाना या भुगतना पड़ता है।

मानवीय और सामाजिक (या नागरिक) रिश्तों के प्रति अधिकांश प्रशासक लापरवाह पाए जाते हैं। व्यक्ति की गरिमा को तो लगभग हर सरकारी दफ्तर में ठेस और खरोंच लगती ही रहती है। पीड़ित और वंचित लोगों की बात ध्यानपूर्वक सुनने और समझने के नैतिक कर्त्तव्य का पालन करते हुए बहुत ही कम अधिकारी और उनके अधीनस्थ कर्मचारी देखे जाते हैं। सरोकारहीनता के दृश्य प्रतिदिन दिखाई देते हैं। प्रशासकों की जीवन शैली का समाज और परिवेश की स्थिति एवं प्रकृति से प्रायः कोई संबंध दिखाई नहीं देता। क्षेत्रीय संस्कृति, बोली-बानी और परंपरा-मान्यता से भी प्रशासक रूबरू नहीं होना चाहते। अधिकांश बड़े प्रशासक और जिलाधिकारियों में रचे-बसे रोबदाब और रूतबे का अहं उन्हें सहज होकर सेवा की सीढ़ी तक उतरने नहीं देता। वे नगरीय सुविधाओं की चकाचौंथ, उद्योगपतियों एवं व्यापारियों की पार्टियों तथा बड़े किसानों और नेताओं के समारोहों एवं स्वागत-सत्कारों के जाल से मुक्त होकर मैले-कुचैले कपड़े पहनने वाले तथा झुग्गी-झोपड़ी नुमा घरों में रहने वाले नागरिकों की सुधि लेने या चिन्ता करने में शायद अपना समय बर्बाद नहीं करना चाहते।

प्रशासन का काम आदेश निकालकर बैठ जाना या कमजोर वर्ग को भाग्य भरोसे छोड़ना नहीं है। **गतिशील और भविष्योन्मुख प्रशासन एवं नेतृत्व की मुख्य जिम्मेदारी परिवर्तन और चुनौती को अवसर में बदलना है,** ताकि कमजोर वर्ग को सशक्त और शक्ति-संपन्न को न्यायप्रिय बनाया जा सके। देश

को पहली स्वतंत्रता (राजनीतिक) तो 1947 में ही मिल गई थी तथा दूसरी स्वतंत्रता (आर्थिक) 1991 में मिल पाई। लेकिन, ये दोनों तब तक अधूरी हैं जब तक कि इनकी अनुभूति दुर्बलतम व्यक्ति को नहीं हो जाती। तीसरी अर्थात् आत्मिक स्वतंत्रता का आगमन अभी तक नहीं हो पाया है। मेरे विचार से, यह तभी संभव है जबकि अवसर, मानव अधिकार और समावेशी विकास में निहित स्वतंत्रता का आम आदमी से साक्षात्कार हो जाएगा। बिना अवसर की आजादी को संभवतः इसीलिये 'शैतान का उपहार' कहा जाता है।

प्रशासन सरकार की फैली हुई भुजा है। यह भुजा या हाथ किन-किन से और कैसे-कैसे मिलता है, इसी पहलू पर सरकार की छबि निर्भर करती है। सरकारी नीति चाहे वह आर्थिक सुधारों से संबंधित हो या जन वितरण प्रणाली (पी.डी.एस.) से जुड़ी हुई हो, उसका क्रियान्वयन जितने फुर्तीले और न्यायपूर्ण ढंग से होगा, उतनी ही तेजी से सरकार की साख एवं वाहवाही भी बढ़ेगी। आर्थिक सुधारों को एक 'शोभा यात्रा' या 'जन अभियान' बनाना प्रशासन की सूझबूझ पर निर्भर करता है। आर्थिक सुधारों का चेहरा 'मानवीय' तभी तक बना रह सकता है जब कि प्रशासनिक संरचना, व्यवस्था का स्वरूप और प्रशासकों का दृष्टिकोण लोकोन्मुख और मानवीय बना रहेगा। मर्यादा पुरूषोत्तम श्रीराम की निम्नांकित उक्ति प्रशासकों और नेताओं के लिये प्रेरणा का स्त्रोत हो सकती है:

> "नत्वहं कामये राज्यं न सौख्यं न पुनर्भवं
> कामये दुखतप्तानां प्राणिनां आर्तिनाशंन।"

85

विकास का वायरस: उपलब्धि की चाह

ऐतिहासिक दृष्टि से इस पहलू पर विचार किया गया है कि आखिर एक देश दूसरे की तुलना में आर्थिक और सामाजिक विकास के क्षेत्र में अपना कदम जल्दी क्यों उठा लेता है। यूनानवासियों ने रोमवासियों से, नार्थ अमेरिका में पहले-पहल बसे अंग्रेजों ने दूसरे भाग में बसे स्पेनियार्डों से, तथा 19वीं शती में जापान ने चीन से पहले अपनी उड़ान भर ली थी। इस तुलना को और आगे भी बढ़ाया जा सकता है, लेकिन मूल प्रश्न यहीं है कि ऐसी कौन सी तुरूप की चाल, फॉर्मूला या मनोतरंग है, जो सामाजिक-आर्थिक विकास और आधुनिकीकरण को अभिप्रेरित कर गतिशील बनाती है। इस प्राचीन रहस्य का मनोवैज्ञानिकों ने अप्रत्याशित रूप से पता लगा लिया। वास्तव में वे अपनी प्रयोगशाला में ऐसे मानसिक विषाणु (मेंटल वायरस) या विचार करने के तरीकों को जानने का प्रयास कर रहे थे, जो व्यक्ति को एक अनोखे आवेश या जोश के साथ काम करने के लिए विवश करता है। इस मानसिक आवेश को बाद में 'एनएच' या 'नीड फॉर एचीवमेंट' (nAch) कहकर पुकारा गया। ऐसा उत्तेजन उन लोगों के वैचारिक व्यवहार के नमूनों में पाया गया था जो अपने कामकाज को कम परिश्रम में बेहतर, कुशल और त्वरित ढंग से करते पाए गए थे। निष्कर्ष निकाला गया कि ऐसे लोग जो कम प्रयास से बेहतर सफलता प्राप्त कर लेते हैं, वे 'उपलब्धि की आवश्यकता (एनएच[1])' नामक 'मानसिक वायरस' से संक्रमित होते हैं। यह एक व्यक्तिगत गुण है, जो प्रथम पीढ़ी में ही संक्रमित या विकसित किया जा सकता है।

---

1. nAch — Need for Achievement.

सामाजिक चेतना, सामाजिक दायित्व और अच्छा स्वास्थ्य 'एनएच' (उपलब्धि की आवश्यकता) उदीप्त करने में सहायक होती है। शिक्षा के विस्तार का 'एनएच' पर कोई प्रभाव नहीं पड़ता। उच्चतर माध्यमिक शिक्षा, 20 वर्ष की आयु के बाद उपलब्धि की आवश्यकता को प्रोत्साहित करती हुई देखी गई है। 'एनएच' का प्रजाति और टेक्नोलॉजी से भी कोई सीधा संबंध नहीं देखा गया है। हारे हुए लोगों में 'उपलब्धि की आवश्यकता' का जुनून पाया गया है। कभी-कभी स्थानीय इतिहास भी इसे बढ़ाने में सहायक होता है। तीव्र धार्मिक भावना भी, धर्म विशेष के अनुयायियों में, उपलब्धि की चाह पैदा करने में अपनी भूमिका अदा करती है। सीधे प्रशिक्षण द्वारा भी इस मानसिक वायरस का लोगों में रोपण किया जा सकता है। सुदृढ़ या अपेक्षाकृत स्थायी रूप से व्यस्त 'एनएच वायरस' आर्थिक विकास को तीव्र गति प्रदान करता हैं। स्वयं को उत्कृष्ट समझने का भाव या विश्वास भी 'उपलब्धि की आवश्यकता' का प्रसार करने में मददगार होता है।

हार्वर्ड विश्वविद्यालय के पूर्व प्रोफेसर डेविड मैक्कलीलैंड ने अपनी पुस्तक ''द अचीविंग सोसाइटी' (उपलब्धिमुखी समाज) में, उनके द्वारा 'एनएच' पर 17 वर्षों तक किए गए शोधकार्य का विवरण दिया है। उनके द्वारा किए गए 40 देशों के अध्ययन में पाया गया कि जिन देशों में उपलब्धि की आवश्यकता उच्च कोटि की थी, वहाँ विकास तेज गति से हुआ था। मैक्कलीलैंड के अध्ययन में यह भी पाया गया कि जिन देशों के लोक-साहित्य और बच्चों की पुस्तकों/पाठ्यपुस्तकों में सफलता केन्द्रित तथा निष्पादन की उच्च आकांक्षा से संबंधित विषय वस्तु वाली कहानियाँ पढ़ी और पढ़ाई जाती थी, वहाँ आर्थिक विकास की गति में तेजी आई थी।

आंध्र प्रदेश के कांकीनाड़ा में भी मैक्कलीलैंड के नेतृत्व में प्रशिक्षण देकर उपलब्धि की चाह बढ़ाने के लिए प्रयोग किया गया था। इस प्रशिक्षण के बाद यह निष्कर्ष निकला कि मछुआरों की अपेक्षा व्यापारियों में मैक्कलीलैंड की प्रशिक्षण टीम अधिक 'एनएच' संक्रमित कर पाई। प्रशिक्षण के फलस्वरूप काकीनाड़ा के 60 फीसदी व्यापारी अपूर्व उद्यमिता और नवाचारिता प्रदर्शित करने में सफल रहे। इन व्यापारियों में उच्च निष्पादन की आकांक्षा जागी और वे पास-पड़ोस के कमजोर समुदाय को आगे बढ़ाने में भी रूचि लेने लगे। इन प्रशिक्षण केन्द्रित प्रयोगों से यह बात भी उजागर हुई कि **केवल टेक्नोलॉजी के उपयोग से उपलब्धि की आकांक्षा नहीं बढ़ाई जा सकती।** मछुआरों को

सूती (फटने-टूटने वाले) जाल की जगह नायलोन की नेट देने से उन्होंने अधिक मछली नहीं पकड़ी। इससे यह साबित हुआ कि निष्पादन या उपलब्धि को ऊँचा उठाने के लिए लोगों की अभिवृत्ति (एटीट्चूड) में बदलाव लाना पहली आवश्यकता है।

86

मध्यवर्ग, जनतंत्र और भविष्य

विख्यात यूनानी दार्शनिक अरस्तू ने "पूर्ण राजनीतिक समुदाय का विचार करते हुए कहा है कि सर्वाधिक पूर्ण राजनीतिक समुदाय वह होता है जिसमें मध्य वर्ग, उच्च और निम्न वर्ग से बड़ा होता है, तथा उसी का शेष दोनों वर्गो पर नियंत्रण होता है।" संभवतः इसीलिये, अपनी विशेष स्थिति और सक्षमता के कारण मध्य वर्ग बदलाव और क्रांति का दूत माना जाता रहा है।

तानाशाही, दमन, शोषण और धर्मान्धता के खिलाफ, पिछले वर्षो में, मिश्र, तुर्की और ब्राजील आदि देशों में जो जनाक्रोश उमड़ा था। वह याद दिलाता है कि 'मध्यवर्ग' यथास्थितिवाद और इतिहास को बदलने की अपनी भूमिका को भूला नहीं है। इतिहासकार कह रहे हैं कि सारी दुनिया मध्यवर्ग के तीसरे 'अभियान' से रूबरू हो रही है। पहला अभियान 19वीं सदी में औद्योगिक क्रांति के दौर में देखा गया था तथा दूसरा विश्व युद्ध-2 के बाद।

तीसरा और संभवतः सबसे बड़ा अभियान पिछले दशकों में चीन में उभरा है। यह क्रमशः एशिया, लैटिन अमेरिका और अफ्रीका में भी अपने कदम बढ़ा रहा है। जानकारों का अनुमान है कि लगभग दो दशकों में, विश्व के अधिकांश लोगों में मध्यवर्गीय आकांक्षाओं का विस्फोट हो जाएगा। परिणमस्वरूप, जीवन को गति देने वाले साधन-सुविधा (शिक्षा, सेलफोन, कारें आदि) और भोजन, स्वास्थ्य, भवन जैसी बुनियादी आवश्यकताओं की पूर्ति से आगे और ऊपर की मध्यवर्गीय माँगों का सामना सरकारों को करना होगा। नए लाख-लाख मध्यवर्गीय लोगों की इन्हीं आशा-निराशाओं की हिलोर से भविष्य का नव निर्माण होगा।

पिछले दिनों प्यू शोध केन्द्र द्वारा किए गए एक सर्वेक्षण में पाया गया कि मध्यवर्ग में आकांक्षाओं का जबर्दस्त विस्फोट हो रहा है। 39 देशों के 40 हजार मध्यवर्गीय लोगों पर किए गए इस अध्ययन में उनकी प्रत्याशाओं से सम्बन्धित प्रश्न पूछे गए थे। उदाहरण के लिये, यह पूछा गया था कि, "क्या आपके देश में बच्चे उनके माता-पिता से बेहतर स्तर का जीवन-यापन करेंगे?" प्रगत अर्थतंत्र वाले अधिकांश देशों के लोगों का उत्तर था "नहीं।" मात्र 36 प्रतिशत अमेरिकावासियों का कहना था कि "हाँ, बच्चे उनके माता-पिता से बेहतर जीवन-यापन कर पाएंगे। ऐसे सकारात्मक उत्तर का प्रतिशत ब्रिटेन में 17 प्रतिशत, जापान में 15 प्रतिशत और फ्रांस में 9 प्रतिशत था।

दूसरी ओर, चीन के 82 प्रतिशत और ब्राजील के 79 प्रतिशत लोगों का कहना था कि "वहाँ के बच्चे भविष्य में उनके माता-पिता से अधिक खुशहाल रहेंगे।" इसी तरह, चिली, मलेशिया, वैनेजुएला, इंडोनेशिया, फिलीपीन, नाइजीरिया, घाना और केन्या के अधिकतर निवासी मानते हैं कि उनके यहाँ की नई पीढ़ी पुरानी से अधिक समृद्ध होगी। लोगों ने विश्वास जताया है कि नया मध्यवर्ग विश्व के वर्तमान स्वरूप को बदल देगा। अभी यह कहना कठिन है कि यह बदलाव कैसे आएगा। पश्चिमी देशों में यह विश्वास है कि मध्यवर्ग में प्रवेश करने वाले नए लोगों के 'मूल्य' भी वहीं होंगे जो उनके पूर्वजों (माता-पिता) के थे। लेकिन, इस पहलू पर साक्ष्य स्पष्ट होने के बजाए मिश्रित है।

सर्वेक्षण में भाग लेने वाले अधिकतर लोगों ने आशा जतायी है कि 'अरब वसंत' के परिणाम स्वरूप आँदोलित लोगों का झुकाव जनतंत्र, मानव अधिकार और धार्मिक समरसता की ओर बढ़ता जाएगा। मगर मध्यवर्गीय असंतोष के कारण मिश्र (ईजिप्त) में जो आंदोलन चला उसके रूपाकार को देखते हुए ऐसा नहीं लगता कि लोगों द्वारा व्यक्त आशाएँ सरलता से पूरी हो जाएँगी। ईजिप्त में हुए सर्वेक्षण से ज्ञात होता है कि वहाँ जनतांत्रिक संस्थाओं और मानव-अधिकारों के लिये तो जन-समर्थन पूरा मिल रहा है, परन्तु महिलाओं के लिये समानता का अधिकार, सेना पर नागरिक नियंत्रण तथा धर्म को शासन-व्यवस्था से अलग रखने वाले पहलुओं पर बहुत ही सीमित समर्थन मिलने के संकेत मिले हैं। अध्ययन में यह बात अवश्य उजागर हुई है कि अरब में उपजा आक्रोश और आंदोलन, राजकाज में 'धार्मिक हस्तक्षेप' पर, अंकुश लगाने की दिशा में कदम उठाने के लिये बाध्य कर सकेगा।

87

दार्शनिकों की दावत में प्रेम पर परिचर्चा

ग्रीक थियेटर में मंचित अपने नाटक के लिये एथेन्स के कवि एगैथोन (Agathon) को प्रथम पुरस्कार प्राप्त हुआ था। इस उपलब्धि की खुशी में सम्मिलित होने के लिये उन्होंने अपने मित्रों को घर पर आयोजित दावत में आमंत्रित किया। इस अवसर पर, अतिथियों ने अपने प्यारे विषय 'प्यार' पर चर्चा का सिलसिला चला दिया। सभी के आकर्षण के इस विषय पर एक-एक करके अतिथियों ने अपने विचार व्यक्त करते हुए 'प्यार' के अर्थ को स्पष्ट करने का प्रयास किया।

फीड्रस (Phaedrus) ने कहा: "प्रेम, देवताओं में सबसे प्राचीन देवता है तथा अत्यधिक बलवानों में से एक है। यह वह सिद्धान्त है जो साधारण युवाओं को नायक (हीरो) बना देता है, क्योंकि हर प्रेमी अपनी प्रेमिका की उपस्थिति में स्वयं को कायर दिखाई नहीं देना चाहता। यदि मुझे प्रेमियों की सेना मिल जाए तो मैं समूचे विश्व पर विजय प्राप्त कर सकता हूँ।"

दूसरे वक्ता पौसैनियस (Pausanias) ने सहमत होते हुए कहा कि "हमें पार्थिव और दिव्य प्रेम के अन्तर को स्पष्ट कर लेना चाहिये। शारीरिक अशालीन प्रेम को पंख लगते देर नहीं लगती और यौवन में उतार आते ही वह उड़ जाता है। लेकिन उदात्त आत्मिक प्रेम स्थिर रहता है।"

फिर, विनोदी कवि एरिस्टोफैन्स (Aristophanes) प्यार के अपने अभिनव सिद्धान्त को प्रस्तुत करते हैं। वे कहते हैं कि प्राचीन समय में स्त्री और पुरूष इस तरह आबद्ध हो जाते थे कि शरीर चार हाथ, चार पैर और दो चेहरे वाली गेंद की तरह गोल-मटोल हो जाता था। वह अपने आठ अंगों को पहिये की

सलाखाओं (ताड़ियों) की तरह उपयोग में लाते हुए तीव्र गति से क्रमबद्ध कलाबाजियाँ प्रदर्शित करने लगता था। इस प्रजाति के स्त्री–पुरूष की शक्ति आश्चर्यजनक और महत्वाकांक्षा असीम होती थी। इनकी योजना स्वर्ग पर चढ़ने और देवताओं पर आक्रमण करने की थी। उस समय, यूनान के देवाधिदेव (बृहस्पति) जियस (Zeus) के दिमाग में एक योजना अंकुरित हुई। जियस ने कहा कि ''हमें उन्हें दो टुकड़ों में बांट देना चाहिये। ऐसा करने से उनमें आधी शक्ति ही रह जाएगी तथा हमारे पास बलि देने के लिये दुगने लोग हो जाएँगे। इसलिये, जियस ने उन्हें नारी और पुरूष नाम से दो भागों में विभाजित कर दिया। उस दिन से आज तक एक बने रहे दो शरीर, फिर एकमेक हो जाने की उद्दाम आकांक्षा पाले हुए हैं। नारी और पुरूष की पुनर्रकीकृत होने की इसी प्रचंड चाह को हम 'प्यार' कहते हैं।''

इस रोचक और स्थूल व्याख्या के अतिरिक्त, प्रेम की अन्य परिभाषाएँ भी प्रस्तुत की गई। परिचर्चा के अन्त में, प्रमुख अतिथि सुकरात से भी चर्चा के विषय पर प्रकाश डालने के लिये आग्रह किया गया। सुकरात बोले कि यहाँ ''प्रेम की तमाम परिभाषाएँ और व्याख्याएँ सुनकर मैं पथरा कर मूक हो गया हूँ। मैं जानता हूँ कि मेरी मूर्खता इस तरह की विद्वता से प्रतिस्पर्धा नहीं कर सकती।'' इस तरह, अपनी व्यंग्यात्मक नम्रता की सुकराती प्रस्तावना से स्वयं को हल्का करते हुए सुकरात ने अपनी मूर्खता से पूर्व वक्ताओं की विद्वता का खंडन करना शुरू कर दिया। सुकरात अध्यापन की प्रश्नोत्तर विधि के जनक थे। उन्होंने निररूत्तर करने वाले प्रश्नों की झड़ी लगाकर प्रेम संबंधी पिछले सभी तर्को और युक्तियों को तार–तार कर दिया। फिर उन्होंने अपनी विखंडनकारी प्रक्रिया को रचनात्मक सिद्धान्त के सहारे आगे बढ़ाया। उनकी स्थापना थी कि **''प्रेम दिव्य सौन्दर्य के लिये मानव आत्मा की भूख है। प्रेमी सौन्दर्य खोजने के लिये मात्र उत्सुक नहीं रहता, वह उसकी रचना करके उसे स्थायी भी बनाना चाहता है। मरणशील शरीर में वह अमरता का बीज बोना चाहता है।** इसीलिये, नारी और पुरूष एक दूसरे से प्यार करते हैं। प्रजनन द्वारा, वे स्वयं की संतति उत्पन्न कर, समय का अनन्तता में विस्तार करना चाहते हैं। माता–पिता इसीलिये अपने बच्चों से प्यार करते हैं। वत्सल माता–पिता केवल बच्चे ही पैदा नहीं करते बल्कि वे सौन्दर्य की अन्तहीन खोज के लिये अपने साझेदार, सहकर्मी और उत्तराधिकारी भी तैयार करते हैं।"

लेकिन यह कौन सा सौन्दर्य है जिसे हम प्रेम के द्वारा निरन्तर बनाए रखना चाहते है? वह "विवेक, सद्‌गुण, सम्मान, साहस, न्याय और आस्था का समुच्चय है।" संक्षेप में, **सौन्दर्य ही सत्य है और सत्य ही वह मार्ग है जो हमे सीधे-सीधे परमात्मा से जोड़ता है।"**

समस्त अतिथियों ने नंगे पैर वाले दार्शनिक के वक्तव्य की भूरि-भूरि प्रशंसा की। फिर, वे सायंकालीन पीने-खाने और मौज-मजे के कार्यक्रम में निमग्न हो गए। वे मद्यपान की उस प्रतिस्पर्धा में उतर गए जो रात भर चलती रही। खान-पान में भागीदारी करने वाले मेहमान एक-एक करके बिछुड़ते गए। सुबह होने तक केवल एरिस्टोफैन्स (Aristophanes), एगैथॉन (Agathon) और सुकरात ही जागते रहे। एक बड़े चषक से पीते रहे। अधसोए दोनों कवियों को सुकरात समझाते रहे कि सुखान्त रचना के महान लेखक को दुखांत का भी महान लेखक होना चाहिये। फिर, एरिस्टोफैन्स गहरी नींद में सो गया। जैसे जैसे सूर्योदय होता गया, वैसे-वैसे एगैथॉन भी नींद की गोद में समा गया। सुकरात ने दोनों को शांति से सुला दिया और स्वयं ने मदिरा के देवता डायोनिसस (Dionysus) के सम्मान में अंतिम दौर का ड्रिंक ले लिया। इसके बाद वे एथेन्स वासियों में ज्ञान और विवेक बाँटने के अपने दैनन्दिन कार्य में व्यस्त हो गए।

अतिथियों में सुकरात का योग्य शिष्य प्लेटों भी सम्मिलित था, जिसने अपने महान शिक्षक की मानसिक दक्षता और शारीरिक सहनशीलता को अमर बनाने का व्रत लिया था। प्लेटो सचमुच ऐसे राज्य की स्थापना करने की महत्वाकांक्षा रखता था जहाँ सुकरात को जहर पिलाने के बजाए, एक निर्वाचित राजा बना दिया जाए। प्लेटो के भी प्रेम के बारे में अपने विचार थे। वह मानता था कि "प्रेम में विलक्षण शक्ति होती है। प्रेमी के स्पर्श से होने वाले स्पंदन प्रेम के पात्र को कवि बना सकते हैं। प्रत्येक हृदय अपूर्ण गीत गाता है, जब तक कि दूसरा हृदय गीत उकेर कर पहले वाले गीत को पूर्ण नहीं बना देता। जो गीत गाने की इच्छा रखते हैं, उन्हें गीत भी मिल जाता है।"

88

एक मिडिल पास घुमक्कड़ महापंडित बन गया

राहुल सांस्कृत्यायन के जीवन का आरंभ और अंत अप्रैल मास में हुआ। वे केदार पांडे के रूप में 9 अप्रैल 1893 को उत्तरप्रदेश के कनैला (आजमगढ़) गाँव में जन्मे और 14 अप्रैल 1963 को महापंडित राहुल सांस्कृत्यायन के रूप में दार्जिलिंग में महाप्रयाण कर गए। वे अपने बल पर विराट व्यक्तित्व के धनी और 'ज्ञान के गौरीशंकर' बने थे। उन्होंने स्वंय ही लिखा है कि उनके वंश में "सरस्वती की ओर मुँह करने का अपराध सबसे पहले मैंने ही किया।" रानी की सराय नामक गाँव के मदरसे में उन्होंने प्राथमिक शिक्षा प्राप्त की। उनका ब्याह ग्यारह वर्ष की अबोध अवस्था में कर दिया गया था। इस कम उम्र में हुए विवाह नामक तमाशे ने उनमें समाज के प्रति विद्रोह का अंकुर उगा दिया था।

निजामाबाद के मिडिल स्कूल से उन्होंने 'मिडिल' पास किया था। औपचारिक शिक्षा के नाम पर उनके पास 'मिडिल पास' की पूँजी थी। 1907 से ही केदार को घुमक्कड़ी का शौक लग गया था। वे जीवनभर घुमन्तू बने रहे, मगर उनकी घुमक्कड़ी अवारगी नहीं, सोद्देश्य और योजनाबद्ध यात्राएँ होती थी। यायावरी के विश्वविद्यालय में पढ़-लिख कर ही केदार महापंडित बने थे। यायावरी ने उन्हें लेनिनग्राद यूनिवर्सिटी में प्राध्यापक और श्रीलंका के विद्यांलकार विश्वविद्यालय में दर्शन का महाचार्य बनाया था। वहीं उन्हे 'साहित्य चक्रवर्ती' (डीलिट) की मानद उपाधि से विभूषित किया गया था। भारत सरकार ने

उनकी विविध विषयों में पारंगतता को सम्मानित करने के लिए, 1960 में उन्हें 'पद्म विभूषण' से अलंकृत किया। उनके **'मध्य एशिया का इतिहास'** नामक महाग्रंथ पर, साहित्य अकादमी पुरस्कार, 1958 में पं. नेहरू के हाथों से दिया गया था।

सांस्कृत्यायन स्वाभिमानी, कर्मठ, बहुआयामी और बहुलतावादी विचारक थे। वे उस पहाड़ी नदी के समान थे, जो अपने मार्ग की बाधाओं को लुढ़काती हुई मैदान में पहुँचकर ज्ञान की गंगा बन जाती है। ऐसी गंगा जिसमें अज्ञानता की तपन बुझाने के लिए आज भी समूह के समूह डुबकियाँ लगाते हैं, तैरते रहते हैं। "बेड़ों की तरह पार करने के लिए मैने विचारों को स्वीकार किया है, न कि सिर पर उठाए-उठाए फिरने के लिए।", बुद्ध के इस महावाक्य को सांस्कृत्यायन जीवनभर सार्थक करने में जुटे रहे। वे छलांगे मारते रहे, समय से होड़ करते रहे तथा ऋतुओं की तरह बदलते रहे। केदार से राहुल, भिक्खु से सन्यासी, आर्य समाजी से कम्युनिस्ट, वैरागी से गृहस्थ, अध्येता से राजनेता, मजदूर-किसान के मित्र एवं नेता से साहित्य, पुरा एवं लोक संपदा के संपादक और विस्तारक तक, उनकी रूचि और भूमिकाएँ विविधता से भरपूर रही। सामाजिक क्षेत्र में सौम्य और सुहृद थे, लेकिन विचार और व्याख्या में मुखर और प्रखर। न तो किसी एक विषय से बंधे रहे और न किसी पक्ष के बंधुआ बने। **'ऋग्वेदिक आर्य' से लगाकर 'आज के नेताओं' तक उन्होंने 138 ग्रथों की रचना की। उनकी अग्रगामी सोच ने उनसे 'बाईसवीं सदी' नामक पुस्तक भी लिखवाई।** उनके ग्रंथ, विचारों की आत्मा की अध्यक्षता में रची गई, शब्दों की सभा है। छपरा (बिहार) उनकी राजनीतिक राजधानी रहा। वे अपने राष्ट्र और संस्कृति के लिए उत्सर्ग करने में कभी भी पीछे नहीं रहे। सत्याग्रह में भाग लिया और जेल भी गए।

6 दिसंबर, 1937 को सांस्कृत्यायन ने इलाहाबाद विश्वविद्यालय के छात्रों को 'हमारी कमजोरी' विषय पर संबोधित किया। इस कार्यक्रम की अध्यक्षता पं. नेहरू ने की थी। इस व्याख्यान में, राहुल सांस्कृत्यायन ने, उन लोगों की खूब खबर ली, जो सारा ज्ञान-विज्ञान केवल पुरानी पोथियों में ही खोजते रहते हैं। उन्होंने कहा कि "ज्यादातर पुरानी पोथियों में 75 प्रतिशत तो बेवकूफियाँ ही बेवकूफियाँ भरी पड़ी हैं। हाँ, कहीं-कहीं अकल की बातें भी है।" अंत में, नेहरू ने कहा कि, "आज मैं दो बातें सोच रहा हूँ। पहली, राहुल जी की तरह के चिंतक हमारे विश्वविद्यालय में पैदा क्यों नहीं होते? दूसरी, यदि मेरे जैसा

आदमी यह सब कहता, तो आप कहते कि तुम क्या जानते हो पुरानी किताबों की बातें। मगर आज तो ऐसा आदमी यह सब कह रहा है, जो पुरानी किताबों में ही तैरता रहता है। राहुल जी का भाषण और नेहरू जी की टिप्पणी सुनकर छात्र उत्तेजित हो गए। एक छात्र ने नेहरू जी से पूछा कि "राहुल जी पुरानी पुस्तकों में तैरते ही रहे हैं, पार नहीं पाया है।" प्रत्युत्पन्नमति पं. नेहरू ने तपाक से जवाब दिया कि "हां, जो लोग कुओं में तैरते हैं, वे मेंढकों की तरह इस पार से उस पार भी चले जाते हैं। मगर जो सागर में तैरते हैं, वे तैरते ही रहते हैं, वे आर-पार नहीं जाते।"

89

साहित्य और राजनीति का शिवं सेतु आचार्य विष्णुकांत शास्त्री

नाम तो माता-पिता से मिल जाता है, लेकिन सम्मान स्वयं को ही अर्जित करना पड़ता है। सदगुण और उपलब्धि, यश और सम्मान प्राप्त करने का सम्यक एवं सीधा रास्ता है। धीर और मानधनी लोग इसी रास्ते पर चलते हैं। आचार्य विष्णुकांत शास्त्री को जब हम देखने, सुनने, पढ़ने और समझने की कोशिश करते हैं तो उनकी चारित्रिक दृढ़ता आँखों के सामने उभरने लगती है। वे राजनीति की रपटीली राह पर चलते हुए फिसले नहीं, क्योंकि उन्होंने संवेदना और संस्कारों का हाथ और साथ कभी छोड़ा नहीं। इसीलिये न तो उनका आचार्यत्व खंडित हुआ और न ही उनकी विधायकता एवं संसदीयता विभक्त हुई। उन्होंने अपने आचरण और निष्पादन से यह स्थापित कर दिया कि विधान सभा से व्हाया संसद होते हुए राज्यपाल के गौरवशाली पद तक की जययात्रा में, राजनीतिक चक्रवातों के बीच भी, अपनी नौका अविचलित और दिशाबद्ध रखी जा सकती है। उनका उदाहरण एक मानक की तरह नई पीढ़ी को आश्वस्त और उत्प्रेरित करता है कि राजनीतिक गलियारों में व्याप्त प्रचंड आपाधापी और ले-लपक से गुजरते हुए भी अक्षत और चंदन जैसा पवित्र और सुगन्धित रहा जा सकता है।

जैसा कि प्राय: होता है, जब कोई सरल-तरल और बुद्धिनिष्ठ व्यक्ति राजनीति में प्रवेश की बात करता है तो दुनियादार मित्र तथा परिजन उसे 'काजल की कोठरी' में जाने से रोकते हैं। विष्णुकांत शास्त्री के साथ भी यहीं हुआ, परंतु अपवादस्वरूप स्वर्गीय अज्ञेय आगे आए तथा प्रोत्साहित करते हुए

उन्होंने कहा: ''जनता के लोकतांत्रिक अधिकारों की रक्षा के प्रयास के कारण यदि अपनी साहित्यिक गतिविधियों को कुछ क्षति भी पहुँचे तो उसे सहना चाहिये, हाँ हम लोग आप से यह आशा अवश्य करेंगे कि आप राजनैतिक 'नेता' जैसे न हो जाएँ।'' सारा साहित्य जगत जानता है कि शास्त्रीजी अज्ञेय और अन्य मित्रों की अपेक्षा की कसौटी पर बिल्कुल खरे उतरे। राजनीतिक बर्बरताओं के बीहड़ में उन्होंने अपनी साहित्यिक सहृदयता और पारमार्थिक प्रवृत्ति को खरोंच भी नहीं लगने दी।

शैक्सपीयर के अनुयायी भले ही कहते रहें कि 'नाम में क्या रखा है?' पर 'विष्णु' नाम में तो बहुत कुछ है। चाहे वह फिर कौटिल्य के आगे आता हो या शास्त्री के। विष्णु वही है जो 'सहिष्णु' है, जो दो विरोधी स्थितियों में अधीर हुए बिना अपने लक्ष्य की ओर अग्रसर होने में सक्षम हो। यदि गाँधी का सत्याग्रह युद्ध का नैतिक समतुल्य (moral equivlent) है तो 'वैष्णवता' भी नैतिक तेजस्विता से कम नहीं है। समाजार्थिक परिवेश में सिर उठाती विकृतियों और विषमताओं को लेकर विष्णुकांत शास्त्री के तन-मन में उठता आक्रोश उसी वैष्णवता की तेजस अभिव्यक्ति है। इसीलिये, 'ईशावास्य' के स्वर में बोलते हुए वे कहते हैं: ''हमारा आध्यात्मिक चिन्तन दरिद्रता से समझौता नहीं करता लेकिन प्रचुरता के पीछे भागता भी नहीं।''

साहित्य, संस्कृति और राजनीति के विविध धागों से बुने-बटे उनके मानस में अच्छाई के आग्रह की 'तन्यता' बराबर बनी रहती है। इसीलिये 'आपातकाल' का प्रतिवाद करते हुए उन्होंने राजनीति के ऊबड़-खाबड़ आँगन में अपना पाँव रखा। 1977 में जनता पार्टी के टिकिट पर वे पश्चिम बंगाल विधान सभा के सदस्य चुने गए। इसी दौरान 'विधायक की यातना' नामक लेख में उन्होंने यह निराशा व्यक्त की कि **''निकट भविष्य में शायद ही अच्छे लोग राजनीति की ओर कदम बढ़ा पाएंगे।''** लेकिन वे स्वयं राजनीति की सीढ़िया सहर्ष चढ़ते गए। 1992-96 की अवधि में राज्य सभा के सदस्य रहे। कलकत्ता विश्वविद्यालय में हिन्दी विभाग के प्रोफेसर एवं विभागाध्यक्ष के दायित्व से वे 1994 में निवृत्त हो गए। 1999 में हिमाचल प्रदेश के और तदनन्तर नवम्बर 2000 में उत्तर प्रदेश के राज्यपाल बनाये गये। यह कितना सुखद पक्ष है कि राजभवन में उनसे मिलने वाले मित्रों-आगंतुकों को उनकी मुखाकृति, वार्तालाप और वेशभूषा में राज्यपाल पद के गुरूत्व और रूखेपन का शायद ही कभी आभास हुआ होगा। वे बातचीत और चर्चा में अधिकतर सहज, सरल और सरस

ही पाए जाते हैं। मुझे याद है कि जब मै 26 जुलाई 2002 को मेरी पत्नी शोभा के साथ लखनऊ राजभवन में मिला था तो उन्होंने बातचीत के दौरान सुमनजी को भी याद किया था। याद ही नहीं किया अपनी-पराई कविताओं के साथ-साथ सुमन जी की कविताएँ भी सुनाई थी। उसी दिन शास्त्रीजी ने हमें उनके ईशावास्योपनिषद् पर केन्द्रित अठारह प्रवचनों का संकलन: **ज्ञान और कर्म (ईशावास्य अनुवचन)** भी सस्नेह भेंट किया था। इन व्याख्यानों को पुस्तकाकार में पढ़कर उनके अध्ययन की व्यापकता और विश्लेषण की गहनता की अनुभूति हुए बिना नहीं रहती।

विष्णुकांत शास्त्री साँचों के सोच और खाँचों की रेख से ऊपर उठे हुए थे। उन्हें 'विस्तार' लुभाता है और आमंत्रण देता है। 'ज्ञान और कर्म' ग्रंथ की भूमिका में वे लिखते हैं कि "ईशावास्योपनिषद् अपने लघु कलेवर में अर्थ का विस्तृत आकाश समेटे हुए है।" ईशावास्य के विस्तार और गहनता पर व्याख्यान देने की चुनौती को बड़े विनम्र और विनयी भाव से स्वीकारने के प्रसंग को वाणी देने के लिये वे मध्य प्रदेश के भवानी प्रसाद मिश्र (भवानी भाई) की सुन्दर काव्य- पंक्तियाँ उद्धृत करते हैं:

"आकाश का विस्तार, आमंत्रण है, बाधा नहीं है।
कोई भी छोटा बड़ा पंछी, आधा नही है।"

कलकत्ता के बड़ा बाजार कुमार सभा पुस्तकालय में सम्पन्न इन प्रवचनों की सफलता का श्रेय वे स्वयं नहीं लेते हैं। ईशावास्य में निहित उदात्त जीवन दर्शन को उद्घाटित और व्याख्यायित करने में वे स्वयं को मात्र एक माध्यम मानते हैं। उनकी विनम्रता और कृतज्ञता उन्हीं के शब्दों में अनुकरणीय एवं प्रशंसनीय है। वे कहते हैं: "प्रवचन के बहाने उसे (ईशावास्य को) समझने के क्रम में मुझ जैसा 'छोटा पंछी' यदि उस आकाश में उड़ान भरे तो क्या उसका यह प्रयास इस आमंत्रण की विनम्र स्वीकृति नहीं माना जाएगा? संतों का आश्वासन है कि गुरूकृपा से पिपीलिका भी विहंगम मार्ग की अधिकारिणी हो जाती है। ईशावास्य की प्रवचन-यात्रा के प्रति पद में मुझे अपने गुरू ब्रह्मीभूत स्वामी अखंडानंद सरस्वती की कृपा के सम्बल का अनुभव होता रहा, तभी तो वह वाचिक परिक्रमा पूरी हो सकी। इसमें मेरा अपना वैशिष्ट्य कुछ भी नहीं है। जो है, वह गुरूजी की तथा शंकर, रामानुज, विनोबा सदृश्य अन्य पूर्वाचार्यो की सेवा का सुफल है।"

भारतीय चिन्तन का प्राण संपूरकता और समग्रता है, द्वंद्व एवं संघर्ष नहीं। जीवन की सार्थकता और चरितार्थता की शर्त एकांगी दृष्टि नहीं, अविरोध और अन्तर्बाह्य की एकात्मकता है। ईशावास्य का मंथन करके विष्णुकांत शास्त्री ने यहीं अमृत निकाला है। वे अन्तिम अठारहवें प्रवचन में, सारांश में, कहते हैं कि "इस उपनिषद् में परमार्थ और व्यवहार को, ब्रह्म और जगत् को, त्याग और भोग को, नैष्यकर्म और कर्म को, विद्या और अविद्या को, संभूति और असंभूति को अलग-अलग नहीं देखा गया। कहीं न कहीं इनके परस्परावलंबन पर बल दिया गया है। ये युग्म परस्पर अवलंबित होकर मनुष्य को चरितार्थता प्रदान करते हैं-एकांगी दृष्टि ईशावास्य उपनिषद् की नहीं है।"

शास्त्रीजी के सोच-विचार के दायरे बहुआयामी हैं। वे जीवन एवं जगत् के आकलन में समग्रतावादी हैं। सविचार त्याग और ग्रहण के पक्षधर हैं। शब्द और भाषा की बाधा एवं बहकाव में अटके-भटके बिना वे अर्थ के अन्तःस्थल तक पहुँचने में सक्षम हैं। विरोधी प्रवृत्तियों और अनमेल स्वरों में संगति बैठाने की कला में कुशल हैं। तभी तो मृदु-मधुर साहित्य और कटु-कर्कश राजनीति के वे "सेतुबंध" बन सके हैं। आलोचना-विवेचन में भी अनेकांतवादी दिखाई पड़ते हैं। चाहे व्यक्ति को आँकने-जाँचने की बात हो या साहित्यिक रचना को तौलने-मोलने का सवाल हो, उनकी दृष्टि खुली, व्यापक और अपरिधित होती है। उनके अध्ययन एवं लेखन का केनवास भी विशाल है। उसमें साहित्य, कला, संस्कृति, धर्म, दर्शन, अध्यात्म, राजनीति आदि अनेक पक्ष समाहित हैं।

उनके ऋजु एवं तरल व्यक्तित्व की छाप उनके लेखन-सृजन पर भी स्पष्ट दिखाई देती है। विषय चाहे रहस्यात्मकता से आच्छादित हो या गूह्य-गूढ़ हो, उनकी भाषा-शैली क्लिष्टता और गरिष्ठता से मुक्त रहती है। विभिन्न उदाहरणों एवं उद्धरणों से पुष्ट उनका निरूपण तथा प्रतिपादन सहजग्राह्य होता है। दूसरे शब्दों में, वे 'ज्ञान के मानवीयकरण' और भावोपम शब्दास्त्र के प्रयोग के प्रति सजग एवं संवेदनशील दिखाई पड़ते हैं। देखिये, महाकवि तुलसीदास का यह अनूठा दोहा विष्णुकांत शास्त्री की "कांति" और सीधी-सच्ची "शास्त्रीयता" को संप्रेषित करने में कितना समर्थ और सार्थक है:

"सूधे मन, सूधे वचन, सूधी सब करतूति।
तुलसी सूधी सकल विधि, रघुवर प्रेम प्रसूति।"

90

तटस्थता के बहेलियेः रामधारी सिंह दिनकर

ईशोपनिषद् का आठवाँ मंत्र परमतत्व को अन्य विशेषणों के साथ क्रांतिदर्शी श्रेष्ठतम महाकवि के रूप में भी संबोधित करता है। सृष्टि उस क्रांतिदर्शी श्रेष्ठतम कवि की विराट और अद्‌भुत कविता है। जगत्‌गुरू शंकराचार्य कवि के गुणों और लक्षणों की चर्चा करते हुए कहते हैं कि वह केवल कविता का रचयिता ही नहीं होता, बल्कि क्रांतिदर्शी, सूक्ष्मदर्शी और दूरदर्शी भी होता है। वह ऐसा सूक्ष्मदर्शी और संवेदनशील मनीषी होता है जो वस्तुओं और व्यक्तियों के अंतरंग एवं आंतरिक पक्षों को देख और समझ सकता है। कुँवर नारायण कहते हैं कि कवि ईश्वर की 'निर्माण-व्यथा' में जागता है। संभवतः इसीलिए उसके सृजन में परमात्मा भी हाथ बँटाता है। अंग्रेज कवि शेली इस भारतीय दृष्टि की दाद देते हैं कि कवि भी परमात्मा (श्रेष्ठतम कवि) की तरह 'अनजान नियामक' होता है।

यह एक अपूर्व तथ्य है कि भारत की पहली कविता उस परम संवेदनशील ऋषि के अंतस से उद्‌भूत आक्रोश की अभिव्यक्ति है, जो एक आहत पक्षी की व्यथा से विव्हल और विगलित हो गया था। वधिक व्याध को कवि द्वारा दिया गया यह शाप कि उसकी प्रतिष्ठा और सुख-शांति धूल में मिल जाए, उसके आक्रोश और उद्वेलन का परिचायक है। 'नीर भरी दुःख की बदली' महादेवी मानती हैं कि दुःख उनके निकट जीवन का काव्य है, जो संसार को एक सूत्र में बाँध रखने की क्षमता रखता है: "हमारे असंख्य सुख हमें चाहे मनुष्यता की पहली सीढ़ी तक भी न पहुँचा सकें किन्तु **हमारा एक बूँद आँसू जीवन को अधिक मधुर, अधिक उर्वर बनाए बिना नहीं गिर सकता।** विश्व जीवन में अपने जीवन को, विश्व-वेदना में अपनी वेदना को इस प्रकार मिला देना, जिस प्रकार एक जल-बूँद समुद्र में मिल जाती है, कवि का मोक्ष है।"

महादेवी की दृष्टि में 'साहित्य' (या कविता) मनुष्य रूप में अवतरित होने पर ईश्वर को भी पूर्ण मानना अस्वीकार कर देता है। ईश्वर की सृष्टि में भाव-अभाव, आधा-अधूरापन और ऊँच-नीच देखकर उद्वेलित-आक्रोशित होना उसका स्वधर्म या कविधर्म ही है। तभी तो जूठन चाटते बच्चों को देखकर, बालकृष्ण शर्मा 'नवीन' के रूप में, वह ईश्वर का टेंटुआ घोटने की सीमा तक आगबबूला हो उठता है। क्रांतिदर्शी महाकवि रामधारी सिंह दिनकर भी इसी आक्रोश, संवेदना और विश्वजनीन सहृदयता 'अथवा कवि का मोक्ष' की आनुवंशिकता के उत्तराधिकारी और उन्नायक थे।

पाखंड का खंडन, विकृति का उच्छेदन और दमन का प्रतिरोध करने में दिनकर की जिव्हा और कलम न तो कभी फिसली और न ही कभी ठहरी। कोई सुने या न सुने वे इंकिलाब की हद तक जाकर जीवन भर पुकारते और ललकारते रहे। उन्होंने लिहाज के लिये सच्चाई की बलि नहीं चढ़ाई। न तो कभी हिन्दी का अहित होने दिया और न ही राष्ट्रीय अस्मिता और सांस्कृतिक गरिमा की क्षति। उनका जुझारूपन राष्ट्रीय-सांस्कृतिक आग्रह लेकर आजीवन जूझता रहा। स्थान चाहे राज्यसभा हो, साहित्य गोष्ठी हो या देश-विदेश में संवाद-प्रतिवाद। वे अनुकूल और प्रतिकूल, दोनों ही स्थितियों में देश के लिए दीप-स्तंभ बने रहे:

तम में दीप, दिशा-भ्रम में रवि,
संकट में सांत्वना वाक्य
बल-विभ्रम में विद्युत-जिव्हा कवि।

महल के लिये झोपड़ी की बलि देने और कृषक के शोषण पर ऊँची दीवारें खड़ी करने के पूँजीवादी प्रपंच के खिलाफ दिनकरजी अपनी इंकिलाबी आवाज बुलंद करते रहे। वे भारतीय समाज के उपवन से विषमता, दुर्भाव और दमन के कैक्टसों का सफाया करके समता, सदाशयता और समरसता के फूल खिलाना चाहते थे। इसीलिये, उन्होंने कविता रूपी दुर्गा का आह्वान करके चाहा कि वह संसार में ऐसी क्रांति की ज्वाला सुलगा दे जिससे पतन, पाप और पाखंड भस्मीभूत हो जाएँ:

क्रांतिधात्रि कविते जाग, उठ आडंबर में आग लगा दे।
पतन, पाप, पाखंड जलें, जग में ऐसी ज्वाला सुलगा दे।

परतंत्र भारत में व्याप्त गरीबी, उत्पीड़न और शोषण के संहार के लिये कई साहित्यकार उस समय साम्यवाद की वकालत करने लगे थे। सुमित्रानंदन पन्त भी उनके स्वर में स्वर मिलाने लगे थे। लेकिन, प्रचंड पौरूष और कर्मयोग के कवि दिनकर ने यह तर्क देकर उन स्वरों को शांत कर दिया कि ऐसा सिस्टम जो मनुष्य पर बोझ बनकर उसकी आत्मा को कुचल दे, वह मनुष्य जाति के लिए हितकारी नहीं हो सकता।

वे भाग्यवाद और परलोकवाद के कट्टर विरोधी थे। वे मिट्टी और जीवन के कवि थे। 'कुरूक्षेत्र' में उन्होंने शंखनाद किया कि भाग्यवाद पाप का आवरण और शोषण का शस्त्र है। व्यर्थ के कल्पना लोकों का निर्माण कर जन-साधारण को भुलावे में भटकाने वालों को ललकारते हुए वे कहते हैं:

ऊपर सब कुछ शून्य-शून्य है कुछ भी नहीं गगन में।
धर्मराज! जो कुछ भी है, वह मिट्टी में, जीवन में।

दिनकर की डायरी सन् 1987 में प्रकाशित हुई थी। इसका अंतिम वाक्य है: श्री अरविन्द: शरणं मम। इससे प्रतीत होता है कि राष्ट्रकवि दिनकर अरविन्द के विचारों से अभिभूत थे। कवि और योगी अरविन्द मानते थे कि **बुद्धि से लिखी गई कविता उन कविताओं से हीन होती है, जो सीधे आत्मा से निकलती है।** 31 दिसंबर 1972, को पटना में लिखी डायरी में उन्होंने बताया है कि पूनम के लिये वर नहीं मिलने के कारण उनका चित्त अशांत था। तभी उन्हें महसूस होने लगता है कि मन को शांत करने की शक्ति ही सबसे बड़ी शक्ति है। फिर वे कविता के जन्म पर विचार करते हुए लिखते हैं कि **बड़ी कविता का जन्म तब होता है, जब मन का यंत्र निश्चेष्ट होकर पड़ जाता है। सुना है, बड़े-बड़े आविष्कार भी मन की इसी निश्चल दशा में हुए हैं। सोचने की शक्ति बहुत बड़ा वरदान है, किन्तु न सोचने की शक्ति उससे भी बड़ा वरदान है।** मन को स्वच्छ रखने का भी तरीका यही है कि मन को सोचने से रोक लिया जाए। योग कुछ करने का नाम नहीं है, वह केवल होने का नाम है। यानी केवल बीइंग, बिकमिंग नहीं। मन के शांत होने पर ही 'बीइंग' की स्थिति आती है, वह भूमि आती है, जो किसी की नहीं हैं। लेकिन दिनकर यह मानते और जानते थे कि **कविता का एक बड़ा लक्षण यह है कि वह आत्मा की शाति भंग करें। आत्मा की शांति-भंग में एक आनंद है, जिसे सुसंस्कृत व्यक्ति ही जानता है।**

कवि दिनकर की आत्मा की शांति कम से कम दो बार तो भंग होती हुई दिखाई दे ही गई थी। एक तो 'उर्वशी' की प्रसूति से पहले और दूसरे चीनी आक्रमण के दौरान 'परशुराम की प्रतीक्षा' को अवतरित करते समय। 'उर्वशी' काव्य की रचना में उन्हें सर्वाधिक कठिनाई का सामना करना पड़ा। उर्वशी के प्रसव की बेचैनी और दर्द वे आठ साल तक सहते रहे। प्राणों का संकट झेलकर उन्होंने इस काव्य को पूरा किया। वे उर्वशी को पूरा किए बिना मरना नहीं चाहते थे। इसलिए उन्होंने कविता की रचना जबर्दस्ती शुरू कर दी। फिर यही जबर्दस्ती प्रेरणा में बदल गई और कविता ने उन्हें कसकर पकड़ लिया। दिनकर ने अपनी डायरी में लिखा है कि "मैंने इसकी रचना नहीं की है, यह अदृश्य में कहीं लिखी-लिखाई पड़ी हुई थी। मैंने मात्र उसका अनुसंधान कर लिया है।" पंत जी को लिखे एक पत्र में इस अनुसंधान का काव्यमय उल्लेख किया गया है:

मै घोर चिंतना मे धँसकर,
पहुँचा भाषा के उस तट पर।
था जहाँ काव्य यह धरा हुआ
सब लिखा-लिखाया पड़ा हुआ।
बस झेल गहन गोते का सुख
ले आया इसे जगत् सम्मुख।

1962 में हुए चीन के अप्रत्याशित आक्रमण के समय कवि का आक्रोश चरम बिन्दु पर पहुँच गया था। वे प्रतिकार और आत्मधिक्कार से आन्दोलित होकर कविता पर कविता लिखे जा रहे थे। यहाँ तक कि रक्तचाप बढ़ गया और बीमार हो गए। जनता का मनोबल बढ़ाने के लिये फिर भी वे कवि सम्मेलन आयोजित करते रहे। राष्ट्रपति डॉ. राधाकृष्णन और प्रधानमंत्री पं. नेहरू से मिलते रहे। उन्हें जनभावना से अवगत कराते रहे। जनरल कौल, रक्षा मंत्री मेनन और चीन विषयक सरकार की नीति को लेकर जागरूक लोगों में काफी नाराजगी थी। जनरल कौल को सेना बिल्कुल पसंद नहीं कर रही थी। नेहरू से रिश्ते के कारण कौल को हटाना मुश्किल हो रहा था। तेजपुर में सैनिकों ने राष्ट्रपति के चरणों में गिरकर जो कुछ बताया उससे राष्ट्रपति हिल गए। दिनकर ने कौल और नेहरू की रिश्तेदारी पर निशाना साधते हुए भाई-भतीजावाद और गोत्रवाद पर एक चुभने वाली कविता लिख दी। अन्त में,

राष्ट्रपति के हस्तक्षेप और राजाजी द्वारा की गई आलोचना ने नेहरूजी को जनरल कौल और मेनन को निकालने के लिये मजबूर कर दिया।

22 दिसंबर 1962 को 'परशुराम की प्रतीक्षा' नामक जो कविता आरंभ हुई थी, वह लगभग प्रतिदिन ही लिखी जा रही थी। देश के आहत होने का दर्द दिनकर जी में इतना गहरा था कि वे रोते जाते थे और कविता लिखते जाते थे। 23 जनवरी 1963 को हुए लाल किले के कवि-सम्मेलन में भी दिनकर जी ने यह कविता सुनाई और खूब दाद बटोरी। उन दिनों इस आग उगलने वाली कविता का दिल्ली में बड़ा तहलका मचा हुआ था। 'परशुराम की प्रतीक्षा' के बारे में जानकारी मिलने पर डॉ. राधाकृष्णन बेहद खुश हुए। उन्होंने दिनकरजी को कहा कि काश मैं हिन्दी जानता और आपकी कविताएँ पड़ सकता! मगर दिल्ली में आपने जो तहलका (कमोशन) मचा रखा है, उससे मैं स्पष्ट देख रहा हूँ कि आप समर्थ कवि है। मेरा आशीर्वाद है कि आपकी सामर्थ्य और भी बढ़े। कवि निर्भीक नहीं होगा तो कविता पवित्र और शक्तिशाली नहीं होगी।

चीन के छलपूर्ण आक्रमण से देश के मस्तक को नीचा होता हुआ देखकर दिनकर ने भारत को एक सामरिक राष्ट्र बनाने की पैरवी की। वे बाहुबली प्रवृत्ति और हिंसा के प्रशंसक हो गए। उनका रौद्र-रूप उजागर हो गया। उन्होंने कहा कि गांधी और बुद्ध को बचाने के लिये उस खड्ग की आवश्यकता है, जिसे उनके अनुयायी निंदित मानते हैं। 'परशुराम की प्रतीक्षा' राजेन्द्र बाबू को भी सुनाई। वे निम्नांकित पंक्तियाँ सुनकर मूछों में मुस्कुराते रहे:

> असि छोड़, भीरू बन जहाँ धर्म सोता है,
> पातक प्रचंडतम वहीं प्रकट होता है।

दिनकर कहते हैं कि राजेन्द्र बाबू कविता इस भाव से सुन रहे थे कि कवि का क्रोध जब सीमा का उल्लंघन करता है, तब भी वह खूबसूरत होता है, और मैं इस भाव से सुना रहा था कि गांधी-परंपरा में भी इस क्रोध का औचित्य है। अगर गांधी-धर्म आत्मरक्षा के लिए तलवार उठाने को पाप नहीं समझता तो मैं भी उत्तम कोटि का गांधीवादी हूँ।

वाल्तेयर के बहाने दिनकर एक जगह कहते हैं कि कवि होना उस शुद्ध, जीवंत बर्बर के समान है जो सोचता नहीं, केवल अनुभव करता है, फील करता है, जिसके भीतर विचार नहीं होते केवल बिंब या चित्र होते हैं, लेकिन जब दिनकर की परवर्ती कविताओं को पढ़कर पंतजी ने कहा कि उनकी कविता

में विचार कुछ ज्यादा ही दिखाई दे रहे हैं, तब दिनकर जी ने दो-तीन विदेशी साहित्यकारों के उद्धरण देकर अपनी रक्षा भी कर ली। मगर सच्चाई तो यही है कि कविता में भावना और विचार की लयपूर्ण उपस्थिति आवश्यक है। कविता न केवल भावना का आवेग है और न कोरे विचारों का उन्मेष।

धर्मयुग में 'हारे को हरिनाम' शीषर्क के अर्न्तगत छपी दिनकर की कविताओं की काफी सराहना हुई। नामवर सिंह और स्वर्गीय रामविलास शर्मा जैसे दिग्गज विचारकों और साम्यवादियों ने भी उनकी भूरि-भूरि प्रशंसा की। राम विलास जी ने तो यहाँ तक कह डाला कि "यदि वे निरन्तर इन कविताओं को पढ़ते रहेंगे तो एक दिन आस्तिक अवश्य बन जाएँगे।" इस कारण, दिनकर जी आश्वस्त थे कि भारत में साम्यवाद या कम्युनिजम कभी नास्तिक नहीं हो पाएगा।

राज्यसभा के सदस्य बनाए जाने के बाद लगभग 20 वर्ष (1952-72) तक वे दिल्ली से ही लगे रहे। उनके लिए यह कालखंड काफी घटना-प्रधान रहा। इस दौरान वे बादलों से गरजते और बिजली की तरह दौड़ते रहे। वे हिन्दी के तो परिव्राजक बने रहे, देश और दुनिया नापते रहे। सैकड़ों साहित्यकारों और कलाकारों के संपर्क में आए। हिन्दी और अंग्रेजी के साहित्य को पढ़ने में वे कभी पिछड़े नहीं। दिल्ली में नेहरू जी से भी काफी हिले-मिले रहे। जवाहर और मोती पर कविताएँ भी लिखी। जवाहर को वीर रस के कवि सम्मेलन सुनवाए ताकि चीन से लड़ने का उनका जज्बा ठंडा नहीं होने पाएं। लेकिन वक्त आने पर देश और हिन्दी के मामलों को लेकर नेहरू को खरी-खोटी सुनाने में संकोच या परहेज नहीं किया। एक बार नेहरू ने भावना में बह कर दिनकर से कह दिया कि उनके (नेहरू के) बाद भारत में जनतंत्र नहीं रह पाएगा, सैनिक शासन हो जाएगा। नेहरू जैसे जनतंत्रवादी से यह चर्चिल की भाषा सुनकर वे दंग रह गए। वे इन शब्दों को हजम नहीं कर पाए। सीधे-सीधे राष्ट्रपति डॉ. राधाकृष्णन के पास जाकर उन्हें बता दिया। डॉ. राधाकृष्णन को भी बड़ा दुःख और आश्चर्य हुआ और वे काफी सतर्क हो गए।

1962 में जब गोपाल रेड्डी सूचना मंत्री बने और उन्होंने 'तुष्टीकरण' के लिए हिन्दी के सरलीकरण का अभियान छोड़कर हिन्दी से संस्कृत के शब्दों का बहिष्कार करने की वकालत की तो दिनकर जी तमतमा उठे। रेडियो बुलेटिन में जिस तरह से हिन्दी को लिखा और बोला जा रहा था, उससे

राष्ट्रकवि की नाराजगी और अधिक बढ़ गई। उन्होंने ललकार कर कहा कि सरकार हिन्दी को बिगाड़ रही है। उन्हें यह जानकर बहुत दुःख हुआ कि यह हिन्दी के बिगाड़ का कार्यक्रम बच्चन जी की देख-रेख में हो रहा था।

पंत जी भी बच्चन की हाँ में हाँ मिला रहे थे। राज्यसभा में, हिन्दी के बेतुके सरलीकरण के खिलाफ, दिनकर ने जो ओजस्वी भाषण दिया उसका हिन्दी जगत् ही नहीं दक्षिणवासियों ने भी स्वागत किया। इस भाषण में उन्होंने नेहरू के खिलाफ छींटाकशी करते हुए कहा कि देश के प्रधानमंत्री पंडित नेहरू के हिन्दी विरोधी रूख को देखकर ही कुछ लोग हिन्दी के सरलीकरण की मुहिम चलाने के लिये आमादा हुए हैं।

गांधी विज्ञान और आधुनिकता को वहीं तक अपनाने के पक्षधर थे, जहाँ तक कि हमारी नैतिक क्षमता उस पर नियंत्रण (या अनुशासन) रख सके। दिनकर का भी आग्रह था कि हम आधुनिक वहीं तक बनें, जहाँ तक वह हमारी संस्कृति के अनुकूल हो। अपनी संस्कृति और परंपरा का सार इसीलिए बचाना है कि कहीं आधुनिक बनते-बनते हम यूरोप या अमेरिका की 'डुप्लीकेट कापी' बनकर न रह जायें। दुनिया एक हो, यह ठीक है; लेकिन विभिन्न देशों की परंपराएँ अगर जड़ से उखाड़ कर फेंक दी गई तो दुनिया शायद एक जैसी तो हो जाएगी, मगर रंग उसका भूरा हो जाएगा, चितकबरा नहीं रहेगा। संभवतः, विविधता खोकर अनाकर्षक और नीरस भी हो जाएगी।

बुद्धिजीवियों और मनीषियों की भूमिका एवं छबि को लेकर भी दिनकर अपने साहित्यकार साथियों और मित्रों से चर्चा करते रहते थे। फलस्वरूप, उनका अभिमत बना था कि **मनीषी जब सरकार से सटने लगता है, तब जनता उस पर संदेह करने लगती है और जब वह सरकार का अंग बन जाता है तब जनता उस पर विश्वास करना छोड़ देती है।** असली बात यह है कि जनता चाहती है कि **"मनीषी ऐसा हो कि वह राजा और प्रजा दोनों को डाँट सके।"** जब तक मनीषी इस धर्म का पालन करता है, तब तक जनता उसके साथ रहती है। स्वराज्य के पूर्व मनीषियों का इस देश में बड़ा सम्मान था, क्योंकि मनीषी या बुद्धिजीवी शासकों के खिलाफ आवाज उठाते थे।

अब मनीषियों का आदर बहुत कम हो गया है। जो मनीषी, लेखक, कवि या कलाकार हैं, वे कला और सहित्य की तो सेवा करते हैं, लेकिन समय के

ज्वलंत प्रश्नों पर अपने विचार व्यक्त करने से कतराते हैं। बेशक, यह सुरक्षित राह है, मगर जो सुरक्षा खोजता है, जनता उसकी खोज–खबर नहीं लेती। जिस समाज के मनीषी भयभीत होकर दब्बू और चाटुकार बने रहते है, उस समाज का नेता राजनीतिक ही रहेगा, मनीषी नहीं। **समाज पर बौद्धिकों और प्रज्ञावानों का प्रभाव तभी पड़ेगा जब कि वे समय पर सत्य बोलने या प्रतिरोध की आवाज उठाने की कीमत चुकाने के लिये तत्पर रहेंगे।** दिनकर किर्केगार्द की इस उक्ति से सहमत थे कि "आदमी केवल सोचने से नहीं बनता। वह नैतिक संघर्ष से बनता है, कर्म के तनाव से बनता है।" कुल मिलाकर, दिनकर तटस्थता के बहेलिये थे। ऐसा लगता है कि वे स्वयं अपनी काव्य–पंक्ति, जो तटस्थ हैं समय लिखेगा उनका भी अपराध, को जीवन में उतारने की कोशिश में लगे रहे। निःसन्देह, वह सुशिक्षित व्यक्ति भी इस धरती का बोझ है जो सत्य, न्याय और समता का आग्रह नहीं रखता हो, या इनके पक्ष में एक स्टैण्ड न ले पाता हो।

उपभोग की अति से उपजने वाली उकताहट, समृद्धि के सरोवर में उगने वाले दुष्काल और सभ्यता द्वारा प्रकृति एवं मानव जीवन की गुणवत्ता के साथ किए जा रहे व्यभिचार के प्रति भी दिनकर चौकन्ने थे। भोग–उपभोग की पोषणीयता (सस्टैनेबिलिटी) अथवा मर्यादा को संभवतः इसीलिए उन्होंने उर्वशी' में बड़े मनोहारी शब्दों में उठाया है। इस कामाध्यात्म् या निष्काम काम की क्लिष्ट कल्पना पर कुछ प्रश्न भी उठाए गए है। लेकिन, क्या यह ईशोपनिषद् के त्यागमय भोग की शृंगारिक अनुगूँज नहीं है:

सतत् भोगरत नर क्या जाने तीव्र स्वाद जीवन का,
उसे जानता वह, जिसने कुछ दिन उपवास किया है।

'संस्कृति के चार अध्याय' ग्रंथ में भी अमर्यादित विलास और उपभोग के प्रति अपना क्षोभ व्यक्त करते हुए वे लिखते हैं: "यदि भारत का इतिहास सत्य है तो गरीबी पर लगाम लगते ही इस देश में एक विचारधारा प्रकट होने वाली है, जो यह बताएगी कि मनुष्य का कल्याण इसमें नहीं है कि उसकी आवश्यकताएँ अनंत हों, बल्कि इसमें कि उसकी जरूरतें थोड़ी हों। सर्वोत्तम समाज वह नहीं, जिसका लक्ष्य समुचित समृद्धि की उपलब्धि है, बल्कि वह जो वाजिब गरीबी को अपना ध्येय मानता है। जरूरत की सारी चीजें मनुष्य को तुरंत चाहिए, लेकिन जरूरत से फाजिल चीजें उसे एकदम नहीं चाहिए। भारत

के प्राचीन ज्ञान और पश्चिम की नवीन संस्कृति के समन्वय की कीमत वहीं समाज दे सकता है जो विलास से बचने के लिये स्वेच्छा से अमीरी का त्याग कर सकता हो।"

अन्त में, मेरी समझ से, दिनकर जी की अनुभूतियों और विचारों का सार अग्रलिखित तीन बिन्दुओं में समाहित किया जा सकता है:

पहला–विचारकों, मनीषियों और विभिन्न सामाजिक संस्थाओं का नेतृत्व करने वाले व्यक्तियों को तटस्थ और उदासीन नहीं रहकर पाखंड का खंडन, विकृतियों का विरोध और शोषण का प्रतिरोध करने के लिए तत्पर रहना चाहिए।

दूसरा–निर्बल को सबल और सबल को न्यायप्रिय बनाने का प्रयास निरन्तर जारी रहना चाहिए।

तीसरा-और अंतिम यह कि सत्तावान के मुँह पर सत्य बोलने से सत्तावान सत्योन्मुख और सत्य सत्तावान होता है।

91

देरिदा का दर्शन और राज्य के झूठ का विखंडन

विश्वविख्यात फ्रांसीसी दार्शनिक जॉक्स देरिदा अब हमारे बीच नहीं है। उनका निधन 8 अक्टूबर 2004 को हो चुका है। वे 1930 में अल्जीरिया के एक यहूदी परिवार में जन्मे थे। उनमें भाषा की असमर्थता, झूठ की व्यापकता और मनुष्यों के बीच की दूरियों के बारे में अपूर्व चिन्ता और समझ थी। यूरोप के बजाय अमेरिका में उनके प्रशंसकों और आलोचकों की संख्या अधिक थी। उनके अभिनव चिन्तन और नजरिये की ताजगी ने दुनिया भर के दार्शनिकों और विचारकों का ध्यान ही आकर्षित नहीं किया बल्कि उन्हें चौंकाया और चेताया भी। उनके चिन्तन की प्रक्रिया या अन्वेषण की प्रणाली 'डिकंस्ट्रक्शन' अर्थात् 'विखंडन' नाम से प्रचारित और स्थापित हुई। हर प्रकार के लेखन और उद्बोधन में उपस्थित भाषाई मायाजाल, वाक्छल और शब्दाडम्बर से अर्थ का उत्खनन और सत्य का उद्घाटन करने की प्रविधि ही देरिदा की 'विखंडन' दृष्टि है। इसे 'भाषा का दर्शन से प्रतिशोध' भी कहा जाता है।

एडमंड हसरेल और मौरिस मरलो-पोंटी के घटना-विज्ञान को 'डिकंस्ट्रक्शन' का स्त्रोत माना जाता है। घटना-विज्ञान भाषा या शब्दाउम्बर द्वारा आँखों पर बाँधी जाने वाली उन पट्टियों को हटाने में सहायक होता है जो अभिप्राय और चेतना के मूल अन्तर को धुँधलाता है। पश्चिम की मान्यता है कि सम्प्रेषित होने से पहले शब्दों का अर्थ हमारे सम्प्रेषक के मन-मस्तिष्क में उपस्थित रहता है। देरिदा इस मान्यता को उपस्थिति की अधिभौतिकता कहकर इस तरह के विचार को बहुत बड़ा सम्भ्रम बताता है। सम्प्रेषण में हमेशा कुछ-न-कुछ छूटा हुआ

रह जाता है, इसलिए अर्थ अपनी पूर्णता में किसी भी बिन्दु पर उपस्थित नहीं रहता। देरिदा का उद्देश्य पाश्चात्य चिन्तन की उन मूल अधिभौतिक मान्यताओं को नीत्शे की तरह ध्वस्त करना है जो मानवीय व्यवहार और सम्बन्धों को झूठ का शिकार बनाती हैं। देरिदा का विचार है कि आजकल सम्प्रेषण के साधन और परम्पराएँ हमारे द्वारा बनायी जाने के बजाये हम उनके द्वारा बनाये जा रहे है। इसलिये खासकर प्रतीकात्मक वास्तविकताएँ तथा सरकारी एजेन्सियों एवं संगठनों द्वारा तैयार किये गये दस्तावेज और आलेखों को सन्देह की नजर से देखा जाना चाहिए। कुल मिलाकर, विखंडनवाद हमारी व्याख्या करने की उन विधियों के पुनः परीक्षण का आग्रह करता है जो स्वयं ढुलमुल और कमजोर जमीन पर स्थित हैं। विखंडनवाद एक 'दार्शनिक सन्देहवाद' ही है जो हमारी बिना जाँची-परखी अवधारणाओं और मतवादों पर सवाल खड़े करता है। यह उन वैचारिक रिक्तताओं को भी उजागर करता है जो हमारे मूल्य-निर्णयों पर सन्देह पैदा करने में सहायक होती हैं।

20वीं सदी के उत्तरार्द्ध में अस्तित्ववाद और संरचनावाद की तरह विखंडनवाद भी बुद्धिजीवियों के वार्तालाप का एक 'कोड वर्ड' (कूट शब्द) बन गया था। दूसरे विश्वयुद्ध के बाद अस्तित्व में आये अस्तित्ववाद और संरचनावाद भी फ्रांस की ही देन थे। कहा जाता है कि देरिदा और उसके अनुयायी या तो 'विखंडनवाद' को ठीक-ठीक परिभाषित नहीं करना चाहते थे या वे सम्भवतः ऐसा करने में असमर्थ थे। इसलिए 'विखंडनवाद' के बारे में नासमझी और भ्रान्ति बनी रही तथा उसकी अनेक विरोधाभासी व्याख्याएँ होती रही। कुछ विचारक इसे 'नकारात्मक' विचार-पद्धति भी कहते हैं। कुछ लोग कहते हैं कि यह एक चिन्तनप्रणाली न होकर ऐसी रणनीति या युक्ति है जिसका उद्देश्य भाषा की अस्थिरता और उन दुर्बल आधारों को उघाड़ना है जिन पर हमारे अनेक सिद्धान्त टिके हुए हैं। विखंडनवाद की अस्पष्टता, जटिलता और रोबदाब को लेकर एक कहावत प्रचलित है कि 'माफिया और डिकन्स्ट्रक्शन में अन्तर यह है कि पहला यदि आपको कोई प्रस्ताव देता है तो उसे नकारा नहीं जा सकता तथा दूसरा यदि कुछ कहता है तो उसे समझा नहीं जा सकता।'

विखंडनवाद की तीन बुनियादी मान्यताएँ:

पहली, भाषा अपरिहार्य रूप से 'अर्थ' को निर्धारित और स्थिर करने में असमर्थ है। दूसरी, भाषा में अर्थ को निर्धारित कर उसे स्थायित्व प्रदान करने

की अक्षमता के कारण, विश्लेषण की कोई भी प्रविधि (दर्शन या समीक्षा) पाठ (टेक्स्ट) की व्याख्या के प्रामाणिक होने का दावा नहीं कर सकती और तीसरी, व्याख्या निर्बन्ध विचरण करने वाली ऐसी प्रक्रिया बन गयी है जो विश्लेषण के बजाय 'खेल खेलने' जैसी ज्यादा लगती है।

'डिकंस्ट्रक्शन' गुरु देरिदा केवल भाषाभंजक या भाषा की कारा को तोड़ने वाले दार्शनिक नहीं थे। उनका मूल मकसद भाषा के सम्मोहन, दुराव, शब्दाडम्बर और वाक्छल को भेदकर अर्थ एवं सच्चाई के मर्म तक पहुँचना था। भाषा की संरचना और तर्क की असमर्थता की गहन पड़ताल करके वे भाषा और तर्कबुद्धि का अतिक्रमण कर ऐसे खुले, स्वस्थ और शुद्ध विचार तक पहुँचना चाहते थे जिसमें सत्य और अर्थपूर्णता का साक्षात्कार किया जा सके। 'विखंडन' या 'डिकंस्ट्रक्शन' शंब्द किसी उधेड़बुन या उठापटक का द्योतक नहीं है। देरिदा ने इस शब्द का चुनाव एवं प्रयोग लेखकों, वक्ताओं या विचारकों को केवल चौंकाने के लिए भी नहीं किया था। वास्तव में, यह सत्य और अर्थ का गोपन करने वाले सारे ऊतकों, आवरणों, बहानों तथा मुखौटों को तोड़ने का सशक्त साधन या गहन पड़ताल करने की एक प्रबल प्रविधि है। लगभग सभी प्रकार का लेखन भ्रान्ति, गड़बड़ी और अन्तर्विरोध का शिकार रहता है। लेखक का आशय और अभिप्राय भी भाषा के अन्तर्विरोध या विपर्यय को दूर करने में असमर्थ रहा है। सम्भवतः इसीलिए इतिहास, दर्शन और साहित्य आदि क्षेत्रों में होने वाला लेखन सच्चाई, अर्थपूर्णता और स्थायित्व से वंचित रहा है। फिर भी, विखंडन की अवधारणा का अनुप्रयोग साहित्य, कला, समाजविज्ञान, भाषा विज्ञान, नृतत्व शास्त्र, राजनीति विज्ञान, वास्तुशास्त्र और सिनेमा आदि विषयों में किया जा चुका है।

साहित्य के समीक्षक पाठ या टैक्स्ट को छोटे-छोटे परिच्छेदों तथा वाक्यांशों में बाँटकर निहित अर्थ की खोज़बीन करते हैं। नारीवादी, विषमलिंगियों और समलिंगियों के पैरोकार तथा तृतीय विश्व के सरोकारों के हिमायती 'विखंडन' की प्रविधि का प्रयोग उनके प्रति लेखकों एवं विचारकों द्वारा व्यक्त पूर्वग्रहों, दुर्भावनाओं और विसंगतियों को उजागर करने के साधन के रूप में कर रहे हैं।

1997 में अपनी भारत-यात्रा के दौरान एशियाटिक सोसायटी और रवीन्द्र भवन ऑडिटोरियम (कोलकाता) में दिये गये अपने व्याख्यान में 'देरिदा' ने

'झूठ का राज्य और राज्य का झूठ' पर महत्वपूर्ण विचार रखे थे। उन्होंने स्पष्ट किया था कि किस प्रकार गल्प स्वयं को गढ़ता है और किस तरह सच्चा संसार एक गल्प या काल्पनिक गाथा बन जाता है। किसी घटना की व्याख्या या उसका पुनर्रचित वृत्तान्त बहुत कुछ झूठ का एक रचा हुआ रूप ही होता है। सत्तासीन लोगों के छल-प्रपंच और वास्तविक वृत्तान्त को जोड़ने वाले सूत्र पर विचार व्यक्त करते हुए देरिदा ने श्रोताओं का ध्यान महत्वपूर्ण किन्तु विवादित इतिहास के असत्यीकरण के मुद्दे पर केन्द्रित किया। पिछले वर्षो में हमने भी देखा है कि किस तरह हमारी सरकारें पाठ्यपुस्तकों को अपने-अपने झूठ का वाहक बनाती रहती हैं। चक्रवर्ती सम्राट की अदा वाले राष्ट्रपति बुश के इराक सम्बन्धी महाझूठ की अनुगूँज तो सारी दुनिया में सुनाई दे रही है।

बकौल देरिदा सच्चाई, बदली हुई परिस्थिति में, तभी सामने आ सकती है जबकि पिछले समय में किये गये विकृतिकरण पर प्रश्न खड़े किये जाएँगे। झूठ बोलना और झूठ का प्रसारण करना दूसरों को ठगने या धोखा देने की इच्छा की ही अभिव्यक्ति है। राजनीति झूठ बोलने का एक विशिष्ट और सुरक्षित अड्डा है। दूसरे शब्दों में झूठ का हर तरह का प्रयोग और विस्तार सत्य को दमित और सीमित करने का ही एक अभियान है। देरिदा का सोच है कि **अभिव्यक्ति की प्रत्येक क्रिया में सत्य से इकरार निहित होता है। वाक्छल और शब्दाडम्बर द्वारा इस पवित्र इकरार या अनुबन्ध को तोड़ा जाता है। झूठ मानवीय सामाजिकता को विषाक्त करके संवाद और हिस्सेदारी की सम्भावनाओं को नष्ट करता है।** दार्शनिक हन्ना अरेंड के शब्दों में, मिथ्याभाषी व्यक्ति (या समूह) स्वभाव से ही सक्रिय और मँजे हुए अभिनेता होते हैं। देरिदा व्यंग्यात्मक प्रश्न पूछते हुए कहता है कि 'क्या झूठा आचरण, भाषण और लेखन मनुष्य की आजादी की पुष्टि नहीं है?'

देरिदा की दृष्टि में समसामयिक यथार्थ झूठ की परम विजय को प्रदर्शित करता है। जन संचार अपने बहकाने, बरगलाने और फुसलाने के तौर-तरीकों से सामान्य लोगों के सोच-विचार को कुंठित ही नहीं करता, सामाजिक यथार्थ पर भी पर्दा डालता है। **मीडिया यथार्थ के स्थानापन्न बिम्ब बनाकर दर्शकों के सामने परोसता है। पुराना पोर्ट्रेट वास्तविकता को छुपाता अवश्य है, लेकिन मीडिया द्वारा गढ़े गये बिम्ब तो यथार्थ को क्षत्-विक्षत् किये बिना बाज नहीं आते।** देरिदा इस सम्भावना को खारिज करता है कि राज्य के

सत्य को कानून द्वारा स्थिर या स्थायी बनाया जा सकता है। **आज की परिस्थितियों में हमारा दायित्व है कि हम सार्थक हस्तक्षेप द्वारा अपनी स्मृति को चैतन्य और जीवन्त बनाये रखें। विभिन्न घटनाओं पर सतत सवाल उठाकर तथा जाँच-पड़ताल द्वारा सच्चाई का सही संस्करण सामने लाकर हम अपने निरन्तर परीक्षण करते रहने के बौद्धिक और नैतिक दायित्व का निर्वाह कर सकते हैं।**

कोलकाता के रवीन्द्र सदन में आयोजित व्याख्यान में देरिदा दार्शनिकता से थोड़े अलग हटकर अन्तराष्ट्रीय सद्भाव पर बोले। विषय था 'अनपेक्षित और अनिमन्त्रित अन्यों का सत्कार।' उनके प्रश्न थे कि क्या सारी दुनिया में लोग एक-दूसरे को जब चाहें और जहाँ चाहे, बाँहों में भरकर अपना बना सकते हैं? क्या मनुष्यों में एक नयी एकता कायम की जा सकती है? इन प्रश्नों के उत्तर देने का दायित्व श्रोताओं पर छोड़कर उन्होंने कहा कि ये अनपेक्षित और अनामन्त्रित लोग ऐसे अजनबी भी हो सकते हैं जो सत्कार एवं समादर का हाथ बढ़ाने वालों पर आक्रामक हो जाए। उनका अगला प्रश्न था कि यदि बिना किसी शर्त के अजनबियों को अपनाने का काम पूरी गरमाहट से सारी दुनिया में शुरू हो जाये तो भी क्या विभिन्न राष्ट्र अपनी सरहदें हटाकर लोगों को विश्व-नागरिक बना लेंगे? देरिदा बिना उत्तर दिये प्रश्न को लटकता हुआ छोड़ देते हैं क्योंकि शायद उन्हें विभिन्न देशों की सरकारों से ऐसी सकारात्मक उम्मीद नहीं है।

अपने ऐतिहासिक विश्लेषण के आधार पर अन्त में देरिदा ने कहा कि वर्तमान परिस्थिति में लोगों का शान्तिपूर्वक विश्व-नागरिकों के रूप में साथ-साथ रहना-सहना निकट भविष्य में भी सम्भव नहीं लगता। हाँ, अपवाद स्वरूप ऐसे अवसर उपस्थित हो सकते हैं। उनकी आशंका है कि द्वन्द्व और टकराहट कहीं मनुष्य के पित्राणु या 'जीन' में ही निहित तो नहीं है? इसलिए अनपेक्षित और अनामन्त्रित अन्य के आतिथ्य और अपनाव की कल्पना को साकार करने के लिये अभी वर्षों तक जमीन तैयार करने की जरूरत है।

सत्ता, संगठन और दबंग लोग आजकल आँकड़ों, तर्कों और सूचनाओं का उपयोग नीति और सत्य को झुठलाने तथा मतारोपण करने के लिए धड़ल्ले से कर रहे हैं। हम सापेक्षताओं, सरकारों एवं राजनीतिक दलों द्वारा गढ़े गये

अर्द्धसत्यों तथा प्रसिद्ध व्यक्तियों, विज्ञापन एजेंसियों और राष्ट्रीय-अन्तरराष्ट्रीय प्रकाशनों द्वारा प्रमाणित आंशिक अच्छाइयों के एक विषम वातावरण में रह रहे हैं। हमें झूठ के अम्बार में, सत्य को खोजना पड़ता है। बीसवीं शताब्दी में स्वयं विवेक को बुद्धिजीवियों ने सन्देह की दृष्टि से देखना शुरू कर दिया था। आज भी छल-बल के सामने विवेक कमजोर दिखाई दे रहा है। शक्ति की राजनीति के कारण संकल्प पंगु हो गया है। व्यक्ति समकालीन इतिहास के प्रवाह में बहा जा रहा है, क्योंकि प्रवाह की दिशा में बदलाव लाने के लिये उसके पास कोई वैकल्पिक विचार या प्रतिरोधी शक्ति नहीं है। ऐसी विकट स्थिति में, दूसरे सुकरात या कबीर की भूमिका में देरिदा के 'विखंडन' की ललकार उन मुट्ठी भर साहसी लोगों का उत्साह बढ़ाती है जो पाखंड के खंडन और झूठ के मर्दन के लिये संगठित होने की तजवीज कर रहे हैं।

92

गाँधी दुर्बलता के दोस्त नही, शक्ति के सखा थे

ग्यारह मई 1998 को पोखरण में किए गए दूसरे परमाण्विक विस्फोट के बाद, हमारे देश में, प्रतिपक्ष ने गाँधी और उनकी अहिंसावादिता को खूब याद किया। परमाणु-परीक्षण को गाँधी के साथ गद्दारी तक कहा गया। यह सारा हायतौबा और स्यापा उन लोगों ने किया जिनके आचार-विचार में गाँधी कहीं प्रतिबिम्बित ही नहीं होता। लगभग दो-तीन महीने तक यह विलाप एवं प्रहार-अभियान उसी तरह चलता रहा जिस तरह स्कूल-कॉलेज में वाद-विवाद प्रतियोगिताओं में विपक्ष में बोलने वाले छात्र करते रहते हैं। पक्ष में बोलने वालों के कथ्य में चाहे जितना दम हो या उनके तर्क चाहे जितने सशक्त हो, फिर भी उनकी किंचित मात्र सराहना और परवाह नहीं की जाती। देश की प्रतिरक्षा संबंधी गाँधी के विचारों को जाने-समझे बिना परमाणु-प्रकरण में गाँधी के नाम को उछाला गया। गाँधी हिंसा से ज्यादा दुर्बलता से दो-दो हाथ करने के पक्षधर थे। परीक्षण के प्रसंग में प्रतिपक्ष का समूचा आचरण गाँधी-विमुख रहा, क्योंकि गाँधी दूसरे पक्ष को अपने पक्ष से कम महत्त्व नहीं देते थे। वे गहन एवं व्यापक विचार किए बिना अपनी राय एकदम प्रकट करने के लिए तैयार नहीं होते थे। खासकर, अंतरराष्ट्रीय महत्त्व के मामलों में कुछ देशों के एकाधिकारवादी रवैए और अन्यायपूर्ण बर्ताव का प्रतिकार करने में दीनता या पलायन का सहारा लेने की प्रवृत्ति को वे अहिंसक नहीं मानते थे।

हीडेलबर्ग विश्वविद्यालय (जर्मनी) के प्रोफेसर डाइटमर रोदरमंड ने 1992 में एक छोटी-सी पुस्तक महात्मा गाँधी पर लिखी है। उसका नाम है: **महात्मा गाँधी: एन एसे इन पोलिटिकल बायोग्राफी**। इसमें परमाणु बम की चुनौती

पर एक अध्याय है। डॉ. रोदरमंड कहते हैं कि भारत और अन्य देशों की अपेक्षाओं के विपरीत गाँधी ने हिरोशिमा और नागासाकी पर अमेरिका द्वारा गिराए गए परमाणु बम के विरूद्ध 1945 में तत्काल कोई प्रतिक्रिया व्यक्त नहीं की। वे मौन रहे। बम गिरने के छः सप्ताह बाद सितम्बर इक्कीस को गाँधी ने लंदन से प्रकाशित टाइम्स को एक तार भेजकर उनके नाम से जोड़कर छापे गये कुछ बयानों का खंडन किया। उनका कहना था कि एटम बम के बारे में उन्होंने सार्वजनिक रूप से कोई बयान नहीं दिया। प्रेस्टोन ग्रोव नामक व्यक्ति को उत्तर देते हुए उन्होंने लिखा कि "मैं जितना अधिक सोचता हूँ उतना ही अधिक महसूस करता हूँ कि मुझे एटम बम के बारे में कुछ नहीं बोलना चाहिए।" डॉ. रोदरमंड का अनुमान है कि गाँधी ने परमाणु शस्त्रों का विरोध करना तभी आरंभ किया जबकि उनके सामने यह स्पष्ट हो गया कि भारत स्वतंत्र हो जाएगा। उनके इस व्यवहार से जाहिर है कि उस समय देश की आजादी ही उनका पहला और एकमात्र उद्देश्य था। हमारे यहाँ देश–भक्ति पर उस समय बहुत बड़ा व्यंग्य हुआ जब द्वितीय परमाणु परीक्षण को लेकर हमारी संसद ही विभाजित देखी गई। पाकिस्तान और अन्य देशों के राजनीतिबाजों ने इस प्रसंग का खूब मजाक बनाया और उसमें रस भी लिया।

गाँधी ने अँग्रेजों से निजात पाने के लिए 'अहिंसा' की शक्ति का भरपूर प्रयोग किया। लेकिन देश की प्रतिरक्षा तैयारी में 'अहिंसा' की घुसपैठ या घालमेल के पैरोकार वे कभी नहीं रहे। पाकिस्तान द्वारा कश्मीर पर आक्रमण किए जाने पर 1947 में वहाँ भारतीय सेना भेजने के निर्णय की उन्होंने सराहना की और उसे स्वीकृति भी दी। इस दौरान उन्होंने यह कभी नहीं कहा कि आजादी मिलने के बाद सेना विघटित कर देनी चाहिए। दिसंबर 1947 में जनरल करिअप्पा के यह पूछने पर कि सैनिकों की व्यावसायिक तैयारी और उनके कर्तव्य बोध का तालमेल अहिंसा की भावना के साथ कैसे हो सकता है? गाँधी ने कहा कि जहाँ तक इस प्रश्न के उत्तर की बात है, "मैं अभी अँधेरे में हूँ। मैं इसका उत्तर खोज लेने के बाद आपको अवश्य बताऊँगा।" 26 सितंबर 1947 को पाकिस्तान द्वारा युद्ध की संभावना के बारे में बोलते हुए कहा कि "युद्ध कोई मजाक नहीं हैं, विध्वंस है।" फिर कुछ सोचकर, आगे कहा कि **"युद्ध यदि थोपा जाता है तो उसका प्रतिरोध अवश्य किया जाना चाहिए। मैं किसी को अन्याय सहन करने की सलाह नहीं दे सकता। किसी न्यायोचित कारण के लिए यदि सभी हिंदुओं को उत्सर्ग**

करना पड़े तो मुझे कोई वेदना नहीं होगी।'' इस कथन से स्पष्ट हो जाता है कि **गाँधी को अन्याय के विरूद्ध शस्त्र उठाने में कोई आपत्ति नहीं थी। उनकी मान्यता थी कि जब युद्ध के बदले में उपलब्ध अन्य सभी विकल्प विवाद सुलझाने में नाकाम ठहरते हों तो उस स्थिति में युद्ध अवश्य किया जाना चाहिए।**

1928 में गाँधी ने स्पष्ट शब्दों में कहा था कि किसी व्यक्ति या समूह को जबरदस्ती अहिंसक नहीं बनाया जा सकता। अन्य लोगों को उस सीमा तक अहिंसा में विश्वास नहीं हो सकता जिस सीमा तक उन्हें स्वयं था। भारत को आजादी मिल जाने और राष्ट्रीय सरकार गठित हो जाने के बाद उन्होंने कहा था कि, **''अगर मेरी राय ली जाएगी तो मैं सैन्य प्रशिक्षण के पक्ष में ही अपना मत व्यक्त करूँगा।''** गाँधी व्यावहारिक विचारक थे। उन्होंने नेहरू के समान यह कभी नहीं कहा कि आजाद भारत की नीति अहिंसावादी होगी और इसलिए सैन्यबल की कतई आवश्यक्ता नहीं रहेगी। गाँधीजी को युद्ध का भी अनुभव था। वे 'बोअर युद्ध' में गैर लड़ाकू भूमिका में काम कर चुके थे। ब्रितानी भारतीय सेना के लिए प्रथम विश्व युद्ध में उन्होंने स्ट्रेचर ले जाने वाली कंपनी खड़ी करके सक्रिय भागीदारी की थी। युद्ध के बाद जनरल ए.ए.रूद्र से बातचीत के दौरान उन्होंने अपने आपको शांतिवादी (पेसीफिस्ट) के रूप में वर्गीकृत करने से साफ इंकार कर दिया था।

स्मरणीय है कि जनरल अजीत रुद्र ने फील्ड मार्शल करिअप्पा के साथ 1920 में इन्दौर कैडेट कॉलेज से स्नातक पाठ्यक्रम पूर्ण किया था। जनरल रूद्र के मेमॉयर्स (संस्मरण) में प्रतिरक्षा और सैन्य शक्ति के बारे में गाँधीजी के यथार्थवादी और व्यावहारिक दृष्टिकोण को प्रस्तुत किया गया है। सैन्य विशेषज्ञ के. सुब्रह्मण्यम ने अपने एक लेख में बताया है कि जनरल रूद्र के पिता सेंट स्टीफेंस कॉलेज के प्राचार्य थे। उन्होंने उप प्राचार्य सी.एफ. एन्डूज को दक्षिण अफ्रीका भेजकर गाँधीजी को भारत में बुलवाया था। गाँधी रूद्र परिवार के 9 वर्ष तक मेहमान रहे। जनरल रूद्र ने स्वतंत्रता आंदोलन को जोर पकड़ते हुए देखकर, गाँधी से पूछा कि, ''मैं सेना को छोड़कर स्वतंत्रता संग्राम में भाग लेना चाहता हूँ। आपकी क्या सलाह है?'' तो गाँधी ने कहा कि ''ऐसा मत करो। मेरा दृढ़ विश्वास है कि शीघ्र ही भारत आजाद हो जाएगा और फिर अजीत हमारी अपनी सेना होगी, जिसमें तुम्हें अपनी भूमिका अदा करनी पड़ेगी।''

गाँधीजी के अहिंसावाद को सही प्रसंग और परिप्रेक्ष्य में नहीं समझ पाने के कारण सामान्यजनों में उनके प्रतिरक्षा संबंधी विचारों को लेकर कुछ भ्रांति-सी फैली हुई है। कुछ लोग यह तक कहते हुए सुने जा सकते हैं कि गाँधी के अहिंसावाद के कारण ही स्वतंत्र भारत में सैन्य व्यवस्था की उपेक्षा हुई और वह ढीली-ढाली हो गई। सच्चाई यह है कि गाँधी नहीं, नेहरू सेना के प्रति उदासीन रहे। आजादी मिलने के बाद सैन्य अधिकारी प्रथम प्रधानमंत्री के समक्ष जब अपनी सैन्य नीति एवं योजना लेकर गए तो उनका उत्तर था कि, "यह सब बेकार की बातें (टोटल रबिश) हैं। अहिंसावादी देश को सैन्यबल की कोई जरूरत नहीं है। हम पुलिस से काम चला लेंगे।" जनरल अजीत रूद्र के संस्मरण नेहरू के इस दृष्टिकोण की गवाही देते हैं। वास्तव में नेहरू ने गाँधी की अहिंसा का गलत अनुवाद और प्रयोग किया। जनरल अजीत का यह निष्कर्ष सत्य के काफी निकट लगता है कि "पाकिस्तान के कश्मीर पर आक्रमण ने भारतीय फौज को बचा लिया।"

गाँधी किसी मजबूरी या कमजोरी का नाम नहीं है। उपनिषद् की इस उक्ति में उनका अखंड विश्वास था कि, "बलहीन व्यक्ति अपनी आत्मा को प्राप्त नहीं कर सकता।" वे सच्चे अर्थों में शक्ति के उपासक थे। उनके जीवनीकार रोम्यां रोलाँ ने ठीक ही कहा है कि गाँधी 'बिना क्रॉस के क्राइस्ट' और 'एक आदमी की सेना' थे। उनकी भौतिक शक्ति का स्रोत प्रकृति, आत्मा तथा परमात्मा था। मार्टिन लूथर किंग की दृष्टि में गाँधी का 'सत्याग्रह' युद्ध का नैतिक समतुल्य था। गाँधी भी मनुष्य थे। वे सर्वांग निर्दोष नहीं रहे होंगे, लेकिन इसमें कोई संदेह नहीं है कि उन्होंने दुर्बलता से कभी दोस्ती नहीं की। उनकी गर्जना रही है कि हमें "हिंसा से अधिक दुर्बलता के खिलाफ लड़ना चाहिए। तब तक कुछ भी महत्वपूर्ण और मूल्यवान नहीं हो सकता जब तक कि वह शक्तिशाली नहीं हो। चाहे वह अच्छाई हो या बुराई।" आतंक से लड़ने के लिये गाँधी की यह सलाह आज अधिक प्रासंगिक हो गई है।

93

सांप्रदायिक समझ और सद्भाव के साधक: महात्मा गाँधी

गाँधी एक 'संज्ञा' नहीं मूल्यों का समुच्चय है। वे 'क्रास रहित क्राईस्ट' और 'बोधिवृक्ष रहित बुद्ध' हैं। राम के शील और कृष्ण की व्यावहारिकता को उन्होनें अद्भुत रूप से आत्मसात किया था। वे महावीर के इस कथन को जीवन भर साकार करने में लगे रहे कि, "न कोई हीन है और न कोई अतिरिक्त" (णो हीणे णो अईरित्ते)। इस प्रकार, महात्मा गाँधी भारतीय सनातन परंपरा, संस्कृति और धर्म के अनुपम एवं अटल प्रतिनिधि थे।

मूल भारतीय परम्परा में 'धर्म' केवल 'धर्म' है। उसके हिन्दू, इस्लाम अथवा ईसाई जैसे न कोई उपसर्ग होते हैं न विशेषण। वह 'मानव धर्म' होने के नाते ही 'सनातन' नाम से विभूषित था। इसका प्रमुख आग्रह संस्कारों की शृंखला द्वारा मनुष्य का उदात्तीकरण करते हुए उसकी अन्तर्निहित पूर्णता को प्रकट करना है। उसकी यात्रा की दिशा धन से धर्म, भोग से भाव तथा स्वार्थ से परमार्थ की ओर थी। प्राणीमात्र के एकत्व को केन्द्र में रखते हुए इस सांस्कृतिक अभियान ने असत्य को सत्य, हिंसा को अहिंसा तथा संचय को दान से पराजित किया था। आर्यत्व इसी आचरण-परंपरा की पराकाष्ठा थी 1

भारत को उसकी समग्रता में जानने-समझने की जितनी आकुलता-व्याकुलता गाँधी में थी उतनी अन्य किसी आधुनिक नेता में दिखाई नहीं देती। उन्होंने पाया कि 'भोग भूमि' के विपरीत भारत एक 'कर्मभूमि' है। इसीलिये इस व्यवहारिक दृष्टा को भारत की हर एक वस्तु आकर्षित करती थी। उनका विशवास था कि

भारत में मनुष्य की उच्चतम आकांक्षा की पूर्ति के करने के लिये सब कुछ है। वे भारत से वैसे ही चिपटे रहना चाहते थे जैसे की एक शिशु माता के वक्ष से चिपटा रहता है। उनकी यह भावना थी कि भारत उन्हें वह आध्यात्मिक पोषण प्रदान करता है जिसकी उन्हें आवश्यकता थी। अन्य देश बाहुबल या पशुबल का भले ही समर्थन करते हो, भारत तो आत्मिक बल से ही सब को जीत सकता है। भारत का अपना एक ध्येय (मिशन) है। उसे यूरोप का अन्धानुकरण नहीं करना चाहिए। यदि भारत तलवार उठाता है तो उसे तात्कालिक विजय प्राप्त हो सकती है, लेकिन ऐसा होने पर "भारत मेरे हृदय का अभिमान नहीं रह पाएगा। अहिंसा धर्म के माध्यम से मेरा जीवन भारत की सेवा में समर्पित है।" गाँधी की अहिंसा कोई प्रतिकार नहीं बल्कि क्षमा की पराकाष्ठा है, जिसके लिए अंखड निर्भयता और अपार वीरता चाहिए। अहिंसा कायरों का युद्ध–कौशल नहीं है। कायरता से तो हिंसा ही श्रेयस्कर है। संभवतः इसीलिए मार्टिन लूथर किंग (जूनियर) ने उनके 'सत्याग्रह' को 'युद्ध का नैतिक समतुल्य' कहा था।

गाँधी भारत की विविधता पूर्ण संस्कृति के वाहक और धार्मिक सहिष्णुता के पहरेदार थे। जिन्ना की धार्मिक हठवादिता से जन्मे 'दो राष्ट्र' के सिद्धान्त और परवर्ती 'भारत–विभाजन' ने परंपरागत धार्मिक सहिष्णुता और भाईचारे को सर्वाधिक आघात पहुँचाया। किसी न किसी बहाने सांप्रदायिक असहिष्णुता का यह दैत्य अपना सिर उठाने से बाज नहीं आ रहा है। गाँधी ने आशा की थी कि सांप्रदायिक टकराव और वैमनस्य का आइसबर्ग (हिम शिला) स्वंतत्रता के सूर्य की ऊष्मा पाकर पिघल जाएगा। परन्तु अभी तक ऐसा हो नहीं पाया है। **गाँधी सांप्रदायिक एकता को 'हृदयों की अविभाजनीय एकता' कहते थे।** उनका आग्रह था कि प्रत्येक भारतीय नागरिक को अन्य धर्मावलंबी से व्यक्तिगत मित्रता जोड़नी चाहिए तथा एक दूसरे के धर्म और गरिमा का सम्मान करना चाहिए।

भारत उन सबका है जो यहाँ जन्मे, पले और बड़े हुए हैं तथा जिनकी निष्ठा और वफादारी अन्यत्र नहीं है। गाँधी ने उस सिद्धान्त को निरस्त कर दिया था कि भारत के मुसलमान 'एक भिन्न राष्ट्र' है। इस विचार के विरूद्ध गाँधी की आत्मा विद्रोह पर उतारू हो जाती है कि हिन्दुत्व और इस्लाम दो परस्पर विरोधी संस्कृतियों और सिद्धान्तों का प्रतिनिधित्व करते हैं। इस प्रकार के सिंद्धात का अनुमोदन करना उनके लिए ईश्वर को अस्वीकार करने जैसा था।

अपनी संपूर्ण आत्मा से वे यह मानते थे कि कुदरत का ईश्वर और गीता का परमात्मा एक ही है तथा हम सब उसी परमात्मा की संतान है। गाँधी लिखते है कि 'मैं उस विचार का विरोध करता हूँ कि वे लाखों भारतीय जो कल तक हिन्दू थे, परसों इस्लाम ग्रहण करने के बाद अपनी राष्ट्रीयता बदल दें।'' वे इस बात से भी सहमत नहीं थे कि भारत सदा-सदा के लिये विभाजित रहेगा। वे जानते और मानते थे कि हिन्दूओं और मुसलमानों के बीच दूरियाँ और वैमनस्य अँग्रेजों ने अपनी नीति ''फूट डालो और राज करो'' के अन्तर्गत पैदा किए थे। 1857 के विद्रोह और संग्राम में हिन्दू-मुस्लिम एकता को देखकर वे हैरान हो गए थे। इसीलिए, बाद में उन्होंने हिन्दुओं और मुसलमानों को एक-दूसरे से लड़ाने-भिड़ाने के लिए परिस्थितियाँ पैदा की। रहमत अली और जिन्ना ने इस स्थिति का फायदा उठाते हुए सामान्य लड़ाई-झगड़ों को स्वार्थ, द्वेष और घृणा में बदल दिया।

गाँधी का मिशन साप्रदायिकता को जड़मूल से नष्ट करना था। वे संभवत: उस उद्वेश्य की पूर्ति के लिए अन्तिम श्वास तक प्रयास करते रहे। कभी-कभी उनके अल्पसंख्यकों (विशेषकर मुस्लिम के प्रति झुकाव को देखकर हिन्दुओं में आक्रोश भी पैदा हो जाता था। उनकी मान्यता थी कि अधिक शाक्तिशाली को, बिना दूसरे या कमजोर पक्ष के प्रत्युत्तर की प्रतीक्षा किए अपनी ओर पहल करते रहना चाहिए। बहुसंख्यकों में अल्पसंख्यकों पर भरोसा करने का साहस आना चाहिए तथा अल्पसंख्यकों को छोटी-छोटी बातों को लेकर उत्तेजित तथा आक्रामक नहीं होना चाहिए। बहुसंख्यक मुस्लिमों के मुहल्लों या बस्तियों में रहने वाले अल्पसंख्यक हिन्दुओं में भय की जगह पारस्परिक विश्वास और भाईचारा बढ़ाने के प्रयास किए जाने चाहिए। इतिहास और अतीत के आधार पर वैर और विद्वेष पालने के बजाए वर्तमान और भविष्य को समृद्ध करने के लिए सहयोग के हाथ बढ़ने चाहिए। डॉ. राधाकृष्णन जोर देकर कहा करते थे कि ईर्ष्या और घृणा का हम उत्तरोत्तर त्याग करते चलें तो इस विश्व को मनोहारी बनाने के लिए अकूत ऊर्जा उत्पन्न हो सकती है।

गाँधी अपने सपने के हिन्दुस्तान में एक नहीं अनेक धर्मो के लिए स्थान और सम्मान के पक्षधर थे। **गाँधी को अपने हिन्दू होने का बड़ा गर्व था किन्तु इस कारण दूसरे धर्म उनकी निगाह में छोटे नहीं हुए।** वे मूर्तिपूजक थे और मूर्तिभंजक भी। संकीर्णता और धर्मान्धता की मूर्ति को तोड़ने में वे कभी पीछे नहीं रहे। वे धर्मिक ग्रंथों की पूजा और समादर को भी मूर्तिपूजा मानते

थे। उनकी हिन्दू मूलवृत्ति उन्हें यह मानने के लिए सदैव प्रेरित करती रही कि सभी धर्म, थोड़े बहुत अन्तर के साथ, सत्य है, किन्तु पूर्ण नहीं। उनके लिए 'शुद्धि' का अर्थ था अपने-अपने विश्वासों में पूर्णता प्राप्त करना। उनका प्रश्न होता था कि यदि धर्म परिवर्तन के परिणामस्वरूप 'नैतिक उत्थान' नहीं होता तो एक बाड़े से दूसरे बाड़े में जाना निरर्थक है। मानवीय सेवा के नाम या आड़ में किए जाने वाले धर्म-परिवर्तन से गाँधी सहमत नहीं थे और उसे 'अस्वास्थ्यकर' कहते थे। धर्म बड़ी गहराई के साथ एक व्यक्तिगत विषयवस्तु है। वह सीधे-सीधे मर्म को छूता है। इसीलिये, धर्म या पंथ-परिवर्तन के पैरोकारों को वे कहते थे कि 'डॉक्टर, स्वयं का इलाज करो।'

94

गाँधी का गुरूत्वाकर्षण: मार्टिन लूथर किंग की पहली भारत-यात्रा

5 फरवरी 2016 को मार्टिन लूथर किंग (जूनियर) की भारत यात्रा के 56 वर्ष पूरे हो गए। गाँधी के विचारों और कार्यों से अभिभूत डॉ. किंग ने गाँधी के देश की अपनी यात्रा को 'तीर्थ यात्रा' कहा था। अश्वेतों के नागरिक और मानव अधिकारों की बहाली के लिये किंग द्वारा किए गए संघर्ष से बराक ओबामा बेहद प्रभावित हैं और उन्हें अपना प्रेरणा-पुरूष मानते हैं। वे इस तीर्थ यात्रा को भारत-अमरीकी संबंधों की पुस्तक का स्वर्णिम और स्मरणीय अध्याय बनाना चाहते हैं। संभवत: इसीलिये प्रेसीडेन्ट ओबामा ने इस अवसर पर अमेरिका काँग्रेस का एक प्रतिनिधि मंडल (डेलिगेशन) भारत भेजा है। इसमें किंग के ज्येष्ठ पुत्र मार्टिन लूथर किंग (तृतीय) और कांग्रेस के पूर्व वरिष्ठ सिनेटर हैरिस बोफोर्ड सम्मिलित हैं। बोफोर्ड स्वर्गीय किंग के मित्र और सलाहकार रह चुके है। गाँधी का अनुसरण करने वाले किंग ने 1957 में ही बोफोर्ड के सामने यह इच्छा प्रकट की थी कि वे भारत जाकर गाँधी के प्रयोगों और कार्यों को स्वयं अपनी आँखों से देखना चाहते हैं।

मॉन्टगोमरी (अमेरिका) में बस यात्रा करते समय, श्वेत पेसेन्जरों के आने पर, अश्वेतों को अपनी सीट खाली करना एक कानूनी बाध्यता थी। 1 दिसंबर, 1955 में रोजा पार्क्स नामक युवती ने एक श्वेत व्यक्ति के लिए अपनी सीट छोड़ने से इंकार दिया। यह युवती भी गाँधी के अहिंसक प्रतिरोध की प्रविधि से परिचित थी। उसके दिमाग में यह बात बैठ चुकी थी कि किसी दिन गाँधी की तरह जेल जाने का साहस उसमें भी होना चाहिए। रोजा पार्क्स का यह

अहिंसक प्रतिरोध ही अश्वेतों के नागरिक अधिकारों के लिये संघर्ष का कारण बन गया। बस फिर क्या था, मार्टिन लूथर किंग के नेतृत्व में 'बस बायकॉट' आंदोलन 385 दिनों तक चलता रहा। स्थिति इतनी उग्र और तनावपूर्ण हो गई कि किंग के निवास पर बम तक फेंका गया। किंग को गिफ्तार किया गया, मगर बाद में अमेरिकी जिला न्यायालय के निर्णय और आदेश से नस्ली भेदभाव का अंत हो गया। 'बस बहिष्कार' आंदोलन की शानदार सफलता के बाद फिर किंग के मित्रों ने उन्हें भारत जाने की याद दिलाई। इसी बीच, किंग को भारत आने का निमंत्रण तत्कालीन प्रधानमंत्री पंडित नेहरू से भी मिल गया था।

'क्वेकर्स' और अन्य सामाजिक समूहों से वित्तीय सहायता मिलने के बाद अंततः 1959 में किंग भारत की यात्रा पर निकल पड़े। 9 फरवरी को मुंबई और दस को वे अपनी पत्नी कोरेटा स्कॉट के साथ दिल्ली पहुँच गए। किंग ने गाँधी को पढ़ा और समझा तो बहुत था, लेकिन गाँधी से आमने-सामने चर्चा करने का सौभाग्य उन्हें नहीं मिल पाया था। किंग के पिता के सहपाठी और उनके स्वंय के गुरू होवर्ड थर्मन की गाँधी से मुलाकात हो चुकी थी। सबसे पहले थर्मन ने ही गाँधी की अहिंसक क्रियाशीलता (एक्टीविज्म) से किंग का परिचय कराया था। बाद में, अश्वेतों के नागरिक अधिकारों की लड़ाई लड़ने वाले बेयर्ड रस्टिन ने भी उन्हें गाँधी के मार्ग पर चलने के लिये प्रेरित किया था। इन दोनों महानुभावों की दीक्षा और प्रशिक्षण का ही सुफल था कि किंग अश्वेतों के नागरिक और मानव अधिकारों के लिये चलाए गए आंदोलनों में गाँधी के 'सविनय अवज्ञा' और 'सत्याग्रह' का जमकर उपयोग कर सके।

जब नौ-दस फरवरी को उनहोंने भारत भूमि का स्पर्श किया था तब उनके मन में ऐसा विश्वास था कि भारतीय जीवन और शासकीय नीति के हर क्षेत्र में गाँधी का प्रभाव दिखाई देगा। जैसे ही वे भारत-दर्शन के लिये निकले तो उन्हें यह समझने में देर नहीं लगी कि गाँधी के महाप्रयाण के बाद भारत में काफी बदलाव आ गया है। तीन मूर्ति भवन में नेहरू और लेडी माउंटबैटन के साथ रात्रिभोज में जब किंग और कोरेटा ने गाँधी की विरासत संबधी पूछताछ शुरू की तो नेहरू ने उन्हें आश्वस्त करते हुए कहा कि गाँधी के विचारों को प्रोत्साहित और प्रवर्तित करने में भारत कभी पीछे नहीं हटेगा। नेहरू ने आगे जोड़ा था कि सरकार के मुखिया के नाते अकेले उनके द्वारा भारत को गाँधी के रास्ते पर ले जाना मूढ़ता ही होगी।

किंग दम्पति को धीरे-धीरे ज्ञात होने लगा कि नेहरू ने गाँधी के 'स्थानीय आर्थिक कुशलता' के मॉडल को विदाई देकर पश्चिमी शैली के औद्योगिक विकास का नजरिया अपना लिया है। नेहरू ने यह विश्वास भी जताया था कि यदि विकास कार्य पर सरकार पैनी नजर रखेगी तो औद्योगीकरण के दोष और खतरों से निपटना मुश्किल नहीं होगा। मगर, हम सब जानते है कि बाद में नेहरू की सरकार उतनी चौकस और सतर्क नहीं रह पाई।

मार्टिन लूथर किंग को यह अवश्य दिखाई दिया कि अस्पृश्यता निवारण के क्षेत्र में गाँधी के सिद्धांतों को नेहरू सरकार की नीतियों में स्थान दिया गया है। अछूतों और निचली जातियों के लोगों की खुशहाली और बेहतरी के लिये भारत में जो विशेष कदम उठाए गए थे, वे अमेरिका में प्रजातीय भेदभाव को कम करने के लिये किए गए कार्यों से अधिक कारगर और फलदायी थे। उन्हें यह देख कर खुशी हुई थी कि भारतीय नेतृत्व जातिगत भेदभाव और ऊँच-नीच को कम करने में अपनी नैतिक शक्ति का प्रभावी प्रयोग कर रहा था। यद्यपि नेहरू का गाँधी के आदर्शों के प्रति समर्पण डांवाडोल दिखाई दे रहा था, फिर भी यह देखकर किंग काफी खुश थे कि भारतीय नेता और अधिकारी उनका स्वागत-सत्कार अमेरिकी नेताओं की तुलना में अधिक गर्मजोशी के साथ कर रहे थे।

किंग ने भारत-भ्रमण के दौरान ऐसे कई आश्रम और ग्रामीण विकास संबधी प्रयोग देखे, जिन पर गाँधी की छाप स्पष्ट दिखाई दे रही थी। खासकर अहमदाबाद के 'सावरमती आश्रम' की गतिविधियों ने उन्हें सर्वाधिक प्रभावित किया था। उन्हें यह जानकर बेहद खुशी हुई थी कि गाँधी ने 1930 में 'नमक सत्याग्रह' के लिये दांडी यात्रा यहीं से आरम्भ की थी। उनके लिये दूसरी महत्वपूर्ण घटना थी 3 मार्च, 1959 को गाँधी के शिष्य और भूदान आंदोलन के प्रणेता विनोबा भावे से की गई मुलाकात। भारत से लौटने की अंतिम शाम को रेडियों से प्रसारित अपने संबोधन में किंग ने कहा था कि "भारत की यात्रा करते हुए मैं पहले से अधिक आश्वस्त हो गया हूँ कि दलित और कमजोर लोगों द्वारा न्याय और गारिमा की प्राप्ति के लिये किए जाने वाले संघर्षों में 'अहिंसक प्रतिरोध' ही सर्वाधिक शक्तिशाली है। महात्मा गाँधी के जीवन में वे सार्वभौमिक सिद्धांत समाहित थे, जो ब्रह्मांड की नैतिक संरचना में निहित हैं, और सिद्धांत गुरूत्वाकर्षण की तरह अपरिहार्य है।"

भारत यात्रा के समापन पर किंग ने पाया कि बहुत से भारतीय अपने राष्ट्र का पश्चिमीकरण और आधुनिकरण करना चाहते है। लेकिन किंग ने अपनी आशा के केन्द्र के रूप में उन भारतवासियों को देखा जो 'पश्चिमीकरण' की भौतिकता को तमाम बुराईयों का समतुल्य मानते थे। किंग का विचार था कि भौतिकवाद कुछ चुने हुए लोगों को रोजगार मुहैया करके उनके जीवन स्तर को ऊँचा उठा सकता है, किन्तु इससे बहुत बड़ी संख्या में लोगों के विस्थापित हो जाने का भी अंदेशा है। यही नहीं, उनकी समाजार्थिक स्थिति भी बदतर हो सकती है। 9 मार्च, 1959 के विदाई समारोह में बोलते हुए उन्होंने नेहरू सरकार को सुझाव दिया था कि "भारत को ऊँची आवाज में यह बात सारी दुनिया के सामने रखनी चाहिए कि अहिंसक तौर–तरीके से न केवल राष्ट्रीय स्वाधीनता प्राप्त की जा सकती है, बल्कि विश्वव्यापी निःशस्त्रीकरण का स्वप्न भी साकार किया जा सकता है।"

बराक हुसैन ओबामा के आदर्श और अभिप्रेरक मार्टिन लूथर किंग (द्वितीय) ने तो स्वयं को महात्मा गाँधी का उत्तराधिकारी बनाकर दिखा दिया। अब यह देखना बाकी है कि ओबामा केवल प्रयोजनवादी बने रहेंगे या गाँधी की नैतिकता और निर्भीकता को अपनाकर आतंक और पर्यावरण के क्षरण का प्रतिरोध एवं प्रतिवाद पूरी ताकत से कर सकेंगे। उन्हें अब्राहम लिंकन के उस संशय की स्याही को भी धोना होगा जिससे लिखा गया था कि "अश्वेत श्वेतों से प्रतिस्पर्धा करके उनकी बराबरी नहीं कर सकते।"

95

टॉफलर की नजर में मार्क्स का समाजार्थिक विश्लेषण

मार्क्स निःसंदेह विराट प्रतिभा के धनी थे। आज मार्क्स को नहीं जानना एक सीमा तक अर्द्ध शिक्षित होने जैसा भी है। एलविन टॉफलर 1920 के आसपास मार्क्सवादी था, लेकिन जैसे-जैसे उसने समाज को समझना शुरू किया और उच्च औद्योगिक समाज की तस्वीर अपनी आँखों के सामने बदलते देखी, वैसे-वैसे उसके लिये मार्क्स हाशिए पर छूटता गया। युवावस्था में मार्क्स की सामाजिक प्रक्रिया सम्बन्धी स्थापनाएँ अवश्य ही लुभावनी लगती थीं, किन्तु विचारों और अनुभवों में प्रौढ़ता आते ही मार्क्स के प्रति एलविन टॉफलर का मोह भंग हो गया। टॉफलर मानता है कि आज की दुनिया के मसले और मुसीबतों का समाधान मार्क्स के पास नहीं, गाँधी के पास है। टॉफलर जानता है कि उसका लेखन/चिन्तन वैचारिक खंदकों को पार कर चुका है। उसकी निगाह में पूँजीवाद और साम्यवाद दोनों ही अप्रासंगिक हो चुके हैं, क्योंकि घटनाओं और सोच-विचार की दौड़ ने उन्हें काफी पीछे छोड़ दिया है। टॉफलर की **तीसरी लहर** इन दोनों वाद-ध्रुवों से आगे की कल्पना है।

टॉफलर की पुस्तकों को पढ़कर या भाषणों को सुनकर कुछ लोग उसे दक्षिण पंथी समझ बैठते हैं। उसकी मान्यता है कि 'दक्षिण' और 'वाम' वर्गीकरण औद्योगिक काल का अवशिष्ट है। औद्योगिक समाज की दोनों से मिली भगत थी। अब जबकि सम्पूर्ण औद्योगिक प्रणाली ही धराशायी हो रही है, उनके बीच का संघर्ष डूबते जहाज में कुर्सी हथियाने जैसा है। औद्योगिक सभ्यता के तिरोहित होते ही ये दोनों 'वाद' अदृश्य हो जाएंगे।

टॉफलर की दृष्टि में प्रमुख मसला औद्योगिक समाज का घटनाक्रम नहीं, बल्कि औद्योगिक समाज और नई सभ्यता (तीसरी लहर) की टकराहट से उपजी चुनौती है। विश्व स्तर पर हो रहे इस ऐतिहासिक टकराव के सामने अन्य भिड़न्त काफी बौनी दिखाई पड़ती है। दो सभ्यताओं की यह भिड़न्त ही शिखर-संघर्ष है। हमें उभरते हुए नए समाज को आकार देने में सहायक होना चाहिए।

पूँजीवाद और साम्यवाद दोनों ही औद्योगिक क्रांति की देन हैं। आज की स्थिति में दोनों ही अपने-अपने आत्मघाती विरोधाभासों से ग्रसित हैं। परिवर्तन का ज्वार दोनों को ही बासी और बेकार साबित कर रहा है। दोनों में स्पष्ट अंतर होते हुए भी औद्योगिकता ने दोनों में कुछ समान लक्षण पैदा कर दिए हैं। इन्हीं संरचनात्मक विशेषताओं को अब 'तीसरी लहर' (उदीयमान नई सभ्यता) चुनौती दे रही है। पूँजीवादी और साम्यवादी औद्योगिक व्यवस्था जिस समान आधार पर टिकी हुई है वह है उनकी विराटता का उन्माद। इनमें सम्मिलित हैं: विराट उत्पादन, विराट वितरण, विराट शिक्षा, विराट संचार माध्यम और विराट मनोरंजन। दोनों ही नाभिक (न्युक्लियर) परिवार को आदर्श मानते हैं। दोनों ही विशाल नगरों और राष्ट्र-राज्य पर अवलंबित हैं। दोनों ही मानकीकरण, केन्द्रीकरण, विशेषीकरण, अधिकतमता, समक्रामकता, एकरूपता आदि सिद्धांन्तों को आरोपित करते हैं। बाजार के प्रति उनकी अभिवृत्ति भी उन्हें परिभाषित करती है। अन्ततः दोनों ही अर्थाश्रित मनुष्य (इकॉनमिक मॅन) के एक आयामी आदर्श में आस्था रखते हैं।

साम्यवादी शासन के दौरान सोवियत रूस, चीन, पोलैण्ड और अधिकांश पूर्वी यूरोप के देश आर्थिक संकट से उतने ही त्रस्त रहे जितने कि पूँजीवादी देश। यह संकट केवल इस या उस वाद तक सीमित नहीं हैं, बल्कि संपूर्ण औद्योगिक प्रणाली ही संकट-ग्रस्त है। विशुद्ध या आदर्श साम्यवाद (समाजवाद) तो कहीं अस्तित्व में था ही नहीं-न रूस, न चीन और न पोलैण्ड में। इधर-उधर लगे साम्यवाद या समाजवाद के साइन बोर्ड घटिया और भ्रामक हैं। ये साम्यवाद के नाम पर बहुत बड़ा धोखा हैं, क्योंकि साम्यवादी देश भी पूँजीवादी देशों की तरह सुविधावादी और अर्थाश्रित आदमी तैयार करने में ही मशगूल रहे हैं। अन्ततोगत्वा दोनों ही धाराएँ मनुष्य को भौतिकतामुखी और पदार्थवादी बनाने पर तुली हुई हैं। इससे अधिक उम्मीद की भी नहीं जा सकती, क्योंकि

औद्योगिकता विशुद्ध समाजवाद (साम्यवाद) विकसित नहीं कर सकती। उपभोग प्रधान औद्योगिक संस्कृति का हश्र शोषण, पीड़ा, पारिस्थितिकीय पतन और विषमता ही हो सकती है। साम्यवाद के सभी संस्करण अत्यधिक केन्द्रीकृत, बंद और सर्वसत्तावादी रहे हैं। कट्टर समाजवादी (विशुद्ध साम्यवादी) रूसी और पूर्वी योरपीय साम्यवादी रूपों को साम्यवादी मानते ही कहाँ हैं? वामपंथ के प्रचलित लगभग सभी संस्करण अधम साम्यवाद की श्रेणी में ही आते हैं।

'तीसरी लहर' में केन्द्रीकृत अर्थतंत्र का कोई स्थान नहीं रहेगा। पूर्व सर्वसत्तावादी (साम्यवादी) देशों में अर्थतंत्र के विकेन्द्रीकरण (निजीकरण और खुलेपन) का शुभारंभ देखकर हमें प्रसन्न होना चाहिए। थोड़े बहुत विवाद और संघर्ष के बाद चीन के द्वारा अपना बंद दरवाजा खोलकर जो आर्थिक प्रगति दर्शाई है, वह अन्य पूर्व साम्यवादी देशों के लिए तो एक उदाहरण है ही, साम्यवाद के पैरोकारों और हरकारों के लिए एक सदमा भी है। 'बाजार' अथवा 'आयोजन-तंत्र' के बजाए, **लोगों द्वारा स्वयं स्थानीय स्तर पर अपना आर्थिक जीवन निर्देशित करने के अधिकार की आकांक्षा में वृद्धि, 21वीं सदी का एक शुभ और सार्थक योगदान है।**

समाजवाद से एक नए व्यक्ति को जन्म देने की अपेक्षा थी, लेकिन ऐसा नहीं हो सका। तीसरी लहर (उत्तर औद्योगिक समाज) के अर्थतंत्र को चलाने के लिए एक विशाल जन समुदाय की नहीं, बल्कि स्वतंत्रचेता व्यक्ति की आवश्कता होगी। एक ऐसा व्यक्ति जो साधनशील, शिक्षित, स्वतंत्र, सृजनशील और जोखिम उठाने वाला हो। दुखद यह है कि ऐसे व्यक्ति को साम्यवादी देशों के अभिजन सहन ही नहीं कर पाए। इसलिए, टॉफलर कहता है कि पूर्व सोवियत संघ में उत्पादन के सामाजिक रिश्ते ही उत्पादन के मार्ग की बाधा बने हुए थे। साम्यवाद की विसंगति यह है कि वह तीसरी लहर के लाभ तो लेना चाहता है, मगर उसके लिए अपेक्षित विविधता और स्वतंत्रता को पनपने नहीं देता। इस नागपाश से मुक्त होने के लिए साम्यवादी सत्ताओं ने बाहर से प्रौद्योगिकी का आयात करना तो शुरू कर दिया था, मगर वे यह भूल गए कि प्रौद्योगिकी अपने आप 'तीसरी लहर' नहीं ला सकती। तीसरी लहर के अर्थतंत्र के लिए तीसरी लहर की ही उद्योगोत्तर संस्कृति और राजनैतिक व्यवस्था आवश्यक है। तीसरी लहर में कदम रखने के लिए साम्यवाद के समर्थक देशों को अपने सामाजिक ढाँचे का जनतंत्रीकरण और विकेन्द्रीकरण करना ही

पड़ेगा। अन्यथा, उनके अपने ही अन्तर्विरोध उनकी प्रणाली को विखंडित किए बिना नही रहेंगे।

वामपंथी 'संपत्ति' और 'स्वामित्व' की संकल्पना से इस तरह आतंकित हैं कि वे वस्तुस्थिति को प्राय: अनदेखा कर देते हैं। वे यह भी भूल जाते हैं कि **संपत्ति की मूल धारणा ही बदल रही है। पूँजीवादी समाज में, उत्पादन के साधनों पर अधिकार रखने वाले लोगों का वर्चस्व न होकर प्रबंधकों/प्रशासकों का वर्चस्व है। संयुक्त राज्य अमेरिका में मूलभूत आर्थिक निर्णय स्वामित्व-विहीन व्यवसाय प्रबंधक लेते हैं।** इसमें वे कंपनियाँ सम्मिलित नहीं हैं जिनकी कि मालकियत वंश द्वारा नियंत्रित है।

हर वामपंथी विश्लेषण स्वामित्व की मार्क्सवादी मनोभीति से शुरू होता है। लगभग डेढ़ सौ वर्ष पहले तक तो इसमें कुछ तुक थी, लेकिन अब यह उत्तरोत्तर अप्रासंगिक होता जा रहा है। पहली लहर में भूमि ही एकमात्र संपत्ति थी। दूसरी लहर में उत्पादन के साधनों का स्वामित्व, मशीन और कारखाने संपत्ति बन गए। पूँजीवादी औद्योगिक राष्ट्रों में 'शेअर' (अंशपूंजी) स्वामित्व का चलन हो गया। जिसमें व्यक्ति के पास एक प्रतीकात्मक कागज का टुकड़ा मात्र रहता है। साम्यवादी देशों में राज्य का स्वामित्व होता है। एक नागरिक का स्वामित्व तो मात्र प्रतीकात्मक होता है। **तीसरी लहर के समाज में भूमि और लोहा-लंगर की आवश्यकता तो रहेगी लेकिन अभिसूचना आवश्यक संपत्ति का रूप ले लेगी। यह एक क्रांतिकारी स्विच का काम करेगी, क्योंकि यह एक अभौतिक, अदृश्य और अनन्त क्षमता वाली सम्पत्ति होगी। अर्थतंत्र ज्ञान और कौशल आधारित होता चला जाएगा।**

मार्क्स के बाद न तो प्रौद्योगिकी को उसी रूप में देखा जा सकता है, और न ही सामाजिक वर्ग (क्लास) को। इतिहास को भी आज अखंडित निरन्तरता के रूप में नहीं देखा जा सकता। द्रुत परिवर्तन के दौर में इतिहास सदियों का न रहकर दशकों का और सप्ताहों का होता जा रहा है। आजकल अर्थनीति और राजनीति को भी बिल्कुल अलग-अलग करके देखना संभव नहीं है। दो-ढाई दशक पहले पृथ्वी भर का लगभग आधा जन-समुदाय मार्क्स के शब्दों को 'धर्मोपदेश' जैसा मानता था, लेकिन अब समय और चिन्तन की कसौटी पर मार्क्स तथा मार्क्स सम्बंधी कई अवधारणाएँ अप्रासंगिक होती जा रही हैं। कारण स्पष्ट है कि मार्क्स दूसरी (औद्योगिक) लहर की अभिव्यक्ति था।

न तो परिवर्तन लाने और न परिवर्तन को समझने के लिए मार्क्सवाद एक औजार या माध्यम सिद्ध हो सका है। कई देशों और विशेषकर रूस की साम्यवादी व्यवस्था ने ही यह सिद्ध कर दिया कि 'मजदूरों की तानाशाही' के नाम पर वहाँ सचमुच ही पार्टी और नेताओं की तानाशाही चल रही थी। उच्च प्रौद्योगिक समाज में यथार्थ को समझने के लिए मार्क्सवाद एक पुराना और नाकारा साधन सिद्ध हो गया है।

मार्क्सवादियों का यह तर्क और आग्रह कि समाज की सभी उपप्रणालियाँ आर्थिक प्रणाली की दास हैं, स्वीकार नहीं किया जा सकता। समाज की सभी उपप्रणालियाँ एक दूसरी पर आश्रित हैं और अर्थतंत्र उन प्रणालियों में से एक है। केवल अर्थतंत्र के सहारे समाज चलाया नहीं जा सकता। द्वितीय महायुद्ध के बाद मार्क्सवादियों ने भविष्यवाणी की थी कि अमेरिका में 1930 जैसी ही विराट आर्थिक मंदी आने वाली है। इसे 'पूँजीवाद का सामान्य संकट' भी कहा गया था। लेकिन हुआ कुछ और ही। पचास और साठ के दशक अमेरिका के लिए समृद्धिपूर्ण दशक निकले। इसके अलावा यह भी कहा गया था कि अमेरिका के मजदूरों का बहुत बुरा हाल हो जायेगा। मगर ऐसा कुछ नहीं हुआ। अमेरिका में मजदूरों के लिए सुरक्षा और सुविधाएँ दिनों दिन बढ़ती ही जा रही हैं। वास्तव में, अमेरिका में सामाजिक खाई सामाजिक वर्ग के कारण इतनी चौड़ी नहीं है जितनी कि आयु, लिंग और प्रजाति के कारण। इन सामाजिक दूरियों या विषमताओं की, 'वर्ग-विश्लेषण' के आधार पर व्याख्या करना, यथार्थ की सिद्धांत के लिए बलि देने जैसा है। **उच्च प्रौद्योगिक समाज की आंतरिक संरचना का निदान मार्क्सवाद के आधार पर करना वैसा ही लगता है जैसे इलेक्ट्रान माइक्रोस्कोप के जमाने में अपने आप को अभिवर्द्धक शीशे के हवाले कर देना।**

मार्क्स के अनुसार समाज में बुनियादी बदलाव वर्ग-संघर्ष, प्रगत प्रौद्योगिकी और तद्जन्य आर्थिक सम्बन्धों में परिवर्तन के कारण संभव हो सकता है। उत्पादन के साधनों की प्रगति और परिवर्तन से भी उत्पादन संबंधी संबंधों में परिवर्तन आता है। लेकिन कुछ समाज ऐसे भी हो सकते है जिनकी कि प्रारंभिक समझ के लिए वर्ग-विश्लेषण उपयोगी ही न हो। यह संभव है कि ऐसे समाज में जहाँ एक वर्ग दूसरे का घोर शोषण कर रहा हो, और जहाँ आर्थिक विषमता भी काफी गहरी और तीव्र हो, वहाँ वर्ग-संघर्ष एक मुख्य संघर्ष का रूप ले सकता है। फिर भी, देखा यह जाना चाहिए कि अन्य संघर्षों

या द्वंद्वों में वर्ग–संघर्ष कितना प्रधान या सर्वोपरि होता है। **मार्क्स की त्रुटी यह है कि उसने जाति-प्रजाति, लिंग, पीढ़ी, संस्कृति–सभ्यता और धर्म आदि पहलुओं पर आधारित संघर्षों को गौण मानकर केवल आर्थिक 'वर्ग-संघर्ष' को प्रधानता दे दी। वास्तव में, समाज में अन्य कई संघर्ष या द्वंद्व आर्थिक कम और सामाजिक-सांस्कृतिक अधिक हैं।** इसलिये आर्थिक संघर्ष का एकोन्माद (मोनोमेनिया) छोड़कर संघर्ष की बहुआयामिता को स्वीकार किया जाना चाहिए। इसी बहुआयामिता का उपयोग समाज को समझने और बदलने के औजार के रूप में किया जा सकता है। इस दृष्टि से, यू.एन. और यूनेस्को द्वारा सभ्यताओं के बीच संवाद बढ़ाने की पहल सार्थक है। वस्तुतः, समाज की व्याख्या करने या उसे बदलने के लिए कोई एक विफलतातीत या सर्वशक्तिमान मॉडल हो ही नहीं सकता।

96

आकाश जैसी आजादी के पैरोकार: जे. कृष्णमूर्ति

जे. कृष्णमूर्ति ने 12 मई, 1895 को एक ऐसे घर में जन्म लिया था जिसमें रोशनी और हवा के लिए ठीक-ठाक रोशनदान भी लगा हुआ नहीं था। लेकिन, स्वयं रोशनी के रचनाकार बने। उन्होंने सारी दुनिया के लोगों के दिमागों में रोशनखयाली के वेन्टीलटर लगाने का बीड़ा उठा लिया। एक विद्रोही और मूर्तिभंजक का पेशा अख्तियार करके जे.के. ने अपने संभाषणों (डिस्कोर्सेज) को लोक जागरण का महोत्सव बना दिया। रूढ़ और विगत चाल एवं चिन्तन पर वे आजीवन प्रहार करते रहे। उन्होंने अपने क्रांतिकारी विचारों को इतने साहस और खुलेपन से व्यक्त किया कि उनके आलोचकों ने उन पर "अराजकतावादी आध्यात्मिक" पुरूष होने का ठप्पा जड़ दिया।

कृष्णमूर्ति हर प्रकार के बंधन, दमन और दबाव के खिलाफ थे। चाहे फिर यह दबाव विशेषज्ञों और विद्वानों की सलाह का ही क्यों न हो। सत्ता या एथॉर्टी के हर रूप और अदा से उन्हें सख्त नफरत थी। कवीन्द्र रवीन्द्र की तरह वे भी मानते थे कि ठोकर मारने से न तो फसल उगाई जा सकती है और न सोने से जड़ा पिंजरा आजादी का साधन बन सकता है। गाँधी की तरह वे कोये (ककून) की नहीं आकाश की आजादी के पैरोकार थे। एनी बैसेन्ट और थियोसोफिकल सोसाइटी के सभासद भी इस हैल्सियॉन पक्षी को ऊँची उड़ान भरने से रोक नहीं पाए। तमाम कोशिशें उनकी इच्छा के विरूद्ध उन्हें 'मसीहा' नहीं बना सकीं। उन्हें साँचों में ढलना और ढाँचों में बँटना मंजूर नहीं था।

उनके दिलो-दिमाग में मनुष्यता के लिये जो जबर्दस्त जज्बा था उसने उनका गहरा आध्यात्मिक रूपान्तरण कर दिया। इस कारण, उसके अन्तर्मन से प्रश्नों और प्रतिरोधी शब्दावली का फव्वारा फूट पड़ा। उन्होंने अपने आसपास मंडराते लोगों से पूछा कि "क्या हमें खुशहाल जीवन के लिये धर्मो की, जरूरत है। क्या हम मंदिरों का निर्माण पारस्परिक संवेदना या भाईचारे के लिये करते हैं?' जवाब भी स्वयं ने दिया और कहा कि सत्य मंदिरों के अंधेरे या उजले गलियारों में नहीं रहता, और न ही संगठित समाज, धर्मशास्त्रों या रीति रिवाजों में। इन प्रश्नों और उत्तरों ने जे.के. के अनुयायियों को यह स्पष्ट संदेश दे दिया कि वे ब्रह्मसमाजियों के बंधक नहीं है। इस तरह, ब्रह्मसमाज से सारे संबंध तोड़कर वे मनुष्यता एवं अध्यात्म के खुले आकाश में उड़ने लगे। **उनके लिये आध्यत्मिकता स्वयं की ऐसी निष्कलुषता थी जो शाश्वत है। उसे प्रेम और बुद्धि के बीच स्थापित समस्वरता भी कहा जा सकता है। यहीं परम अप्रतिबंधित सत्य है, जो स्वयं जीवन का ही नाम है।**

इतना ही नहीं, अपने नाम के साथ नत्थी तमाम धार्मिक और सामाजिक लेबल भी उन्होंने उतार फेंके। अपने विमुक्त सोच-विचार और संकल्प ने ही उन्हें 'आर्डर ऑव् द स्टार' संगठन को विघटित करने के लिए प्रेरित किया। वे सत्य को एक 'पथहीन भूमि' मानते थे। वे गुरू या शिक्षक नहीं, सत्य के प्रेमी, मित्र और अन्वेषक थे। हजारों सदस्य वाले संगठन को समाप्त करने के बाद इन्टरव्यू लेने आए पत्रकारों को संबोधित करते हुए कहा कि "एक ऐसे संगठन को भंग करना जिसमें हजारों-हजार सदस्य हो, बड़ा ही शानदार काम है। ऐसे हजारों लोगों से क्या फायदा जो समझते नहीं, जो पूर्वग्रहों से पूरी तरह लिपटे हुए हैं। जो नए की इच्छा नहीं रखते, बल्कि अपने निष्प्राण और जड़ अहम् के अनुसार ही नवीनता को दूसरे रूप में बदल देते हैं। **सुनने वाले, जीने वाले, शाश्वत-अभिमुख यदि सिर्फ पाँच लोग भी हों तो काफी है। याद रखें कि संगठन किसी को भी स्वतंत्रता नहीं दे सकता।**"

उनकी विनयशीलता और सादगी उनके संभाषणों और जीवन शैली में साफ-साफ दिखाई देती थी। मौत के पहले अपने आत्मीय मित्रों से उन्होंने कहा था कि "वे एक सरल आदमी हैं, इसलिए उनकी अंतिम यात्रा भी सादी और सरल होनी चाहिए। मृत्यु से जुड़े किसी भी रीति-रिवाज का पालन नहीं किया जाए। न प्रार्थना की जाए और न कोई समारोही शवयात्रा निकाली जाए और

उनकी राख पर न तो कोई स्मारक बनाया जाए। **शिक्षक नहीं, उसकी शिक्षा महत्त्वपूर्ण होती है। उनके शरीर को एक लकड़ी के लठ्ठे की तरह भस्म कर दिया जाए।''**

कृष्णमूर्ति के जीवन का ध्येय मनुष्य को भय एवं बंधनों से मुक्त करना था। वे किसी नए धर्म की स्थापना नहीं करना चाहते थे। मनुष्य को पूरी तरह मुक्त होने में सहायक होना ही उनके जीवन का एकमात्र उद्देश्य था। इस मानवीय चिंता और सरोकार के कारण उन्होंने अपने कार्यक्रमों में 'शिक्षा' को प्राथमिकता दी। उनका विश्वास था कि बच्चों में स्कूल स्तर से ही बदलाव लाकर नए हृदय और मस्तिष्क वाली नई पीढ़ी का निर्माण किया जा सकता है। **वे चाहते थे कि नई पीढ़ी में एक 'शाश्वत जीवन' की चाह पैदा हो।** वे जानते थे कि जो शाश्वत जीवन को पा लेता है उसी के पास सत्य की कुंजी होती है। वह असीम है। उसकी ओर सभी को लौटना चाहिए।

स्कूल या कॉलेज की पारंपरिक धारणा से हटकर, जे.के. ज्ञान के स्थानान्तरण के बजाए मनुष्य के रूपान्तरण पर ज्यादा जोर देते थे। उन्होंने अपनी एक छोटी सी पुस्तक **लेटर्स टु स्कूल्स** में शिक्षा विषयक विचारों को प्रकट किया है। भारत, इंग्लैण्ड, अमेरिका और कनाडा में स्कूल खोलकर उन्होंने अपने शैक्षिक विचारों को आजमाया है। वे शिक्षा की प्राथमिकता बदलकर सबसे पहले मनुष्य का संपूर्ण विकास करना चाहते थे और उसके बाद उत्तमता की ओर आने के पक्षधर थे। वे मस्तिष्क हृदय और शरीर के विकास की इस प्रक्रिया को पुष्पीकरण (फ्लॉअरिंग) कहना पसंद करते थे। कृष्णमूर्ति तनाव और दबाव रहित सहज रूप से सीखने और सिखाने के हिमायती थे। उनके अनुसार स्कूल ज्ञान-संग्रह के बजाए, निश्चिन्त होकर सीखने की जगह है। स्कूल में ऐसा अनुकूल और शिथिल वातावरण बनाया जाना चाहिए ताकि छात्रों को भय और दमन का सामना नहीं करना पड़े। **जैसे हवा और पानी बहने के लिये तथा बीज को मिट्टी से फूट निकलने के लिये स्वंतत्रता चाहिए, वैसे ही बच्चों को भी पढ़ने-लिखने तथा फलने-फूलने के लिये स्वाधीनता मिलनी चाहिए। व्यक्तित्व का फूलना-फलना ज्ञान के संचय से अधिक मूल्यवान और महत्वपूर्ण होता है।**

जे. के. किसी व्यक्ति को गुरू बनाने या मानने के सख्त खिलाफ थे। उनकी राय में गुरू बनने वाला व्यक्ति शिष्य का 'दु:स्वप्न' बन जाता है। गुरू

या शिक्षक को जब अपनी हैसियत या सत्ता का गुमान होने लगता है तब वह मानवीय संबंध को तोड़कर शिष्य के स्वाभिमान को कुचल देता है। जब हम हैसियत या सत्ता पाने के लिए उतारू होते हैं, तब क्रूरता की दुनिया में ही प्रवेश करते हैं। कृष्णमूर्ति की कल्पना थी कि शिक्षा अध्यापक और छात्र दोनो में ही, अपने निकट और दूर के परिवेश के प्रति समग्र उत्तरदायित्व का बोध कराती है। इस प्रकार के दायित्व-बोध को वे 'प्यार' शब्द में समेट कर देखना चाहते थे। **प्यार में क्रूरता के छोटे-मोटे सभी प्रकारों को गला देने की अपार क्षमता होती है। उसी तरह, विनयशीलता भी स्टेटस के गुमान और सत्ता की मगरूरी को अपनी कुनकुनाहट से पिघलाकर विसर्जित कर सकती है।** छात्र और अध्यापक दोनों ही के लिये स्नेह एवं विनयशीलता इतनी ज्यादा जरूरी है कि यदि दोनों को 'शिक्षा का शील' भी कहा जाए तो अतिशयोक्ति नहीं होगी। ध्यान रहे कि विनय का चाटुकारी और दासता से दूर का भी संबंध नहीं होता है।

97

सी.के. प्रहलाद का स्वप्न: 'इंडिया @75'

सी. के. प्रहलाद का जन्म 8 अगस्त, 1941 को हुआ था। कोयंबतूर से अहमदाबाद और फिर हारवर्ड होते हुए सी.के प्रहलाद मिशीगन यूनीवर्सिटी पहुँचे। वहाँ, देहावसान के पहले, वे लंबे समय तक, रॉस बिजनेस स्कूल में 'पॉल एण्ड रूथ मक्क्रेकन डिस्टींगिश्ड प्रोफेसर ऑन स्ट्रेटेजी' रहे। जब वे हारवर्ड में डॉक्टरेट कर रहे थे तभी उनकी प्रतिभा और लगन की महक फैल गई थी। उन्होंने उस दौरान दो पुस्तकों और दर्जनों केस स्टडी का लेखन पूरा कर लिया था। यही नहीं, पीएच.डी. कोर्स के पूरे बोझ के साथ वे आधे समय की नौकरी भी कर रहे थे। कोयंबतूर कृष्ण प्रहलाद विचारकारा नहीं, एक विचारधारा थे, जो सतत् बहती रहती थी। बाद में, उनका जो सिद्धांत 'स्ट्रेटेजिक इन्टेन्ट' नाम से जाना गया, वह उनकी साधनशीलता से पोषित जीवन शैली से उपजा था। एक पीएच.डी. छात्र के रूप में, अपने ज्ञान और कौशल से, उन्होंने जो जीवन शैली विकसित की थी; संभवतः उसी आधार पर वे कंपनियों से अनुरोध करते रहते थे कि उन्हें अपने साधन निरंतर बढ़ाते रहना चाहिए।

सी.के. एक अच्छे मित्र, श्रेष्ठ प्रोफेसर और समय से आगे चलने वाले प्रोफेशनल एवं विचारक थे। प्रहलाद 'पेरेडाइम शिफ्ट' के पर्याय बने रहे। उनकी विद्वता विनयशीलता से अलंकृत थी। वे मुख्य कार्यपालन अधिकारियों के संपर्क-सानिध्य में रहकर उनके चिन्तन में परिवर्तन लाने तथा उनसे सीखने में सदैव तत्पर रहते थे। विश्वविख्यात प्रोफेसर और 'मैनेजमेन्ट गुरु' माने जाने के बाद भी वे अपनी व्यस्तता से युवा छात्रों के लिये समय निकालने में कभी भी देर नहीं करते थे।

कंपनियों के विविधिकरण के उन्माद को नियंत्रित करने में सी.के.ने कभी संकोच नहीं किया। अन्य कंपनियों को अधिग्रहीत करने की होड़ और 'जिसे

खरीद सकते हो उसे खरीद लो' की दौड़ पर प्रहलाद का कहना था कि किसी भी कंपनी के पास पाँच-छः क्षेत्रों से अधिक की वैश्विक दक्षता नहीं होती है। इसलिए अतिरिक्त कंपनियों को खरीदना अंशधारियों के पैसे की बर्बादी है। सी.के. 'सह-सृजन' (को-क्रिएशन) के पक्षधर थे। उनकी राय थी कि उपभोक्ता को एक निष्क्रिय क्रेता मानने के बजाए उसका पूरा सहयोग उत्पादों के मूल्य-संवर्द्धन में लिया जाना चाहिए। कंपनी से उपभोक्ता की अभिक्रिया बहुआयामी और निरंतर चलने वाली होनी चाहिए। सी.के. की दरिद्रनारायण या आम आदमी के प्रति चिन्ता और सरोकार उनके 'बॉटम ऑव द पिरामिड' संबंधी विचार में भली-भाँति व्यक्त होता है। 2004 में प्रकाशित, उनकी इसी नाम की पुस्तक में प्रहलाद ने भारत के गरीब और वंचित वर्ग की आर्थिक दशा सुधारने के लिये उद्योगपतियों और कंपनियों का ध्यान आकर्षित किया था। उनके इस विचार की आलोचना संभवत: इसलिए हुई थी कि अंतर्राष्ट्रीय और राष्ट्रीय कंपनियों ने 'बॉटम ऑव् पिरामिड' को एक विराट बाजार की तरह देखना शुरू कर दिया। न तो लाभांश का उपयोग गरीबों के कल्याण के लिये किया गया और न उन्हें उत्पादक बना कर उनकी आमदनी बढ़ाई गई। सारा जोर बहुसंख्य गरीबों को केवल उपभोक्ता बनाने पर लगाया गया। इस कारण, न उनकी क्रयशक्ति बढ़ी और न उनका आर्थिक सशक्तिकरण हो पाया। हाँ, उपभोग की बीमारी उन्हें जरूर लग गई। परिणामस्वरूप, वे अपनी सीमित कमाई का बड़ा हिस्सा शरीर के पोषण और बच्चों की पढ़ाई पर खर्च करने के बजाए बनाव-श्रृंगार पर करने लगे है।

1991 में शुरू किए गए आर्थिक सुधारों से सी.के. संतुष्ट नहीं थे, क्योंकि उदारतावादी आर्थिक नीति के बावजूद देश में आमदनी की असमानता बढ़ती जा रही थी। **वे मानते थे कि 2022 तक भारत की सबसे बड़ी समस्या गरीबी नहीं, 'आमदनी की असमानता' रहेगी।** समाज में समरसता का संचार करने के लिये वे गरीबों और वंचितों का सशक्तिकरण जरूरी मानते थे। सी.के. के नवीनतम प्रोजेक्ट का नाम **'इंडिया @75'** था। यह एक **छः आयामी रणनीति है,** जिसके द्वारा वे भारत को उसकी उम्र के 75 वर्ष पूरे होने पर, अर्थात् 2022 में, एक 'वैश्विक आर्थिक शक्ति' बनते हुए देखना चाहते थे:

1. युवा जनसांख्यिकीय लाभ को वैश्विक नेतृत्व की उपलब्धि में बदलना,
2. दुनिया की शीर्षस्थ 100 कंपनियों में से 30 की स्थापना भारत में करना। सी.के. की मान्यता थी कि इन 30 कंपनियों को खड़ा करने

के लिये हमें एक समग्र सहयोगी परिवेश की आवश्यकता रहेगी। सवाल केवल 30 शीर्ष कंपनियाँ बनाने का नहीं है, वास्तविक मुद्दा देश में वैश्विक उद्यमिता विकसित करने का है।

3. 1770 में, दुनिया भर के कारोबार का 25 प्रतिशत भारत में होता था। आजकल यह 1 प्रतिशत से थोड़ा अधिक है। वैश्विक अर्थव्यवस्था का हिस्सा बनने के लिये भारत के वैश्विक व्यापार को 10 प्रतिशत तक बढ़ाना आवश्यक है। इस संदर्भ में, 'बॉटम ऑव पिरामिड' हमारे लिये एक बड़ा अवसर सिद्ध हो सकता है।
4. भारत को वैश्विक नवाचारों की नर्सरी बनाना।
5. कला, विज्ञान, अनुसंधान और शिक्षा में पुनर्जागरण लाकर इन क्षेत्रों को विश्वस्तरीय बनाना, तथा
6. भारत को 'विविधता में समरसता' का मॉडल बनाने के लिये निर्देश-चिन्ह (बेन्च मार्क) तैयार करना।

जीवन के उत्तरार्द्ध में प्रहलाद का निष्कर्ष था कि **आज की दुनिया में और आने वाले कल के लिये सक्रिय भूमिका निभाने हेतु भारत को आर्थिक सुदृढ़ता और तकनीकी क्षमता के अलावा** 'नैतिक नेतृत्व' की सबसे ज्यादा जरूरत रहेगी। उनका तर्क था कि नाजी जर्मनी के पास तकनीकी क्षमता और आर्थिक शक्ति थी, लेकिन नैतिक नेतृत्व की दक्षता नहीं होने से वह पिछड़ गया था। विभिन्न संकटों से हमें यह सीख मिल चुकी है कि नैतिक नेतृत्व के बिना कोई भी देश या समाज लंबे समय तक विश्व के अन्य देशों के बीच जम कर खड़ा नहीं रह सकता। यदि हम अपनी आबादी की क्षमता का पूरा फायदा उठा सके तो 2020 तक वैश्विक मानकों के अनुरूप 20 करोड़ स्नातक और 50 करोड़ प्रशिक्षित पेशेवरों का जनबल खड़ा कर सकेंगे। यदि हम भारत को एक 'बौद्धिक नाभिक' बना सके तो शायद हम देशवासियों के जीवन में एक अपूर्व बदलाव महसूस कर सकेंगे। कुल मिलाकर, हमें अपने काम करने के तौर-तरीकों में दक्षता बढ़ानी पड़ेगी। प्रयोगशीलता और नवाचारिता भी आज की सबसे महत्वपूर्ण माँग है। प्रहलाद युवाओं को भारत का भविष्य गढ़ते हुए देखना चाहते थे। लेकिन, दुर्योग यह रहा कि 16 अप्रैल 2016 को उनका आकस्मिक निधन हो जाने से, वे अब हमारे बीच नहीं हैं।

98

मानव अधिकार की पहरेदार: एमनेस्टी इंटरनेशनल

किस तरह अखबार में छपी एक नन्ही सी खबर किसी व्यक्ति को सदुद्देश्य के लिये समर्पित होने की प्रेरणा दे सकती है, या किस तरह अखबार में छपा एक छोटा-सा लेख विश्वव्यापी आह्वान बनकर एक आंदोलन खड़ा कर सकता है, इसकी बेहतरीन मिसाल 'एमनेस्टी इंटरनेशनल' (ए.आई.) के जन्म की कहानी है। 1961 में पीटर बेनिनसन ने अखबार में एक समाचार पड़ा कि पुर्तगाली तानाशाह सरकार ने दो छात्रों को सात वर्ष के कठोर कारावास की सजा सुना दी है। छात्रों का अपराध था केवल आजादी का नाम लेकर अपने-अपने गिलासों से शराब के दो-दो घूँट पीना। नागारिक स्वतंत्रता के हरकारे लंदनवासी पीटर बेनिनसन को इस खबर ने बेचैन कर दिया। उसने पुर्तगाल सरकार को एक विरोध-पत्र भेजने का निश्चय किया, फिर कुछ ठहरकर उसने बर्बरता के खिलाफ अपने आक्रोश को एक लेख में उड़ेल दिया। यह लेख उसने **लंदन-आब्जर्वर** और **पेरिस लि मॉन्ड** को भेज दिया। लेख में पीटर ने राजनैतिक असहमति रखने वालों को अकारण बंदी बनाने और उन पर मुकदमें चलाने की कार्रवाई पर रोक लगाने के लिये एक अंतरराष्ट्रीय अभियान चलाने की अपील की।

पीटर की खुशी का उस समय ठिकाना नहीं रहा, जब उसके जैसा सोच-विचार रखने वाले हजारों लोगों ने उसके आह्वान की तहेदिल से प्रशंसा की और पूरा-पूरा समर्थन दिया। देखते-देखते 28 मई, 1961 को एक आंदोलन उठ खड़ा हुआ, जो आज 'एमनेस्टी इंटरनेशनल' नाम से जाना जाता है।

''एमनेस्टी'' का शाब्दिक अर्थ होता है: 'सर्वक्षमा' या विमुक्ति। व्यवहार में ए.आई. नागरिक स्वतत्रताओं और मानव अधिकारों की पहरेदारी का पर्याय बन गयी है एमनेस्टी का प्रमुख संदेश यह है कि राजनीतिक बंदी विहीन देश सर्वाधिक स्वस्थ होता है तथा यातना, कारावास और मृत्युदंड उसकी रोगग्रस्तता के लक्षण हैं।

एमनेस्टी के कार्यो और उपलब्धियों की स्वीकृति और सम्मान का प्रबल प्रमाण इसे 1977 में दिया गया **नोबल शांति पुरस्कार** है। यह पुरस्कार इस संस्था द्वारा चलाए जा रहे विलक्षण 'धर्मयुद्ध' का स्मारक है। एमनेस्टी के कार्यकर्त्ताओं का उत्साह और परिश्रम 1980 के बाद लगभग दो गुना बढ़ गया है। 1970 तक विश्व की स्थिति थोड़ी बेहतर थी, मगर 1970 के उत्तरार्द्ध और 1980 के आरंभ तक आते-आते स्थिति बिगड़ती गई। वे अर्थिक कठिनाइयाँ जो कि राजनीतिक असहमति को जन्म देती है, वहीं कई देशों की सरकारों को मानव अधिकारों की उपेक्षा के लिये मजबूर भी करती है।

चूँकि एमनेस्टी का काम मानव अधिकारों की पहरेदारी करना और सरकारों को नागरिक स्वतंत्रताओं का अतिक्रमण करने से रोकना है, सरकार नामक शक्तिशाली उपकरण से टकराव की स्थिति प्राय: बनी रहती है। इस संगठन को कई नाजुक स्थितियों का सामना करना पड़ता है, क्योंकि कुछ सरकारें यह दोषारोपण करने में देर नहीं करती है कि एमनेस्टी न्यस्त-स्वार्थियों या बाहरी शत्रुओं की एजेन्ट है। कुछ सरकारें यह कहकर भी डराती रहती हैं कि एमनेस्टी अनावश्यक रूप से उनके आंतरिक मामलों में हस्तक्षेप करती रहती है। प्रशंसनीय बात यह है कि विश्वस्तर पर मानवीय सेवा-कार्य करते हुए इस संगठन ने अपने आपको राजनीति, निहित स्वार्थ और सत्ता-समूह के दबावों से बड़ी तत्परता और संजीदगी के साथ इस तरह बचाए रखा है कि इसके उग्रतम आलोचक भी इसके खिलाफ कोई खास या ठोस सबूत नहीं जुटा सके हैं। फिर भी, बड़े पश्चिमी राष्ट्रों के दबाव में, और थोड़े-बहुत पक्षपात से, काम करने के आरोप तो लगते ही रहते हैं। संयुक्त राष्ट्र (यू.एन.) द्वारा इस संगठन के मानव-सेवा व्रत की मुक्तकंठ से प्रशंसा की गई है।

जहाँ कहीं भी राजनीतिक विश्वास, रंग, प्रजाति या धर्म के नाम पर नागारिकों के साथ सरकारों द्वारा भेदभाव बरता जाता है या यातनाएँ दी जाती हैं, वहाँ एमनेस्टी का 'अंगद पांव' अड़ जाता है। ऐसे दमनकारी मामलों की

जाँच-पड़ताल कर रपट तैयार की जाती है और सरकारों पर नैतिक दबाव डाला जाता है कि वे उत्पीड़न बंद कर नागारिक आजादी और मानव अधिकार बहाल करें। इस संस्था के पास विशाल पैमाने पर सारी दुनिया में काम काज करने के लिये साधनों की कमी है। कदम-कदम पर सरकारी रूकावटों, असहयोग और उदासीनता का सामना करना पड़ता है। इस स्थिति से पार पाने के लिये 'दत्तक समूहों' की स्थापना की गई है। प्रत्येक दत्तक समूह के साथ तीन-तीन 'चेतना के बंदी' (प्रिजनर्स ऑव् कांशियंस) जोड़ दिए गए हैं। ये चेतना के बंदी वे लोग हैं, जिन्हें अपने राजनीतिक विश्वासों, रंग, प्रजाति या धर्म के कारण बंदी बनाकर रखा जा चुका है। लंदन मुख्यालय के समर्पित कार्यकर्ताओं द्वारा इन चेतना के बंदियों की भली-भांति जाँच-पड़ताल कर ली जाती है। यह भी तस्दीक कर ली जाती है कि इन चेतना के बंदियों में से किसी ने कभी न तो हिंसा की वकालत की है और न उसका सहारा ही लिया है। दत्तक समूहों को संबद्ध करते समय उनकी भौगोलिक पृष्ठभूमि की भी जाँच कर ली जाती है, ताकि स्थानीय राजनीति या व्यक्तियों की टकराहट से बचा जा सके।

1991-92 में एमनेस्टी ने सारी दुनिया में राजनीतिक बंदियों की संख्या सात-आठ लाख के आस-पास बताई थी। आज यह संख्या कई गुना बढ़ गई होगी। 'करूणामयी माता' जैसी इस संस्था से असहयोग करने में वे सरकारें भी शरीक हैं जो अपने राज-समाज के जनतांत्रिक ढांचे पर गर्व करती है। छोटे-छोटे देशों की मजबूरियों को समझी और स्वीकारी जा सकती है, लेकिन विश्व की महाशक्तियाँ भी जब अपने स्वार्थो की सिद्धि के लिये अलोकप्रिय तानाशाहों और आततायी सरकारों का समर्थन करती है तो इस दुनिया में मूलभूत आजादियों और मानव अधिकारों का भविष्य अंधकारमय लगने लगता है।

यह सच है कि आजकल के शासक जन-कल्याण के बारे में गंभीर सोच-विचार करने के बजाए सत्ता में बने रहने के दाव-पेंच और चालबाजियों में जरूरत से ज्यादा मशगूल हैं। वे नागरिक आजादी और मानव अधिकार की डींग बहुत मारते हैं। मानव अधिकार आयोग भी बनाते हैं, लेकिन अन्ततः उनका मुख्य निशाना नागरिकों को 'मत-पत्र' बनाकर उन्हें झपटना ही है। इन रणनीतियों में उनके राजनेता वैचारिक मतभेद या असहमति की सराहना कर पाने का दिल और दिमाग पैदा कर ही नहीं पाते हैं। यह संक्रामक संकीर्णता अन्य सामाजिक एवं मानव अधिकार के लिये बनी संस्थाओं में भी फैलती जा

रही है। **मानव अधिकार आयोग तो शहरों और श्रेष्ठिवर्ग तक सिमट कर रह गए हैं। जॉर्ज ऑरवेल का यह कथन आज के संदर्भ में बड़ा सटीक लगता है कि ''देश का राज-काज चलाने वाले बड़े आदमियों (अभिजन) की अपेक्षा आम लोग अंतःकरण से अधिक शालीन और सलज्ज होते हैं।''**

एमनेस्टी के सामने असहिष्णुता, युद्ध, भेदभाव और बुनियादी आजादियों को कुचलने की पुरानी समस्याएँ तो ज्यों की त्यों है ही, टैक्नोलॉजी और इलेक्ट्रॉनिक्स के गठजोड़ से उपजी 'टेक्नीट्रॉनिक क्रांति' ने उसके लिये अपूर्व चुनौतियाँ खड़ी कर दी हैं। अदृश्य इलेक्ट्रॉनिक उपकरणों और जासूस कम्प्यूटरों ने निजी जीवन की अंतरंगता और गोपनीयता के लिये खतरे खड़े कर दिए हैं। लोगों को पता चलने से पहले ही, उनके शयन कक्ष, बैंक खातों, शौक, आदतों और राजनीतिक झुकावों का कच्चा चिट्ठा सरकार के गुप्तचर विभाग या पुलिस के पास पहुँच जाता है। फिर, इस सामग्री का दुरूपयोग लोगों की असहमति की क्षमता को दबाने-कुचलने के लिये किया जाता है।

'निजी जीवन का अधिकार' भी एक मूल मानव अधिकार है। इसलिये निजी जीवन में तकनीकी की तांक-झांक और संचार साधनों की घुसपैठ को नियंत्रित एवं मर्यादित किया जाना जरूरी है। शक्ति के साथ नैतिक दायित्व का निर्वाह भी जरूरी है। इस दिशा में अमेरिका के पूर्व राष्ट्रपति जिमी कार्टर ने 'प्राइवेसी एक्ट' (1974) बनाकर एक उज्ज्वल उदाहरण प्रस्तुत किया था। इस अधिनियम द्वारा गाठित 'निजी सुरक्षा अध्ययन आयोग' ने स्वास्थ्य, अनुंसधान, अर्थतंत्र और संचार माध्यम के क्षेत्रों से संबधित सूचनाओं और जानकारी के निर्बन्ध प्रवाह को नियंत्रित करने का सुझाव दिया था। अच्छा होगा यदि इस दिशा में अन्य देश और भारत भी आगे बढ़े तथा नागारिकों के जीवन के हित में कुछ लक्ष्मण रेखाएँ खींचे। शायद अभी मनुष्य द्वारा उस ऊँचाई को छूने में काफी देर है, जहाँ जाकर उसके निजी और सार्वजानिक जीवन का द्वैत स्वयंमेव समाप्त हो जाएगा। मानव अधिकारों के लिये उपजे नए-नए संकट एमनेस्टी की उपयोगिता और महत्व को घटाने के बजाए और अधिक बढ़ाने में योगदान दे रहे हैं। पहले की अपेक्षा आज एमनेस्टी को और अधिक सक्रिय, साधन-सम्पन्न तथा प्रभावी बनाने की आवश्यक्ता है। आशा है यू.एन. की छत्रछाया एवं नेतृत्व में एमनेस्टी अपनी पहुँच, पहचान और निष्पक्षता बनाए रखने में सफल होगी।

99

जीतने-हराने की आदिम विचार-वृत्ति

पश्चिमी देशों में 'तर्क' सोच-विचार का एक बहुप्रचलित और मान्य तरीका है। चाहे इसे वाद-विवाद या द्वंद्वात्मक दलील कहो, बात वहीं रहती है। सभ्यता के विकास में इस विचार-पद्धति का काफी योगदान रहा है। सरकारी कामकाज, न्यायलायों, शिक्षालयों और सामाजिक संस्थाओं में आज भी इसका बोलबाला है। आधुनिक चिंतक एडवर्ड डिबोनो तथा कुछ अन्य विचारकों ने इस तर्क-केंद्रित सोच का तर्कों के द्वारा ही विरोध किया है। डिबोनो मानता है कि विचार करने या द्वंद्व दूर करने की 'तर्क-विधि' खतरनाक है, लेकिन बिल्कुल बेकार नहीं। इसमें गुण कम और दोष अधिक है। वस्तुओं और विचारों को दो पक्षों या ध्रुवों में बाँटकर देखने और सोचने के तर्कवादी तरीके ने मनुष्य जाति को हार-जीत की आदिम आदत और भावना से आगे नहीं बढ़ने दिया।

यह विधि 'सामाजिक डारविनवाद' की पोषक है, क्योंकि इस तरीके के सोच-विचार में वैचारिक श्रेष्ठता की नहीं, बलशाली की जीत होती है। इस परंपरागत विधि का अनुसरण करने वाले अधिकतर लोगों की तुलना उन चिकित्सकों से की जाती है जो अपने अज्ञान के प्रति भोले और बेखबर रहकर अनेक रोगियों की मौत के कारण बन जाते है। तर्कना की ध्रुवीय विधि के चलन में बने रहने का मुख्य कारण एक तो यह है कि लोग इसके अभ्यस्त हो गए हैं। उसी परिपाटी पर चलकर बहस-मुबाहिस करना उनके लिए सुविधाजनक है। दूसरे, इस पुरानी विधि से मुक्त होने के लिए वैकल्पिक विधियों की खोजबीन करके उन्हे चलन में लाने का साहस भी बहुत ही कम जुटाया गया है। आज भी अधिकांश लोग इसकी पर्याप्तता के सम्मोहन या भ्रम

से निजात पाने में अपने आपको असमर्थ पा रहे है। तर्क विधि का निर्मम और बेबाक परीक्षण करने के रास्ते की सबसे बड़ी रूकावट प्रवाह के विरूद्ध तैरने या 'एंटीथीसिस' प्रस्तुत करने की निर्योग्यता है।

थोड़ा इतिहास के झरोखे में झाँके तो ज्ञात होता है कि सुकरात की संवाद (या प्रश्नोत्तर) विधि शांतिपूर्ण या विनम्र जाँच-पड़ताल को प्रोत्साहन देने के बजाय चिड़चिड़ाहट पैदा होती है। चर्च से जुड़े लोगों ने मध्यकाल में इस विधि को अपनाया और उसमें थोड़ा सुधार-सँवार भी किया। यह विधि उनके उद्देश्य की पूर्ति करती थी, क्योंकि उस समय उन्हें तमाम विधर्मियों को खदेड़ना था। तब चर्च की ईश्वर, न्याय और पूर्णता संबधी विचार-पद्धति भी बंद किस्म की थी। चर्च ने ही पश्चिमी चिंतन प्रणाली के स्वर को दृढ़ता प्रदान की थी। इस तरह, लंबी बहस को बढ़ावा देने वाली तर्क विधि ने लगभग सारी दुनिया में एक झगड़ालू-चिंतन (कॉन्फ्लिक्ट थिंकिग) को स्थापित कर दिया। भारतीय परंपरा में शास्त्रार्थ 'तत्वबोध' (प्रकाश) प्राप्त करने के लिए आयोजित होते थे। अग्नि पैदा करने या ज्वाला (टकराहट) सुलगाने के लिए नहीं। यह विश्वास गलत है कि तर्क या बहस द्वारा नया विचार पैदा किया जा सकता है। संश्लेषण या सृजनशीलता की इसमें गुजांइश नहीं होती है। तार्किकता के सहारे चर्चा या बहस में भागीदारी करने वाला व्यक्ति यह दुराग्रह हमेशा पाले रहता है कि वह हर स्टेज पर सही होता है और स्वयं को सही सिद्ध करने के लिए साक्ष्य और प्रमाण जुटाने के दलदल में फँसा रहता है। कल्पनाशीलता और समानुभूति (एम्पॅथि) से जानबूझकर दूरी बनाए रखता है।

बड़ी सरगर्मी के साथ जब दो व्यक्तियों, समूहों या देशों के बीच किसी मुद्दे या मामले को लेकर टकराहट या वाद-विवाद होता है तो यह अपेक्षा सहज ही की जाती है कि विवाद की परिणति ऐसे संश्लेषण या सहमति मे होगी, जिसमें कि दोनों पक्षों का सर्वश्रेष्ठ योगदान सम्मिलित रहेगा। यह कहना तो गलत ही होगा कि ऐसा हमेशा होता है। लेकिन इतना तो कहा ही जा सकता है कि ऐसा कभी-कभार हो भी सकता है। ऐसा बिरले ही विवादित मामलों में सभंव हो सकने का कारण संभवतः यह है कि दोनों ही पक्षों में एक-दूसरे का 'श्रेष्ठत्व' ग्रहण करने की तत्परता, सक्रियता या अभिप्रेरणा बहुत ही कम होती है। ज्यादातर सहमति या निपटारा शिकायत भरे समझौते या अपनी-अपनी स्थिति से पीछे हटने के रूप में ही समाने आता है।

असहमत या बेबनाव वाले पक्ष प्रायः अपरिवर्तनशील या कठोर रवैया अपनाते हुए ही देखे जाते है। प्रतिवादी प्रायः अपने पक्ष या प्रतिरक्षा को लेकर कुछ ज्यादा ही अड़ियल रूख अख्तियार कर लेते हैं। अपने-अपने स्टैंड पर अड़े रहने के बजाय समाधान के लिए अन्य या भिन्न विचार, विकल्प अथवा रास्ता खोजने की जहमत नहीं पालते। दोनों पक्षों की आक्रामकता और बचाव के तेवर तेज होते चले जाते है। इस कारण, विवाद लंबा खिंचता चला जाता है और समय, ऊर्जा एंव धन का अपव्यय होने लगता है। कोई भी पक्ष अपनी-अपनी कल्पनाशीलता, सृजनशीलता और प्रतिभा का उपयोग अपनी दृष्टि को संशोधित करने या वैकल्पिक मार्ग की तलाश करने के बजाए अपने-अपने विरोधी को मात देने में करते हुए पाए जाते है।

100

सभ्यताओं के बीच संवाद जरूरी क्यों?

सितंबर 2000 में संयुक्त राष्ट्र के सहस्त्राब्दि शिखर सम्मेलन के अवसर पर यूनेस्को और यूएन द्वारा 'सभ्यताओं के बीच संवाद' विषय पर एक बहस का आयोजन किया गया था। तत्कालीन महासचिव कोफी अन्नान ने उस समय कहा था कि "संस्कृतियों की अनंत विविधता के साथ एक नई वैश्विक सभ्यता का विकास हो रहा है। इस नई सभ्यता के मूलभूत सिद्धांत है: सांस्कृतिक विविधता का उल्लास, असहमति के प्रति सहिष्णुता और विश्वव्यापी मानव अधिकार। सांस्कृतिक विविधता सभ्यताओं के बीच संवाद को आवश्यक बनाती है, क्योंकि विविधता को एक खतरे की तरह देखने से ही युद्ध का बीजारोपण होता है।" आज समूचे मानव समुदाय को यह समझना जरूरी है कि भिन्नता और विविधता की एक गरिमा होती है। यूनेस्को के पूर्व महानिदेशक कोइचिरो मत्सुरा ने बहस को आगे बढ़ाते हुए कहा था कि सभ्यताओं के बीच सक्रिय पारस्परिक सहयोग बढ़ाने वाला विचार-विमर्श राष्ट्रों के बीच शांति का प्रसार करने के लिए आवश्यक है। दूसरों की संस्कृति का ज्ञान और उनके पक्ष को सुनना पारस्परिक घृणा, अज्ञानता और अविश्वास को दूर करता है। इस प्रकार का सांस्कृतिक संवाद दीर्घकालिक सद्‌भाव को बढ़ाने और शांति स्थापित करने में भी सहायक होता है।

भूमंडलीकरण बहुत से देशों को बड़े पैमाने पर लाभ ही नहीं पहुँचाता, वह उनके लिए परेशानी, टकराहट और घृणा को बढ़ाने का कारण भी बन सकता है। भूमंडलीकरण विभिन्न देशों के बीच आर्थिक और राजनीतिक सहयोग की माँग ही नहीं करता, बल्कि राष्ट्रों और सभ्यताओं के मध्य संवाद के नए

स्थापत्य की पैरवी भी करता है। पश्चिमी देशों में ऐसे राजनीतिक और बुद्धिजीवी भी हैं जो यह अपेक्षा करते हैं कि अंततः सारी दुनिया का पश्चिमीकरण हो जाएगा, तथा सभी लोग पश्चिमी मूल्य, संस्थाओं और सामाजिक-राजनीतिक मानकों को अंगीकार कर लेंगे। दूसरी तरफ, गैर पश्चिमी देश और उनके सहयोगी मानते हैं कि इस तरह की आशा-अपेक्षा वास्तविकता पर आधारित नहीं है। विकासशील देश बिना पश्चिमीकरण अपनाए भी आधुनिक बनने की क्षमता रखते हैं। एक दूसरे को समृद्ध करते हुए तथा आवश्यक साझा मूल्यों को अपनाकर विभिन्न सभ्यताएँ इस मातृवत पृथ्वी पर साथ-साथ रह सकती है। इनमें पले-बड़े लोगों को अपने बीच पारस्परिक सद्भाव बढ़ाने के लिए राष्ट्रीय भावना की शिक्षा से आगे बढ़कर, 'मानवता के साथ सामुदायिकता' के लिए 'संवाद की शिक्षा' की तरफ अग्रसर होना चाहिए। घनिष्ठ अंतर्राष्ट्रीय सहयोग के लिए सांस्कृतिक समझ बढ़ाने वाले नए 'सूचना संजाल' की आवश्यकता है। 'सभ्यताओं के बीच संवाद' मानव समाज के सुरक्षित और निरापद भविष्य के लिए प्रभावी 'प्रक्षेपास्त्र' सिद्ध हो सकता है। संवाद और वादविवाद की कीमत सदैव द्वंद्व या टकराहट से कम ही चुकानी पड़ती है। संवाद ही, हमें 'सार्वभौमिक सभ्यता' के आदर्श को प्राप्त कराने में सहायक हो सकता है।

आजकल, यह प्रश्न भी पूछा जा रहा है कि 21 वीं शताब्दी वैज्ञानिक रहेगी या नैतिक। यह भी जरूरी समझा जा रहा है कि सारी दुनिया के देश मिलकर एक ऐसे परिप्रेक्ष का सह-सृजन करें जिससे वैज्ञानिक, आध्यात्मिक और नैतिक मूल्य एक दूसरे के प्रतिस्पर्धी या विरोधी बनने के बजाए परिपूरक बनकर 'विविधता की विपुलता' का संरक्षण तथा 'भिन्नता की गरिमा और सौंदर्य' का सम्मान कर सकें। वैश्विक सभ्यता का विकास सांस्कृतिक सह-अस्तित्व की आधार भूमि पर ही संभव है। धर्म को भी यदि हम मानने के बजाय, जानने-समझने का प्रयास करेंगे तो वह भी इस दिशा में हमारा मार्गदर्शक हो सकता है। विभिन्न संस्कृतियों और धर्मों में पाई जाने वाली समानताओं की खोज तथा विभिन्नताओं की सराहना का उद्यम हमारे वैश्विक सभ्यता के स्वप्न को साकार कर सकता है। "अयं निजः परोवेति गणना लघुचेतसां उदार चरितानां तु वसुधैव कुटुंबकं" की, सदियों से, पैरवी करने वाला भारत इस दिशा में पर्याप्त योगदान दे सकता है। दार्शनिक दिमोक्रितोस का कहना था कि समझदार व्यक्ति सभी देशों में होते हैं, लेकिन महान

व्यक्तियों का घर तो पूरी दुनिया होता है। फ्रांसीसी कवि विक्टर ह्योगो मानते थे कि दुनिया की सारी शक्तियाँ एक तरफ और वह विचार एक तरफ जिसका समय आ गया है। सचमुच, 'संवाद' वही विचार है जिसका समय सदैव रहता है और जिसे बिदाई कभी भी नहीं दी जा सकती।

101

शैक्षणिक योग्यता और सामाजिक न्याय

उच्च शिक्षा के गिरते हुए स्तर को ऊँचा उठाने के लिए प्रायः यह सुझाव दिया जाता है कि प्रवेश पर पाबंदी लगा दी जाए और परीक्षा के प्राप्तांकों के आधार पर चुने हुए छात्र-छात्राओं को कॉलेजों में भर्ती किया जाए। आजकल, लिखित परीक्षा के आधार पर प्रवेश देने का चलन भी जोर पकड़ता जा रहा है। स्तर और प्रतिभा की बात करते समय इस तथ्य को प्रायः अनदेखा कर दिया जाता है कि उच्च वर्ग और वर्ण के लोग ही उच्च शिक्षा और ऊँची नौकरियों में बड़ी तादाद में भरे पड़े हैं। यदि ऐसी आशंका व्यक्त की जाती है कि भविष्य में निम्न वर्ग और पिछड़े तबके के युवक-युवतियों के नौकरियों में अधिक प्रवेश से प्रशासनिक दक्षता और कुशलता में गिरावट आ जाएगी, तो हमें इस प्रश्न का उत्तर भी देना चाहिए कि आज यह गिरावट और पतन क्यों है? इस दुरावस्था के लिए कौन जिम्मेदार है?

परीक्षा के अंकों में कितनी विश्वसनीयता होती है, हम सब जानते हैं। अपने वसीले, पहुँच और प्रभाव से किस वर्ग के बच्चे या किशोर 'मेरिट-लिस्ट' में आते हैं, यह भी किसी से छुपा हुआ नहीं है। अनाकादमिक या अशैक्षणिक तरीकों से कितने ही बड़े घरों और ऊँचे पदों पर बैठे लोगों के बेटे-बेटियाँ रातों-रात प्रतिभाशाली हो जाते हैं। क्या यहीं प्रायोजित गतिशीलता (स्पॉन्सर्ड मोबिलिटी) कहलाती है? आज जो लोग अपना वर्चस्व बनाए रखने के लिए बिना दक्षता या प्रतिभा का ध्यान रखते हुए अपने-अपनों को नौकरियों और उच्च शिक्षा संस्थाओं में घुसेड़ते चले जा रहे हैं, उन्हें वंचित वर्गों और पिछड़े वर्गों के युवक-युवतियों के नौकरी में आरक्षण के विरोध का कोई नैतिक अधिकार नहीं है। केवल दस-बीस जातियाँ या दो सौ-तीन सौ घराने कब तक

देश की बौद्धिक और भौतिक संपत्ति पर नाग जैसा फन फैलाकर एकाधिकार जमाए बैठे रहेंगे? इस तिलस्म को तोड़े बगैर 80 प्रतिशत ग्रामीण और दलित–वंचित वर्ग की प्रतिभा का दोहन देश के लिए नहीं हो सकेगा।

तिकड़म, हिकमत, जोड–तोड़ और धन बल के कर्मकाण्ड में शहरी और सफेदपोश लोग ग्रामीण और पिछड़े तबके के लोगों से अधिक माहिर होते हैं। इसलिए आज शिक्षण संस्थाओं और नौकरियों में प्रवेश पाने में उच्च वर्ग या श्रेष्ठिवर्ग के लोग नम्बर मार ले जाते हैं। शिक्षा संस्थाओं और नौकरियों में आरक्षण नहीं देने से अन्ततः गरीब और कमजोर तबके के लोग विपरीत रूप से प्रभावित होंगे। अन्यायपूर्ण सामाजिक संरचना पर प्रहार करने के लिए जनतंत्र में दलित–वंचित वर्ग को प्रोत्साहन और संरक्षण प्रदान करना अनिवार्य है। इसलिए, आज का ज्वलंत प्रश्न यह है कि 'उत्तमता' और 'सामाजिक न्याय' में संतुलन कैसे बैठाया जाए? यह वहीं प्रश्न है, जिसे अमेरिका के विख्यात शिक्षाविद् जॉन डब्ल्यू. गार्डनर ने 1961 में अपनी पुस्तक **एक्सिलेन्स** में उठाया था। उन्होंने पुस्तक के शीर्षक में ही पूछा था कि क्या हम उत्कृष्ट और समान एक साथ हो सकते हैं? उनका उत्तर था 'हाँ हो सकते है।'

गार्डनर का मत था कि कमजोर वर्ग के बच्चों–किशोरों को पर्याप्त साधन–सुविधा प्रदान कर उनको क्षमता के शिखर तक पहुँचाने में कोई कोर कसर नहीं रखनी चाहिए। हमें हर क्षेत्र में उत्कृष्टता की माँग और सराहना करनी चाहिए। एक उत्कृष्ट प्लम्बर, एक अनुत्कृष्ट दार्शनिक से कई गुना अधिक प्रशंसनीय है। **वह समाज जो कि नल सुधारने के कार्य (प्लम्बिंग) को साधारण मान कर उसमें प्रदर्शित उत्कृष्टता–उत्तमता को अहमियत और स्वीकृति नहीं देता और चिन्तन को एक ऊँची गतिविधि मानकर दर्शन में निकृष्टता सह लेता है, उस समाज में न तो अच्छे प्लम्बर और न अच्छे दार्शनिक पैदा हो सकते हैं।** न तो उसके 'सिद्धान्त' और न उसके 'नल' ही पानी को बहने से रोक सकते हैं।

साधनों और अवसरों की अनदेखी करके शहर वालों को गाँव वालों से, उच्च वर्ग को निम्न वर्ग से, अंग्रेजी बोलने वालों को हिन्दी बोलने वालों से, और गोरों को कालों से बौद्धिक क्षेत्र में ऊँचा बताने की साजिश बरसों से चली आ रही है। न्यस्त स्वार्थधारी लोग प्रतिभा का सम्बन्ध वंश, रंग और प्रजाति से जोड़े रखना चाहते हैं। वास्तव में प्रतिभा किसी भी प्रकार का भेदभाव नहीं

पालती। वह तो कहीं भी और किसी में भी पाई जा सकती है। प्रेरक और पोषक वातावरण पाकर फल-फूल सकती है तथा प्रतिकूल वातावरण पाकर कुण्ठित हो सकती है।

हमारे यहाँ परीक्षाओं और साक्षात्कारों में 'शाब्दिक ज्ञान पर अधिकार' को बहुत महत्त्व दिया जाता है। दूसरे शब्दों में, चयन परीक्षाओं में भाषा पर अधिकार बड़ा काम आता है। चयनकर्त्ता की भाषा या चयन परीक्षा के माध्यम की भाषा पर जिस उम्मीदवार का अच्छा अधिकार होता है, उसके लिए चयन में चमकना सरल और सुविधाजनक होता है। आजकल शिक्षा संस्थाओं में ऐसी पीढ़िया प्रवेश कर रही है, जिनके घरों में औपचारिक शिक्षा नाम की कोई चीज थी ही नहीं। उनकी भाषा और शिक्षा के माध्यम की भाषा में भी जमीन-आसमान का अन्तर है। उनके जीवन का दायरा सीमित और उसमें सांस्कृतिक विविधता की कमी होने से शिक्षा का माध्यम होने वाली भिन्न भाषा पर उनकी पकड़ ढीली ही होती है। उनके संचित ज्ञान में भी विविधता और दिखावटीपन कम होता है। यहीं कारण है कि ग्रामीण और गंदी बस्ती के बच्चे शहरी और सम्पन्न घरों के बच्चों की अपेक्षा बोलने और लिखने मे अलंकारों और विशेषणों का कम प्रयोग करते हैं।

सेवा आयोगों और अन्य निजी संस्थानों द्वारा चयन के लिए आयोजित परीक्षाओं में पूछे जाने वाले प्रश्नों के जवाब बहुत कुछ भाषाई योग्यता और दिखावटी ज्ञान पर निर्भर करते है। इस काम में शहरी लोग पूर्व प्रशिक्षित और माहिर होते हैं। उन्हें वैसा सब कुछ बोलना-बतियाना और लटके-झटके दिखाना आता है, जो इण्टरव्यू लेने वाले पसंद करते हैं। ग्रामीण और गंदी बस्ती के उम्मीदवार संकोची और ठेठ होने से मात खा जाते हैं। यहीं नहीं, पूछे जाने वाले प्रश्न भी नगरीय संस्कृति से अधिक सम्बद्ध होते हैं। फलस्वरूप, शहरी 'वाचाल संस्कृति' के उम्मीदवार ग्रामीण 'मूक संस्कृति' के उम्मीदवारों से अधिक अंक प्राप्त कर लेते हैं। असंतुलन से बचने के लिए यह जरूरी है कि वाचालता और भाषाई चमक-दमक से अप्रभावित रहा जाए और अशाब्दिक परीक्षण को भी स्थान दिया जाए।

ग्रामीण और पिछड़े घरों के बच्चों में विचारशक्ति, मौलिकता या सृजनशीलता कम नहीं होती। बुद्धिलब्धि कम पाई जाने का कारण संभवत: यह है कि बुद्धि परीक्षण एक प्रकार का भाषा परीक्षण ही होता है। इन परीक्षणों द्वारा अपेक्षित भाषा या विषयवस्तु भी अधिकतर सम्पन्न घरों से सम्बद्ध होती है। सांस्कृतिक

दृष्टि से वंचित घरों के बच्चों की एक और त्रासदी है। स्कूल का वातावरण और शिक्षकों की भाषा भी मध्यमवर्गीय शहरी मुहावरों से ओत-प्रोत होती है। विरले ही अध्यापक स्थानीय बोली से छात्रों को उबारकर शिक्षा के माध्यम की भाषा तक ले जाने की जहमत पालते होंगे, अन्यथा छात्र ही अपनी भाषा-बोली के व्यवधान से संघर्ष करते रहते हैं। शहरी और सफेदपोश बच्चे तो आरंभ से ही शिक्षा के माध्यम की भाषा के सम्पर्क में रहते हैं, इसलिए वे लाभ की स्थिति में रहते हैं।

बहुसंख्यक स्कूल शिक्षक मध्यमवर्गीय होते हैं। उनके मूल्य, मान्यंताएँ, आदतें और आग्रह सब मध्यमवर्गीयता लिए हुए होते हैं। उनकी पिछड़े घरों के बच्चों से भी मध्यमवर्गीय अपेक्षाएँ होती हैं जिन्हें बच्चें पूरा नहीं कर पाते। इस कारण पिछड़े घरों के बच्चे स्कूलों और कॉलेजों में उपेक्षित रहते हैं। माता-पिता के अशिक्षित या अर्द्ध-शिक्षित होने से उन्हें घर पर शहरी और सम्पन्न घरों के बच्चों जैसी सुविधाएँ उपलब्ध नहीं रहती। वंचित घरों के बच्चों के फेल हो जाने या अल्पार्जन करने की अध्यापकगण प्रायः भविष्यवाणियाँ करते रहते हैं। इस प्रकार के अध्यापकीय व्यवहार से उनकी अवमानना होती है और उनकी आत्म-संकल्पना विपरीत रूप से प्रभावित होती है। नतीजा यह होता है कि वे शिक्षकों की आशंका या भविष्यवाणी के अनुरूप पिछड़ने लगते हैं और एक दिन फेल हो जाते हैं।

सांस्कृतिक दृष्टि से सम्पन्न और विपन्न समूहों के बीच प्रतिस्पर्द्धा बेमानी है। बस्तर के स्कूल और डेली कॉलेज (इन्दौर) के बीच अन्तराल को पाटना आसान नहीं है। सामाजिक और आर्थिक विषमता के अभिशाप के लिए वे दोषी नहीं ठहराए जा सकते। आवश्यकता इस बात की है कि आर्थिक और सामाजिक दृष्टि से पिछड़े वर्गो के बच्चों को आरंभ से ही श्रेष्ठतम शैक्षिक वातावरण और सुविधाएँ प्रदान की जाएँ। आदर्श विद्यालय, राजधानियों, सुरम्य पर्वत-नगरों या बड़े नेताओं के चुनाव क्षेत्रों में न खोलकर, ग्रामीण और मलिन बस्तियों में खोले जाने चाहिए। प्राथमिक शिक्षा का ग्रामव्यापीकरण और उच्च शिक्षा का विनगरीकरण शीघ्रता से किया जाना चाहिए। इसी तरह, शिक्षा के क्षेत्र में व्याप्त क्षेत्रीय और संस्थागत असंतुलन भी यथाशीघ्र समाप्त किया जाना चाहिए। जब तक साधनों और अवसरों का बंटवारा बराबर-बराबर नहीं होता, तब तक अर्हता (या योग्यता) के साथ सामाजिक न्याय को ध्यान में रखना जरूरी होगा।